21世纪通用法学系列教材

文化法学

LAW TEXTBOOKS FOR NON-LEGAL MAJORS

主 编 郑 宁

撰稿人 （以撰写章节先后为序）

郑 宁 韩新华 周丽娜 赵 心

王 晋 徐 晴 吕凌锐 王 晶

程 科 赵精武 周瑞珏 曾 田

中国人民大学出版社

· 北京 ·

编写说明

一、本书的意义和特色

2023 年 2 月，中共中央办公厅、国务院办公厅联合印发的《关于加强新时代法学教育和法学理论研究的意见》首次强调要加强文化法学学科建设。文化法学是研究文化行业各种法律规范及其运作的新兴学科，属于领域法，具有鲜明的特点。文化法学是对习近平文化思想和习近平法治思想的具体落实，为建设法治中国和文化强国提供理论依据。本书是国内率先编写的文化法学的通识性教科书，力图深入浅出地揭示文化法学的基本问题和主要制度，为读者提供理论基础、制度框架和实务指引，希望能够为文化行业培养更多既懂文化又懂法律的复合型人才提供支持。本书共分为三编：第一编阐述文化法学的基本理论，第二编分领域探讨文化法的基本制度，第三编详细分析文化法的实务问题。

本书的编写团队是一支拥有丰富的文化法学相关教学和科研经验的队伍，大多数成员来自中国传媒大学。中国传媒大学是国内首批开设文化产业管理专业的高校，也一直致力于文化法、传媒法等领域的研究，参与了《公共文化服务保障法》、“文化产业促进法”、《电影产业促进法》、“广播电视法”等重要法律的制定工作，在国内率先开设了文化法基本理论、文化产业法规与政策、传媒法基本理论、娱乐法、文化法案例分析等课程，培养了一大批从事文化法治科研和实务工作的学生。编写团队的其他成员来自中国政法大学、对外经济贸易大学、北京航空航天大学、北京电影学院、中央戏剧学院等高校。

本书兼具系统性、理论性、实务性、可读性，适合法学、文化产业管理、新闻传播学等相关专业的学生，文化法治实务从业人员，以及对该领域有兴趣的各界人士使用。本书体例新颖，内容深入浅出。除“绪论”外的各章都设有“引例”，正文设有“思政专栏”“典型案例”等栏目：“思政专栏”旨在把爱国主义教育、社会主义核心价值观教育等思政要求融入教科书，实现立德树人的目标。“典型案例”主要介绍相关案例，帮助读者更深入地理解相关问题。每章后面设有“基本概念”“讨论题”，可以为读者总结，为教师安排课上、课后的教学活动提供参考素材。

二、作者分工（按撰写章节先后顺序排列）

1. 郑宁（法学博士，中国传媒大学文化产业管理学院法律系教授、系主任，文化法治研究中心主任）：绪论、第一章、第二章、第三章、第四章、第五章第二节、第九章。

2. 韩新华（传媒政策与法规博士，中国传媒大学文化产业管理学院法律系副教授）：第五章第一、四节，第十二章。

3. 周丽娜（传媒政策与法规博士，中国传媒大学文化产业管理学院法律系教授、副系主任）：第五章第三节、第七章。

4. 赵心（法学博士，中国政法大学国际法学院助理教授）：第六章、第十四章。

5. 王晋（传媒政策与法规博士，中国传媒大学文化产业管理学院法律系副教授）：第八章、第十八章。

6. 徐晴（北京电影学院助理研究员，文化法博士研究生）：第十章。

7. 吕凌锐（法学博士，中央戏剧学院讲师）：第十一章。

8. 王晶（法学博士，中国传媒大学通识教育中心讲师）：第十三章。

9. 程科（法学博士，中国传媒大学文化产业管理学院法律系副教授）：第十五章。

10. 赵精武（法学博士，北京航空航天大学法学院副教授）：第十六章。

11. 周瑞珏（法学博士，北京航空航天大学计算机学院博士后）：第十六章。

12. 曾田（法学博士，对外经济贸易大学法学院助理教授）：第十七章。

三、致谢

感谢中国传媒大学文化产业管理学院法律系2023级法律硕士研究生罗楠、陈宏湲、陈一诺等同学为本书的校对工作所作的贡献。

郑　宁

2023年12月8日于北京

目 录

绪 论 …… 1

第一编 文化法的基本理论

第一章 文化法概述 …… 7

第一节 文化法是调整文化行业的领域法 …… 7
第二节 文化法的法律渊源 …… 14

第二章 文化法的基本原则 …… 21

第一节 社会效益和经济效益相统一原则 …… 21
第二节 统筹文化发展与文化安全的原则 …… 22
第三节 合作治理原则 …… 23

第三章 文化法的主体和客体 …… 26

第一节 文化法的主体 …… 26
第二节 文化法的客体 …… 29

第四章 文化权利与文化义务 …… 32

第一节 文化权利 …… 32
第二节 文化义务 …… 34

第五章 文化法的运行 …… 38

第一节 文化行业的立法 …… 38
第二节 文化行业的执法 …… 42
第三节 文化行业的司法 …… 50
第四节 文化行业的守法 …… 55

第二编　文化法的基本制度

第六章　公共文化服务法律制度 …… 61

第一节　公共文化服务法律制度概述 …… 61

第二节　公共文化服务法治保障体系 …… 66

第七章　文化遗产法律制度 …… 75

第一节　文化遗产法概述 …… 75

第二节　物质文化遗产法律保护制度 …… 81

第三节　非物质文化遗产法律保护制度 …… 89

第八章　出版法律制度 …… 98

第一节　出版法律制度概述 …… 98

第二节　出版管理法律制度 …… 101

第三节　出版物传播法律制度 …… 104

第九章　广播电视法律制度 …… 110

第一节　广播电视法律制度概述 …… 110

第二节　广播电视业务准入法律制度 …… 112

第三节　广播电视节目内容管理制度 …… 117

第四节　广播电视涉外管理制度 …… 121

第五节　广播电视传输覆盖法律制度 …… 123

第十章　电影法律制度 …… 125

第一节　电影法律制度概述 …… 126

第二节　电影筹备阶段的法律制度 …… 130

第三节　电影摄制、发行、放映阶段的法律制度 …… 133

第十一章　演出法律制度 …… 143

第一节　演出法律制度概述 …… 144

第二节　演出行政监管 …… 146

第三节　演出经纪人员监管制度 …… 158

第十二章　网络信息法律制度 ………… 161

第一节　网络信息法律制度概述………… 161
第二节　网络信息准入制度………… 169
第三节　网络信息内容规范制度………… 173
第四节　网络平台的信息内容管理责任………… 177

第十三章　旅游法律制度 ………… 183

第一节　旅游法律制度概述………… 183
第二节　具体旅游法律制度………… 191

第十四章　文化领域国际法律制度 ………… 194

第一节　国际公约对文化的定义………… 194
第二节　文化权利的国际法律制度………… 195
第三节　文化贸易的国际法律制度………… 202

第三编　文化法的实务问题

第十五章　文化行业的合同 ………… 217

第一节　文化行业的合同概述………… 217
第二节　文化行业合同的订立………… 218
第三节　文化行业合同的效力………… 223
第四节　文化行业合同的违约责任………… 229
第五节　文化行业合同的解除………… 234

第十六章　文化行业的人格权保护 ………… 239

第一节　文化行业的人格权保护概述………… 239
第二节　文化行业的具体人格权保护………… 245

第十七章　文化行业的知识产权保护 ………… 253

第一节　文化行业的知识产权保护概述………… 253
第二节　文化行业的著作权制度………… 254
第三节　文化行业的商标权制度………… 263
第四节　文化行业的反不正当竞争制度………… 267

第十八章　文化行业的广告合规 …… 269

第一节　文化行业的广告合规概述…… 269

第二节　文化行业的广告合规法律制度…… 272

第三节　互联网广告法律制度…… 277

参考文献…… 281

绪 论

一、新时代文化法学学科的使命

（一）文化法学学科建设的必要性

文化是一个国家和民族的灵魂，文化兴国运兴，文化强民族强。文化对于增强国家和民族的凝聚力、认同感，保障政治稳定、经济发展、社会进步等都具有重要意义。党的十八大以来，党领导全国人民全面推进经济建设、政治建设、文化建设、社会建设和生态文明建设“五位一体”总体布局。在文化领域，党领导全国人民确立和坚持马克思主义在意识形态领域指导地位的根本制度，新时代党的创新理论深入人心，社会主义核心价值观广泛传播，中华优秀传统文化创造性转化、创新性发展不断推进，文化事业和文化产业繁荣发展，网络生态持续向好，意识形态领域形势发生全局性、根本性转变，全党全国各族人民文化自信明显增强、精神面貌更加奋发昂扬，国家文化软实力和中华文化影响力大幅提升。

党的二十大报告指出：全面建设社会主义现代化国家，必须坚持中国特色社会主义文化发展道路，增强文化自信，围绕举旗帜、聚民心、育新人、兴文化、展形象建设社会主义文化强国。面对党的二十大提出的中国式现代化的新任务新要求，面对世界百年未有之大变局和新一轮科技革命的浪潮，文化的发展和进步必将为全面建成社会主义现代化强国提供思想保证、舆论支持、精神动力和文化条件。2023 年 6 月 2 日，习近平总书记在文化传承发展座谈会上指出：在新的起点上继续推动文化繁荣、建设文化强国、建设中华民族现代文明，是我们在新时代新的文化使命。要坚定文化自信、担当使命、奋发有为，共同努力创造属于我们这个时代的新文化，建设中华民族现代文明。2023 年 10 月，全国宣传思想文化工作会议上正式提出了习近平文化思想，习近平文化思想为担负起新的文化使命提供了强大思想武器和科学行动指南。

党的二十大报告也强调，要坚持全面依法治国，推进法治中国建设。全面依法治国是国家治理的一场深刻革命，关系党执政兴国，关系人民幸福安康，关系党和国家长治久安。必须更好发挥法治固根本、稳预期、利长远的保障作用，在法治轨道上全面建设社会主义现代化国家。社会主义文化强国建设离不开法治保障。2023 年 2 月，中共中央办公厅、国务院办公厅联合印发的《关于加强新时代法学教育和法学理论研究的意见》中首次强调要加强文化法学学科建设，将文化强国与法治中国建设有机结合起来。

文化法学是对习近平文化思想和习近平法治思想的具体贯彻落实，是研究文化行业法律问题的学科。其内涵极其丰富：既要研究文化事业中的法律问题，如新闻出版法、广播电视法、公共文化服务法、文化遗产法等，也要研究文化产业中的法律问题，如电影产业促进法、文化产业促进法、娱乐法等，涵盖了宪法、行政法、民商法、经济法、社会法、刑法、诉讼法、国际法等几乎全部的部门法。目前国内专门建设文化法学学科的高校为数不多，一些高校已经建设的传媒法、娱乐法等学科也可以被归入文化法学的范畴。文化法学学科建设是推进"五位一体"总体布局、建设社会主义文化强国和法治中国的重要保障。加强文化法学学科建设，有利于培养社会主义文化法治人才，创新发展文化法治理论体系，促进文化治理体系和治理能力现代化，推进全面依法治国实践。

（二）文化法学学科建设的使命

1. 指导思想

文化行业具有很强的意识形态属性和政策导向性，党内法规在其中发挥了重要作用。文化法学学科建设要坚持以习近平文化思想和习近平法治思想为根本遵循，坚持和加强党的全面领导，将党的领导贯彻到文化法学教育和文化法学理论研究的全过程各方面，把思想政治工作贯穿于文化法学教育教学全过程，深入推进文化法学的课程思政建设。

2. 人才培养

实践证明，文化法治人才不能只懂法律，还要了解文化行业发展规律，因此，培养法学与文化产业、传播学、艺术学等学科交叉的文化法治人才十分必要。文化法学学科建设要培养具有坚定理想信念、强烈家国情怀，既了解文化行业又熟悉文化法学理论和实务的复合型人才，坚持立德树人、德法兼修，不断创新人才培养模式，提高人才培养质量，为文化行业输送高素质法治人才。

3. 理论研究

文化具有很强的连续性、民族性，文化法学研究要坚持紧紧围绕我国文化行业现状和文化法治实践，切实加强扎根中国文化、立足中国国情、解决中国问题的文化法学理论研究，总结提炼中国特色社会主义文化法治中具有主体性、原创性、标识性的概念，构建中国自主的文化法学知识体系。

4. 实践面向

文化行业的立法、执法、司法、守法都有其特殊性，文化法学学科要围绕文化法治建设的重大规划、重点改革、重要举措等，开展具有前瞻性、针对性、储备性的法律政策研究，服务中国式现代化，系统研究文化法治领域的突出问题，提出具有可操作性的对策、建议。

二、文化法学的研究方法

文化法学的研究方法主要包括以下四种。

（一）跨学科研究方法

文化法学需要综合运用法学、新闻传播学、艺术学、管理学、经济学、社会学、政治学等学科的研究方法，对文化领域的问题进行综合研究，探索内在规律，寻求解决对策。应当鼓励学生在法学之外摄取更多相关学科的知识，从而拥有更为广阔的研究视野。

（二）规范研究方法

规范研究方法是对法律条文、文本开展体系化研究的方法。文化法的法律渊源丰富，需要系统地梳理相关法律规范的内在逻辑，并作出合理解释。

（三）实证研究方法

文化法治实践发展极其迅速，文化法学的研究如果仅停留在规范研究层面，难免存在一定的滞后性。实证研究是指通过深度访谈、问卷调查、案例研究等多种实证方法，对文化法治实践进行研究，从而发现问题，研究对策。

（四）比较研究方法

将域外文化法学的理论、实践与我国的理论、实践进行比较，揭示其异同，可以推动中外文化交流互鉴，坚定文化自信。

在学习、科研和工作中，我们常常需要运用多种研究方法，才能更为深刻地了解文化行业的规律，得出更为理性客观的结论。

第一编

文化法的基本理论

第一章 文化法概述

引　例

2016年11月7日，第十二届全国人大常委会第二十四次会议表决通过了《电影产业促进法》，该法于2017年3月1日正式实施。简政放权、激活市场活力是推动电影产业改革的重要方向。许多实践中已经推行的改革举措被写入《电影产业促进法》，如减少审批项目、降低准入门槛等。《电影产业促进法》不但没有新增设行政审批项目，还取消了电影制片单位审批、摄制电影片（单片）许可证审批等行政审批项目，并且将电影片审查、电影剧本备案，以及批准举办电影节、电影展等多项审批事项下放到省、自治区、直辖市人民政府电影主管部门。在简政放权的同时，《电影产业促进法》也注重加大事中和事后监管的力度，明确监管责任，要求实施信用制度。

《电影产业促进法》出台后，电影产业迎来了新的发展机遇，我国开始从电影大国向电影强国迈进。据统计，2012—2021年这十年间，中国电影基础设施发展迅速。2021年，中国银幕数量达到82 248块，十年间增加了73 048块银幕，累计增长694%。截至2021年，中国电影十年间的总票房高达4 070.9亿元，城市影院总观影人次累计约113亿，中国电影总票房在2020年和2021年连续两年位居全球电影市场第一。①

文化具有复杂性、多样性的特点。文化行业对我们的生活影响巨大，文化法是调整文化行业的各种法律规范的统称。本章将带你了解文化为什么复杂多样，文化行业包括哪些领域，文化法是怎样的法，文化法的渊源有哪些。让我们一起走入文化法的精彩世界。

第一节　文化法是调整文化行业的领域法

本节将围绕以下五个问题展开：文化是什么？文化行业包括哪些部分？文化法是如何产生和发展的？为什么说文化法是调整文化行业的领域法？文化法有哪些功能？

---

① 于佳，王凌云．电影票房节节攀升 电影市场和产业体系更加健全．(2022-10-18)[2023-10-12]. https://baijiahao.baidu.com/s?id=1746987622542476768&wfr=spider&for=pc.

一、文化具有多样性

文化是人类学的核心概念之一，与人类同时产生、发展。关于文化的定义，众说纷纭。马克思认为，文化的范畴不仅包括人类在社会生活实践中创造出来的意识、精神的产物，还包括在这个过程中所创造出来的物质财富，广义的文化应该是人类在社会生活和交往中所创造的一切物质的和精神的成果。[①] 古罗马哲学家西塞罗认为，"文化是心灵的哲学（或修养）"。根据美国文化人类学家克鲁伯（Kroeber）和克拉克洪（Kluckhohn）的统计，在 1871 年到 1951 年间，严格的文化定义就有 164 个，其中代表性的定义多达 46 种。两位学者将文化定义分为以下六类：第一，注重内容的描述性的；第二，强调传统的历史性的；第三，强调规则和价值的规范性的；第四，强调习得和习惯的心理性的；第五，强调模式的结构性的；第六，起源发生论的。[②]

1867 年，马修·阿诺德（Matthew Arnolds）最先对文化进行了定义，将文化界定为专门的智力和艺术成果或产品，这一文化定义主要针对高级文化（high culture），即精英文化。[③] 1870 年，爱德华·泰勒（Edward Tylor）对文化作了广义理解，将其界定为包括知识、信仰、艺术、法律、习俗，以及作为社会成员的个人所掌握的其他能力及习惯在内的综合体。[④] 弗朗茨·博厄斯（Franz Boas）秉持文化相对主义，认为人创造的文化有其鲜明特点，在不同民族中及不同地区和时期有着不同的表现，因此不同民族的历史不存在一套普适的衡量价值。[⑤]

联合国教科文组织（UNESCO）在《世界文化多样性宣言》（Universal Declaration on Cultural Diversity）中指出：应把文化视为某个社会或某个社会群体特有的精神与物质、智力与情感方面的不同特点之总和；除文学和艺术外，文化还包括生活方式、共处的方式、价值观体系、传统和信仰。

文化具有以下四个特征。

（一）多层次性

从内部结构来划分，文化可以分为物态文化、制度文化、行为文化和心态文化四个层次。物态文化是人类物质生产活动方式及其产品的总和，是可触知的具有物质实体的文化事物，它构成了整个文化创造的基础。制度文化由人类在社会实践中建立的各种社会行为规范构成，包括社会经济制度、婚姻制度、家族制度、政治法律制度，以及家族、民族、国家、经济、政治、宗教社团、教育、科技和艺术组织等。行为文化是由人类在

---

① 郝智浩，许春玲．马克思的文化观及其现代价值意蕴．人民论坛，2016（14）：182-184.

② KROEBER A L，KLUCKHOHN C. Culture：A critical review of concepts and definitions. Boston：Kraus Reprint Co，1952：47.

③ ARNOLDS M. Culture and anarchy.［S. L.］：Oxford University Press，2009：136.

④ TYLOR E B. Primitive culture.［S. L.］：Dover Publications，2011：58-60.

⑤ BOAS F. Primitive art.［S. L.］：Dover Publications，1955：97-102.

社会实践中，尤其是在人际交往中约定俗成的习惯性定式构成的，以礼俗、民俗、风俗等形态表现的行为模式，以民风、民俗形态出现，具有鲜明的民族、地域特色。心态文化由人们在长期社会实践中形成的价值观念、审美情趣、思维方式等主观因素构成，也就是精神文化、社会意识。

（二）地域性和民族性

文化是民族创造的，带有鲜明的民族特性。每个民族都有与其相适应的文化，例如汉族、藏族、蒙古族、维吾尔族等便各有各的文化。同时，文化受到特定区域的生态、民俗、传统和习惯的影响而具有地域特色，例如我国的中原文化、齐鲁文化、蜀文化、湖湘文化等都各具特色、各美其美，展现了不同地区、民族和历史背景下的文化多样性。

（三）传承性

文化可以薪火相传，今天的文化是在对历史文化传承的基础上发展来的。四大文明古国中只有中华文明传承至今，中华文明是我国宝贵的文化财富。中国文化源远流长，中华文明博大精深。只有全面深入了解中华文明的历史，才能更有效地推动中华优秀传统文化创造性转化、创新性发展，更有力地推进中国特色社会主义文化建设，建设中华民族现代文明。①

（四）可变性

文化会随着时代的变迁而变迁，政治、经济、生物、地理、心理、文化传播等因素都会影响文化，导致文化变迁。例如，汉服这种文化形态，贯穿于中国古代各个时期的历史中，随着时代的变迁以及政治、经济、文化的变化，汉服的样式、搭配、色彩等也不断发生变化。

思政专栏 1-1

二、文化行业包括文化事业和文化产业

文化行业包括文化事业和文化产业。文化事业和文化产业的目的、性质有所不同。文化事业是基于社会公益目的由国家机关或其他组织利用国有资产举办的、在文化领域从事研究创作精神产品和公共文化服务的公益性组织机构，如广播电视台、公共图书馆、公共博物馆、文物保护机构、党报、公益性出版社等；而文化产业是指从事文化产品生产和提供文化服务的经营性行业，以追求社会效益和经济效益为目的，如影视企业、互联网媒体、大多数报纸杂志社和出版社、民营文艺院团等。

根据国家统计局发布的《文化及相关产业分类（2018）》，文化产业是指“为社会公众提供文化产品和文化相关产品的生产活动的集合”，共包含 9 个大类。其中，以文化为核心内容，为直接满足人们的精神需要而进行的创作、制造、传播、展示等文化产品（包括货物和服务）的生产活动，被称为文化核心领域，是文化产业的主体部分；实现

① 习近平在文化传承发展座谈会上强调 担负起新的文化使命 努力建设中华民族现代文明 蔡奇主持．人民日报，2023-06-03（1）．

文化产品的生产所需的文化辅助生产和中介服务、文化装备生产、文化消费终端生产（包括制造和销售）等活动，被称为文化相关领域，是文化产业的补充部分。文化产业统计范围见表1-1。

表1-1　文化产业统计范围

领域	大类	具体内容
文化核心领域	新闻信息服务	包括新闻业、报纸、广播电视、互联网信息服务等
	内容创作生产	包括各类图书、期刊、电子出版物的出版，广播影视节目制作，文艺创作表演，动漫、游戏数字内容服务，图书馆、档案馆、博物馆、文化遗产保护，工艺美术品和艺术陶瓷制造等
	创意设计服务	包括广告服务、建筑设计和其他专业设计服务等
	文化传播渠道	包括图书、报刊、音像制品批发、零售、出租，广播电视节目传输，电影发行放映，艺术表演，互联网文化娱乐平台，工艺美术品销售等
	文化投资运营	包括文化投资与资产管理、文化企业总部和文化产业园区管理等
	文化娱乐休闲服务	包括歌舞厅、游戏厅、网吧、游乐园等娱乐活动，公园、动物园、植物园、风景名胜区、农家乐观光游览，直升机、热气球、飞机游览等
文化相关领域	文化辅助生产和中介服务	包括文化用纸、油墨、颜料制造，书报印刷、包装装潢、摄影扩印，文化版权，会展服务，艺术品拍卖及代理、票务代理、文化娱乐经纪、婚庆典礼服务，文化用品设备出租，文化艺术培训、社会人文科学研究等
	文化装备生产	包括印刷复印、广播影视、摄录演艺、游乐游艺等设备，乐器制造及销售等
	文化消费终端生产	包括文具、笔墨、玩具、节庆用品、电视机等家用视听设备、智能文化设备制造及销售等

资料来源：《文化及相关产业分类（2018）》。

三、文化法的产生与发展

世界上最早规定文化权利的国际性文件是1948年《世界人权宣言》，其中第27条规定，人人有权自由参加社会的文化生活，享受艺术，并分享科学进步及其产生的福利。1966年《经济、社会和文化权利国际公约》第15条进一步细化规定了文化权利。[①] 为了保障并促进文化多样性，联合国教科文组织分别于2001年和2005年发布了《世界文化多样性宣言》和《保护和促进文化表现形式多样性公约》。1972年《保护世界文化

① 《经济、社会和文化权利国际公约》第15条规定："一、本公约缔约各国承认人人有权：（甲）参加文化生活；（乙）享受科学进步及其应用所产生的利益；（丙）对其本人的任何科学、文学或艺术作品所产生的精神上和物质上的利益，享受被保护之利。二、本公约缔约各国为充分实现这一权利而采取的步骤应包括为保存、发展和传播科学和文化所必需的步骤。三、本公约缔约各国承担尊重进行科学研究和创造性活动所不可缺少的自由。四、本公约缔约各国认识到鼓励和发展科学与文化方面的国际接触和合作的好处。"

和自然遗产公约》最早明确了文化遗产保护，2003 年《保护非物质文化遗产公约》又将保护范围扩大到非物质文化遗产。

我国 1954 年《宪法》第 95 条规定，中华人民共和国保障公民进行科学研究、文学艺术创作和其他文化活动的自由。国家对于从事科学、教育、文学、艺术和其他文化事业的公民的创造性工作，给以鼓励和帮助。1982 年《宪法》第 22 条和第 47 条进而规定了国家对文化事业的促进和对文化权利的保障的义务。

为了落实宪法，保障文化权利，规范文化活动，我国通过了《公共文化服务保障法》《著作权法》《公共图书馆法》《电影产业促进法》《网络安全法》《文物保护法》《非物质文化遗产法》等法律，以及《出版管理条例》《广播电视管理条例》《互联网信息服务管理办法》《营业性演出管理条例》等行政法规。

不少国家进行了文化专门立法或者单行立法，如俄罗斯的《俄罗斯联邦文化基本法》《大众传播媒体法》，韩国的《文化产业振兴基本法》《影像振兴基本法》《电影振兴法》《广播法》，以及美国的《博物馆与图书馆服务法》等。

四、文化法是领域法

(一) 文化法是文化行业法律规范的总和

文化法并不属于传统的法律部门，而是一种领域法。随着我国法治的发展，传统的部门法划分已然不能完全回应各行各业对法律的需求，诸多行业中产生的法律问题需要进行跨学科、跨部门法的研究。由此，行业法应运而生，如交通法、教育法、卫生法、房地产法、文化法等。

行业法是法律实务精细化分工的必然结果。近年来，在基本法律体系框架已经搭建起来后，我国的立法和修法重点也大多在行业法上，如《城市房地产管理法》《高等教育法》《电力法》《药品管理法》等。因行业的特殊性，司法机关建立了专门法院来审理行业法案件，如北京、广州和杭州的互联网法院，上海、北京的金融法院，等等。律师的实务也按照行业划分，部分知名法律评级机构主要按照领域分类对律师进行排名，包括银行与金融、能源与矿产资源、医事法、建筑工程、通信媒体和媒体娱乐等。

面向特定行业培养法治人才也是法学教育的发展趋势。2011 年，教育部和中央政法委员会发布了《关于实施卓越法律人才教育培养计划的若干意见》，提出卓越法律人才教育培养计划的重点是培养应用型、复合型法律职业人才。2018 年，教育部、中央政法委员会又发布《关于坚持德法兼修实施卓越法治人才教育培养计划 2.0 的意见》，继续强调了培养学生跨专业、跨领域知识融通能力和实践能力的必要性。一些院校根据社会需求和学科发展需要，增加了知识产权法学、网络法学、证据法学、文化法学、娱乐法等专业。2023 年 2 月中共中央办公厅、国务院办公厅发布的《关于加强新时代法学教育和法学理论研究的意见》指出，加强文化法学等学科建设，培养高质量复合型法治人才。

文化法是规范文化行业各种行为的法律规范的总称。文化行业会随着时代变迁、技术变革不断向前发展，因而文化法的内涵和外延也会不断变化。按照部门法来划分，文化法主要包括以下内容：第一，宪法：文化基本权利保障及限制；第二，行政法：文化行业监管；第三，民商法：文化行业的人格权法、合同法、投融资法、知识产权法；第四，经济法：文化行业的广告法、竞争法、税法；第五，社会法：文化行业的社会与劳动保障法；第六，刑法：文化行业的犯罪；第七，诉讼与非诉讼程序法：文化行业的诉讼与非诉讼程序问题。

文化法是用以解决文化行业问题的法律规范的总称，需要综合运用各部门法，具有很强的实用性和针对性。

（二）文化法具有很强的意识形态属性

意识形态属性是文化行业的本质属性，坚持正确的意识形态是保障国家文化安全、促进文化行业健康发展的必然要求。文化行业应当坚持党的全面领导，坚持和完善党领导文化发展的体制机制，贯彻落实党管宣传、党管意识形态、党管媒体原则，把党的领导落实到宣传思想文化工作的方方面面，为实现文化的高质量发展提供根本保证；文化行业应当把握正确的政治方向、舆论导向和价值取向，坚持把马克思主义基本原理同中国具体实际相结合、同中华优秀传统文化相结合，着力巩固马克思主义在意识形态领域的指导地位、巩固全党全国人民团结奋斗的共同思想基础。

因此，文化法的理论和实践一定需要结合党和国家的文化政策。文化政策是党和国家出台的与文化行业有关的指导意见。政策与法律有密切联系，法律往往以政策为指导，并将政策内容固定下来。法律具有明确性和稳定性，有国家强制力作为保障；政策则更具纲领性、原则性和方向性，如 2011 年党的十七届六中全会通过的《中共中央关于深化文化体制改革推动社会主义文化大发展大繁荣若干重大问题的决定》、2014 年中央全面深化改革领导小组第四次会议审议通过的《关于推动传统媒体和新兴媒体融合发展的指导意见》、2021 年中央宣传部印发的《关于开展文娱领域综合治理工作的通知》，以及 2022 年中共中央办公厅、国务院办公厅印发的《“十四五”文化发展规划》和《关于推进实施国家文化数字化战略的意见》等。

思政专栏 1-2

宣传文化领域存在大量党内法规，表现为党章、准则、条例、规定、办法、规则、细则等，如《中国共产党章程》《中国共产党宣传工作条例》《宣传思想文化系统事业单位领导人员管理暂行办法》等，对文化行业具有重要的规范和指导作用。

五、文化法的三重功能

文化法的主要功能可以概括为以下三个方面。

（一）保障文化行业及从业人员的合法权益

文化法首先是关于权益保障的法律规范。文化权利是我国《宪法》第 47 条保障的基本权利。我国通过著作权法打击侵权盗版，保障作者权益；通过民法惩罚侵犯人格权的行为，保障文化行业从业人员的人格权益；通过行政法规范政府监管行为，保障文化行业行政相对人的人身权、财产权等合法权益；通过反不正当竞争法、广告法等保护文化市场竞争者、消费者的合法权益。

典型案例 1-1

演员葛某的剧照被制作成表情包在互联网上广泛传播，截至 2023 年 3 月 22 日，已经有 544 家企业因侵犯葛某肖像权而被起诉，共赔偿葛某 759.439 2 万元的经济损失和合理维权成本。①

(二) 规范文化行业的市场秩序

我国的文化行业立法起步较晚，法律规范不健全，现有法律规范层级较低，有的法律内容滞后，不能完全适应行业发展的实际需要。文化行业新业态中的问题层出不穷，逃税漏税、侵权盗版、演出票务市场混乱等乱象，急需文化法来规范。文化法有利于凝聚行业共识、填补立法漏洞、惩治违法行为。

典型案例 1-2

2019 年 4 月 13 日晚，歌手林俊杰世界巡演郑州站在河南省体育中心举行。李某在场馆外兜售假票，分别以 700 元一张和 500 元一张的价格卖给何某两张门票，卖给苏某一张门票。何某和苏某入场时被验票员发现所持门票为假票后，当即返回找到李某并将其交给附近执勤交警处置。民警接到警情后，迅速赶到现场将李某带回调查，认定李某倒卖有价票证违反《治安管理处罚法》，对其处以行政拘留 14 天的处罚，及时挽回了受骗歌迷的损失。②

(三) 促进文化行业的发展

文化法是解决文化行业发展中的困难和问题、实现文化行业高质量发展的推动力。我国文化行业主要面临三个问题：第一，文化产品和服务的供给严重不足，结构不平衡，高质量产品和服务不足，不能满足人民向往美好生活的多样化、多层次、多方面的精神文化需求。第二，结构亟待调整优化。目前，我国文化产业发展存在不充分、不平衡的矛盾，特别是随着文化和科技深度融合，文化产业的传统业态、服务形态等均面临严峻挑战。第三，文化企业发展面临困难。近年来，我国文化企业数量增长较快，但面临盈利模式不稳定、生命周期短、可持续发展难度大等突出问题，大多数文化企业规模偏小、实力偏弱，迫切需要加大扶持力度。③

---

① (2023-03-29)[2023-06-30]. https://www.yangtse.com/zncontent/2829031.html.

② 首例！黄牛倒卖林俊杰演唱会门票被警方行政拘留.(2019-04-22)[2023-10-13]. https://focus.szonline.net/redian/20190422/20190439212.html.

③ 参见《〈中华人民共和国文化产业促进法(草案送审稿)〉起草说明》。

因此，加强文化法的研究和实践，有利于提高文化企事业单位和从业人员的积极性，促进文化行业的快速发展，提升文化竞争力，加强我国社会主义精神文明建设，满足人民的精神文化需求，为人民群众提供丰富的文化产品。

第二节 文化法的法律渊源

文化法律规范都有哪些表现形式？如何分辨不同领域、不同层级的文化法律规范的效力高低？本节将为你解答这些困惑。

文化法的法律渊源是指文化法律规范的表现形式。按照有无法律强制约束力，文化法的法律渊源可以分为正式法律渊源和非正式法律渊源，前者主要是指国家机关制定的法律规范，后者则包括指导性案例、习惯等。

一、正式法律渊源

（一）宪法

宪法是最高法，宪法规范对于文化法的价值取向具有根本的指引作用。我国《宪法》从国家义务和公民的基本权利两个层面引导文化法的发展方向。

首先，《宪法》第22条规定，国家具有发展为人民服务、为社会主义服务的文化事业的义务①；第47条规定，国家对于从事教育、科学、技术、文学、艺术和其他文化事业的公民的有益于人民的创造性工作，给以鼓励和帮助。② 上述规定指明了文化行业的导向，即：为人民服务、为社会主义服务，有益于人民。

其次，《宪法》第35条、第38条、第40条、第41条和第47条规定了公民享有言论自由、出版自由③、人格尊严④、通信自由和通信秘密⑤、批评建议权⑥、文学艺术创作和其他文化活动的自由。这些权利为文化行业的行政法、知识产权法、侵权法、广告法等提供了宪法依据。此外，《宪法》还规定了劳动权、财产权，这些权利为文化行业

---

① 《宪法》第22条第1款规定："国家发展为人民服务、为社会主义服务的文学艺术事业、新闻广播电视事业、出版发行事业、图书馆博物馆文化馆和其他文化事业，开展群众性的文化活动。"

② 《宪法》第47条规定："中华人民共和国公民有进行科学研究、文学艺术创作和其他文化活动的自由。国家对于从事教育、科学、技术、文学、艺术和其他文化事业的公民的有益于人民的创造性工作，给以鼓励和帮助。"

③ 《宪法》第35条规定："中华人民共和国公民有言论、出版、集会、结社、游行、示威的自由。"

④ 《宪法》第38条规定："中华人民共和国公民的人格尊严不受侵犯。禁止用任何方法对公民进行侮辱、诽谤和诬告陷害。"

⑤ 《宪法》第40条规定："中华人民共和国公民的通信自由和通信秘密受法律的保护。除因国家安全或者追查刑事犯罪的需要，由公安机关或者检察机关依照法律规定的程序对通信进行检查外，任何组织或者个人不得以任何理由侵犯公民的通信自由和通信秘密。"

⑥ 《宪法》第41条第1款规定："中华人民共和国公民对于任何国家机关和国家工作人员，有提出批评和建议的权利；对于任何国家机关和国家工作人员的违法失职行为，有向有关国家机关提出申诉、控告或者检举的权利，但是不得捏造或者歪曲事实进行诬告陷害。"

的税法、劳动法、投融资法等提供了权利基础。同时，上述权利也要受到《宪法》第51条的限制，即公民在行使自由和权利时，不得损害国家的、社会的、集体的利益和其他公民的合法的自由和权利。

（二）法律

法律是由全国人民代表大会及其常务委员会制定的法律规范，其位阶仅低于宪法。文化法的法律规范既包括《刑法》《民法典》《著作权法》《商标法》《证券法》《公司法》《行政处罚法》《行政许可法》《治安管理处罚法》《税收征收管理法》《反不正当竞争法》《广告法》等涉及文化领域的法律规范，也包括《爱国主义教育法》《公共文化服务保障法》《公共图书馆法》《电影产业促进法》《网络安全法》《文物保护法》《非物质文化遗产法》等专门调整文化行业的法律规范。

典型案例 1-3

安徽省繁昌县某中草药种植专业合作社是一家从事中草药种植、销售等经营活动的农民专业合作社，鲁某为该合作社负责人，罗某才为股东。2012 年 4 月，该合作社承租繁昌县平铺镇某村约 200 亩山林，准备用于种植草药及苗圃。因该片山林位于全国重点文物保护单位——皖南土墩墓群范围内，同年 5 月，鲁某与繁昌县文物局签订了文物保护责任书，承诺不使用挖掘机施工作业。但在皖南土墩墓群范围内施工的过程中，鲁某、罗某才仍擅自使用挖掘机进行清理表层土壤、挖沟等作业。同年 10 月，繁昌县文物局执法人员在巡查时发现该情况并予以制止。经鉴定，皖南土墩墓本体受到严重破坏。安徽省繁昌县人民法院认为，鲁某、罗某才故意损毁被确定为全国重点文物保护单位的文物，均构成故意损毁文物罪。二人具有自首情节，依法可以从轻处罚，分别判处有期徒刑 3 年，缓刑 3 年，并处罚金 1 万元。①

此外，全国人大常委会也会在尚未制定法律的时候，以“决定”的形式发布准法律。如 2000 年《全国人民代表大会常务委员会关于维护互联网安全的决定》明确了关于网络犯罪的刑法适用问题，2012 年《全国人民代表大会常务委员会关于加强网络信息保护的决定》确立了网络实名制和网络信息保护的基本原则。

思政专栏 1-3

（三）行政法规

行政法规是国务院制定的有关行政管理事项的法律规范，其效力低于宪法和法律。我国文化行业的一些领域目前还没有制定相关法律，最高位阶的法律规范就是行政法规，比如《出版管理条例》《广播电视管理条例》《互联网信息服务管理办法》《营业性演出管理条例》等；同时还有部分领域虽然有法律，但也出台了行政法规细化法律的规

① 依法保护文物和文化遗产典型案例．（2023－02－07）［2023－10－13］．https：//www.court.gov.cn/zixun-xiangqing-388291.html.

定，如《电影管理条例》《著作权法实施条例》等。

（四）地方性法规

根据《立法法》的规定，地方性法规包括两类：第一类是省、自治区、直辖市的人民代表大会及其常务委员会根据各自的具体情况和实际需要制定的地方性法规；第二类是设区的市的人民代表大会及其常务委员会根据本市的具体情况和实际需要制定的关于城乡建设与管理、生态文明建设、历史文化保护、基层治理等方面的事项的地方性法规，但这类地方性法规须报省、自治区的人民代表大会常务委员会批准后方可施行。地方性法规的效力低于宪法、法律和行政法规。

文化行业的地方性法规包括：《北京市文化娱乐场所经营单位安全生产规定》（2018年修改）、《上海市市民体育健身条例》（2017年修正）、《上海市红色资源传承弘扬和保护利用条例》（2021年）、《浙江省文化市场综合行政执法管理办法》（2011年修正）、《江苏省广播电视管理条例》（2018年）等。

（五）规章

规章是指国家行政机构依法制定的有关行政管理的法律规范，包括部门规章和地方政府规章两类。国务院组成部门（国务院各部、委员会，中国人民银行，审计署）、具有行政管理职能的直属机构（如国家广播电视总局、国家市场监督管理总局等），以及国务院授权机关（如国家互联网信息办公室）有权制定部门规章。为限制部门规章随意扩权，《立法法》第91条第2款规定："……没有法律或者国务院的行政法规、决定、命令的依据，部门规章不得设定减损公民、法人和其他组织权利或者增加其义务的规范，不得增加本部门的权力或者减少本部门的法定职责。"

文化演出领域的部门规章包括：《营业性演出管理条例实施细则》《文化市场综合行政执法管理办法》《演出经纪人员资格证管理规定（试行）》《网络表演经营活动管理办法》《娱乐场所管理办法》等。

新闻出版领域的部门规章包括：《音像制品进口管理办法》《网络出版服务管理规定》等。

广播影视领域的部门规章包括：《广播电视无线传输覆盖网管理办法》《广播电视节目传送业务管理办法》《广播电视行政处罚程序规定》《互联网视听节目服务管理规定》《专网及定向传播视听节目服务管理规定》《未成年人节目管理规定》等。

互联网信息领域的部门规章包括：《互联网新闻信息服务管理规定》《儿童个人信息网络保护规定》《网络信息内容生态治理规定》《互联网信息服务深度合成管理规定》《互联网用户账号信息管理规定》《互联网信息服务算法推荐管理规定》等。

地方政府规章的制定主体包括省、自治区、直辖市和设区的市、自治州的人民政府。设区的市、自治州的人民政府制定规章的权限限于城乡建设与管理、生态文明建设、历史文化保护、基层治理等方面的事项。文化行业的地方政府规章数量较少，如《上海市文化娱乐市场管理条例实施细则》（2015年修正）、《上海市电影发行放映管理办法》(2015 年修正) 等。

由于规章的制定主体众多、效力位阶不高，因此规章并非司法实践中法院审理案件的依据，而只能作为“参照”。不合法的规章，法院可以不予引用。

(六) 规范性文件

文化行业法律规范中数量最多的是形形色色的规范性文件，其具体名称可为“规定”“办法”“通知”“意见”“决定”等。规范性文件发布的主体更加多元，从中共中央、国务院，到各部委、地方人大及政府以及各级政府的工作部门等都可以发布规范性文件。例如《国务院关于非公有资本进入文化产业的若干决定》《互联网跟帖评论服务管理规定》《国家广播电视总局关于进一步加强广播电视和网络视听文艺节目管理的通知》《文化和旅游部关于规范网络演出剧(节)目经营活动推动行业健康有序发展的通知》等。

从效力层级来看，规范性文件处于法律金字塔的最底层，且其制定程序相对而言不算严格，对法院没有很强的拘束力。由于规范性文件数量庞大，涉及面广，对社会热点问题响应速度快，其在文化行业中亦发挥了重要的作用，是从事文化法研究和实务工作必须关注的。

根据国务院的要求，各级政府及其工作部门应当对行政规范性文件进行合法性审核。[①] 根据《行政诉讼法》的相关规定，法院可以附带性地对规范性文件的合法性进行审查，并向制定机关提出处理建议。

(七) 法律解释

法律解释是有关国家机关依法对宪法、法律、行政法规等已有规范作出的解释性规范，包括立法解释、行政解释、司法解释等。立法解释是由全国人大常委会对需要进一步明确含义或补充规定的法律所作出的解释；行政解释是由国务院及其主管的部门针对法律规范如何具体应用所作出的解释，如《国家版权局关于对著作权经营许可问题的意见》(国权办〔2003〕22 号)；司法解释是由最高人民法院或最高人民检察院针对审判、检察工作中法律法规如何适用问题所作出的解释。

我国文化行业常见的司法解释主要集中在侵权法、著作权法和刑法领域，如《最高人民法院关于审理侵害信息网络传播权民事纠纷案件适用法律若干问题的规定》(2020 年修正)、《最高人民法院、最高人民检察院关于办理利用信息网络实施诽谤等刑事案件适用法律若干问题的解释》(2013 年)、《最高人民法院关于审理编造、故意传播虚假恐怖信息刑事案件适用法律若干问题的解释》(2013 年)、《最高人民法院关于审理利用信息网络侵害人身权益民事纠纷案件适用法律若干问题的规定》(2020 年修正)、《最高人民法院、最高人民检察院关于办理侵犯公民个人信息刑事案件适用法律若干问题的解

---

① 参见《国务院办公厅关于全面推行行政规范性文件合法性审核机制的指导意见》(国办发〔2018〕115 号)。

释》(2017 年)、《最高人民法院、最高人民检察院关于办理非法利用信息网络、帮助信息网络犯罪活动等刑事案件适用法律若干问题的解释》(2019 年) 等。

(八) 国际条约

国际条约是指两个或两个以上的国家或国际组织间缔结的确定其权利和义务的各种协议。凡是我国加入的文化行业的国际公约,我国也应遵守其中的相关规定,如我国 2001 年批准的《经济、社会和文化权利国际公约》、2006 年批准的《保护和促进文化表现形式多样性公约》等。1992 年,我国加入了《保护文学和艺术作品伯尔尼公约》和《世界版权公约》,实现了与国际版权保护接轨。2001 年,我国加入《与贸易有关的知识产权协议》(TRIPs 协议),并对知识产权法作了与 TRIPs 协议相一致的修改。2006 年,我国加入《世界知识产权组织版权条约》和《世界知识产权组织表演和录音制品条约》。2014 年,我国批准了《视听表演北京条约》,其主要针对录制在"视听录制品"中的表演,为表演者规定了广泛的权利,填补了视听表演领域全面版权保护国际条约的空白,该条约于 2020 年 4 月 28 日生效。2021 年,我国批准了《马拉喀什条约》,该条约旨在通过版权限制与例外,为盲人、视力障碍者等阅读障碍者提供获得和利用作品的机会,从而保障其平等获取文化和教育的权利。

思政专栏 1-4

在我国司法实践中,引用国际公约加以论述、探究立法原意的判决日益增加。如北京知识产权法院在北京某科技有限公司与深圳某计算机系统有限公司侵害作品信息网络传播权纠纷二审民事判决书中就加入了对国际公约的论述。[①]

二、非正式法律渊源

非正式法律渊源是指不具有明文规定的法律效力,但具有法律说服力的资料,是能够构成法律决定的大前提的准则来源,如指导性案例、习惯、行业自律规范等。

(一) 指导性案例

虽然我国不是判例法国家,但为了统一法律适用和裁判的尺度、提高司法效率、促进司法公正,最高人民法院推行了案例指导制度。指导性案例对于各级人民法院有参照适用的效力。各级人民法院正在审理的案件,在基本案情和法律适用方面与最高人民法院发布的指导性案例相类似的,应当参照相关指导性案例的裁判要点作出裁判。在办理案件过程中,案件承办人员应当查询相关指导性案例。[②]

截至 2023 年 10 月,最高人民法院共公布了 216 个指导性案例,其中与文化行业有关的有 11 个,分别是:指导性案例 195 号:罗某君、瞿某珍侵犯公民个人信息刑事附

① 参见北京知识产权法院 (2016) 京 73 民终 143 号民事判决书。

② 《〈最高人民法院关于案例指导工作的规定〉实施细则》第 11 条第 1 款规定:"在办理案件过程中,案件承办人员应当查询相关指导性案例。在裁判文书中引述相关指导性案例的,应在裁判理由部分引述指导性案例的编号和裁判要点。"

带民事公益诉讼案；指导性案例 194 号：熊某恒等侵犯公民个人信息案；指导性案例 193 号：闻某等侵犯公民个人信息案；指导性案例 192 号：李某祥侵犯公民个人信息刑事附带民事公益诉讼案；指导案例 189 号：上海某文化有限公司诉李某、昆山某信息技术有限公司合同纠纷案；指导案例 147 号：张某明、毛某明、张某故意损毁名胜古迹案；指导案例 143 号：北京某科技有限公司、黄某兰诉赵某名誉权纠纷案；指导案例 113 号：迈克尔·杰弗里·乔丹与国家工商行政管理总局商标评审委员会、某体育股份有限公司“乔丹”商标争议行政纠纷案；指导案例 99 号：葛某生诉洪某快名誉权、荣誉权纠纷案；指导案例 81 号：张某燕诉雷某和、赵某、山东某音像图书有限公司著作权侵权纠纷案；指导案例 45 号：北京某科技有限公司诉青岛某网络技术有限公司等不正当竞争纠纷案。

（二）习惯

习惯是指文化行业公认的通常做法和惯例。Robots 协议已成为所有搜索引擎必须遵守的国际惯例。搜索引擎的原理是通过一种爬虫 spider 程序，自动搜集互联网上的网页并获取相关信息。鉴于网络安全与隐私的考虑，每个网站都会设置自己的 Robots 协议，来明示哪些内容是愿意和允许被搜索引擎收录的，哪些则不允许。而搜索引擎则会按照 Robots 协议给予自己的权限来进行抓取。法院认为违反 Robots 协议的抓取行为构成不正当竞争，即把行业惯例作为违反反不正当竞争法一般条款中“公认的商业道德”的判断标准。[①]

（三）自律规范等软法

软法是指不能用国家强制力保证实施的法律规范，如政治组织创制的自律规范和社会共同体创制的自治规范。例如，国际足联有《纪律守则》《道德守则》等，中国互联网协会有《中国互联网行业自律公约》《博客服务自律公约》等。

2019 年 1 月，在广电总局的指导下，中国网络视听节目服务协会发布了《网络短视频平台管理规范》和《网络短视频内容审核标准细则》（2021 年修订），前者对平台应遵守的总体规范、上传（合作）账户管理规范、内容管理规范和技术管理规范等提出了 20 条建设性要求，要求短视频先审后播；后者面向短视频一线审核人员，为他们提供了 100 条具体的审核标准。

基本概念

文化　文化法　文化事业　文化产业　文化法的法律渊源

---

① 参见北京市第一中级人民法院（2013）一中民初字第 2668 号民事判决书。

讨论题

1. 某网络主播在直播时表演了他人创作的歌曲，并且得到了很多粉丝的打赏。这一行为可能会违反哪些法律规范？请按照法律位阶由高到低列出名称。

2. 举例说明文化法与娱乐法、艺术法、传媒法、网络法之间有何联系和区别。

3. 请查找短视频的监管涉及哪些法律渊源。

第二章
文化法的基本原则

引　例

很多为人民服务、为社会主义服务的高质量文化产品既取得了良好的社会效益，也取得了良好的经济效益。例如，展现抗美援朝战争的电影《长津湖》票房超过60亿元，海军撤侨题材的爱国主义电影《红海行动》取得了36.48亿元的票房，科幻题材电影《流浪地球》票房高达46.54亿元，国产动漫《哪吒之魔童降世》票房突破40亿元，都市家庭情感题材的电视剧《都挺好》首轮版权总收入为6.67亿元。

文化法的基本原则是贯穿于文化法始终的精神内核，指引着文化法治的基本方向，可以补充法律的漏洞，具有重要的价值。本章将带你了解文化法应当遵循的三个基本原则。

第一节　社会效益和经济效益相统一原则

文化产品是一种特殊产品，既有社会属性，又有市场属性。文化法应当坚持将社会效益放在首位、社会效益和经济效益相统一的原则。

党的十八大报告提出，要坚持把社会效益放在首位、社会效益和经济效益相统一，推动文化事业全面繁荣、文化产业快速发展。2015年，中共中央办公厅、国务院办公厅印发了《关于推动国有文化企业把社会效益放在首位、实现社会效益和经济效益相统一的指导意见》。党的十九大报告指出，要深化文化体制改革，完善文化管理体制，加快构建把社会效益放在首位、社会效益和经济效益相统一的体制机制。党的十九届四中全会的决定指出，建立健全把社会效益放在首位、社会效益和经济效益相统一的文化创作生产体制机制。党的二十大报告强调，坚持把社会效益放在首位、社会效益和经济效益相统一，深化文化体制改革，完善文化经济政策。2022年，中共中央办公厅、国务院办公厅印发了《"十四五"文化发展规划》，指出要坚持把社会效益放在首位、社会效益和经济效益相统一。把握社会主义市场经济条件下文化建设的特点和规律，正确处理文化的意识形态属性和产业属性、社会效益和经济效益之间的关系，推动有效市场和有为政府更好结合，彰显和壮大主流价值、主流舆论、主流文化。

这一原则既是文化领域供给侧结构性改革的准绳，又是优秀文艺作品创作和文化企业经营必须遵循的内在规律；既是保证文化领域健康、有序发展的基石，又是激发文化市场活力、繁荣文化生态的前提。全面正确理解这一原则，应当把握以下两个方面。

一、社会效益具有优先价值

思政专栏 2－1

社会效益包括政治效益、思想文化效益、生态环境效益等，是确保文化安全的根本。文化行业不能片面追求经济效益而忽视社会效益。当市场价值和社会价值发生矛盾时，市场价值应当服从社会价值，经济效益应当服从社会效益。因此，唯票房论、唯收视率论、唯流量论都是不符合这一原则的。

二、把社会效益和经济效益有机统一起来

社会效益和经济效益不是对立的，而是内在统一的。片面追求经济效益，忽视社会效益，触碰法律底线，从长远来看也会丧失经济效益。

典型案例 2－1

某公司播放盗版作品和淫秽色情作品，最终被深圳市市场监管部门罚款高达 2.6 亿元，其高管因传播淫秽物品牟利罪被判处 3 年 6 个月的有期徒刑。[1] 由此该公司作为曾经最大的视频平台之一终被宣告破产。

第二节　统筹文化发展与文化安全的原则

文化法需要统筹文化发展与文化安全，将文化发展与文化安全有机统一起来。

一、文化安全是文化发展的前提

文化安全是指一个国家的文化处于相对没有危险和不受内外威胁的状态，以及能够保障、维护和塑造持续安全状态的能力。文化安全是随形势任务的变化而动态发展的。从基本性质来看，文化安全主要包括文化主权、意识形态、文化认同、文化传统等方面的安全；从领域区域来看，文化安全主要包括网络文化、校园文化、文化遗产、重点地区文化等方面的安全；从工作内容来看，文化安全主要包括文化事业、文化产业、文化传播、文化交流等方面的安全。

文化安全是文化发展的前提，忽视文化安全的文化发展是存在隐患、不可持续的。

---

① 参见广东省高级人民法院（2016）粤行终 492 号行政判决书，北京市海淀区人民法院（2015）海刑初字第 512 号刑事判决书。

建设文化强国，需要文化安全提供良好环境和坚强保障。没有文化安全，文化强国就难以实现。只有切实维护文化安全，抵制和消除各种不利因素，才能促进文化的发展和繁荣，推动建设社会主义文化强国进程。

二、文化发展是文化安全的保障

文化发展是指把新发展理念贯穿于文化发展全过程和各领域，优化文化发展生态，转变文化发展方式，重构文化发展格局，实现更高质量、更有效率、更加公平、更可持续、更为安全的发展。文化发展是文化安全的保障，忽视文化发展的文化安全是基础薄弱、不能长久的。坚持统筹文化发展和文化安全，才能实现高质量文化发展和高水平文化安全的良性互动。

典型案例 2－2

2021 年 3 月 17 日，在北京某文化发展有限公司举办的“开放麦 & 夜场狂欢”脱口秀营业性演出活动中，演员现场表演使用了不文明语言及低俗段子，且当时现场有未成年人观看表演，危害了社会公德。4 月 25 日，北京市文化市场综合执法总队依据《营业性演出管理条例》和《营业性演出管理条例实施细则》对北京某文化发展有限公司作出罚款 5 万元的行政处罚。

本案涉及侵害未成年人合法权益，是北京市首例脱口秀演出存在禁止内容案。对本案的处理为脱口秀演出新业态立起了“红绿灯”，划定了“边界线”，促进了脱口秀演出等新业态的健康发展。①

第三节　合作治理原则

监管强调政府的控制和主导地位，监管工具主要是设定许可、限定禁止内容、设定相对人的各种义务等，以干预行政为主。治理（governance）一词源于希腊语中的“掌舵”（kybernan），强调多主体的协调、合作、互动。文化行业的参与主体众多，覆盖问题复杂多变，这决定了单纯依靠政府监管的模式难以奏效，需要转向合作治理模式。

一、合作治理是多主体治理

合作治理的重心从科层结构转向多中心治理网络，强调多元主体的合作与参与。政府监管部门负责设定最低标准，召集多方协商机制，支持和鼓励各方主体参与协商，提升其参与协商的能力，并进行最终的监督。政府和企业应该共同制定标准并执行，同时

① 北京市文化市场综合执法总队成功查处首例脱口秀存在禁止内容案．(2021－04－27)[2023－07－10]．http：//whsczfzd. beijing. gov. cn/bjwhzf/dtxx/202104/f7b6b1a 02bf7459b9f1feb5ae7c24251. shtml.

发挥行业协会自律、公民投诉举报等机制的作用。各主体各司其职，相互配合，相互支持。

二、合作治理是多手段治理

合作治理要求政府的监管手段从传统的刚性手段转变为刚柔相济的手段，不仅包括行政处罚、行政许可、行政强制等硬法机制，也包括行政指导、行政资助、行政奖励、行政调解等软法机制和非强制性监管手段，政府通过利益诱导机制引导行政相对人纠正违法行为，鼓励他们积极创新和提升守法意识。

柔性监管手段具有平等协商性和自由选择性，从挖掘和满足行政相对人的需求入手，符合民主行政、建设服务型政府的趋势，更容易取得行政相对人的认同和配合。行政指导手段更加灵活，运用领域更加广泛，不仅在行政相对人存在严重违法违规行为时可以运用，在其存在轻微违法苗头时，或者为了促成其事业的发展壮大时也可采用。

当然，政府需要处理好刚性手段和柔性手段之间的关系，既不能以指导、奖励等柔性手段取代处罚等刚性手段，也不能单纯地一罚了之、以罚代管，而应刚柔相济，采用能够达到行政目标的最佳方式。

典型案例 2-3

2019 年 4 月 11 日，某公司网站上出现了黑洞照片，并打上了该公司的标签，引发网民热议。当天下午，团中央“官微”发出质问。该公司立即通过官方微博声明致歉，并对不合规图片作了下线处理。天津市互联网信息办公室连夜约谈网站负责人，责令该网站立即停止违法违规行为，全面彻底整改。4 月 12 日上午，国家版权局发布公告称，将把图片版权保护纳入即将开展的“剑网 2019”专项行动，进一步规范图片市场版权秩序。4 月 18 日，天津市互联网信息办公室因该公司对用户发布的信息未尽到安全管理义务，未及时发现和处置用户发布的法律、行政法规禁止发布或者传输的内容，违反了《中华人民共和国网络安全法》第 47 条的规定，且情节严重，对其罚款 30 万元。①

该案由版权侵权领域的公众监督引发，是由国家版权局和天津市互联网信息办公室依据不同的法律进行监管的典型案件，其中既有针对个案的处理，也有针对类案问题的专项行动，既有刚性的处罚，也有处罚前相对柔性的约谈，而且响应非常及时，体现了网络版权治理的优势。

基本概念

社会效益　经济效益　文化发展　文化安全　合作治理

---

① 北京青年报，2019-04-19（A12）.

讨论题

1. 如果违反了文化法的基本原则，有哪些法律后果？
2. 请查找文化行业合作治理的典型案例。
3. 如何纠正“唯流量论”的不良倾向？

第三章
文化法的主体和客体

引 例

北京市东城区某住宅的产权系北京某公司所有，马某在该住宅院内一房屋租住。2019 年 3 月，马某曾就房屋修缮问题向该公司反映，被告知该房屋属于国家文物不能擅自施工，需上报审批。后马某在未经文物部门审批许可的情况下，擅自雇请个人施工队私自动工，将该住宅四进院北房东配房的房顶及三面墙体拆除，造成房屋大面积损毁。经查，马某承租房屋所处住宅于 1988 年 1 月 13 日被国务院确定为第三批全国重点文物保护单位。经北京市古代建筑研究所鉴定，被损毁部分为文物本体，单体损毁程度为严重，对整组文物建筑群的影响程度为中度。

法院认为，马某明知其承租房屋为全国重点文物保护单位，未经有关部门批准、未做专业防护，擅自雇用不具备资质的施工单位进行修缮，致使文物本体损毁，其行为已构成故意损毁文物罪，依法应予惩处。据此，法院以故意损毁文物罪对马某定罪处罚。[①]

文化法的主体和客体是文化法律关系中的基本要素，文化法的主体包括哪些？文化法的客体包括哪些？本章将为你解答。

第一节 文化法的主体

文化法的主体是指文化法律关系中的当事人，其可能是权利的享有者，也可能是义务的承担者。

一、国家

文化法的主体首先是国家。国家负有保障公民文化权利、管理文化活动以及促进文化发展的义务。

---

① 东城法院发布司法助力文化传承发展典型案例．(2022－12－20)［2023－07－26］．https：//dcqfy.bjcourt.gov.cn/article/detail/2022/12/id/7071208.shtml.

《宪法》第一章“总纲”设定了国家在促进文化发展方面的目标和义务。《宪法》第14条第3款在总体上规定：“国家合理安排积累和消费，兼顾国家、集体和个人的利益，在发展生产的基础上，逐步改善人民的物质生活和文化生活。”第19条进一步规定：“国家发展社会主义的教育事业，提高全国人民的科学文化水平。国家举办各种学校，普及初等义务教育，发展中等教育、职业教育和高等教育，并且发展学前教育。国家发展各种教育设施，扫除文盲，对工人、农民、国家工作人员和其他劳动者进行政治、文化、科学、技术、业务的教育，鼓励自学成才。国家鼓励集体经济组织、国家企业事业组织和其他社会力量依照法律规定举办各种教育事业。国家推广全国通用的普通话。”第22条规定：“国家发展为人民服务、为社会主义服务的文学艺术事业、新闻广播电视事业、出版发行事业、图书馆博物馆文化馆和其他文化事业，开展群众性的文化活动。国家保护名胜古迹、珍贵文物和其他重要历史文化遗产。”第24条规定：“国家通过普及理想教育、道德教育、文化教育、纪律和法制教育，通过在城乡不同范围的群众中制定和执行各种守则、公约，加强社会主义精神文明的建设。国家倡导社会主义核心价值观，提倡爱祖国、爱人民、爱劳动、爱科学、爱社会主义的公德，在人民中进行爱国主义、集体主义和国际主义、共产主义的教育，进行辩证唯物主义和历史唯物主义的教育，反对资本主义的、封建主义的和其他的腐朽思想。”

《宪法》第二章“公民的基本权利和义务”中同样规定了国家的义务。第47条规定：“……国家对于从事教育、科学、技术、文学、艺术和其他文化事业的公民的有益于人民的创造性工作，给以鼓励和帮助。”

《宪法》赋予了国家管理文化事务的权力。第70条第1款规定：“全国人民代表大会设立……教育科学文化卫生委员会……”第99条第1款规定：“地方各级人民代表大会在本行政区域内，保证宪法、法律、行政法规的遵守和执行；依照法律规定的权限，通过和发布决议，审查和决定地方的经济建设、文化建设和公共事业建设的计划。”第89条和第107条分别赋予了国务院以及县级以上地方各级人民政府管理文化工作的权力。

二、民族

民族是在历史上形成的具有共同语言、共同地域、共同经济生活以及共同民族文化的稳定的共同体。民族作为文化法的主体，既享有文化权利，也负有文化义务。少数民族保留了鲜明的民族文化习俗，保护少数民族文化权利是保护和尊重文化特殊性、多样性的体现。

《宪法》第4条第2款规定：“国家根据各少数民族的特点和需要，帮助各少数民族地区加速经济和文化的发展。”第4条第4款规定：“各民族都有使用和发展自己的语言文字的自由，都有保持或者改革自己的风俗习惯的自由。”第119条规定：“民族自治地方的自治机关自主地管理本地方的教育、科学、文化、卫生、体育事业，保护和整理民族的文化遗产，发展和繁荣民族文化。”第121条规定：“民族自治地方的自治机关在执行职务的时候，依照本民族自治地方自治条例的规定，使用当地通用的一种或者几种语言文字。”第122条第1款规定：“国家从财政、物资、技术等方面帮助各少数民族加速发展经济建设和文化建设事业。”

思政专栏3-1

三、法人与非法人组织

法人与非法人组织也是文化法的主体。法人是具有民事权利能力和民事行为能力、依法独立享有民事权利和承担民事义务的组织。非法人组织是指不具有法人资格，但是能够依法以自己的名义从事民事活动的组织。非法人组织包括个人独资企业、合伙企业和不具有法人资格的专业服务机构等。

文化法领域的法人和非法人组织包括从事文化创作研究的高校、科研机构、博物馆、图书馆和文化馆等公共文化事业组织，从事文化生产、经营和传播的文化企业单位，以及文化行业协会和文化中介服务机构等。《公共文化服务保障法》第13条规定：“国家鼓励和支持公民、法人和其他组织参与公共文化服务。对在公共文化服务中作出突出贡献的公民、法人和其他组织，依法给予表彰和奖励。”

四、公民

公民是文化权利的享有者。《宪法》第47条规定：“中华人民共和国公民有进行科学研究、文学艺术创作和其他文化活动的自由……”公民文化权利的落实有赖于国家的保障。具体来说，公民享有文化创作权、文化传播权、文化获得权、文化参与权和文化成果受保护权等文化权利。同时，公民也应当履行相应的文化义务。

典型案例3-1

2008年11月，江苏省文化厅授予赵某某“江苏省非物质文化遗产绒花制作技艺代表性传承人”证书。赵某某在传统“福寿三多”绒花的基础上创作了新“福寿三多”绒花，并进行了作品著作权登记。南京某文化传播有限公司通过西塘汉服节及淘宝店铺等渠道销售被诉侵权绒花产品。

法院认为，赵某某在传统的基础上进行了个性化的创作，形成了具有独创性表达的新绒花作品，属于著作权法意义上的美术作品。该公司销售的绒花产品与赵某某的绒花美术作品实质性相似，侵害了赵某某对绒花美术作品的复制权等著作权。法院综合考虑涉案作品的类型、独创性高度、销售价格、侵权行为的手段、侵权持续时间、侵权地域范围、侵权后果及维权合理支出等因素酌定赔偿数额（包含合理费用）为5万元。[①]

---

① 参见江苏省南京市中级人民法院（2022）苏01民终6088号民事判决书。

第二节　文化法的客体

文化法的客体是文化法的权利主体和义务主体所指向的对象，主要包括以下五类。

一、文化设施

文化设施指的是用于提供文化服务的建筑物、场地和设备，如图书馆、博物馆、文化馆、美术馆、科技馆、纪念馆等，既有国有的，也有非国有的。《公共文化服务保障法》第 14 条所规定的公共文化设施是指“用于提供公共文化服务的建筑物、场地和设备，主要包括图书馆、博物馆、文化馆（站）、美术馆、科技馆、纪念馆、体育场馆、工人文化宫、青少年宫、妇女儿童活动中心、老年人活动中心、乡镇（街道）和村（社区）基层综合性文化服务中心、农家（职工）书屋、公共阅报栏（屏）、广播电视播出传输覆盖设施、公共数字文化服务点等”。文化设施是开展文化活动的重要载体。

思政专栏 3－2

二、文化传播媒体

文化传播媒体，就是传播各种文化信息的载体。随着时代的发展，传媒的内涵和外延已经从传统的报刊、图书、广播、电影、电视等拓展到了互联网领域。网络传播颠覆了传统的大众传播形态：第一，自媒体时代改变了传播生产方式，降低了新闻生产门槛，传播不再只依赖专业传播机构，人人都有麦克风；第二，互联网集各种传播模式于一身，实现了人际传播和大众传播的兼容，人们既可以进行点对点、一对一的交流，也可以进行一对多的传播；第三，网络传播方式是交互式的，具有及时性。我国制定了《出版管理条例》、《广播电视管理条例》、《电影产业促进法》、《网络安全法》以及《互联网信息服务管理办法》等法律法规对文化传播媒体进行规范。

三、文化智力成果

文化智力成果是人们通过智力劳动创造的文化精神财富或精神产品。知识产权是依靠智力成果产生的权利，主要包括著作权、注册商标专用权（以下简称“商标权”）和专利权。文化领域是知识产权创造、运用和保护的重要阵地，加强知识产权保护是提升文化行业创新活力与可持续发展能力的有力保障。我国制定了《著作权法》、《商标法》和《专利法》等法律法规来保护知识产权。

典型案例 3－2

故宫博物院聚焦知识产权管理与保护，积极做好文博知识产权保护工作，取得了显著成效。故宫博物院先后注册了"故宫""紫禁城""宫""故宫书店"等 12 个商标。2006 年,"故宫""紫禁城"被认定为驰名商标。自 2007 年起,故宫博物院将"故宫""紫禁城"商标在西班牙、美国、日本、新西兰等国家,以及中国香港、澳门、台湾等地区进行了注册。

为有效保护自身注册商标,故宫博物院还委托专业知识产权代理机构进行年度商标监测,并积极做好知识产权维权工作。近年来,故宫博物院综合运用商标异议、无效宣告、申请撤销连续 3 年无正当理由未使用的有关注册商标等方式打击近似商标。其中,通过运用商标异议手段,成功阻止了多起已经通过初步审定的近似商标注册,有效维护了自身的合法权益。

故宫博物院不断加强专利申请与保护。为解决保有鲜艳色彩的传世纺织品文物除尘除污问题,故宫博物院牵头生产出兼具除尘、打磨、良好吸水功能的文物除尘布,并申请了实用新型专利。[①]

四、文化遗产

文化遗产是历史留给人类的宝贵财富,分为物质文化遗产(有形文化遗产)和非物质文化遗产(无形文化遗产)。物质文化遗产是指具有历史、艺术和科学价值的文物,非物质文化遗产是指各种以非物质形态存在的、与群众生活密切相关且世代相承的传统文化。我国制定了《文物保护法》和《非物质文化遗产法》来保护物质文化遗产和非物质文化遗产。

五、文化行为

文化行为,指文化法律关系主体实现文化权利义务的作为与不作为。作为是指行为人积极从事的文化活动,包括文化的创作、经营管理、传播等;不作为是指行为人负有实行某种积极行为的特定法律义务,并且能够实行而不实行的行为,如不纳税、非遗传承人不履行义务等。文化法通过权利、义务、责任的设定指引和评价文化行为,引导文化法主体积极行使权利、履行义务。

基本概念

国家　民族　法人与非法人组织　公民　文化设施　文化传播媒体　文化智力成果　文化遗产　文化行为

---

① 范朝慧．加强文博知识产权保护工作,故宫这样做．(2022－04－21)[2023－07－26]. https://baijiahao.baidu.com/s?id=1730709285297047163&wfr=spider&for=pc.

讨论题

1. 查找案例，思考我国的法人和非法人组织在文化行业中发挥了怎样的作用。
2. 不同类型的文化法主体是如何利用文化传播媒体传递信息的？
3. 请举例说明不同类型的文化法主体都有哪些文化行为。

第四章 文化权利与文化义务

引　例

湖北省恩施市崔家坝镇原滚龙坝村（现为鸦鹊水村滚龙坝组）以古建筑群、古墓葬而著名。近年来，该传统村落民居遭受不同程度的损坏，古墓葬群被多次非法盗掘，养殖污染破坏了生态环境。湖北省恩施市人民检察院接到村民举报，称滚龙坝村传统民居和古墓葬未得到依法有效保护，遂于2020年5月6日立案调查，经调查发现滚龙坝村存在古墓葬破坏、水泥砖房取代民族传统木质瓦房、养殖场直排污水破坏生态环境等违法情形。恩施市人民检察院向崔家坝镇政府、恩施市住房和城乡建设局、恩施市文化和旅游局发出诉前检察建议，督促其在各自的职责范围内依法履职，保护好历史文化名村。收到检察建议后，恩施市相关部门开展了统一行动，对全市的历史名村、传统村落和特色村寨进行了全面排查，制定了保护措施和方案，达到了“办理一案、治理一片”的良好社会效果和法律效果。①

文化权利和文化义务是文化法律关系的核心内容。文化权利和文化义务包括哪些类型？违反文化义务需要承担怎样的法律责任？本章将为你揭晓答案。

第一节　文化权利

法律权利反映了一定的社会物质条件所制约的行为自由，是法律所允许的权利人为满足自己的利益所采取的、由其他人的法律义务所保证的法律手段。② 文化权利是指法律规定的人们可以为或不为一定文化行为以及可以要求他人为或不为一定文化行为的权利。

一、文化权利的法律依据

《世界人权宣言》第27条规定：“（一）人人有权自由参加社会的文化生活，享受艺

---

① 检察机关文物和文化遗产保护公益诉讼典型案例．（2020－12－02）[2023－08－19]．https：//www.spp.gov.cn/spp/xwfbh/wsfbt/202012/t20201202_487926．shtml#2．

② 《法理学》编写组．法理学．2版．北京：人民出版社，高等教育出版社，2020：133．

术，并分享科学进步及其产生的福利。（二）人人对由于他所创作的任何科学、文学或艺术作品而产生的精神的和物质的利益，有享受保护的权利。”《经济、社会和文化权利国际公约》第15条第1款规定：“本公约缔约各国承认人人有权：（甲）参加文化生活；……（丙）对其本人的任何科学、文学或艺术作品所产生的精神上和物质上的利益，享受被保护之利。”这是对“文化权利”的基本认定。联合国教科文组织《世界文化多样性宣言》第5条明确界定了“文化权利”的概念，其指出：文化权利是人权的一个组成部分，它们是一致的、不可分割的和相互依存的。

我国《宪法》第47条规定：“中华人民共和国公民有进行科学研究、文学艺术创作和其他文化活动的自由……”

二、文化权利的构成

文化权利具有丰富的内涵，具体可以划分为文化创作权、文化传播权、文化获得权、文化参与权以及文化成果受保护权。

第一，文化创作权：公民享有的创造和发展自己的文化作品的权利。这是文化繁荣和发展的基础。

第二，文化传播权：公民通过特定媒介将文化传递给社会的权利。文明传承离不开传播，因此该权利也是公民的重要文化权利。

第三，文化获得权：公民享有的获得和接触文化作品和表现形式的权利，以及接受文化资源的权利。这是公民平等享有文化权利的保障。

第四，文化参与权：公民享有的参与各种文化活动、文化立法决策的权利。这是民主在文化领域的体现。

第五，文化成果受保护权：公民开展文化创作所产生的精神上和物质上的利益受到保护的权利。这是公民文化权利的落脚点。

文化权利既是人权，也是宪法的基本权利，是复合的权利类型。文化权利主要通过宪法保障、立法保障、执法保障和司法保障等方式进行保障。

思政专栏 4-1

三、文化权利的限制

任何权利都不是绝对的，我国《宪法》第51条规定：“中华人民共和国公民在行使自由和权利的时候，不得损害国家的、社会的、集体的利益和其他公民的合法的自由和权利。”《世界人权宣言》第29条规定了对人权的限制：“（一）人人对社会负有义务，因为只有在社会中他的个性才可能得到自由和充分的发展。（二）人人在行使他的权利和自由时，只受法律所确定的限制，确定此种限制的唯一目的在于保证对旁人的权利和自由给予应有的承认和尊重，并在一个民主的社会中适应道德、公共秩序和普遍福利的正当需要。（三）这些权利和自由的行使，无论在任何情形下均不得违背联合国的宗旨和原则。”

典型案例 4－1

2023年7月22日，河北某文化传播有限公司在商业演出中存在“危害社会公德”等问题，造成不良社会影响。石家庄市文化广电和旅游局依据《营业性演出管理条例》，责令该公司立即停业整顿，并依法对其作出警告、罚款20万元的行政处罚；同时对涉事乐队严厉训诫。公安机关依据《治安管理处罚法》，对涉事歌手丁某行政拘留。①

第二节　文化义务

法律义务反映了一定的社会物质生活条件所制约的社会责任，是保障法律所规定的义务人应当按照权利人的要求为或者不为一定行为以满足权利人利益的法律手段。② 文化义务是指相关主体为保障文化权利的行使而为或者不为一定行为。

一、文化义务的法律依据

文化义务首先规定在宪法中。宪法规定公民有维护国家统一和全国各民族团结的义务，遵纪守法的义务，维护祖国安全、荣誉和利益的义务，依法纳税的义务，等等，这些义务都与文化权利的行使密切相关。

宪法还规定了国家对于公民文化权利保障的义务。《宪法》第22条规定：“国家发展为人民服务、为社会主义服务的文学艺术事业、新闻广播电视事业、出版发行事业、图书馆博物馆文化馆和其他文化事业，开展群众性的文化活动。国家保护名胜古迹、珍贵文物和其他重要历史文化遗产。”第47条规定：“……国家对于从事教育、科学、技术、文学、艺术和其他文化事业的公民的有益于人民的创造性工作，给以鼓励和帮助。”

其他法律法规中也对相关主体的文化义务作了规定。《公共文化服务保障法》第4条规定：“县级以上人民政府应当将公共文化服务纳入本级国民经济和社会发展规划，按照公益性、基本性、均等性、便利性的要求，加强公共文化设施建设，完善公共文化服务体系，提高公共文化服务效能。”此外，《公共文化服务保障法》还对政府制定公共文化服务标准，建立公共文化服务协调机制，为特定地区、特定群体提供公共服务等设定了相应义务。《文物保护法》第7条规定：“一切机关、组织和个人都有依法保护文物的义务。”第9条第1款、第2款规定：“各级人民政府应当重视文物保护，正确处理经济建设、社会发展与文物保护的关系，确保文物安全。基本建设、旅游发展必须遵守文物保护工作的方针，其活动不得对文物造成损害。”

---

① 石家庄市文化广电和旅游局情况通报.（2023-07-24）[2023-08-19]. http://wglj.sjz.gov.cn/col/1569464719092/2023/07/24/1690207492070.html.

② 《法理学》编写组.法理学.2版.北京：人民出版社，高等教育出版社，2020：134.

二、文化义务的构成

文化义务的表现形式是多样的，具体可以分为以下几类：

第一，尊重义务。《宪法》第 33 条第 3 款规定："国家尊重和保障人权。"而文化权利作为宪法规定的基本权利，也是重要的人权，应当得到国家的尊重。这就意味着合法的文化活动应当得到尊重，国家不得非法干预。

第二，保护义务。保护义务是指应当依法对文化权利、文化活动、文化设施等予以保护。《非物质文化遗产法》第 3 条规定："国家对非物质文化遗产采取认定、记录、建档等措施予以保存，对体现中华民族优秀传统文化，具有历史、文学、艺术、科学价值的非物质文化遗产采取传承、传播等措施予以保护。"

典型案例 4－2

2022 年 6 月，某电子商务公司认为某小吃店未经其允许擅自在"饿了么"平台店铺和线下实体店多处使用其注册的"福粿"商标，侵犯其享有的商标权，遂起诉至泉州市中级人民法院，请求该小吃店立即停止侵权并支付赔偿费用及维权费用。泉州市中级人民法院审理后认为，"福粿"即"浮粿"，系泉港当地一种特色小吃的名称，且"浮粿"制作技艺已被列入泉州市级非物质文化遗产，若因个别经营者取得"福粿"注册商标而禁止其他经营者对"福粿"的正当使用，会造成该类小吃行业的垄断经营，也不利于该小吃及其制作技艺作为非物质文化遗产的传承。最终，某电子商务公司的诉讼请求被泉州市中级人民法院依法判决驳回。一审判决后，某电子商务公司不服，提起上诉。福建省高级人民法院作出二审判决：驳回上诉，维持原判。①

第三，促进义务。促进义务是指国家采取各种措施促进文化行业发展。《公共图书馆法》第 4 条第 1 款规定："县级以上人民政府应当将公共图书馆事业纳入本级国民经济和社会发展规划，将公共图书馆建设纳入城乡规划和土地利用总体规划，加大对政府设立的公共图书馆的投入，将所需经费列入本级政府预算，并及时、足额拨付。"

思政专栏 4－2

三、违反文化义务的法律责任

法律责任是责任主体违反法定或约定的义务，或者因为法律的特殊规定而必须承担的具有直接强制力的法定义务。② 违反文化义务的法律责任通常包括以下三类：

第一，民事责任。民事责任是指民事主体违反法定或约定的义务而应当承担的责任。根据具体情况的不同，承担民事责任的方式有：停止侵害，排除妨碍，消除危险，

---

① 庄萍萍，黄婷婷．守住"根"和"魂"：泉州泉港法院发出涉非遗知产保护司法建议"三联单"．人民法院报，2023－08－10（1）．

② 《法理学》编写组．法理学．2 版．北京：人民出版社，高等教育出版社，2020：160．

返还财产，恢复原状，修理、重作、更换，赔偿损失，赔礼道歉，支付违约金等。《著作权法》第 52 条就规定，有相关的著作权侵权行为的，应当根据情况，承担停止侵害、消除影响、赔礼道歉、赔偿损失等民事责任。

第二，行政责任。行政责任是指行为人违反行政法律规定而应当承担的法律责任，既包括行政主体及其工作人员因为违法失职、滥用职权或不当行为而承担的责任，也包括行政相对人因为违反行政法的规定而承担的责任。《公共图书馆法》第 52 条规定："文化主管部门或者其他有关部门及其工作人员在公共图书馆管理工作中滥用职权、玩忽职守、徇私舞弊的，对直接负责的主管人员和其他直接责任人员依法给予处分。"《电影产业促进法》第 47 条规定："违反本法规定擅自从事电影摄制、发行、放映活动的，由县级以上人民政府电影主管部门予以取缔，没收电影片和违法所得以及从事违法活动的专用工具、设备；违法所得五万元以上的，并处违法所得五倍以上十倍以下的罚款；没有违法所得或者违法所得不足五万元的，可以并处二十五万元以下的罚款。"

第三，刑事责任。刑事责任是指行为人违反刑法规定而应当承担的法律责任。刑罚的类型包括管制、拘役、有期徒刑、无期徒刑、死刑、罚金、剥夺政治权利、没收财产。《刑法》第 124 条第 1 款规定："破坏广播电视设施、公用电信设施，危害公共安全的，处三年以上七年以下有期徒刑；造成严重后果的，处七年以上有期徒刑。"

典型案例 4-3

仇某在卫国戍边官兵誓死捍卫国土的英雄事迹被报道后，为博取眼球，使用其微博账号"辣笔小球"（粉丝数 250 余万），先后发布 2 条微博，歪曲卫国戍边官兵祁发宝、陈红军、陈祥榕、肖思远、王焯冉等同志的英雄事迹和英雄精神。上述微博在网络上迅速扩散，引发公众强烈愤慨，造成恶劣社会影响。截至仇某删除微博时，上述微博阅读量共计 20 万余次。江苏省南京市建邺区人民检察院提起刑事附带民事公益诉讼，认为应当以侵害英雄烈士名誉、荣誉罪追究被告人仇某的刑事责任，同时请求判令被告仇某通过国内主要门户网站及全国性媒体公开赔礼道歉，消除影响。法院经审理作出刑事附带民事判决：被告人仇某犯侵害英雄烈士名誉、荣誉罪，判处有期徒刑 8 个月；附带民事公益诉讼被告仇某通过国内主要门户网站及全国性媒体公开赔礼道歉，消除影响。①

基本概念

文化权利　文化权利的限制　文化义务　文化责任

① 涉英烈权益保护十大典型案例．(2022-12-08)[2023-10-13]. https://www.court.gov.cn/zixun-xiangqing-382301.html.

讨论题

1. 如果你是某地方政府的领导，你会在保障文化权利方面采取哪些措施？
2. 不同的文化权利之间发生冲突时，应当如何平衡？
3. 请检索违反文化义务承担不同类型法律责任的案例。

第五章 文化法的运行

引 例

2023 年 3 月 23 日，河南省新乡市文化广电和外事旅游局（以下简称“文旅局”）执法人员网络巡查发现新乡市某公司在其运营的小程序上销售“新乡市大学生第二届电音节”的门票，经过立案调查发现，该公司在未办理营业性演出许可证的情况下通过微信公众号和小程序销售“新乡市大学生第二届电音节”演出门票 25 张，收取门票费 2 200 元，其行为涉嫌违反《营业性演出管理条例》第 6 条之规定，按照《营业性演出管理条例》和《文化部关于加强演出市场有关问题管理的通知》（文市发〔2011〕56 号），应当依照《营业性演出管理条例》第 43 条的规定给予处罚。

鉴于当事人主动配合调查，态度端正，积极整改，对已销售的 25 张门票全部作退票处理，并立即下架票务预订业务链接（该演出活动也未实际举行），主动消除了违法行为产生的危害后果，未造成社会影响，当事人具有依法应当从轻或减轻行政处罚的情节，依照《行政处罚法》第 32 条，新乡市文旅局依法对该公司减轻处罚，罚款 9 000 元。

事后，新乡市文旅局坚持处罚与教育相结合的原则，主动服务，召开跟踪服务企业专场座谈会，就演艺企业所需办理的审批手续、行业管理规定、违法风险隐患等开展行政指导，引导企业办理行政审批，规范后期运营。①

文化法的运行包括立法、执法、司法和守法各个环节，本章将向你揭示文化行业的立法、执法、司法和守法的特点及基本要求。

第一节 文化行业的立法

文化行业的立法是指制定调整文化领域的法律、行政法规、部门规章、地方性法规等的活动。立法是法律运行的第一步，是法律实施的前提。文化立法是我国法治建设的重要内容，是中国特色社会主义法律体系的重要组成部分。文化行业的立法具有哪些特

① 新乡市文化广电和外事旅游局关于发布《新乡市文化市场行政执法典型案例》的公告．（2023－11－22）[2023－12－08]．http://ct.xinxiang.gov.cn/gggs/info/2518.html.

点？需要遵循怎样的原则？其具体的程序、机制是什么？本节将为你解答这些问题。

一、文化行业的立法特点

文化立法的本质是建立良好的文化法律制度，并以此为基础建立符合我国社会主义文化规律、特点和要求并行之有效的最高规范和准则，确保社会主义核心价值观在思想文化建设中的牢固地位，保障人民群众的基本文化权益，促进文化产业繁荣发展，为保护、传承和弘扬中华优秀传统文化提供充分的法律支撑。[①] 我国文化行业的立法以宪法为根本遵循，包括文化基础法、文化专门法、文化相关法等不同门类，由法律、行政法规、部门规章、地方性法规、地方政府规章等不同层次的法律法规所构成。

（一）基础法、专门法与相关法的结合

文化行业立法的范围十分广泛，其是基础法、专门法与相关法的结合。我国法律体系中的许多法律都对文化行业有所规范，例如宪法、行政法、民法、刑法、经济法等法律部门。但这些并非专门针对文化行业进行规范的法律，因此只属于文化法的相关法。

专门规范文化行业的法律规范又可以分为基础性立法和专门性立法。基础性立法是指调整文化行业的基础性、综合性的法律规范，例如《公共文化服务保障法》以及正在制定过程中的“文化产业促进法”等；专门性立法是指针对各个具体的文化行业领域的专门的法律规范，例如出版、电影、广播电视、音乐、游戏、体育、旅游等各个行业领域的法律规范。

（二）部门立法地位突出

文化行业涵盖广泛，文化又属于意识形态范畴，部分问题尚未形成统一认识，至今尚未形成成熟的立法。因此，除少数具有广泛共识的概括性立法外，文化领域的各主管部门均根据实际需要通过发布规章、规范性文件等方式对所主管的文化领域进行管理。例如出版、电影、广播电视、动漫游戏、演艺娱乐、网络信息等领域的产品、活动均主要由规章、规范性文件予以规范。

由于部门立法层级不高，因此应当进一步规范和完善其制定程序，完善公众参与机制，广泛考察、严谨论证，保证政府立法的民主性和科学性。此外，还需要在机制上防止部门利益法律化。重要的、对部门利益影响重大的行政管理法律法规应当由中央政府法制机构统一组织起草。部门立法也具有一定的实验性质，未来在条件成熟的时候，可以提升其立法位阶形成法律，加强文化行业的法治保障。

（三）地方立法发挥重要作用

我国幅员辽阔，人口众多，各地文化事业和产业的发展情况各不相同。因此，除中央立法之外，地方还应结合本地实际，通过制定地方性法规、地方政府规章等形式推动

① 朱兵．文化立法研究．北京：中国政法大学出版社，2019：160．

中央立法在本地的落实，保障、促进和规范公共文化、文化产业在本地的繁荣发展。例如，为了落实《公共文化服务保障法》，很多省市都出台了本地的公共文化服务保障条例，如《北京市公共文化服务保障条例》《上海市公共文化服务保障与促进条例》《浙江省公共文化服务保障条例》《湖北省公共文化服务保障条例》《安徽省公共文化服务保障条例》《四川省公共文化服务保障条例》等。在文化市场管理、非物质文化遗产保护等方面，很多省市也颁布了地方性法规。

地方立法还带有一定的实验性质。当全国性立法条件还不成熟时，地方上可以先行先试，为全国性立法提供实践基础和经验支撑。例如，在文化产业促进方面的全国性立法出台前，一些地方就先行制定了地方性法规。如太原市、深圳市等分别出台了《太原市促进文化产业发展条例》《深圳市文化产业促进条例》等。

为推动新兴文化产业在当地的发展，许多地方急于对新兴文化领域（如动漫、剧本杀、元宇宙等）进行促进性的立法。但是，各地应当严格遵守《立法法》的规定，不得超越地方立法的权限和范围，同时也要禁止立法上的地方保护主义，保证国家文化法治的统一。

二、文化行业的立法原则

立法原则，是立法主体据以进行立法活动的重要准绳，是立法指导思想在立法实践中的重要体现。文化行业应当遵循的立法原则很多，主要为以下几个方面。

（一）坚持党的领导

党的领导是文化立法方向正确的根本保证。文化具有意识形态属性，许多文化问题常常涉及对一些重大问题的把握，具有很强的理论性和政策性。文化立法务必始终坚持党的领导，需要党的全面领导和把关。文化立法工作应当紧紧围绕党和国家的中心任务来展开，从制度上、法律上保证党在文化领域的基本路线和方针的贯彻落实，保证党和国家重大决策部署的贯彻落实。[①]

（二）宪法至上

宪法奠定了整个国家法律体系的基础，是所有法律、法规、规章的总依据，是其他所有规范性法律文件的效力来源。依宪立法是我国立法活动应当遵循的基本要求和准则。我国《立法法》第5条规定："立法应当符合宪法的规定、原则和精神，依照法定的权限和程序，从国家整体利益出发，维护社会主义法制的统一、尊严、权威。"文化立法也必须遵循宪法确立的各项原则和规定，严格按照法定权限和程序立法，确保每一项立法都符合宪法精神。

（三）科学原则

科学立法的要义是尊重立法规律、克服立法中的主观随意性和盲目性。坚持科学立

---

① 朱兵．文化立法研究．北京：中国政法大学出版社，2019：131.

法原则，就要实现立法观念的科学化和现代化，要把立法作为科学活动。[①]

科学立法应当实事求是。实事求是是我们党的思想路线和基本经验，也是指导各项工作的基本原则。文化形态、业态随时代、技术的发展而不断演变，我国各地文化资源的情况和文化产业的发展水平也各不相同。在文化立法中，务必坚持实事求是，从实际出发，充分把握文化发展的规律和特点，进行科学立法。

科学立法要积极回应改革需求，加强重点领域立法。科学立法的内涵还包括客观、中立地观察和认识其他国家和地区的相关法律制度。国外立法可以提供立法的域外参考和别样思路，正确认识国外立法可以取长补短、文明互鉴，为自身的立法活动提供可行的法律解决方案，从而更加深刻地认识自身的法治文明。

（四）民主原则

民主原则是指立法应当充分吸收公众参与，尊重群众意见。立法的民主性有利于更广泛地汇集和表达民意，更有效地凝聚社会共识。文化法治的最终目的是实现人民文化权利的最大化。

文化立法需要强调政府的主导责任，由政府进行领导和把关，在体制机制方面进行保障。同时，我们也要充分认识到文化发展的群众性、自发性，注重文化发展的多元参与，引导公众通过各种渠道、多种方式广泛参与文化立法。文化立法应通过立法咨询会、论证会等方式拓宽公众参与的渠道，将政府主导与公众参与有机契合，切实保障文化的公共利益和私人利益。

三、文化行业的立法机制

（一）文化立法的立法程序

立法程序是指国家权力机关在制定、认可、修改或废止规范性文件过程中应遵循的工作方法、步骤和次序。依法享有立法权的国家机关在立法时必须严格遵循立法程序。严格、合理、健全的立法程序不仅是立法本身的要求，而且是一个国家或地区民主法治发展程度的表征。

立法程序由一系列环节构成，通常包括立法规划及法律法规和规章的起草、提出、通过、公布等。我国《立法法》对全国人民代表大会、全国人民代表大会常务委员会的立法程序都作了详细的规定，包括法律案的提出、审议、表决通过和公布。对于地方性立法，我国《立法法》第87条第1款规定："地方性法规案、自治条例和单行条例案的提出、审议和表决程序，根据中华人民共和国地方各级人民代表大会和地方各级人民政府组织法，参照本法第二章第二节、第三节、第五节的规定，由本级人民代表大会规定。"对于行政法规和规章，2001年国务院颁布的《行政法规制定程序条例》（2017年修订）和《规章制定程序条例》（2017年修订）详细规定了行政法规和规章制定的基本

---

① 张文显．法理学．5版．北京：高等教育出版社，2018：232.

程序为立项、起草、审查、决定和公布。

（二）文化立法的协调机制

文化立法涵盖了我国整个文化领域的法治建设工作，包括新闻出版、广播电视、电影、文化艺术、文化遗产、网络传播、图书馆、博物馆、文化馆（站）、文化娱乐行业等各个方面，范围广泛，涉及主管部门众多，在实践中需要建立有效的立法协调机制。

全国人民代表大会专门委员会应发挥重要的牵头和统筹作用，与国务院及行业行政主管部门进行协调，推动文化立法。例如，我国文化领域重要的基础性立法《公共文化服务保障法》就是由全国人民代表大会教育科学文化卫生委员会牵头，统筹多个行政主管部门制定的。

中央宣传部作为我国意识形态的主管部门，在涉及新闻出版、广播电视、文化产品与活动、网络信息的管理性立法时，应与各有关部门形成联席会商机制，共同研究立法的重要问题，讨论决定与此相关的重要事项。

文化行业主管部门，包括新闻出版、广播电视、文化演出、网络信息等在内的部门需要建立和完善联合立法机制。网络信息革命催生了许多新的文化业态，打破了原有的行业主管区隔，需要多个主管部门联合进行立法规制。例如，2019 年 11 月，国家互联网信息办公室、文化和旅游部以及国家广播电视总局联合制定发布了《网络音视频信息服务管理规定》；又如，2023 年 7 月，国家互联网信息办公室牵头，国家发展和改革委员会、教育部、科学技术部、工业和信息化部、公安部、国家广播电视总局联合发布了《生成式人工智能服务管理暂行办法》；等等。

为了更好地推进文化立法，我国应当继续完善立法协调机制，继续发挥全国人民代表大会专门委员会、中央宣传部、国务院的统筹协调作用，加强各有关行业主管部门之间的合作交流，形成合力，加强法治队伍建设，不断提升文化立法水平。

第二节　文化行业的执法

文化行业的执法是指国家有关机关依照法定职权和法定程序，执行文化领域法律的活动。文化行业的执法应当遵循怎样的原则？执法主体和方式分别包括哪些？本节将为你解答上述问题。

一、执法原则

坚持全面依法治国，推进法治中国建设，坚持依法治国、依法执政、依法行政共同推进，坚持法治国家、法治政府、法治社会一体建设。文化行业的执法需要遵循以下原则。

（一）法律优先

法律优先是指一切行政活动的法律依据均不得与上位法相抵触，如行政法规不能违反宪法和法律，部门规章不得与宪法、法律、行政法规相抵触。若上位法已经规定了对某一行为的处罚幅度，则下位法只能在此幅度范围内进行处罚，而不能超过该幅度，否则构成违法。

（二）法律保留

法律保留是指特定的行政行为必须有法律授权的依据。《立法法》第11条规定了只能由全国人大或全国人大常委会制定法律的十一类事项，而且有关犯罪和刑罚、对公民政治权利的剥夺和限制人身自由的强制措施和处罚、司法制度等事项属于绝对法律保留的范畴，只能由全国人大或全国人大常委会制定法律。收容遣送制度、劳动教养制度和收容教育制度都是因为违反了法律保留原则而被废除。

（三）比例原则

政府在进行文化市场执法时，还要考虑是否符合比例原则。比例原则涵盖适当性、必要性及均衡性这三个层层递进、环环相扣的步骤，其要求行政权的行使应当考虑手段和目的之间的关系，确保手段能够实现目的，且对相对人造成的侵害最小，成本与收益之间成比例。例如，法律规定对某一违法行为应处以违法所得1～5倍的罚款，行政相对人的违法行为情节较轻，而行政机关却直接顶格处罚，就属于不符合比例原则，根据《行政诉讼法》的规定，该行政处罚明显不当，法院可以撤销。

（四）程序正当原则

程序正义是实现实体正义的前提和保障。在行政执法中应当完善执法程序，明确具体操作流程，建立执法全过程记录制度，完善行政执法公示和结果公开制度。

二、执法主体

文化行业的执法主体是指行使文化执法职权、承担相应责任的主体，主要包括国家机关和法律法规规章授权的组织。由于文化行业涉及的领域广泛，我国现有的执法主体也较多，按照级别不同，文化行业的国家机关可以分为中央国家机关和地方国家机关。

（一）中央国家机关

1. 文化和旅游部

文化和旅游部是我国文化和旅游市场的主要监管机关，其主要职责是①：

（1）贯彻落实党的文化工作方针政策，研究拟订文化和旅游政策措施，起草文化和旅游法律法规草案。

（2）统筹规划文化事业、文化产业和旅游业发展，拟订发展规划并组织实施，推进文化和旅游融合发展，推进文化和旅游体制机制改革。

（3）管理全国性重大文化活动，指导国家重点文化设施建设，组织国家旅游整体形象推广，促进文化产业和旅游产业对外合作和国际市场推广，制定旅游市场开发战略并组织实施，指导、推进全域旅游。

---

① 参见《文化和旅游部职能配置、内设机构和人员编制规定》第3条。

（4）指导、管理文艺事业，指导艺术创作生产，扶持体现社会主义核心价值观、具有导向性代表性示范性的文艺作品，推动各门类艺术、各艺术品种发展。

（5）负责公共文化事业发展，推进国家公共文化服务体系建设和旅游公共服务建设，深入实施文化惠民工程，统筹推进基本公共文化服务标准化、均等化。

（6）指导、推进文化和旅游科技创新发展，推进文化和旅游行业信息化、标准化建设。

（7）负责非物质文化遗产保护，推动非物质文化遗产的保护、传承、普及、弘扬和振兴。

（8）统筹规划文化产业和旅游产业，组织实施文化和旅游资源普查、挖掘、保护和利用工作，促进文化产业和旅游产业发展。

（9）指导文化和旅游市场发展，对文化和旅游市场经营进行行业监管，推进文化和旅游行业信用体系建设，依法规范文化和旅游市场。

（10）指导全国文化市场综合执法，组织查处全国性、跨区域文化、文物、出版、广播电视、电影、旅游等市场的违法行为，督查督办大案要案，维护市场秩序。

（11）指导、管理文化和旅游对外及对港澳台交流、合作和宣传、推广工作，指导驻外及驻港澳台文化和旅游机构工作，代表国家签订中外文化和旅游合作协定，组织大型文化和旅游对外及对港澳台交流活动，推动中华文化走出去。

（12）管理国家文物局。

（13）完成党中央、国务院交办的其他任务。

2. 国家文物局

国家文物局是文化和旅游部管理的国家局，具有独立的行政主体资格，其主要职责是①：

（1）拟订文物事业发展规划，起草文物法律法规草案并负责督促检查实施。

（2）协调和指导全国文物保护利用工作，组织开展文物资源调查和文物保护宣传工作。

（3）根据中央授权，对地方政府履行文物保护责任情况进行督察。履行文物行政执法督察职责，指导文物和博物馆安全监督管理工作，依法组织查处和督办文物违法重大案件，协同有关部门查处重大文物犯罪案件和安全事故。

（4）指导全国不可移动文物保护和考古工作。组织、协调重大不可移动文物保护项目、考古项目和中华文明研究课题的实施。承担确定全国重点文物保护单位的有关工作。

（5）负责世界文化遗产保护和管理的监督工作，组织申报世界文化遗产。

（6）负责推动完善文物和博物馆公共服务体系建设，指导全国博物馆及馆藏文物工作，协调博物馆间的交流与协作；指导民间收藏文物的管理服务；负责文物进出境审核管理。

（7）指导革命文物保护管理利用工作，组织开展革命文物研究、展示和传播。

---

① 参见《国家文物局职能配置、内设机构和人员编制规定》第4条。

(8) 协调和指导文物科技创新工作，促进文物保护科技成果的转化和推广；负责文物信息化、标准化工作；负责全国文物人才工作。

(9) 指导、管理文物对外和对港澳台交流、合作和传播、展示工作，负责流失文物追索返还工作。

(10) 负责文物和博物馆有关审核、审批事务及资质、资格认定的管理工作。

(11) 承办党中央、国务院交办的其他事项。

3. 国家广播电视总局

国家广播电视总局是广播电视的主管部门，其主要职责是①：

(1) 贯彻党的宣传方针政策，拟订广播电视、网络视听节目服务管理的政策措施，加强广播电视阵地管理，把握正确的舆论导向和创作导向。

(2) 负责起草广播电视、网络视听节目服务管理的法律法规草案，制定部门规章、行业标准并组织实施和监督检查，指导、推进广播电视领域的体制机制改革。

(3) 负责制定广播电视领域事业发展政策和规划，组织实施公共服务重大公益工程和公益活动，指导、监督广播电视重点基础设施建设，扶助老少边贫地区广播电视建设和发展。

(4) 指导、协调、推动广播电视领域产业发展，制定发展规划、产业政策并组织实施。

(5) 负责对各类广播电视机构进行业务指导和行业监管，会同有关部门对网络视听节目服务机构进行管理。实施依法设定的行政许可，组织查处重大违法违规行为。

(6) 指导电视剧行业发展和电视剧创作生产。监督管理、审查广播电视节目、网络视听节目的内容和质量。指导、监管广播电视广告播放。

(7) 指导、协调广播电视全国性重大宣传活动，指导实施广播电视节目评价工作。

(8) 负责推进广播电视与新媒体新技术新业态融合发展，推进广电网与电信网、互联网三网融合。

(9) 组织制定广播电视科技发展规划、政策和行业技术标准并组织实施和监督检查。负责对广播电视节目传输覆盖、监测和安全播出进行监管，指导、推进国家应急广播体系建设。指导、协调广播电视系统安全和保卫工作。

(10) 开展广播电视国际交流与合作，协调推动广播电视领域走出去工作，负责广播电视节目的进口、收录和管理。

(11) 指导广播电视、网络视听行业人才队伍建设。

(12) 完成党中央、国务院交办的其他任务。

4. 国家新闻出版署

国家新闻出版署归属于中央宣传部。2018 年，为加强党对新闻舆论工作的集中统一领导，加强对出版活动的管理，发展和繁荣中国特色社会主义出版事业，国家新闻出

① 参见《国家广播电视总局职能配置、内设机构和人员编制规定》第 3 条。

版广电总局的新闻出版管理职责划入中央宣传部。中央宣传部对外加挂国家新闻出版署（国家版权局）牌子。

（二）地方国家机关

1. 地方文化和旅游监管部门

我国各省市都设有文化和旅游部门，往往对外还加挂文物局的牌子。省级的一般称为文化和旅游厅，如四川省文化和旅游厅；直辖市的称为文化和旅游局（如北京、上海、天津）或者文化和旅游发展委员会（如重庆）。以广东省为例，广东省文化和旅游厅是广东省政府组成部门，为正厅级，加挂广东省文物局牌子。

在地级市层面，出于机构精简的考虑，往往会把文化、旅游、广电等职能合并成立文化广电旅游局，如杭州、广州、苏州等，深圳还成立了文化广电旅游体育局。

2. 文化市场综合执法部门

为避免职权交叉，提高行政效率，我国实行文化市场综合执法，把原属于文化和旅游部门、广播电视部门、新闻出版（版权）部门的处罚、强制和监督检查等职责集中授予文化市场综合执法机构行使。文化和旅游部专门成立了文化市场综合执法监督局，负责拟订文化市场综合执法工作标准和规范并监督实施；指导、推动整合组建文化市场综合执法队伍；指导、监督全国文化市场综合执法工作，组织查处和督办全国性、跨区域文化市场重大案件。各地的文化市场综合执法机构名称不一，有的叫文化市场综合执法总队，如北京；有的叫文化市场综合行政执法局，如长沙。

典型案例 5-1

2020 年 10 月 23 日，根据《北京市深化综合行政执法改革实施方案》，北京市设立北京市文化市场综合执法总队，为市委宣传部、市文化和旅游局双重管理的副局级行政执法机构，以市文化和旅游局名义执法。北京市文化市场综合执法总队负责集中行使法律、法规、规章规定的文化、文物、新闻出版、版权、广播电视、电影、旅游市场以及宗教等领域应由省级行政主管部门行使的行政处罚权及与之相关的行政检查、行政强制权；负责相关领域重大疑难复杂案件和跨区域案件的查处工作；负责指导、协调、监督、考核各区文化市场综合执法工作；承担“扫黄打非”有关工作任务；完成市委、市政府和市委宣传部、市文化和旅游局交办的其他任务。

三、执法方式

文化行业的执法方式是多样的，主要包括以下类型。

（一）行政许可

行政许可是指行政机关根据公民、法人或者其他组织的申请，经依法审查，准予其从事特定活动的行为。行政许可必须依行政相对人的申请作出，行政机关不会依职权主动作出行政许可。

根据《行政许可法》，行政许可主要包括普通许可、特许、认可、核准与登记五种。例如，拍摄电影的制片单位要取得摄制电影许可证，电影上映需要获得电影公映许可证，成立旅行社要取得旅行社业务经营许可证，开办娱乐场所需要取得娱乐经营许可证，网络直播平台需要取得网络文化经营许可证，等等。

典型案例 5－2

2019 年 5 月至 6 月，佛山市高明区文化广电旅游体育局对辖区互联网上网服务营业场所经营单位的网络文化经营许可证进行了年度核验工作。经核查发现有 9 家网吧经营单位已停止经营活动，但未在规定时间内持网络文化经营许可证到该局进行年度核验或申办注销手续。根据《行政许可法》第 50 条、第 70 条的规定，以及《广东省文化和旅游厅、广东省市场监督管理局、广东省公安厅、广东省通信管理局、广东省消防总队转发文化部、工商总局、公安部、工业和信息化部关于加强执法监督完善管理政策促进互联网上网服务行业健康有序发展的通知》（粤文旅市〔2018〕39 号）的文件精神，该局决定对涉案 9 家网吧的网络文化经营许可证予以注销。①

（二）行政处罚

行政处罚是指行政主体依法定职权和程序对违反行政管理秩序尚未构成犯罪的相对人给予惩戒的行为。行政处罚在文化执法中是最为常见的监管手段，主要类型有警告、通报批评、罚款、没收违法所得、没收非法财物、责令停产停业、暂扣或者吊销许可证件、行政拘留、降低资质等级、限制从业等。

典型案例 5－3

2016 年 9 月，某公司未经文物主管部门批准，在平谷段长城编号 86 号敌台四周搭建施工脚手架，拆除敌台外侧墙砖（原天云山景区所砌筑墙砖），对文物本体造成部分伤害，构成擅自修缮不可移动文物等违法行为。北京市平谷区文化委员会分别给予当事人罚款 30 万元和 50 万元的行政处罚。当事人还因故意损毁全国重点文物保护单位，被移交公安部门追究刑事责任。②

（三）行政强制

行政强制是指行政机关为了实现行政目的，依据法定职权和程序对相对人的人身、财产和行为采取的强制性措施，主要包括行政强制措施与行政强制执行。

---

① 关于注销高明 9 家网吧《网络文化经营许可证》的公告 .（2019－08－08）[2023－10－13]. https：//mp. weixin. qq. com/s? _biz=MjM5MTE3Nzc4Mw==&mid=2651739162&idx=2&sn=274dad1f286569defeec63fe2ccdb669&chksm=bd4379428a34f05425a03d458eae410ea2c7ed8ad47be462fa874b80ac565a9849f1d223d289&scene=27.

② 北京首次发布文化市场十大案件 2016 年共立案 1 859 起 .（2017－02－16）[2023－10－13]. https：//news. cctv. com/2017/02/16/ARTImLA05YEfHoXyfTKWJuc8170216. shtml.

行政强制措施是指行政机关依其职权采取强制手段，限制特定的相对人行使某项权利或强制特定的相对人履行某项义务的处置行为，一般是在查清行为人的违法事实之前采取的一种程序上的处置，即发生在行政决定之前。因为在行政决定作出后行政相对人的最终结果才可以确定，包括恢复原状或者被处罚，因此行政强制措施具有暂时性、强制性与过程性，不是一种处罚性方式，其主要的目的在于保全，即维持相关人或者财产的当前状态，以便于行政主体开展对事件的调查等后续行为。行政强制措施包括限制公民人身自由，查封场所、设施或者财物，扣押财物，冻结存款、汇款以及其他行政强制措施。

行政强制执行是指行政机关或者行政机关申请人民法院，对不履行行政决定的行政相对人依法强制其履行义务的行为。与行政强制措施不同，行政强制执行发生在行政决定之后，是强制相对人履行行政决定的行为。

（四）行政约谈

约谈是近年来行政机关广泛适用的监管手段，其主要是指行政机关在相对人发生严重违法违规情形时，约见其相关负责人，进行警示谈话，指出问题，责令其整改纠正的行政行为。约谈和行政指导不同，前者具有一定的强制性，往往是行政处罚之前的程序。例如国家互联网信息办公室出台的《互联网新闻信息服务单位约谈工作规定》就规定了约谈的具体制度。约谈具有多阶段性和综合性，应当遵循相应的程序，保障行政相对人的陈述权、申辩权、救济权等权利。①

典型案例 5-4

2018 年 4 月，上海市“扫黄打非”办公室协调市文化执法总队针对部分电商在网上售卖违法违规出版物及印刷品行为，依法约谈企业相关负责人，责令其立即进行全面清理整顿，不得向无证无照、证照不齐的经营者提供出版物网络平台交易服务，不得在网络交易平台销售内部资料性出版物，要求切实履行网站主体责任，杜绝类似情况再次发生。②

（五）信用监管

信用监管是一种新型社会治理方式，是指行政主体对相对人的公共信用信息进行记录、归集、使用，并按照一定指标体系开展评价、评级、分类，进而分别采取激励或惩戒等措施，实现政府规制目的的行为。③ 信用监管是我国政府落实简政放权、加强市场事中事后监管、强化市场主体责任、加强行业自律、扩大社会监督的重要举措。信用监管有利于完善守信激励、失信惩戒机制，提高市场监管效能，促进市场健康有序发展。

---

① 郑宁．互联网信息内容监管领域的约谈制度：理论阐析与制度完善．行政法学研究，2015（5）．

② 上海：市文化执法总队依法约谈“拼多多”“一号店”．（2019-04-28）[2023-10-13]．https：//www.shdf.gov.cn/shdf/contents/2423/368042.html.

③ 袁文瀚．信用监管的行政法解读．行政法学研究，2019（1）．

例如，2016 年文化部公布了《文化市场黑名单管理办法（试行）》（已失效），2018 年文化和旅游部发布了《旅游市场黑名单管理办法（试行）》（已失效）。2020 年，北京市文化和旅游局也发布了《北京市旅游市场黑名单管理办法（试行）》（已失效）。

（六）行政指导

行政指导是指行政主体基于国家的法律、政策的规定作出的，旨在引导行政相对人自愿采取一定的作为或者不作为，以实现行政管理目的的一种非职权行为。行政指导具有非权力性、非强制性及可协商性等特点。行政指导的主要方式包括预警、引导、建议、协商、说服以及发布官方指导文件等。

行政指导作为一种对传统依法行政的必要补充和一种灵活有效的行政活动方式，广泛地运用于国家的经济与行政管理过程中，起着补充和替代、辅导和促进、协调和疏通、预防和抑制等积极作用。① 例如，我国发布旅游安全预警，就是针对游客的行政指导。

（七）行政奖励

行政奖励是指行政主体依照法定的条件和程序，对为国家和社会作出重大贡献的单位与个人，给予物质或精神鼓励的具体行政行为。② 行政奖励分为物质奖励与精神奖励，前者包括颁发奖品或者奖金，后者则是授予名誉，例如颁发荣誉证书。

实施行政奖励应当坚持公正、平等原则，并遵守法定程序。华表奖和飞天奖都是我国政府设立的电影电视奖项。

（八）行政资助

行政资助是指行政主体依照有关法律、法规的规定，向公民、法人或其他组织提供一定的物质利益或其他权益的行为。③ 行政资助由行政机关作出，区别于社会组织、民间团体提供的物质帮助。行政资助主要包括补贴、利息优惠贷款等积极的给付性资助和税收优惠、收费优惠等减免性资助两大种类。④

行政资助已经成为推动我国市场经济发展、维持社会稳定与改善民生的重要手段。如《国家广播电视总局年度优秀国产纪录片及创作人才扶持项目评审办法》对优秀国产纪录片和创作人才支持 5～10 万元。

（九）行政合同

行政合同是指行政主体以实施行政管理为目的，与行政相对人就有关事项经协商一致而达成的协议。其是现代行政法中合意、协商等行政民主精神的具体体现，亦可被称为行政协议。⑤

---

① 莫于川．法治视野中的行政指导行为：论我国行政指导的合法性问题与法治化路径．现代法学，2004（3）．

② 马怀德．行政法与行政诉讼法．5 版．北京：中国法制出版社，2015：817．

③ 马怀德．行政法与行政诉讼法．5 版．北京：中国法制出版社，2015：840．

④ 王贵松．行政资助裁量的正当化规制．学习与探索，2008（6）．

⑤ 马怀德．行政法与行政诉讼法．5 版．北京：中国法制出版社，2015：1027．

行政合同具有以下特点：

第一，行政性。即行政合同的一方主体一定为行政机关，内容具有公益性。因行政合同产生的诉讼属于行政诉讼的受理范围。

第二，合意性。这是“合同”的本质特征。

第三，法定性，即合同的订立、履行、变更与解除都必须遵循法律规定、符合法律目的。近年来迅速发展的 PPP 协议（政府与社会资本合作协议）便属于行政协议。

典型案例 5－5

上海市闵行区文化公园美术馆（宝龙美术馆）作为上海首个以 PPP 模式运营的文化项目，由民营企业宝龙地产控股有限公司作为社会资本负责投资建设和运营，区政府授予其 20 年的艺术作品展示、拍卖、销售等经营权和从低收费门票、文化产品销售、艺术作品衍生服务、餐饮经营等中获取收益的收益权，并根据项目绩效考核结果补贴部分运营成本。该项目在运行的一年当中，采用会员卡等方式获得了一定的经营性收入，注册会员达 6 000 人，同时兼顾了场馆的公益性文化服务功能。①

第三节　文化行业的司法

司法，是国家司法机关依据法定职权和法定程序，具体应用法律处理案件的专门活动。司法是维护社会公平正义的最后一道防线，司法监督是整个法治监督体系中最为关键的环节。为切实增强文化行业推动社会主义文化大发展大繁荣，以及促进经济自主协调发展的积极性和主动性，文化行业的司法又呈现出哪些新特点？本节将为你解答上述问题。

一、文化行业司法的特点

（一）案件不断呈现新情况和新问题

文化行业涉及的领域比较广泛。随着文化行业新业态和新事物的不断涌现，司法裁判领域不断面临新挑战。以北京市朝阳区人民法院 2017—2019 年度审理的文化娱乐产业案件为例，涉及演艺经纪合同、演出合同和网络直播合同三类合同的案件呈现出的新特点比较典型。例如，演艺经纪合同诉讼案件的数量不断增长，这类案件既包括合同违约的传统典型案件，也包括艺人因实名认证的微博账号、抖音账号等虚拟财产的收益问题而与经纪公司产生纠纷的新型案件。②“中国科学院某研究所、郑某某诉刘某某等侵

---

① PPP 项目良好实践分享：PPP 提升公共文化服务水平．（2022－03－10）[2023－10－13]. https：//mp. weixin. qq. com/s? __ biz = MzAwNjYwMzY4Mg = = &mid = 2650253207&idx = 1&sn = 923d2c83cc25bd1a3323fd0f648dbb65&chksm=8309d15ab47e584c17d110b6a678c9589feea99d45bbaa8716bae564bdf73bbe902fca040549&scene=27.

② 焦晓琼．朝阳法院发布文化娱乐产业典型合同案件审判白皮书．（2020－08－20）[2023－05－23]. https：//bjgy. bjcourt. gov. cn/article/detail/2020/08/id/5418101. shtml.

犯著作权纠纷”案，是全国首例涉及将海洋生物模型制作成城市雕塑的著作权保护问题的案例，属于著作权保护中的新型案件。海洋生物模型是否属于著作权保护对象、被告将海洋生物模型制作成城市雕塑是否构成对原告模型著作权的侵权等问题，是该案的审理难点。①

（二）不断完善和创新文化行业司法保护

我国政府十分重视文化行业的司法保护，强调知识产权审判在推动社会主义文化大发展大繁荣及促进经济发展方式加快转变和经济自主协调发展中的职能作用。

最高人民法院始终以知识产权保护为立足点，强化对文化行业的司法保护。为适应新时代的需求，为知识产权强国建设提供有力的司法服务和保障，最高人民法院分别于2011年和2021年出台了《关于充分发挥知识产权审判职能作用推动社会主义文化大发展大繁荣和促进经济自主协调发展若干问题的意见》和《关于加强新时代知识产权审判工作 为知识产权强国建设提供有力司法服务和保障的意见》。

（三）探索文化行业公益诉讼

涉及文化权利的诉讼主要有民事、行政和刑事三种诉讼途径。除此以外，还有一种特殊的诉讼途径，即公益诉讼。公益诉讼制度要求每个公民为维护社会的法治而去关心公共利益，并在公共利益受到侵害时，去寻求司法救济。② 2014年10月党的十八届四中全会通过的《中共中央关于全面推进依法治国若干重大问题的决定》明确提出“探索建立检察机关提起公益诉讼制度”。我国2017年修正的《民事诉讼法》和《行政诉讼法》都增加了检察机关提起公益诉讼的条款，这标志着该制度开始正式实施。2021年6月发布的《中共中央关于加强新时代检察机关法律监督工作的意见》进一步强调通过“积极稳妥推进公益诉讼检察”，不断“提升法律监督质量和效果”。目前，我国主要有行政公益诉讼和民事公益诉讼，具体应根据案件适用的诉讼法性质或者被起诉的客体来决定。③

文化行业的公益诉讼可能涉及文物和文化遗产保护、生态环境和资源保护、个人信息保护、未成年人保护等领域。

典型案例5-6

甘肃敦煌莫高窟是世界文化遗产和全国重点文物保护单位。从1996年起，敦煌市某石业开发有限公司等5家石料厂和砂矿违反文物保护的禁止性规定，在敦煌三危山下莫高窟建设控制地带内作业过程中炸山采石、乱挖乱堆、破坏山体形貌。生产作业产生的粉尘对莫高窟的生态环境、景观形象和文物安全都造成了危害隐患，同时对周边居民的生活环境、身体健康也造成了极大困扰。

① 中华人民共和国最高人民法院公报，2014（3）.

② 熊文钊，杨凡，等．文化法治基本理论研究．北京：中国社会科学出版社，2021：198.

③ 王丽娜．文化权利法律保障研究．中国政法大学学报，2018（3）：61－74.

敦煌市人民检察院通过走访调查、征询意见、调取证据、查阅资料等方式查明，涉案的石料厂及砂矿均设在莫高窟建设控制地带范围之内，其长期生产作业对莫高窟及周边环境产生了不利影响，严重违反文物保护相关法律法规，损害了国家利益和社会公共利益。

2020 年 4 月 25 日，敦煌市人民法院组织召开落实整改圆桌会议，省、市文物部门，敦煌市政府，敦煌研究院和市自然资源局等相关单位的代表以及人大代表、政协委员 20 余人参加，协商解决石料厂关闭退出相关事宜，助力莫高窟文物和三危山景区环境保护。①

二、文化行业的诉讼程序

诉讼是指法院在当事人和其他诉讼参与人的参加下，以审理、判决、执行等方式解决纠纷的活动，以及由这些活动产生的各种诉讼关系的总和。诉讼可以分为民事诉讼、行政诉讼和刑事诉讼。

诉讼需要对立的双方当事人，法官居中进行裁判，按照诉讼法设定的程序，以法律上的争议为审理对象，以实体法作为裁判依据，并最终给出裁判结果。本部分以民事诉讼为例对诉讼程序进行说明。

（一）起诉

诉，指当事人就民事权利义务关系产生纠纷，向法院提出的就特定的权利主张进行裁判的行为。② 诉具有以下特征：

第一，诉需要向法院提出。如果当事人向法院以外的机构（如仲裁机构、行政机关、人民调解委员会等）请求解决民事纠纷，则不是诉。

第二，诉的内容是请求法院保护民事权益。原告是在意识到其民事权益受到侵害的情况下才起诉要求法院通过审判予以司法保护的，所以在诉中一定会向法院提出特定的权利主张。

第三，诉是启动诉讼程序的方式。当事人希望法院运用审判权保护其民事权利，而法院对民事纠纷遵循不告不理原则，即只有在当事人提出诉的情况下，法院才能启动诉讼程序，运用审判权为其提供司法救济。

第四，诉要具备当事人、诉讼请求及事实和理由。首先，当事人有狭义和广义之分。狭义的当事人专指原告和被告，广义的当事人则包括原告和被告、共同诉讼人和第三人。自然人、法人以及能够以自己的名义从事民事活动的其他组织，均可以作为当事人参与诉讼活动。其次，诉需要有明确的诉讼请求，即原告需要明确其请求法院审判的具体内容，也即诉讼请求要特定化。例如一方擅自变更演出合同中约定的时间、更换演

① 最高检发布 10 起文物和文化遗产保护公益诉讼典型案例．(2020－12－02)［2023－05－23］. https://www.spp.gov.cn/spp/xwfbh/wsfbt/202012/t20201202_487926.shtml#1.

② 李浩．民事诉讼法学．3 版．北京：法律出版社，2016：110.

出合同中约定的演员，另一方请求法院判决该行为构成根本违约，解除演出合同；又如直播平台起诉独家签约主播违约跳槽，请求法院判决主播支付违约金；等等。最后，诉需要有事实和理由依据，这也是起诉状的正文和核心部分。事实部分需要写明被告侵权行为的具体事实或当事人双方权益纠纷的具体内容，以及被告所应承担的具体责任。其中应着重写明被告侵权行为所造成的后果和被告应承担的具体责任，并提供充分的证据加以证明。理由部分主要包含依据事实和证据，写明被告行为侵权或违法的性质、所造成的后果及被告应承担的具体责任，同时写明提出请求的法律依据。

（二）审判

当事人按照案件要求提交诉讼申请后，一般要经过立案、受理、开庭审理、裁判等程序。民事案件审理程序主要分为普通程序和简易程序。

法庭审理是诉讼的核心阶段，法院对争议事实的认定以及对法律的适用均应在这一阶段进行，无论是当庭宣判还是择日宣判，法院裁判所依据的材料均应经过开庭审理，未经审理的内容不得作为裁判依据。

开庭审理的基本任务是通过法庭调查和法庭辩论调查证据、确认事实，在查明事实、分清是非的基础上对双方当事人进行调解；调解不成的，以判决方式确认当事人之间的权利义务关系。以一审普通程序为例，其主要审判程序可以用图 5－1 表示。

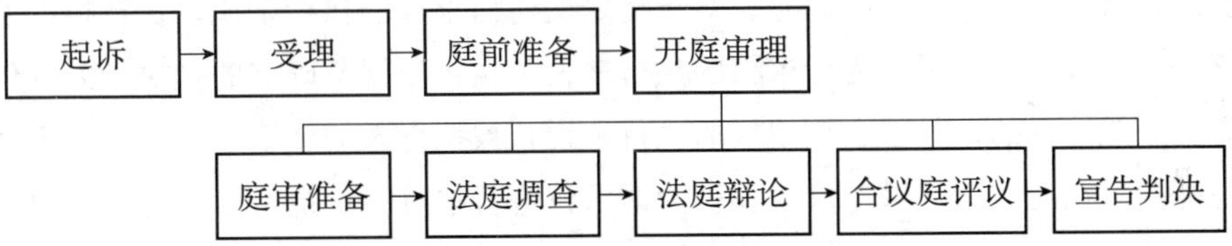

图 5－1　一审普通程序流程图

开庭审理后，合议庭进行评议，评议结束时，决定当庭宣判还是择期宣判。宣判的内容包括认定的事实、适用的法律、判决结果和理由以及诉讼费用的负担等。宣判时还应告知当事人上诉的权利、上诉的期限和上诉的法院。

法院的裁判，是对当事人之间的民事实体权利义务关系、需要解决的程序问题和与程序相关的特定事项作出的判定。当事人不服一审法院作出的判决或裁定的，可以在法定期限内向上一级法院提起上诉，由上一级法院对案件进行审理并作出裁判。我国实行的是两审终审制，二审裁判即是终局性判定。

（三）执行

民事执行，是指国家执行机关依照债权人的申请，根据执行文书，遵循执行程序，运用国家强制力强制债务人履行已经发生法律效力的人民法院的民事判决、裁定或其他法律文书所确定的义务，以实现债权人民事权利的活动。

就执行与诉讼的关系而言，在当事人之间发生民事权利义务纠纷后，其应先运用诉讼来确定各自的权利、义务和责任，在载有给付义务的判决生效后，再依据生效判决来申请执行。从这个意义上说，诉讼是执行的先行程序，执行则是诉讼的后续程序。

执行需要遵循合法原则、及时原则和执行标的有限原则。

执行合法原则是指执行机关的执行活动必须依法进行。该原则包括三个方面的含义：第一，执行须以生效法律文书作为依据，无论是当事人申请强制执行，还是法院实施强制执行，都必须以生效法律文书作为依据；第二，法律为强制执行设定了相应的程序，执行机关的执行行为须依照法律规定的程序进行；第三，执行措施应当依法实施，如在查封、扣押财产时，应当通知被执行人或其成年家属到场，对被查封、扣押的财产，执行员必须造具清单，由在场人签名或盖章后交被执行人一份。只有严格遵循执行合法原则，才能够保护执行程序中执行申请人、被执行人以及案外人的合法权利。

执行及时原则，又称执行效果原则，是指强制执行应当迅速、及时和连续进行，非因法定事由不得停止。民事执行的前提是双方当事人的权利义务关系已由生效法律文书确定，执行机关的任务是实现法律文书所载明的权利，因而迅速、及时便成为反映执行程序特点和内在要求的原则。依此原则，执行程序一旦开启，就应当连续进行，除非出现了中止执行或终结执行的法定事由，否则执行员不得停止执行程序。

执行标的有限原则，又称执行有限原则，是指法院强制执行的对象是有限制的。执行标的因执行根据的内容不同而异。对于物之交付请求权的执行来说，执行根据所确定的物就是执行标的；对于行为请求权的执行来说，执行根据所确定的被执行人的作为或不作为便是执行标的；对于金钱债权的执行来说，被执行人的金钱、动产或者不动产就是执行标的。在对物之交付请求权和行为请求权进行执行时，执行标的可以从执行根据中方便地确定；但金钱债权的执行则不同，执行根据中仅载明命令债务人给付一定的金钱，并未表明对债务人的何种财产采取执行措施。执行债务人的何种财产，要由执行人员根据债务人的财产状况来确定。在执行中，不得通过扣押债务人迫使其清偿债务，也不得要求债务人通过向债权人提供劳务的方法来清偿债务。作为执行对象的债务人的财产，也并非全部都可以被执行，执行人员在对被执行人的财产采取措施时，应当保留被执行人及其扶养家属生活必需的费用和物品。

典型案例 5-7

2014 年 5 月 28 日，陈某起诉余某，称余某担任编剧的《宫锁连城》的多处剧情抄袭其作品《梅花烙》，侵犯其著作权。同年 12 月 25 日，北京市第三中级人民法院判决，《宫锁连城》侵犯了《梅花烙》的改编权，余某向陈某公开赔礼道歉，余某等 5 名被告共计赔偿陈某 500 万元。余某随后提起上诉。北京市高级人民法院二审后驳回其上诉，维持原判。

根据判决，余某应于判决生效之日起 10 日内向陈某公开赔礼道歉，消除影响。但余某一直未履行判决内容。2018 年 1 月，陈某向北京市第三中级人民法院提出强制执行申请，要求在《法制日报》刊登本案判决主要内容，且所需费用由被执行人余某负担。

2018 年 4 月 26 日，北京市第三中级人民法院于当日《法制日报》第四版对该案判决的主要内容予以刊登。[①]

第四节　文化行业的守法

文化行业的守法指的是文化行业的从业主体、文化产品和服务的消费者等主体按照法律的规定行使权利（职权）和履行义务（职责）的活动。文化行业的法治意识如何？文化行业守法的方式是什么？这些是本节要解答的问题。

一、文化行业的法治意识有待提高

我国文化行业的法治建设起步较晚，目前仍在完善之中。在很长的一段时间内，文化行业及其从业人员的法律意识并不强。随着文化市场的繁荣发展和科技的进步，文化行业在满足人民群众多样化的文化需求、推动经济增长等方面发挥了积极作用。但在一些文娱领域，也出现了"阴阳合同"、天价片酬以及偷逃税等艺人违法违规的突出问题，其误导了青少年的价值观，严重污染了社会风气。

从行业角度来看，文娱行业存在流量至上、畸形审美、"耽改"之风、奢靡拜金等不良行业风气，以及低俗炒作、蹭热点、言论控评、"饭圈"等信息传播乱象。这些问题的产生有着深刻的经济、社会和文化根源，非一朝一夕形成，也与我国尚不健全的文娱法治体系以及缺乏有效的惩戒机制有着直接的关系。文化行业需要法治建设的介入，需要不断增强法治意识。

典型案例 5－8

2021 年 5 月，针对群众举报某平台一网络综艺节目存在的相关问题，北京市广播电视局高度重视并第一时间约谈了该平台的相关负责人，要求其严格落实广电行政部门有关管理规定，切实履行网络视听平台的主体责任，完善节目管理制度，认真核查并整改存在的问题。

根据网络视听节目相关管理规定，北京市广播电视局责令该平台暂停问题节目的录制。北京市广播电视局将持续加大监管力度，压实平台主体责任，严把节目导向关、内容关，积极营造清朗健康的网络视听空间。

二、文化行业的守法方式

文化行业的守法主要体现为文化行业内各参与主体的守法。文化行业的守法主体具

---

① （2018－04－27）［2023－05－23］. http：//news. cctv. com/2018/04/27/ARTI6gsK22XeInwyk6vLS39A180427. shtml.

有多样性，包括文化行业的从业者、管理者、消费者等。文化行业守法的范围也具有广泛性，既包括宪法、法律、行政法规、地方性法规、部门规章、地方政府规章等各个层次的法律法规，也包括具有法律效力的命令、判决、裁定等执行法律和适用法律的法律文件。

（一）国家层面

国家层面的守法具有重要地位。各级党委应加强领导，国家行政机关及其工作人员应依法行政、严格执法，国家司法机关及其工作人员应依法裁判、公正司法。国家层面的守法能够营造良好的守法氛围，形成示范，从而带动和促进其他主体的守法。

国家层面的守法还需要党员和国家公职人员个人树立主动守法的榜样，在法治建设上做表率。各级干部尤其是高级领导干部应该牢固树立法治观念，带头守法、遇事找法、解决问题靠法，进而不断增强民众守法信念，推动法治权威的树立、法治秩序的形成。

党和政府还应当领导和组织普法工作，带动全民守法。各级党委要加强对普法工作的领导，广泛动员全社会力量，健全普法责任机制，加强普法队伍建设，宣传法律知识，繁荣法治文化。实现全民守法，政府需要进一步加强对普法工作的领导，实行国家机关“谁执法，谁普法”的普法责任制，开展群众性法治文化活动，健全媒体公益普法制度，加强新媒体和新技术在普法中的运用，结合各地、各部门行业特点和社会需求，利用各种传播手段提高普法教育的水平和实效，组织开展形式多样、影响面广的法治宣传活动。

（二）行业层面

行业层面的守法既包括文化企业及其从业人员的守法，也包括文化行业自治组织机构通过自律守则和自律机制的自我管理。

文化企业及其从业人员主动守法、以法治方式进行经营是文化行业守法中十分重要的一个方面。文化从业者的违法违规行为会对公共秩序、社会道德、消费者权益等造成不同程度的损害。因此，应当不断加强对企业的监督、检查，督促企业守法，不断加强从业者的文化法治素养，增强其法治意识，使之形成自觉守法的习惯。

在行业守法方面，文化行业自治组织在守法、文化法治宣传教育中起了非常重要的作用。文化行业自治是指文化行业的自我管理、自我约束，是文化生产者和服务者“自律”的主要方式。文化行业自治组织作为民间自律机构，天然地具有公益性、代表性和协商性。一方面，其可以将行业内各类机构聚合在一起，形成群体合力，共同维护文娱领域的良好生态，实现市场需求与社会公共利益保护的平衡；另一方面，其可有效连接和沟通政府与企业，向上表达市场需求、向下传达监管要求，成为政府监管的有力助手。

行业协会通过软法实施治理，手段丰富灵活，其通过行为规范、标准合同和惩戒机制对本行业进行管理，体现了柔性监管、助推式监管理念，符合当前多元主体合作治理的监管趋势。

典型案例 5－9

2016 年 4 月 13 日上午，北京市网络表演（直播）行业自律公约新闻发布会在市文化执法总队举行，百度、新浪、搜狐、爱奇艺、乐视、优酷、酷我、映客、花椒等 20 余家从事网络表演（直播）的主要企业的负责人共同发布《北京网络直播行业自律公约》，承诺自 4 月 18 日起，网络直播房间必须标识水印；内容存储时间不少于 15 天；所有主播必须实名认证；对于播出涉政、涉枪、涉毒、涉暴、涉黄内容的主播，情节严重的将列入黑名单；审核人员对平台上的直播内容进行 24 小时实时监管。

（三）社会与公众层面

文化法治教育是法治教育的重要组成部分。各年龄段的学生都应当接受守法教育，学会自觉尊重法律和维护法律。高等院校应加强文化法治教育，高等院校的学生应当对传统文化、现代文化有一定的系统学习，并进一步强化法治观念的养成，可以通过公共必修课、选修课、网络课程等方式进行学习。

针对文化相关专业的学生，高等院校应当将文化法治纳入专业教育范畴，将其作为本专业的必修课或选修课，相关课程可以在法学院或法律系开设，也可以配备专门教师进行讲授。此外，文化法治教育应当纳入继续教育、终身教育的范畴，通过各种渠道和方式加强对在职人员的文化法治教育。

公众文化法治观念的培养至关重要。文化法治观念包含两个方面：一是对文化的尊重，对文化遗产的保护，自觉守法；二是对自身文化权利的了解、尊重和保护。公众的文化法治观念的培养是外在影响与自身教育相结合的过程。国家层面、社会层面提供的宣传和学习氛围、制度体系、文化设施、文化产品、文化服务是公众文化法治观念培养的重要的外在环境。与此同时，公众也要主动接触和学习文化法治知识、培养文化法治意识，学会通过法律途径保护自己的文化权利。公众只有经过对文化法治关系的形塑和对文化法治信仰的培育，才能运用法律手段妥善处理各种社会矛盾，在不侵犯国家、社会、集体和他人的文化权利的前提下，切实维护好自身的合法文化权益；如果发生文化权利纠纷，要善于运用法治思维和法治方式解决问题。当然，培育公众的法治信仰是一项长期、复杂的系统工程。

思政专栏 5－1

基本概念

文化立法　文化执法　文化司法　文化守法

讨论题

1. 文化立法有哪些特点？
2. 文化执法需要考量哪些因素？
3. 文化司法和其他领域的司法有何区别？
4. 行业协会在文化法治观念培育方面可以发挥哪些作用？

第二编

文化法的基本制度

第六章

公共文化服务法律制度

引　例

2023年2月，位于北京市东城区的27号院入选全国基层公共文化服务高质量发展的典型案例。朝阳门街道通过升级公共服务设备、引进第三方经营机构等一系列行之有效的举措，把27号院创建成了一个汇聚社区群众与城市文艺人士共享沟通、集教与乐为一体的文化场所。27号院每周至少组织8场公益专题演出。小院内，法国艺术家的“梦境展”和文人雅士的古琴音乐会交相辉映，为观众呈现了一场场精彩绝伦的音乐盛宴；胡同里的老物件、旧家具都被搬到了室外展示，并举办了手工制作秀……这些都让四合院焕发出了新的活力，也为传统街巷注入了新的生命力。

据统计，自2016年9月对外开放至今，27号院已经培育出了400多个文化项目和4 200多场各类型的文化活动，服务人数达14万多人次。这些文化活动中不乏青年群体的身影，其吸引了超过55%的年轻人积极参与；老年群体则以参加公益类和自娱性文化活动为主。27号院通过举办形式多样、内容丰富的系列特色活动和公益培训等活动，提升了群众对基层社会文化建设重要性的认识。

什么是公共文化服务？《公共文化服务保障法》是一部怎样的法律？我国关于公共文化服务的制度设计包含哪些内容？本章将为你解答这些问题。

第一节　公共文化服务法律制度概述

什么是公共文化服务？其性质和基本原则如何？其经历了怎样的立法历史？《公共文化服务保障法》的宗旨是什么？本节将为你解开这些疑惑。

一、公共文化服务的概念与性质

“公共文化”是在“群众文化”“社会文化”等观念的基础上发展起来的一种社会性文化，其强调个人的参与。公共文化服务指的是由政府或公共机构提供的以满足公众文化需求为目的的服务。它涵盖了广泛的文化领域，包括艺术、文学、文化遗产、图书馆、博物馆、电影、音乐、舞蹈等。公共文化建设应以维护人民群众的文化权益、满足人民群众的文化需要、提高人民群众的文化审美素养为目标。公共文化不仅包含广泛意义上的社会公益类文化设施与机构，还是一种群体性感知，其涵盖公众共享的文化自觉和文化认同，兼具普遍性与个体差异性。

公共文化服务的性质可以从以下几个方面来理解：(1) 公益性：公共文化服务的核心目标是保障和增进公众的利益和福祉。公共文化服务旨在满足公众的文化需求，促进文化的传播和交流，提供广泛的文化资源和机会，以促进社会的文化发展和对文化多样性的保护。(2) 民主性：公共文化服务应该具有普惠性和平等性。政府或公共机构应该确保公众平等地享有和参与文化服务，并尊重不同群体的多样性。(3) 可及性：公共文化服务应该提供给所有人，而无论其社会经济状况、居住区域、年龄、性别、种族、身体条件等如何。政府和公共机构需要采取措施，确保公共文化服务的普及和可及性，包括建设公共场所、推广数字化技术、提供优惠票价等。(4) 教育性：公共文化服务在满足公众娱乐和休闲需求的同时，也具有教育的功能。它可以通过提供有价值的文化内容、展览和活动等，促进公众对艺术、历史、社会问题等的理解和思考。(5) 促进文化保护和传承的特性：公共文化服务承担着文化保护和传承的责任。公共文化服务是为了确保文化的普及、公正和可持续发展，从而促进社会的文化繁荣和公众的全面发展。

思政专栏 6-1

典型案例 6-1

公共文化资源的过度商业化开发会导致公共文化服务偏离其本质特征。在开发红色文化资源时，我们不应该忽略或歪曲其本质、破坏其重要的社会价值和教育作用、过度追求经济利益或者出现“三俗”现象。一些博物馆和艺术展览为了增加收入，过度商业化的现象越来越普遍。例如，一些博物馆将展品以高昂的价格出租给商业活动，或者与品牌合作进行展览赞助，从而在一定程度上影响了公众对展览的参观和体验。

二、公共文化服务的基本原则

公共文化服务的基本原则包括但不限于以下几个方面。

(一) 坚持正确的导向

公共文化服务应当肩负起凝聚民心、振兴文化、培养担当时代复兴大任的时代新人、展示中国形象的使命，将人民的文化需求与精神力量相互融合，满足其更高层次的需求，这也是我国全面建成社会主义现代化强国对公共文化服务提出的基本要求。我们必须持续不断地汲取马克思主义和习近平新时代中国特色社会主义思想的科学智慧和理论力量，并将其贯穿于公共文化服务体系建设之中，以不断提升我们的认知水平和理解能力；必须充分发挥公共文化服务体系的线上线下文化传播功能，紧紧把握正确的舆论导向，弘扬主旋律，传播正能量，从而达到凝聚人心的目的；必须培养具备理想信念、道德操守和纪律意识的公民，为建设社会主义文化强国提供必要的人才支持和保障。

（二）培育和践行社会主义核心价值观

公共文化服务应以创新的服务方式充实内容，同时运用现代化技术创新传播渠道，向广大群众传播和展示中华优秀传统文化，使群众深刻认识和理解革命文化是在长期的革命斗争中产生的，社会主义先进文化是在中国特色社会主义的伟大实践中产生的。将社会主义核心价值观渗透到人们的日常生活中，使之成为人人都能理解的道德准则和人人都能遵守的习惯；要注重塑造中国形象，通过讲述中国故事和传播中国声音，加强我国的国际传播能力，提高国家文化软实力和中华文化影响力；要保护和传承非物质文化遗产，不断创新其内容和形式，深入挖掘具有民族特色和时代特征的优秀原创文化产品。

（三）牢固树立以人为本的理念

坚持以人民为中心的理念，必须为人民的福祉而不断推进文化的发展，在建构公共文化系统的同时，应将满足人民的精神需要放在首位。各级政府应当始终将人民利益放在首位，不断提高公共文化服务的质量，促进人民群众积极参与文化建设。公共文化服务体系的建设与完善，也直接取决于人民群众参与的程度和规模。

公共文化服务体系建设的宗旨应该是让每个人都能充分享受到文化尊严，让每个人都能充分享受到文化福利，让每个人都能受到真正的尊重。秉持以人民为中心的理念，就必须将公共文化服务体系的建设工作深入到广大人民群众的内心深处，将公共文化服务体系打造成一个能满足人民群众的需求、受到人民群众支持和欢迎、吸引人民群众参与的公益性文化服务体系。

（四）必须体现社会公共利益

文化是社会的、公共的。公共文化的本质就是在满足公众基本精神需求的基础上提供与之相适应的公共文化服务，即公共文化应该以一种共同的方式被感知和体验，而非局限于个人体验的表达。文化只有在以公共方式被感知和体验时，才能真正地体现出公共文化服务的社会意义。它不仅要为满足大众精神需要而提供基本文化产品，还要以其特有的方式促进人的全面发展。公共文化服务的首要目标是确立文化的公共属性和社会价值以对抗文化私人属性的影响。

第一，公共文化服务应该面向所有社会成员，为其提供平等和普惠的文化资源和机会。这有助于消除社会不平等，确保每个人都能够享受和参与文化活动。公共文化服务的提供不应该局限于面向少数人或特定阶层，而是应该面向整个社会。提供广泛且平等的公共文化服务，可以确保每个人都能够平等地享受文化资源和参与文化活动，促进社会的公平和平等发展。第二，公共文化服务应该促进和保护文化多样性。公共文化服务提供多样的文化内容和活动，能够促进不同文化之间的交流和对话。提供多元化的文化体验，可以增强人们对不同文化的理解和尊重，丰富和保护人类的文化遗产。第三，公共文化服务在教育和知识传递中发挥重要作用。例如，图书馆可以提供学习资源，培养阅读兴趣和信息素养；文化机构举办展览和活动，可以使人们获得艺术、历史、科学等方面的知识。通过公共文化服务，人们可以增加知识储备，培养创造力，提高终身学习的能力，推动社会的全面进步。第四，公共文化服务能够促进社区和社会的凝聚力。文化活动和交流是人们相互沟通和合作的机会，可以促进社会关系的建立和增强。例如，社区艺术项目、文化节日等可以促使社区成员更好地了解彼此，共同参与和享受文化创意，增进社会凝聚力。通过共同参与文化活动，人们能够建立联系、增进交流，并共同分享文化体验，从而增强社会的凝聚力和认同感。第五，公共文化服务对于经济发展也具有重要意义。文化产业是一种具有巨大经济潜力的产业形态，能够创造就业机会、推动创新、促进旅游和文化消费等。提供公共文化服务可以帮助培育文化产业，促进经济的可持续发展。

三、公共文化服务的立法历史

文化权利是公民的基本权利之一，其已经成为国际社会中的焦点话题。1997 年 10 月 27 日，我国签署了《经济、社会和文化权利国际公约》，该公约旨在保障和提升国民的经济、社会和文化权益，是“国际人权宪章”之一，也是联合国核心的国际人权公约之一。我国于 2001 年 2 月批准加入了该公约，并于 2005 年 4 月接受首次履约审议。2023 年 2 月 15—16 日，我国第三次接受履约审议。《经济、社会和文化权利国际公约》的签署和批准标志着我国首次以加入国际条约的形式确认和保障公民文化权利，通过履行国际义务，切实推进和保护公民文化权利。

2006 年 9 月，《国家“十一五”时期文化发展规划纲要》颁布，明确提出将“公共文化服务”作为下一步文化建设的重要组成部分。这一举措标志着国家首次明确提出了“公共文化服务”的概念。

2007 年 10 月，党的十七大报告中提出要“推动社会主义文化大发展大繁荣”，“坚持把发展公益性文化事业作为保障人民基本文化权益的主要途径，加大投入力度，加强社区和乡村文化设施建设”，并提出要实现“覆盖全社会的公共文化服务体系基本建立”。

2011 年 10 月，党的十七届六中全会通过的《中共中央关于深化文化体制改革推动社会主义文化大发展大繁荣若干重大问题的决定》，首次将“社会主义文化”列为重要议题，这标志着我国文化产业发展战略与布局的重要调整。其中明确提出，要把文化产业培育作为新的经济增长点，政府应当继续本着公益性、基本性、均等性、便利性的基本原则，加强公共文化建设，进一步完善覆盖全体公民的免费或优惠的公共文化服务网络。

2013 年 11 月 12 日，党的十八届三中全会通过的《中共中央关于全面深化改革若干重大问题的决定》，提出要“构建现代公共文化服务体系”，更好地推动国家改革发展和加强公共文化服务网络的建设工作，具体内容包括完善协调机制、提高群众满意度、完善法人治理结构以及实现市场经济的有效运作等。同时，还需要完善服务设施网络，增加服务项目和产品，改善机构的运作模式，完善社会各界的监督和参与机制。

2015 年 1 月，中共中央办公厅、国务院办公厅印发的《关于加快构建现代公共文化服务体系的意见》明确指出“加大公共文化服务保障力度”，应当加快“建立健全公共文化服务法律体系”。

2017 年 3 月 1 日，《公共文化服务保障法》的施行为我们提供了一套基本的、有效的、可持续的、可操作的公共文化服务法律保障体系。2018 年 1 月 1 日，《公共图书馆法》的正式实施确立了保障公民文化权益、履行政府主导责任、构建现代公共图书馆体系的任务。①

从国家层面看，公共文化服务法律保障体系包含中央和地方两个层次。近年来，我国的文化建设取得了重大进展，文化事业与文化产业的发展进入新阶段。我国的公共文化服务法治建设正处于蓬勃发展的黄金时期，中央和地方颁布的政策法规对公共文化服务领域的重点方面和关键问题进行了周密的安排和部署，为推进现代公共文化服务体系的建立和完善指明了方向。与此同时，全国范围内公共文化服务的创新实践不断涌现，地方立法在总结成功经验的基础上快速推进，制度设计和实践探索相互融合，公共文化服务法治建设进入了全新的历史阶段。公共文化服务法律体系是由一系列关于公共文化服务保障的法律规范所构成的有机整体，其旨在确保公共文化服务的完整性和可持续发展。

目前，我国正在进行新一轮地方立法规划，其中包括对公共文化服务相关法律法规的修改和完善，这为未来进一步修订《公共文化服务保障法》提供了方向指引与依据支持。自《公共文化服务保障法》颁布至 2023 年 8 月 20 日，河南、山西、广东、江苏、浙江、天津、湖北等 18 个省份已经颁布了省级公共文化服务地方性法规，这标志着公共文化服务法治建设在地方得到了快速推进。地方立法不仅促进了本地的公共文化事业发展，也为其他地区提供了借鉴经验。

四、《公共文化服务保障法》的宗旨

《公共文化服务保障法》的宗旨是维护公民的基本文化权益，促进人的全面发展，推动社会主义文化事业的繁荣和发展。《公共文化服务保障法》强调公共文化服务的重要性，要求各级政府和有关部门加强公共文化设施和资源的建设和管理，提供多样化、普惠性、高质量的公共文化服务。

《公共文化服务保障法》制定的初衷是加强公共文化服务体系的建设。《公共文化服务保障法》旨在构建适用于全国范围的、具有可操作性和可持续性的现代公共文化服务体系，其“明确了公共文化服务应当坚持社会主义先进文化前进方向、以人民为中心、以社会主义核心价值观为引领等基本原则，确立了‘政府主导、社会力量参与’的公共

---

① 金武刚．全面构建现代公共图书馆制度：关于《中华人民共和国公共图书馆法》的学习与研究．图书与情报，2018（1）：49－62．

文化服务格局，对公共文化设施建设、公共文化服务的内容方式质量、公共文化服务的管理运行和保障机制等都作出了明确规定，必将引领和推动现代公共文化服务体系建设全面深入开展"①。

《公共文化服务保障法》规定了公共文化服务的基本原则、基本制度和责任主体等，为公共文化事业提供了法律依据和法律保障。其规定了政府和有关部门的职责和义务，要求他们保障公民的文化权益，促进文化资源的公平分配，推动公共文化机构的建设和管理，提高公共文化服务的质量和水平。《公共文化服务保障法》对我国公共文化服务体系建设和公共文化服务活动过程中涉及的关系进行了规范，《公共图书馆法》《博物馆条例》以及其他法律法规对公共文化领域的特定机构或者事项进行了具体规范。上述法律法规共同构成了公共文化服务立法体系。尽管文化遗产也涉及公共文化服务的相关内容，但国际惯例是将其单独立法加以保护，并与其他文化领域的法律有所区别。

第二节　公共文化服务法治保障体系

公共文化服务法治保障体系包含哪些内容？我国关于公共文化设施规划建设的制度设计是怎样的？公共文化服务组织管理制度包含哪些方面？本节将为你解答上述问题。

一、公共文化服务法治保障体系的概念与范围

公共文化服务法治保障体系旨在保障公共文化事业的公益性、基本性、均等性与便利性。公共文化服务法治保障体系确保公共文化服务的实施和发展遵循法治原则，保障公众的文化权利和利益。国家通过法律和法规来规范和管理公共文化服务，确保其公正、公平和透明，同时保护公众的文化权利和利益不受侵犯。公共文化服务法治保障体系包括相关法律法规的制定和实施，国家通过建立适当的法律制度，明确公共文化服务的目标和责任，并规定各方的权利和义务。同时，政府会建立相关的管理机构和监督机制，确保公共文化服务的有效运行和公正管理。公共文化服务法治保障体系的建立有助于维护社会的法治和公共利益，确保公众享有平等和公正的文化权益。通过法治的原则和机制，公共文化服务可以得到有效的管理和保障，这也有利于推动文化的发展和文化多样性的保护。本章的"公共文化服务"主要是指政府主导下的满足公众精神生活需求的各项活动。公共文化服务法治保障体系主要涵盖两个方面的内容：

思政专栏 6-2

第一，公共文化服务法治保障体系是一个全方位的保障体系，涵盖公共文化服务设施、商品以及财政经费管理等，是对公共文化服务的全过程保障。通过健全的法治保障体系，公共文化服务能够在法律框架下运行，保证服务的公正、权益的保护和可持续发

① 王晨．大力推动公共文化服务保障法的深入宣传和贯彻实施．人民日报，2017-02-22（6）．

展。这个保障体系为公共文化服务的各个环节提供了明确的法律依据和规范，促进了公共文化服务事业的健康发展。

第二，公共文化服务法治保障体系是一个包含法律法规、标准规范、政策等的相互补充、相得益彰的完整制度体系，而非单指《公共文化服务保障法》这部专门法律。构建以中央为主的多元主体参与的公共文化服务体系的保障机制，是我国现阶段建立多层次、多类型公共文化服务法治保障体系最主要的内容之一。这个保障网络涵盖了法律、行政法规、部门规章、规范性文件、地方立法等，形成了一个多层次、全方位的公共文化服务法治保障体系。

公共文化服务法治保障体系是一个综合、系统的法治保障制度体系，根据效力的不同分为五个层级（见图 6-1）。

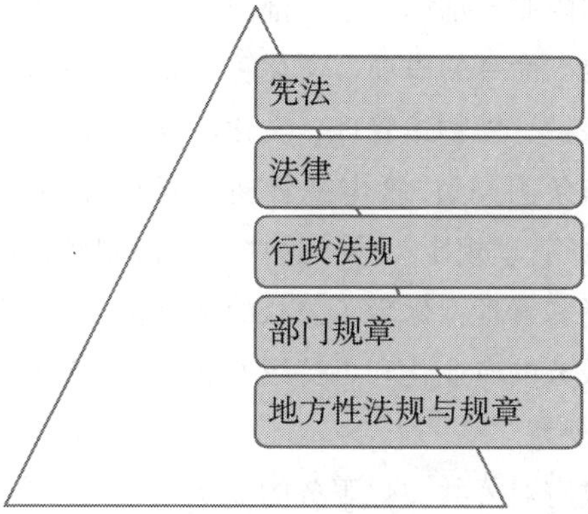

图 6-1　公共文化服务法治保障体系的层级结构

（一）宪法

宪法是我国的根本大法，规定了我国的根本政治制度与公民基本权利等内容，是规定公民享有文化权利的根本法。建设完善公共文化服务法治保障体系是贯彻宪法的重要措施和具体体现，也是提升宪法实施效力的必要途径。

（二）法律

国家通过制定法律对文化领域进行规范，包括公共文化立法、文化产业立法、文化保护与传承立法等（见图 6-2）。在公共文化立法方面，《公共文化服务保障法》是全国人民代表大会常务委员会所审议的立法，是反映国家意志之法，有着高度的针对性、规范性以及可操作性，为公共文化服务事业提供了根本法律保障。《公共文化服务保障法》明确了公共文化服务的目标、原则、责任以及管理体制，为各级政府和相关机构推动公共文化服务的发展提供了依据。

（三）行政法规和部门规章

行政法规是指最高国家行政机关——国务院依据宪法和法律制定的法律规范，旨在调整国家行政管理关系。国务院各部、委员会、中国人民银行、审计署和具有行政管理职能的直属机构以及法律规定的机构，可以根据法律和国务院的行政法规、决定、命

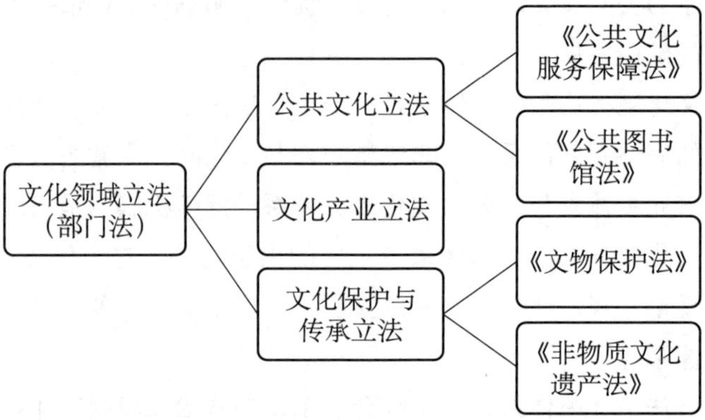

图 6-2　文化领域立法示意图

令，在本部门的权限范围内制定部门规章。部门规章规定的事项应当属于执行法律或者国务院的行政法规、决定、命令的事项。文化管理和公共文化服务领域的行政法规和部门规章主要是关于文物保护、博物馆管理、文化市场管理、文化产业发展等的行政法规和部门规章，如《博物馆条例》《广播电视管理条例》《广播电视节目传送业务管理办法》《互联网新闻信息服务管理规定》等。这些行政法规和部门规章的制定和实施，规范了公共文化服务的运行和管理，保障了公众的文化权益，促进了文化事业的繁荣和发展，同时也为公共文化服务的专业化和可持续发展提供了法律依据和行政支持。

（四）地方性法规及规章

目前，我国的地方政府对公共文化服务的立法主要有“专门立法”与“综合立法”两大类。2011 年，党的十七届六中全会通过的《中共中央关于深化文化体制改革推动社会主义文化大发展大繁荣若干重大问题的决定》指出要“加强文化基础设施建设，完善公共文化服务网络，让群众广泛享有免费或优惠的基本公共文化服务”。至此，我国的公共文化服务地方立法进入了蓬勃发展的新阶段，广东、上海率先立法，之后，各地纷纷积极推动地方立法工作，加强对公共文化服务的管理和保障。

二、公共文化设施规划建设制度

《公共文化服务保障法》第 15 条强调，公共文化设施应当根据当地的经济社会发展水平、人口状况、环境条件、文化特色等实际情况，合理布局、优化配置，满足人民群众的基本文化需求，保障公众参与文化活动的权益。

公共文化设施规划建设总的要求是布局和配置上的合理性和适应性。具体来说，公共文化设施的布局应当根据当地人口规模、区域特点和文化需求的实际情况进行规划，确保各个地区的公众都能够享受到公共文化服务的便利。同时，公共文化设施的配置也需要不断优化，以满足人民群众的基本文化需求，提高公众使用公共文化设施的便利程度。让公众能够享受到更多更好的文化服务是《公共文化服务保障法》的目的之一。

概括来说，公共文化设施规划建设应遵循以下原则：

第一，公益性原则。公共文化设施是为了满足公众的文化需求和保障公众的文化权益而建设的，因此应当以公益为宗旨。在公共文化设施规划设计及建设过程中，应充分考虑公众的需求和利益，服务社会大众，提供多样化、包容性的文化服务。根据我国《民法典》第260条的规定，公共文化设施是集体所有财产。因此，在公共文化设施选址时，必须充分考虑群众的意见和需求，以确保选址的公正性和合理性。在公共文化设施规划布局上应考虑人口分布及未来发展趋势等因素对公共文化服务需求变化所产生的影响。为了保证公众在公共文化设施规划选址过程中的知情权得到充分保护，政府应该采取措施鼓励更多的人参与公共文化设施规划，并加强监管。

第二，参与性原则。为确保公众对公共文化设施的知情权，所有的公共文化设施和相关重要信息都必须向社会公布。公众有权就公共文化设施的使用情况向有关部门提出建议和意见。公众应当参与公共文化设施的规划和建设过程，提出建设意见和建议，并参与设施的运营和管理。广泛的民主参与，能够保障公众在公共文化设施规划和运营中的权益，增强公共文化设施的社会影响力和可持续性。

第三，可持续发展原则。公共文化设施的规划建设应注重长期发展和持续运营。在设计过程中应考虑设施的可持续性，包括环境保护、资源节约、能源利用效率等方面的因素，以实现经济、社会和环境的可持续发展。在设计和建设公共文化设施时应注意以下因素：(1) 环境保护：在公共文化设施建设规划过程中应考虑环境影响评估，减少对生态系统的负面影响。例如，保护现有的绿地和树木，设计雨水收集系统以减少水资源的浪费，选择环保材料，等等。(2) 资源节约：在公共文化设施设计和建设过程中应考虑资源的有效利用。例如，使用可循环利用的建筑材料，减少能源消耗，减少水的使用量，实施垃圾分类和废物回收，等等。(3) 能源利用效率：考虑节能和提高能源利用效率，采用节能技术和设备。例如，利用自然采光和通风系统，使用节能照明设备，使用可再生能源，等等。(4) 社会影响：公共文化设施的规划和建设应与社区的需求和环境相适应。在公共文化设施设计过程中应促进具有社会包容性、无障碍性和可持续性的社区发展。(5) 长期运营和管理：考虑公共文化设施的长期运营和维护，制定可持续运营策略和管理计划。这包括财务可行性分析、人力资源管理、运营管理和维护计划等方面。可持续发展原则有助于实现经济效益、社会效益和环境效益的良性循环，确保公共文化设施在长期发展中具有持久的影响力和可持续性。

第四，区域均衡原则。在公共文化设施的规划和建设中，应实现区域的均衡发展，不断提高各地区的文化服务水平。避免资源过度集中于大城市，应注重中小城市和农村地区的公共文化设施建设，促进公共文化服务的普及和均等化。通过提供资金支持、税收优惠、用地政策等措施，国家鼓励和支持中小城市和农村地区的公共文化设施建设。政府各部门、各机构和社会力量可以进行资源整合，共同推动公共文化设施在中小城市和农村地区的建设。通过公私合作、跨部门合作、社区参与等方式，公共文化设施规划和建设可以实现资源整合。在设计和建设公共文化设施时应当考虑不同形式和规模，以满足中小城市和农村地区的需求。例如，建设小型图书馆、文化活动中心、艺术展览馆等。建立和强化城乡公共文化设施建设的协调机制，促进资源共享、经验交流和合作，缩小城乡公共文化服务水平的差距。

典型案例 6-2

在 2023 年全国“两会”期间，有代表、委员提出，“广西实施公共文化服务设施提升工程，进一步缩小与其他地区公共文化服务的差距，迫在眉睫”。根据《文化馆建设标准》，县级行政区域内人口数量超过 30 万人的，应当兴建一座面积在 4 000 平方米至 6 000 平方米之间的中型文化馆。在某些乡镇，综合文化站的场所和设施设备明显不足，还存在被挪用、借用以及多个部门共用的情况。这就要求我们要完善相关立法工作，明确各级各类文化设施建设主体，规范文化设施的开发与使用。贵港市图书馆党支部书记、馆长李燕锋建议，在“十四五”期间，国家应从政策、资金等多个方面提供支持，以促进广西公共文化服务设施提升工程项目的建设。①

三、公共文化服务组织管理制度

（一）公共图书馆运行管理法规、规范

21 世纪以来，我国图书馆事业发展迅速。2006 年 9 月发布的《国家“十一五”时期文化发展规划纲要》明确将抓紧研究制定图书馆法作为“十一五”时期“加强文化立法”的重要内容。

近年来，随着我国社会经济和文化生活的发展与变革，国家对公共图书馆事业高度重视，先后颁布并实施了一系列法律法规，使公共图书馆工作有了法律依据和保障。2018 年，《公共图书馆法》正式实施，标志着我国公共图书馆运行管理法律规范的全面落地，该法的主要目的在于规范公共图书馆的运行管理、保障公众的知识获取权利和促进公共图书馆事业的健康发展。

《公共图书馆法》致力于保障公众获取知识的权利，其明确了公共图书馆的基本职责和服务内容，规定公众享有免费进馆、查询、阅览、借阅图书的权利。此外，该法还特别强调图书馆的数字化服务，推动公共图书馆融入网络化的信息服务体系。

除了针对公共图书馆的专门法律法规，我国还有其他一些适用于公共图书馆活动的法律法规，如著作权法、档案法及其他相关法律，这些法律法规旨在确保知识产权的有效保护。其中，《著作权法》对公共图书馆具有特别重要的意义，涉及图书馆与作者之间的关系以及著作权的归属问题。2006 年 7 月 1 日，《信息网络传播权保护条例》开始实施。这些法律法规为公共图书馆提供了必要的豁免权和便利条件，使其能够在未经权利人许可的情况下，免费使用和通过信息网络传播受著作权保护的作品。《文物保护法》

① 宾阳．广西：公共文化服务设施惠及更多民众．中国文化报，2023-03-24（1）．

为了提高文物的保护水平，其第36条规定，图书馆作为文物收藏单位，对收藏的文物必须区分文物等级，设置藏品档案，建立严格的管理制度，并报主管的文物行政部门备案。2002年颁布的《科学技术普及法》规定，图书馆应当发挥科普教育的作用。2003年8月1日起实施的《公共文化体育设施条例》要求各级政府将公共图书馆建设列入地方政府的基建投资计划和财政预算，这表明我国公共图书馆事业进入了依法管理的新时期。2008年5月1日起实施的《政府信息公开条例》进一步完善了我国政务信息公开相关法律规定，将我国的公共图书馆设置为政府信息公开查询的场所，并作出了相应的规定。

一些有关公共图书馆的地方性法规也相继颁布，例如《湖北省公共图书馆条例》（2001年，2022年修订）、《安徽省实施〈中华人民共和国公共图书馆法〉办法》（2022年）、《贵州省公共图书馆条例》（2020年）、《深圳经济特区公共图书馆条例》（2019年）、《四川省公共图书馆条例》（2013年）、《北京市图书馆条例》（2002年，2016年修正）等。我国公共图书馆事业的蓬勃发展，离不开地方性法规的有力推动。近年来，公共图书馆的硬件基础设施和软件读者服务都取得了长足的进步，对社会发展产生了积极影响。一些地方还制定了专门针对公共图书馆行业管理的规章或条例，也取得了很好的成效。

（二）文化馆运行管理法规、规范

1981年，文化部发布了《文化馆工作试行条例》，以确保文化馆的有序运作和有效管理。这是新中国成立以来我国第一次以法律规范的形式对文化馆的地位和作用作出明确界定。《文化馆工作试行条例》对文化馆的职责作了清晰的划分，其职责涵盖了搜寻、保存、传播、研究等多个方面。1992年《文化部关于群众艺术馆、文化馆管理办法》发布，其旨在更好地管理群众艺术馆、文化馆的运营，促进社会文化公益事业的发展。为了更好地满足人民日益增长的公共文化服务需求，文化部于2009年发布了《乡镇综合文化站管理办法》，其主要规定了乡镇综合文化站的性质、功能、发展目标、建设计划以及相关的服务措施，并且对乡镇综合文化站进行评估、招聘及获得资金支持提出了更加严格的标准。为了推动乡镇文化建设与发展，文化部还发布了《乡镇综合文化站管理办法》，其旨在加强对乡镇综合文化站的规范管理，提高其服务质量和水平，促进乡镇居民文化素质的提高。根据该办法，乡镇综合文化站属于乡镇基层文化设施，是提供文化服务、传播文化信息、开展群众文化活动的重要平台。《文化馆服务标准》《乡镇综合文化站服务标准》等标准规范的出台，为文化馆（站）提供了有效的服务指南，使其能够更加规范、有序地开展工作，实现更高水平的发展。

（三）博物馆、纪念馆运行管理法规、规范

2005年12月，文化部发布了《博物馆管理办法》，标志着中国博物馆事业进入规范化建设阶段。这是新中国成立以来我国第一次以法规形式对博物馆的地位和作用作出明确界定。《博物馆管理办法》涉及的博物馆不仅包括国家机构设立的博物馆，也包括民营机构设立的博物馆。《博物馆管理办法》提供了一系列规定和指导，以促进博物馆事业的发展和提高博物馆的管理水平。《博物馆管理办法》鼓励各类社会力量的参与，包括个体、企业家、社会团体等，不同社会力量的共同努力可以提升博物馆行业的整体发展水平，实现更好的社会效益。该办法严格规定了博物馆的开放时限，即国有博物馆每年的开放时间应该不少于10个月，非国有博物馆每年的开放时间应该不少于8个月。这一时限应该根据公众的日常生活、教育、娱乐等因素来确定。此外，在法定节假日以及学校寒暑假期间博物馆应该合理增加开放时限。

1984年，“博物馆法”的立法建议被提出，在此基础上，我国采取了一系列措施确保博物馆的建设和发展。2015年，《博物馆条例》正式生效，其明确了如何规范博物馆的建立、运营、维护、监督等，确保博物馆能够合法、有效地推进文化事业的发展。《博物馆条例》将“博物馆”定义为“以教育、研究和欣赏为目的，收藏、保护并向公众展示人类活动和自然环境的见证物，经登记管理机关依法登记的非营利组织”，还明确了由国家文物主管部门和县级以上地方人民政府文物主管部门负责博物馆的监督管理工作。此外，博物馆和纪念馆领域现行的管理规范还有1986年文化部制定的《博物馆藏品管理办法》、2001年文化部颁发的《文物藏品定级标准》、2003年国家文物局印发的《近现代文物征集参考范围》《近现代一级文物藏品定级标准（试行）》，以及2017年修正的《文物保护法》等。

值得注意的是，上述法律法规都未对红色资源作出明确的界定及规定，致使实践中产生了诸多关于如何开发和利用红色资源的争议。福建省龙岩市在2017年颁布了《龙岩市红色文化遗存保护条例》，这是全国第一个以设区的市作为立法主体出台的保护红色文化遗存的地方性法规，也是国内首个关于红色文化遗存保护的地方性法规。同年，宁夏回族自治区批准了《吴忠市红色文化遗址保护条例》。将红色文化遗址纳入公共文化设施建设规划，是地方性法规的一项重要内容。

典型案例 6-3

闽西革命老区的辉煌历史在古田会议旧址、才溪乡调查会址和福建省苏维埃政府旧址等一系列红色地标的承载下得以传承和延续。要传承红色文化的血脉，必须以法治为基础，为红色文化资源提供一道坚实的法治屏障。2018年3月，《龙岩市红色文化遗存保护条例》正式实施，为龙岩市红色资源的保护、传承和利用提供了法律支持。此外，龙岩市还根据当地实际情况，制定了《古田会议旧址群维修保护规划方案》《龙岩市革命旧址保护利用规划》《龙岩市中央红色交通线保护利用规划》等规范性文件，全面规划了全市重点革命旧址的修葺维护、商业开发、宣传推广等工作。在全市的革命旧址的保护利用工作中，龙岩市实施了项目带动战略，并设立了专项财政资金以促进红色文化遗产发展。龙岩市中级人民法院于2023年成立了全省首个“红色文化遗存保护合议庭”，旨在集中审理关于红色文化遗存认定和保护等的案件，以提高审判的专业化水平，更好地保护本市的红色文化遗存。

（四）公共文化服务评价制度

公共文化服务评价制度是指对公共文化服务进行评估和监督的制度体系。其目的是全面、客观、科学地评价公共文化服务的质量和效果，为改进和提升公共文化服务提供参考和指导。随着公共文化服务的不断发展，传统的以“数量”为主的单一绩效考核指标已经难以满足当前的评价要求，因此，有必要对现行的公共文化服务评价体系进行完善，建立科学、全面的绩效评价指标体系，并将其运用到实际工作中去。

评估公共文化服务需要从多个角度着眼，主要包括以下几个方面。

1. 客观评估

评价制度应该以客观的标准和指标来评估公共文化服务的质量和效果。评估指标主要包括文化设施的数量、质量和地域分布，文化活动的丰富程度和社会影响，文化服务的普及程度和满意度等。通过客观评估，人们可以客观地了解公共文化服务的现状和问题，并制定相应的改进措施。

2. 多方参与

评价制度的设计应该充分考虑各利益相关方的需求和意见，包括政府部门、公共文化机构、专业研究机构、文化从业者、公众等。他们可以提供不同的视角和意见，共同参与到公共文化服务的评价过程中，确保评价结果的客观性和准确性。

3. 持续监督

评价制度应该具备持续监督的机制，及时检测和反馈公共文化服务的问题和改进情况。通过定期的评估和监测，人们可以追踪公共文化服务的变化和发展趋势，及时发现和解决问题，确保公共文化服务的持续改进和提升。

4. 利益平衡

评价制度应该平衡不同利益相关方的权益和需求，合理把握公共文化服务的社会效益和经济效益之间的关系。在评价过程中，不仅要关注公共文化服务的数量和规模，更要注重服务的质量和内涵，确保公共文化服务能够真正满足人民群众的文化需求，促进社会的进步和发展。

因此，建立一套能够综合反映不同人群需求、具有可操作性的公共文化服务评价标准是十分必要的。为了实现公共文化服务的规范化和平等化，应当建立一系列公共文化服务度量标准，并对主观评价进行定量分析。

典型案例 6－4

截至 2023 年 11 月，我国县级以上的公共图书馆接受了国务院文化行政部门的七次评估定级。这七次评估定级分别在 1994 年、1998 年、2004 年、2009 年、2013 年、2017 年和 2023 年完成。

文化馆的评估定级始于 2001 年，随后在 2006 年、2011 年、2015 年和 2020 年分别进行了第二、第三、第四和第五轮的评估定级工作。当前，为了更好地做好文化馆的评估定级，全国各地正在积极推进这项活动。为了确保文化馆的质量，每次评估定级都会参照文化和旅游部制定的评估定级标准，这些标准也会随着时代的发展而不断完善和调整。目前，我国已经有多个省市开始对乡镇文化机构进行评估定级，但其评估对象多是县级或地市级文化馆。2013 年，文化部发布《全国乡镇综合文化站评估定级标准指导纲要》，正式启动了对我国乡镇综合文化站的首次评价活动，并在之后的 4 年内对其实施了一次全面、系统、科学、客观的评价。

国家文物局自 2008 年起便开始实施定期的博物馆评估和定级计划，以确保文物的安全和完整，并根据国家相关规定对各级各类博物馆进行全面、系统、科学、规范、公平、公正的评价与考核。依照《博物馆运行评估办法》《博物馆运行评估标准》，国家文物局对博物馆进行全面的评价。

基本概念

公共文化　公共文化服务　公共文化服务组织　公共文化服务法律保障体系

讨论题

1. 请举例说明公共文化服务的必要性。
2. 请举例说明公共文化服务组织有哪些种类。
3. 请简述公共文化服务法律保障体系的效力层次。

第七章

文化遗产法律制度

引 例

2005年12月22日，国务院发布《关于加强文化遗产保护的通知》。通知指出，为进一步加强中国文化遗产保护，继承和弘扬中华民族优秀传统文化，推动社会主义先进文化建设，国务院决定从2006年起，将每年6月的第二个星期六定为中国的"文化遗产日"。截至2023年10月，我国的世界遗产总数已达到57项。

党的二十大报告提出，到2035年，我国要基本建成文化强国，加大文物和文化遗产保护力度，加强城乡建设中历史文化保护传承，建好用好国家文化公园。坚守中华文化立场，提炼展示中华文明的精神标识和文化精髓，加快构建中国话语和中国叙事体系，讲好中国故事、传播好中国声音，展现可信、可爱、可敬的中国形象。

2022年5月27日，习近平同志在第十九届中共中央政治局第三十九次集体学习时强调："文物和文化遗产承载着中华民族的基因和血脉，是不可再生、不可替代的中华优秀文明资源。要让更多文物和文化遗产活起来，营造传承中华文明的浓厚社会氛围。要积极推进文物保护利用和文化遗产保护传承，挖掘文物和文化遗产的多重价值，传播更多承载中华文化、中国精神的价值符号和文化产品。"①

人们常说，"保护文化遗产，功在当代、利在千秋"。那么，哪些遗产属于文化遗产？文化遗产具备怎样的特征？我国法律对文化遗产的保护是如何规定的？本章将为大家解答以上问题。

第一节　文化遗产法概述

文化遗产法是以文化遗产为保护对象的特殊法律部门。文化遗产（cultural heritage）通常是指某个民族、国家或群体在社会发展过程中所创造的一切精神财富和物质财富，这种精神财富和物质财富代代相传，构成了该民族、国家或群体区别于其他民

① 中共中央政治局第三十九次集体学习.（2022-06-09）[2023-05-23]. https://m.gmw.cn/baijia/2022-06/09/35799384.html.

族、国家或群体的重要文化特征。[①]

文化遗产的概念是什么？我国对文化遗产是如何进行分类的？文化遗产的特征是什么？文化遗产保护的法律制度有哪些？本节将带你解答上述问题。

一、文化遗产的概念与分类

（一）文化遗产的概念

1972 年 11 月 16 日，联合国教科文组织大会第十七届会议在巴黎通过《保护世界文化和自然遗产公约》（以下简称《保护世界遗产公约》）。《保护世界遗产公约》主要规定了文化遗产和自然遗产的定义、国家保护和国际保护措施等。

《保护世界遗产公约》第 1 条对“文化遗产”进行了界定：“在本公约中，以下各项为‘文化遗产’：文物：从历史、艺术或科学角度看具有突出的普遍价值的建筑物、碑雕和碑画、具有考古性质成分或结构、铭文、窟洞以及联合体；建筑群：从历史、艺术或科学角度看在建筑式样、分布均匀或与环境景色结合方面具有突出的普遍价值的单立或连接的建筑群；遗址：从历史、审美、人种学或人类学角度看具有突出的普遍价值的人类工程或自然与人联合工程以及考古地址等地方。”[②]

在国内相关法律文件中，《宪法》中使用了“文化遗产”一词[③]，表明了国家对重要历史文化遗产的重视，但包括《文物保护法》在内的各种文化遗产保护法律法规均将保护对象局限于文化遗产中最重要的部分——文物、名胜古迹、传统工艺美术等。

2005 年 12 月，国务院发布的《关于加强文化遗产保护的通知》，对“文化遗产”进行了规范，其指出：“文化遗产包括物质文化遗产和非物质文化遗产。物质文化遗产是具有历史、艺术和科学价值的文物，包括古遗址、古墓葬、古建筑、石窟寺、石刻、壁画、近代现代重要史迹及代表性建筑等不可移动文物，历史上各时代的重要实物、艺术品、文献、手稿、图书资料等可移动文物；以及在建筑式样、分布均匀或与环境景色结合方面具有突出普遍价值的历史文化名城（街区、村镇）。非物质文化遗产是指各种以非物质形态存在的与群众生活密切相关、世代相承的传统文化表现形式，包括口头传统、传统表演艺术、民俗活动和礼仪与节庆、有关自然界和宇宙的民间传统知识和实践、传统手工艺技能等以及与上述传统文化表现形式相关的文化空间。”

（二）我国对文化遗产的分类

根据国务院《关于加强文化遗产保护的通知》中有关文化遗产分类的规定，文化遗

① 王云霞．文化遗产法教程．北京：商务印书馆，2012：1.

② 保护世界文化和自然遗产公约．(2006 - 05 - 23) [2023 - 07 - 23]. https://www.gov.cn/guoqing/2006-05/23/content_2625552.htm.

③ 《宪法》第 22 条第 2 款规定：“国家保护名胜古迹、珍贵文物和其他重要历史文化遗产。”《宪法》第 119 条规定：“民族自治地方的自治机关自主地管理本地方的教育、科学、文化、卫生、体育事业，保护和整理民族的文化遗产，发展和繁荣民族文化。”

产可以分为物质文化遗产和非物质文化遗产。

1. 物质文化遗产

我国现行法律将物质文化遗产称为“文物”。《文物保护法》将文物分为可移动文物和不可移动文物。

可移动文物即可以通过外力移动，且移动后不改变其价值和性能的文物。依据《文物保护法》第 2 条的规定，可移动文物包括三大类：第一，历史上各时代珍贵的艺术品、工艺美术品；第二，历史上各时代重要的文献资料以及具有历史、艺术、科学价值的手稿和图书资料等；第三，反映历史上各时代、各民族社会制度、社会生产、社会生活的代表性实物。

不可移动文物即不可通过外力移动、移动后会影响其价值和性能的文物。依据《文物保护法》第 2 条、第 14 条及相关法规的规定，不可移动文物也包括三大类：第一，具有历史、艺术、科学价值的古文化遗址、古墓葬、古建筑、石窟寺和石刻、壁画；第二，与重大历史事件、革命运动或者著名人物有关的以及具有重要纪念意义、教育意义或者史料价值的近代现代重要史迹、代表性建筑；第三，在建筑式样、分布或与环境景色结合方面具有突出普遍价值的历史文化名城、街区和村镇。

2. 非物质文化遗产

根据我国传统文化的特点及其保存和发展现状，《非物质文化遗产法》第 2 条中列举了非物质文化遗产的 6 种基本表现形式：(1) 传统口头文学以及作为其载体的语言；(2) 传统美术、书法、音乐、舞蹈、戏剧、曲艺和杂技；(3) 传统技艺、医药和历法；(4) 传统礼仪、节庆等民俗；(5) 传统体育和游艺；(6) 其他非物质文化遗产。

3. 物质文化遗产和非物质文化遗产的关系

物质文化遗产和非物质文化遗产在保护方式上有很大的区别：前者强调对文化遗产的静态保护，强调其原真性、不可复制性，侧重对被保护遗产的修复、维护和展示；而后者则强调对文化遗产的活态或动态保护，强调其传承和发展，侧重对传承人的保护、培养，以及知识、技艺的传承和传播。①

虽然物质文化遗产和非物质文化遗产之间存在显著差异，但这些差异不是绝对的、固定不变的。物质文化遗产和非物质文化遗产并非孤立存在的，而是相互依存、相互作用的。正如有的学者所言，“物质文化遗产与非物质文化遗产的区别只是相对的：非物质文化遗产中有物质的因素，物质文化遗产中也有非物质的、精神价值的因素，只是物质文化遗产与非物质文化遗产各自强调的重点不同而已——物质文化遗产更加强调实物保护的层面，而非物质文化遗产更为强调知识技能及精神的意义和价值”②。非物质文化遗产虽然通常以精神、思想、技艺、知识等抽象形态存在，但任何抽象形态都会通过

① 王云霞. 文化遗产的概念与分类探析. 理论月刊，2010 (11)：5-9.

② 王文章. 非物质文化遗产概论. 北京：文化艺术出版社，2006：50.

一定的物质载体表现出来；而物质文化遗产虽然表现为具体的物体，但任何物质形态也都是一定精神、思想、技艺、知识的反映和固化。[①] 例如，景泰蓝制作技艺是以一件件珐琅铜器制品为载体表现出来的。没有特定的物质载体作为依托或者介质，非物质文化遗产难以呈现，更难以传承；而离开特定的思想精神内涵，物质文化遗产就徒具其表而缺乏内在灵魂和意蕴。因此，物质文化遗产和非物质文化遗产既相互区别，又相互依存。

二、文化遗产的特征

物质文化遗产与非物质文化遗产虽然具有诸多共性，但二者在表现形式、传承途径、保护措施等方面存在明显差异，具有各自不同的特征。

（一）物质文化遗产的不可替代性和不可复制性

物质文化遗产具有不可替代性。每一件文物都包含着独特的历史文化信息，即便是同一创造者创作的两件作品，由于其流传方式和继承者的不同，其所蕴含的历史文化信息也不完全相同。这些特有的历史文化信息对于特定人群而言具有不可替代性。因此，文物在法律属性上属于特定物而非种类物。

非物质文化遗产的不可替代性主要体现在其世代相传的技艺、知识和实践等非物质载体上，至于与这些非物质载体相关的工具、实物、工艺品等物质载体则不一定具有不可替代性。某一物质载体只要能够展示某种技艺、知识或实践的基本特征，帮助人们了解其传承的方式和途径，都可以被视为非物质文化遗产的组成部分。至于其是否属于文物，是否是历史上某位有代表性的传承人的作品则无关紧要。如果其属于文物，则更能说明该项非物质文化遗产的历史价值；如果其不属于文物，也不能说明这项非物质文化遗产没有历史价值，因为其他资料或实物同样可以起到说明作用。

物质文化遗产还具有不可复制性。由于文物具有不可替代性，每件文物所蕴含的历史文化信息都不相同，当然也就无法复制。后人对于前人某件作品的模仿或复制，即便其技艺再高超，甚至其艺术性或科学性均高于原作，也不能等同或替代原作。

（二）非物质文化遗产的非物质性、传承性和活态性

非物质文化遗产的非物质性指的是其主要表现形式，如口头传统、传统音乐舞蹈、民俗、礼仪、节庆、传统知识和技能等都是以思想、行为等非物质的形态展现和存在的。不过，强调其非物质性并不意味着非物质文化遗产可以脱离物质而独立存在。相反，绝大多数非物质文化遗产都需要凭借某种物质媒介得以展现和传承。例如剪纸是一种传统艺术，其非物质性在于这种艺术必须通过人的思想和行为才能实现，但是，离开了剪纸工具和剪纸作品，剪纸这种艺术是无法展现和传承的。非物质文化遗产的物质载体可以是历代流传下来的文物，也可以是新生产的材料或者新创作的作品，但非物质文

---

① 王云霞．文化遗产的概念与分类探析．理论月刊，2010（11）：5－9.

化遗产本身，即传统文化表现形式是世代流传下来的。

非物质文化遗产具有传承性。非物质文化遗产必须通过人的思想、行为才能体现出来，无法离开人的活动而独立存在。它需要依赖一代又一代传承人的言传身教、学习实践、表演展示等传承活动才能逐渐流传并发展起来。“一旦停止了传承，它也就面临中断或消亡。”① 如果某种传统技艺由于种种原因而后继乏人、濒临失传，同时对其的传承发展、长久保护和永续利用工作也不能落实，那么这种技艺就必然会消亡。因此，维护和促进传承一定是非物质文化遗产保护中的核心问题。

非物质文化遗产具有活态性，经常处于变化、发展的过程中。非物质文化遗产是通过人的行为和活动表现出来的，当然会由于传承人、表演者的理解力、创造力、表现力的不同而表现出个体性、地域性或时代性的差异，许多传统艺术或技能都会形成不同的流派。即便是同一个流派的同一个表演者，在不同的时间或环境中也会有不同的表现，社会条件或生活方式的改变也会促使所传承下来的非物质文化遗产有所改良和创新。当然，这种创新或变化如果达到一定程度，以至于已经与最初的渊源实质上完全不同，则可能会演变为新的非物质文化遗产。例如，端午节是中国的传统节日，吃粽子、挂菖蒲、赛龙舟等是端午节传统习俗的主要内容。这些习俗传入韩国以后，在当地独特的民俗、信仰基础上发展为以祭祀为主，包括演艺、游戏、庆典等丰富活动的端午祭，具有了独特的韩国民族和地域特色。因此，韩国的“江陵端午祭”在 2005 年被联合国教科文组织列入《人类口头和非物质文化遗产代表作名录》，而我国的端午节也在 2009 年被列入这一名录。

三、文化遗产保护的法律制度

宪法、文化遗产保护专门法律和其他相关法律、行政法规、部门规章、地方性法规、地方政府规章以及我国已经加入的相关国际条约等，都是文化遗产法的基本渊源。其中，宪法是国家的根本法，其中关于国家保护文化遗产的基本制度是所有文化遗产制定法的根本效力渊源。

作为实施宪法规定的民族区域自治制度的基本法律，《民族区域自治法》中也有部分关于民族自治地区文化遗产保护的规定。《文物保护法》和《非物质文化遗产法》是文化遗产保护领域的基本法，为文物和非物质文化遗产保护和管理提供了具体的法律依据。我国《宪法》肯定了文化遗产的重要性，确立了国家保护文化遗产的基本制度。在长期的历史发展进程中，由于地理环境、语言文字和生活方式等方面的差异，我国各民族形成了各具特色的传统文化，也留下了大量的名胜古迹、传统艺术、语言文字、风俗习惯等重要的历史文化遗产。这些物质文化遗产和非物质文化遗产都是中华民族灿烂文化的重要组成部分，也是各民族特征的重要表现，理应从法律层面对其进行保护。

① 李树文，信春鹰，袁曙宏，等．非物质文化遗产法律指南．北京：文化艺术出版社，2011：57.

《宪法》第4条第4款规定:"各民族都有使用和发展自己的语言文字的自由,都有保持或者改革自己的风俗习惯的自由。"这里的语言、文字、风俗和习惯等都是非物质文化遗产的重要组成部分。《民族区域自治法》将《宪法》的规定进一步细化,其第10条规定:"民族自治地方的自治机关保障本地方各民族都有使用和发展自己的语言文字的自由,都有保持或者改革自己的风俗习惯的自由。"这一规定重申了《宪法》第4条赋予民族自治地方的使用、发展、保持、改革自己的非物质文化遗产的文化权利,确认了保障上述权利是民族自治地方的自治机关的一项重要职责。

在中国特色社会主义法律体系中,多数的文化遗产保护法律是以行政法规或部门规章的形式存在的。在为数不多的基本法律中,文化遗产领域的立法就有两部:《文物保护法》和《非物质文化遗产法》。它们是文化遗产保护的专门性法律,在文化遗产法律体系中处于核心地位,其相关内容将在后面两节中予以详述。

对于在文化遗产保护中涉及的但在《文物保护法》和《非物质文化遗产法》中缺少规定的民事、刑事、行政法律关系,则需要适用《民法典》《刑法》《行政许可法》《行政处罚法》等其他法律的规定。通过行政管理手段规范文化遗产保护、管理、开发和利用的行为,是保证文化遗产保护、管理、开发和利用活动有序进行的有效方式。《行政许可法》和《行政处罚法》是规定行政许可和行政处罚问题的基本法律。其中,《行政许可法》规定了行政许可的设定、实施、监督与责任,《行政处罚法》规定了处罚的设定权、实施权以及实施行政处罚的程序。

《著作权法》、《商标法》和《专利法》也是非物质文化遗产保护的重要法律依据。《非物质文化遗产法》第44条第1款明文规定:"使用非物质文化遗产涉及知识产权的,适用有关法律、行政法规的规定。"因此,非物质文化遗产相关纠纷涉及著作权、商标权、专利权等相关事项的,应适用《著作权法》、《商标法》和《专利法》的规定判断相关权利归属及法律责任。

以《文物保护法》等法律为依据制定的行政法规、部门规章、地方性法规、地方政府规章以及一些规范性文件,是文化遗产保护工作得以开展的前提和保障。我国与文化遗产相关的行政法规,如《文物保护法实施条例》《水下文物保护管理条例》《历史文化名城名镇名村保护条例》《长城保护条例》等,都是有关文化遗产工作的重要法律规范。其中,《文物保护法实施条例》对《文物保护法》中的部分规定予以细化,并规定了一些实施细则;《水下文物保护管理条例》《历史文化名城名镇名村保护条例》《长城保护条例》等则是关于某一特定文化遗产或某种类别文化遗产的行政法律规范。

文化遗产部门规章主要是指国务院组成部门(如文化和旅游部)为规范文化遗产的保护和管理行为,根据法律和国务院的行政法规、决定、命令等在本部门的权限范围内制定的规章。有的部门规章直接针对文物保护中的某一类保护、管理行为制定,如《文物行政处罚程序暂行规定》《考古发掘管理办法》等;有的部门规章专门针对某一文化遗产类型制定,如《世界文化遗产保护管理办法》《国家级非物质文化遗产保护与管理暂行办法》等。

在地方性法规方面，有各省、自治区、直辖市依据《文物保护法》并结合本省、自治区、直辖市的实际情况制定的一般性的文化遗产保护地方性法规，包括各省、自治区、直辖市的文物保护条例、实施《文物保护法》的相关办法以及非物质文化遗产保护条例等，如《北京市实施〈中华人民共和国文物保护法〉办法》《福建省文物保护管理条例》《陕西省文物保护条例》《广西壮族自治区文物保护条例》《江苏省非物质文化遗产保护条例》等；同时，也有针对某一文化遗产类别制定的地方性法规，如《四川省世界遗产保护条例》《河南省历史文化名城保护条例》《宁夏回族自治区岩画保护条例》等；此外，还有针对特定文化遗产制定的专项地方性法规，如《杭州市良渚遗址保护管理条例》《甘肃敦煌莫高窟保护条例》《陕西省秦始皇陵保护条例》《福建省"福建土楼"世界文化遗产保护条例》等。

随着文化遗产保护领域的国际交流合作日趋密切，我国已加入的国际公约在文化遗产法律体系中的地位也日益重要。目前，我国加入的相关国际公约包括《关于发生武装冲突时保护文化财产的公约和议定书》（1954 年）、《关于禁止和防止非法进出口文化财产和非法转让其所有权的方法的公约》（1970 年）、《保护世界文化和自然遗产公约》（1972 年）、《国际统一私法协会关于被盗或者非法出口文物的公约》（1995 年）、《保护非物质文化遗产公约》（2003 年）等。这些都是我国文化遗产法的渊源。

第二节　物质文化遗产法律保护制度

党的十八大以来，以习近平同志为核心的党中央高度重视文物保护利用和文化遗产保护传承，从坚定文化自信、实现中华民族伟大复兴的战略全局出发，作出一系列重大决策部署。习近平总书记强调，保护文物功在当代、利在千秋；要积极推进文物保护利用和文化遗产保护传承，挖掘文物和文化遗产的多重价值，传播更多承载中华文化、中国精神的价值符号和文化产品。[①] 党的二十大报告进一步强调，要"加大文物和文化遗产保护力度，加强城乡建设中历史文化保护传承，建好用好国家文化公园"，为深入推进文物和文化遗产的有效保护、合理利用与永续传承指明了前进方向、提供了基本遵循。

典型案例 7－1

林氏先人在宋代为供奉章公祖师像而建造了普照堂，普照堂及所供奉的章公祖师像属福建省大田县吴山乡阳春村和东埔村集体所有财产。1995 年，章公祖师像被盗。

① 张贺，郑海鸥，王珏．"让历史文脉更好地传承下去"：写在 2023 年"文化和自然遗产日"．人民日报，2023－06－10（4）．

2015 年 3 月，荷兰王国居民奥斯卡在匈牙利展出一尊中国宋代肉身佛像，阳春村和东埔村两村村民发现该佛像即为被盗的章公祖师像。

两村村委会向奥斯卡主张返还未果，向荷兰法院起诉被驳回，遂诉至福建省三明市中级人民法院，请求判令奥斯卡及其独资经营的两家公司返还章公祖师像，并支付精神损害赔偿金 20 万欧元、实现债权费用 5 万欧元。福建省三明市中级人民法院一审判决：奥斯卡向阳春村村委会和东埔村村委会返还章公祖师肉身佛像，驳回两村村委会的其他诉讼请求。福建省高级人民法院二审维持原判。[①]

该案是我国民间通过国内民事诉讼方式追索流失海外文物的开创性案例，人民法院依法判决持有该文物的外籍人员向文物的所有权人返还原物，该案在探索涉外文物司法裁判规则、统筹推进国内法治和涉外法治方面具有示范意义。

如前所述，物质文化遗产在我国主要是指“文物”。根据我国《文物保护法》的规定，依照存在形态，文物可以分为不可移动文物与可移动文物两大类。“实践证明，这种大的分类是合理的，也是比较符合中国文物工作的需求，目前国际公约及其他大多数国家都采用了这种分类法。”[②]

一、可移动文物的法律保护制度

（一）认定与评级

1. 认定

将某件物品认定为文物是对其实施法律保护的前提。由于文物认定具有较强的专业性和技术性，法律规定文物行政部门应制定相应的认定标准和方法。1982 年《文物保护法》第 2 条第 2 款规定：“文物鉴定的标准和办法由国家文化行政管理部门制定，并报国务院批准。”但在此后很长一段时间内，这一标准一直未能出台。2002 年修订《文物保护法》时，考虑到“鉴定”更侧重主观的认识过程，为突出法律术语的确定性，将其修改为“认定”。之后该法的历次修正都沿用了“认定”一词。2009 年 8 月，文化部通过了《文物认定管理暂行办法》（以下简称《暂行办法》），终于填补了此前我国法律在文物认定标准方面的缺失。为便于《暂行办法》的实施，同年 12 月，国家文物局发布了《关于贯彻实施〈文物认定管理暂行办法〉的指导意见》（以下简称《指导意见》）。

《暂行办法》第 1 条第 2 款规定，文物认定，是指文物行政部门将具有历史、艺术、科学价值的文化资源确认为文物的行政行为。第 3 条规定：“认定文物，由县级以上地方文物行政部门负责。认定文物发生争议的，由省级文物行政部门作出裁定。省级文物行政部门应当根据国务院文物行政部门的要求，认定特定的文化资源为文物。”

---

① 最高人民法院发布依法保护文物和文化遗产典型案例.（2023－02－07）[2023－05－24]. https://mp.weixin.qq.com/s/ofGxCMXBubbL8yYRmfT_6Q.

② 励小婕．文物保护法修订研究（一）. 北京：文物出版社，2016：89.

关于文物认定的机构，《指导意见》第 2 条中作了更具体的规定：“文物认定的决定由县级以上地方文物行政部门作出。县级以上地方文物行政部门可以直接进行文物认定，也可以设置专门机构或委托有条件的文物、博物馆事业单位开展认定工作，但是不得委托社会中介机构。”

2. 评级

评级是指根据可移动文物的价值将其划分为不同等级，这是可移动文物收藏、展示、保护和管理工作的基础。我国现行的文物藏品定级制度主要规定在《文物保护法》和 2001 年 4 月文化部通过的《文物藏品定级标准》等法律法规中。根据历史、艺术和科学价值的不同，《文物藏品定级标准》规定，文物可以分为“珍贵文物”和“一般文物”两大类，其中“珍贵文物”又分为三级：具有特别重要历史、艺术、科学价值的代表性文物为一级文物；具有重要历史、艺术、科学价值的为二级文物；具有比较重要历史、艺术、科学价值的为三级文物。具有一定历史、艺术、科学价值的为一般文物。

为进一步加强近现代文物征集、保护基础工作，国家文物局于 2003 年 5 月公布了《近现代一级文物藏品定级标准（试行)》（以下简称《标准》)。《标准》第 3 条规定，一级文物必须是经过科学考证，确为原件、源流具有确凿依据且数量仅有或稀有的珍贵文物。同时规定构成一级文物还应符合一定的条件，例如，对反映全国性重大历史事件、人物具有直接见证意义或重要佐证意义，对反映地方性重大历史具有直接见证意义或重要佐证意义，等等。《标准》将近现代文物分为文献、手稿等 16 类，并对各类一级文物的定级标准作出了详细的规定。

(二) 可移动文物流转的法律规制

根据《文物保护法》的规定，文物收藏单位可以通过下列方式取得文物。

1. 购买

购买是文物收藏单位取得文物的一种常用方式。文物收藏单位可以根据合同、拍卖等相关法律法规的规定，从文物商店、拍卖企业或民间购买文物。购买时文物的来源要合法。

2. 接受捐赠

根据《文物保护法》第 52 条的规定，国家鼓励文物收藏单位以外的公民、法人和其他组织将其收藏的文物捐赠或者出借给文物收藏单位用于展览和研究。国有文物收藏单位应当尊重并按照捐赠人的意愿对捐赠的文物进行妥善收藏、保管和展示。与有偿购买不同，赠与是无偿的。在接受捐赠后，文物收藏单位应当尊重捐赠人的意愿，对捐赠的文物妥善收藏、保管和展示。从实践来看，接受捐赠是文物收藏单位取得文物的重要渠道。例如，新中国成立以来，故宫博物院从社会各界接受了大量的捐赠文物，为此，故宫博物院还专门建立了景仁榜，对捐赠名录作了详细的记录。

3. 依法交换

根据《文物保护法》第 41 条的规定，已经建立馆藏文物档案的国有文物收藏单位，经省、自治区、直辖市人民政府文物行政部门批准，并报国务院文物行政部门备案，其馆藏文物可以在国有文物收藏单位之间交换。非国有文物收藏单位在不违反法律的禁止性规定的条件下，可以与个人或其他单位自由交换文物。

4. 指定保管或调拨

《文物保护法》第 37 条第 2 款规定：“国有文物收藏单位还可以通过文物行政部门指定保管或者调拨方式取得文物。”国务院文物行政部门或省级文物行政部门可以调拨其主管范围内的国有馆藏文物，国有文物收藏单位也可以申请调拨国有馆藏文物。

5. 法律、行政法规规定的其他方式

《文物保护法》第 20 条第 4 款规定，依法拆除的国有不可移动文物中具有收藏价值的壁画、雕塑、建筑构件等，由文物行政部门指定的文物收藏单位收藏。

文物收藏单位以外的公民、法人和其他组织可以通过继承、赠与、文物商店购买以及合法拍卖等方式获取文物，但不得买卖国有文物、非国有馆藏珍贵文物以及国有不可移动文物中的壁画、雕塑、建筑构件等文物。

值得注意的是，根据国家相关法律规定，即便可以通过上述某种方式获得文物的所有权，但在对文物的处置方面仍然存在限制。例如，国家文物局于 2023 年 5 月公布了《关于颁布 1911 年后已故书画等 8 类作品限制出境名家名单的通知》。该通知称：“为加强文物保护工作，防止近现代珍贵文物流失，完善文物出境审核标准体系，根据《中华人民共和国文物保护法》《中华人民共和国文物保护法实施条例》《文物进出境审核管理办法》《文物出境审核标准》相关规定，我局研究修订了 1911 年后已故书画类作品限制出境名家名单，研究制定了 1911 年后已故陶瓷、雕塑、扇子、织绣、玺印、烟壶、漆器等 7 类作品限制出境名家名单。”

典型案例 7-2

2012 年至 2014 年 12 月，姚某忠纠集、指挥刘某等 10 人，在辽宁省和内蒙古自治区的多个市县多次盗掘古文化遗址、古墓葬，盗掘行为造成古文化遗址、古墓葬的文物本体和历史风貌严重毁损，历史信息丢失。2014 年 10 月，姚某忠纠集多人（均另案处理），经事先策划，采用暴力手段劫取冯某所持文物等财物。

辽宁省朝阳市中级人民法院一审认为：姚某忠以非法占有为目的，以暴力手段劫取他人财物，构成抢劫罪。姚某忠等 11 名被告人违反国家文物管理法规，擅自挖掘具有历史、艺术、科学价值的古文化遗址、古墓葬，均构成盗掘古文化遗址、古墓葬罪，姚某忠等 7 人系主犯，其他 4 人系从犯。姚某忠、李某宝以牟利为目的，倒卖国家禁止经营的文物，均构成倒卖文物罪。对姚某忠等人所犯数罪，依法并罚。对姚某忠决定执行死刑，缓期二年执行，剥夺政治权利终身，并处没收个人全部财产；对其他被告人分别判处或者决定执行“无期徒刑，剥夺政治权利终身，并处没收个人全部财产”至“有期徒刑二年，缓刑三年，并处罚金 2 万元”不等的刑罚。辽宁省高级人民法院二审维持一审判决。

本案系盗掘古文化遗址、古墓葬及倒卖文物、抢劫文物引发的刑事案件，是牛河梁红山文化遗址被盗掘的系列案件之一。人民法院针对本案已形成专业化犯罪团伙，实行资金提供、设备投入、勘探古墓、盗掘墓葬、销售分赃“一条龙”作业，涉案文物数量众多，非法获利数额巨大等特点，结合文物等级，对古文化遗址、古墓葬造成的损害结果，以及各被告人参与作案次数、在共同犯罪中所起作用等因素，坚持依法重拳出击，全面打击文物犯罪网络，严惩文物犯罪团伙首犯，彻底斩断文物犯罪链条。本案体现了人民法院依法惩治和预防文物犯罪、维护文化遗产安全的决心和成效，彰显了为传承中华文明、弘扬中华文化提供强力司法保障的责任担当。①

二、不可移动文物的法律保护制度

（一）所有权主体

不可移动文物的所有权分为国家、集体和私人所有三类。《文物保护法》第 5 条规定了属于国家所有的不可移动文物的范围。

不可移动文物中比较重要的文物大多数被纳入了国有的范畴，这是不可移动文物自身的特性所致。与普通商品不同，不可移动文物对于人类的重要性主要在于它的历史、艺术与科学价值，其经济价值则是从属性的。比较而言，不可移动文物的文化层面的价值更为突出，作为历史与文化的结晶，其公共精神财富的属性更为显著。正因如此，那些重要的不可移动文物就具有了全民公共财产的性质。为了保证全体公民可以共享这种公共利益，将那些重要的不可移动文物的所有权归属于国家就十分必要，因为没有其他主体比国家更适合代表全民的利益。此外，分散的单位和个人难以负担不可移动文物的保护、修缮和管理所需的大量人力和物力。而国家自身的属性决定了它不能直接为了私人利益而动用公共资源，因此将不可移动文物的所有权归属于国家后，就达到了一种权利和责任的平衡，国家也就能名正言顺地利用其财政力量和管理能力来对不可移动文物提供保护。

《文物保护法》第 24 条明确禁止对国有不可移动文物进行一般性的法律处分：“国有不可移动文物不得转让、抵押。”应当指出，这并不是对物尽其用原则的否认；相反，其符合国有不可移动文物的自身属性。此外，这对于确保不可移动文物的国家所有权不受侵犯和文化遗产的传承等都具有重要意义。

此外，文物还可以归属集体所有。集体可拥有一些纪念建筑物、古建筑等类型的不可移动文物，其所有权受法律保护。从实际情况来看，属集体所有的不可移动文物的数量较多。如在近代以来的长期革命斗争中，中国共产党领导机关、政府机关、军队领导

---

① 最高人民法院发布依法保护文物和文化遗产典型案例.（2023 - 02 - 07）[2023 - 05 - 24]. https://mp.weixin.qq.com/s/ofGxCMXBubbL8yYRmfT_6Q.

机关以及群众团体等，在不同时期、不同地区使用的地主、资本家的房舍中有许多在机关转移和新中国成立后分配给了群众，有的属集体所有，有的为个人所有。这些在特定历史条件下形成的纪念建筑物，属于集体所有的，就成为集体所有的文物。集体所有的文物中也包括古建筑，如新中国成立后归集体的祠堂、古民居，以及少数民族聚居村落古老的公共建筑物等。①

一方面，集体的财产属于某种单一的、抽象的共同体所有的公有财产，是脱离个人而存在的，而不是共同共有或者按份共有意义上的私有财产，所以任何个人都不能要求将集体所有的不可移动文物分割为个人所有，对不可移动文物的任何处分都只能由集体来决定；另一方面，集体在行使其所有权时，要尊重全体成员的利益，确保集体成员对集体财产的民主管理的权利。具体来说，当不可移动文物为集体成员所占有、使用时，就要保护成员的这种权利；当其没有为成员所占有时，则要使成员能从其收益中普遍受惠。例如，利用集体所有的不可移动文物发展旅游业所得的收入用于修筑公共道路；当集体转让或出租不可移动文物时，应依法定程序由本集体成员共同决定，而不能仅仅由某一个人或某一部分人决定；等等。

根据《文物保护法》第 6 条的规定，私人也有权拥有一些纪念建筑物及古建筑等不可移动文物，其所有权受法律保护。私人所有的纪念建筑物主要是名人故居，私人所有的古建筑主要是现在仍然私有的古民居。

（二）保护制度

以《文物保护法》为核心的相关法律法规对不可移动文物的保护作出了较为详细的规定，为具体保护工作的开展提供了法律依据。

1. 文物保护单位

文物保护单位是《文物保护法》规定的专用于保护不可移动文物的一种制度，其目的是为不可移动文物提供一套基本的法律保护机制，确立必要的法律保护程序和方法。

由于不可移动文物的范围很广，法律确立了分级保护和管理制度。基于对不可移动文物的历史、艺术、科学价值的衡量，《文物保护法》第 3 条规定："古文化遗址、古墓葬、古建筑、石窟寺、石刻、壁画、近代现代重要史迹和代表性建筑等不可移动文物，根据它们的历史、艺术、科学价值，可以分别确定为全国重点文物保护单位，省级文物保护单位，市、县级文物保护单位。"法律划分不可移动文物的保护级别的意义主要是借助价值的衡量来确定相应的保护标准，从市、县级文物保护单位，省级文物保护单位到全国重点文物保护单位，其重要性依次提升，相应地，其保护水平也是由低到高的。

《文物保护法》规定了各级文物保护单位的确定方法。根据《文物保护法》第 13 条，全国重点文物保护单位，由国务院文物行政部门在省级，市、县级文物保护单位

① 李晓东．文物保护法概论．北京：学苑出版社，2002：80.

中，选择具有重大历史、艺术、科学价值的进行确定或直接确定，并报国务院核定公布。省级文物保护单位，由省、自治区、直辖市人民政府核定公布，并报国务院备案。市级和县级文物保护单位，分别由设区的市、自治州和县级人民政府核定公布，并报省、自治区、直辖市人民政府备案。按照这一规定，市级和县级文物保护单位是整个文物保护单位制度的基础，省级文物保护单位和全国重点文物保护单位都是从这一级别中择其价值重大者而确定的，因此不能因为市级和县级文物保护单位级别低而看轻其在不可移动文物保护中的重要意义。

现代文化遗产的保护理念认为，不可移动文物与其周边环境从整体上应被视为一个相互联系的统一体。因此，从保存其历史特征和风格的角度出发，应对不可移动文物及其周边环境进行一体保护，以确保不可移动文物与其周边环境的和谐并存。《文物保护法实施条例》第 9 条规定，文物保护单位的保护范围，是指对文物保护单位本体及周围一定范围实施重点保护的区域，应根据文物保护单位的类别、规模、内容以及周围环境的历史和现实情况合理划定，并在文物保护单位本体之外保持一定的安全距离，确保文物保护单位的真实性和完整性。例如，为了保护乐山大佛，2000 年，临近大佛的 305 国道改道，消除了噪声和汽车尾气对大佛的影响。随后几年，乐山关停和搬迁了市区的重点污染企业，中心城区实行煤改气，市内大部分交通工具使用清洁的天然气，这些措施大大减少了城市对大佛的污染。①

2. 历史文化名城保护

20 世纪 80 年代初，经济建设的快速发展使大量城市历史文化古迹不断遭受破坏。在国外古城保护思潮的影响下，为继承和保存我国珍贵的历史文化遗产，国务院于 1982 年 2 月发布通知，指出要做好历史文化名城的保护和管理工作，并公布了国家第一批历史文化名城的名单。同年 11 月公布的《文物保护法》即将历史文化名城的保护纳入其中。2002 年修订的《文物保护法》将历史文化名城的保护扩及至历史文化街区、村镇。2008 年 4 月，国务院公布《历史文化名城名镇名村保护条例》，丰富了历史文化名城的法律保护机制。2017 年修正的《文物保护法》延续了对历史文化名城及历史文化街区、村镇的保护，规定国务院负责核定公布历史文化名城名单，历史文化街区及村镇，由省、自治区、直辖市人民政府核定公布，并报国务院备案。同时，历史文化名城和历史文化街区、村镇所在地的县级以上地方人民政府应当组织编制专门的历史文化名城和历史文化街区、村镇保护规划，并纳入城市总体规划。截至 2023 年 3 月，经国务院批复认定的历史文化名城共有 142 座（其中琼山区于 2002 年并入海口市），包括：曾经的王朝都城，如北京市、洛阳市、南京市等；当时的经济、文化重镇，如扬州市、宁波市、安庆市、曲阜市等；重大历史事件发生地，如南昌市等。

---

① 乐山大佛风化剥落腐蚀严重.（2007-11-17）[2023-05-24]. https://news.fznews.com.cn/photo/2007-11-17/20071117MGqSFsLZCB81454_3.shtml.

根据《文物保护法》和《历史文化名城名镇名村保护条例》，地方各级人民政府负责本行政区域历史文化名城、名镇、名村的保护和监督管理工作。历史文化名城批准公布后，当地人民政府应当在一年内编制完成历史文化名城保护规划，保护规划主要包括下列内容：保护原则、保护内容和保护范围，保护措施、开发强度和建设控制要求，传统格局和历史风貌保护要求，历史文化街区、名镇、名村的核心保护范围和建设控制地带，保护规划分期实施方案。

历史文化名镇、名村的保护措施与历史文化名城的保护措施基本一致。

3. 考古挖掘制度

《文物保护法》规定，地下埋藏的文物，任何单位或者个人都不得私自发掘。从事考古发掘的单位，应当经国务院文物行政部门批准，获得考古挖掘资质证书，才可以开展考古发掘工作。开展考古发掘工作，还必须履行报批手续。为了科学研究进行考古发掘，应当提出发掘计划，报国务院文物行政部门批准；对全国重点文物保护单位的考古发掘计划，应当经国务院文物行政部门审核后报国务院批准。国务院文物行政部门在批准或者审核前，应当征求社会科学研究机构及其他科研机构和有关专家的意见。

思政专栏 7-1

考古调查、勘探、发掘的结果，应当报告国务院文物行政部门和省、自治区、直辖市人民政府文物行政部门。考古发掘的文物，应当登记造册，妥善保管，按照国家有关规定移交给由省、自治区、直辖市人民政府文物行政部门或者国务院文物行政部门指定的国有博物馆、图书馆或者其他国有收藏文物的单位收藏。经省、自治区、直辖市人民政府文物行政部门批准，从事考古发掘的单位可以保留少量出土文物作为科研标本。考古发掘的文物，任何单位或者个人不得侵占。

典型案例 7-3

2021 年 3 月，国家文物局在成都公布，在三星堆遗址又新发现 6 座古蜀祭祀坑，并出土大量重要文物。2021 年 9 月，四川省文物考古研究院通报了 3、4 号坑考古发掘阶段性成果，新发现包括完整金面罩、青铜神坛、神树纹玉琮、铜扭头跪坐人像等一批文物。① 2022 年 6 月 13 日，三星堆遗址考古发掘阶段性成果新闻通气会报道，6 座坑共计出土编号文物近 13 000 件，其中相对完整的文物 3 155 件。② 这些文物不仅进一步说明了三星堆文化的发达灿烂，更向人们展现了中华文明早期相互交融的辉煌图景。

从三星堆的考古发掘开始，四川省文物考古研究院就确定了“课题预设、保护同步、多学科融合、多团队合作”的工作理念，清理工作按照《三星堆祭祀坑出土文物保

---

① 宋豪新. 三星堆遗址的全面勘探和重点发掘（华夏博物之旅）. 人民日报，2021-10-06（7）.

② 三星堆遗址考古发掘新发现公布 6 座坑共计出土编号文物近 13 000 件.（2022-06-13）[2023-05-24]. https://baijiahao.baidu.com/s?id=1735484108752653123&wfr=spider&for=pc.

护修复（清理）规程》等多项制度和规范，从操作行为、分析检测标准、清理流程和成果指标等方面实现三星堆祭祀坑出土文物保护修复科学化、规范化和标准化。[①]

第三节　非物质文化遗产法律保护制度

非物质文化遗产是中华优秀传统文化的重要组成部分，是中华文明绵延传承的生动见证。保护好、传承好、利用好非物质文化遗产，对于延续历史文脉、坚定文化自信、推动文明交流互鉴、建设社会主义文化强国具有重要意义。党和政府高度重视非物质文化遗产保护工作，为此制定了一系列方针政策，采取了多种措施。2003 年 10 月，联合国教科文组织第三十二届大会通过《保护非物质文化遗产公约》，2004 年 8 月，第十届全国人大常委会第十一次会议批准我国加入该公约。2005 年 3 月，国务院办公厅发布《关于加强我国非物质文化遗产保护工作的意见》，第一次以中央政府文件的形式明确了各级政府对非物质文化遗产实行行政保护的目标、方针、基本制度和工作机制。2011 年 2 月，第十一届全国人大常委会第十九次会议通过《非物质文化遗产法》，并于 2011 年 6 月 1 日起施行。《非物质文化遗产法》的通过，填补了我国非物质文化遗产保护领域无专门和基础性法律的空白，也体现了我国履行国际条约义务的积极态度。

思政专栏 7-2

2022 年 8 月，中共中央办公厅、国务院办公厅印发《“十四五”文化发展规划》，其中第七项“传承弘扬中华优秀传统文化和革命文化”中包括“加强非物质文化遗产保护传承”。规划要求，健全非遗调查记录体系、代表性项目制度、代表性传承人认定与管理制度，对国家级非遗代表性项目实施动态管理，探索认定代表性传承团体（群体），加强非遗传承人群培养。提高非遗传承实践能力。强化整体性系统性保护，建设国家级文化生态保护区、非遗特色村镇和街区。强化融入生产生活，创新开展主题传播活动，推进非遗进校园、进社区、进网络。

非物质文化遗产保护的法律制度有哪些？非物质文化遗产是如何进行传承与传播的？非物质文化遗产的知识产权保护制度是怎样的？本节将带你解答上述问题。

一、非物质文化遗产保护的法律制度

《非物质文化遗产法》的通过和实施对非物质文化遗产的保护和传承具有重要意义。《非物质文化遗产法》“是完善中国特色社会主义法律体系，加强文化立法的重要步骤。文化领域的法律法规是中国特色社会主义法律体系的重要组成部分，是全面实施‘依法

① 徐秀丽．三星堆遗址考古发掘取得新进展：6 座祭祀坑出土文物近 13 000 件 祭祀坑埋藏年代确定．(2022-06-14) [2023-05-24]．http://www.ncha.gov.cn/art/2022/6/14/art_722_175410.html.

治国’的具体体现，在文化建设中具基础性和全局性的作用”[①]。

《非物质文化遗产法》共六章45条，其主要内容是：第一，根据《保护非物质文化遗产公约》的规定，界定了该法的调整对象："本法所称非物质文化遗产，是指各族人民世代相传并视为其文化遗产组成部分的各种传统文化表现形式，以及与传统文化表现形式相关的实物和场所。"第二，对非物质文化遗产的调查事项作了详细规定。强调行政机关开展非物质文化遗产调查的职责和境内外合作进行非物质文化遗产调查的审批，规定了实施调查的具体规则和调查成果的利用制度。第三，突出保护重点，规定建立非物质文化遗产代表性项目名录。第四，规定国家促进非物质文化遗产的传承与传播，规定了对代表性传承人的支持措施以及文化机构在传播非物质文化遗产方面的职责。此外，该法还规定了违反该法规定的行为的相应法律责任。

我国《非物质文化遗产法》将《保护非物质文化遗产公约》所规定的"保护"[②] 具体化为"保护"和"保存"两个概念。《非物质文化遗产法》第3条规定："国家对非物质文化遗产采取认定、记录、建档等措施予以保存，对体现中华民族优秀传统文化，具有历史、文学、艺术、科学价值的非物质文化遗产采取传承、传播等措施予以保护。"此外第17条还规定，对濒临消失的非物质文化遗产项目，县级人民政府文化主管部门应当立即予以记录并收集有关实物，或者采取其他抢救性保存措施；对需要传承的，应当采取有效措施支持传承。

二、非物质文化遗产的传承与传播

(一) 确立代表性传承人制度

非物质文化遗产具有活态性和传承性的特征，不以物质形态存在，而是依赖于人，通过人的口传、身授、学习、实践、表演、展示等进行一代代的传承而存续和发展。因此，为确保非物质文化遗产的传承，国家以法律制度形式确立了代表性传承人制度，规定由国务院文化主管部门和省、自治区、直辖市人民政府文化主管部门分别认定本级政府批准公布的非物质文化遗产代表性项目的代表性传承人。

1. 代表性传承人的认定范围

非物质文化遗产的最大特点是依托于人而存在，以声音、形象、技艺等为表现手段，以口传心授为延续方式，是一种活态文化。代表性传承人是在非物质文化遗产代表性项目范围内认定的，一方面，代表性传承人是针对非物质文化遗产代表性项目的；另一方面，非物质文化遗产代表性项目种类繁多，并非所有的非物质文化遗产代表性项目都必须认定代表性传承人，是否认定视项目的具体情况而定。

---

① 李树文，信春鹰，袁曙宏，等．非物质文化遗产法律指南．北京：文化艺术出版社，2011：1.

② 《保护非物质文化遗产公约》第2条将"保护"（safeguarding）定义为："采取措施，确保非物质文化遗产的生命力，包括这种遗产各个方面的确认、立档、研究、保护、保存、宣传、弘扬、承传（主要通过正规和非正规教育）和振兴。"

2. 代表性传承人的认定条件

按照《非物质文化遗产法》第29条第2款的规定，必须同时符合以下三个条件才能被认定为代表性传承人：

第一，熟练掌握其传承的非物质文化遗产。一项非物质文化遗产可能有多个传承人，只有达到“熟练掌握”的程度的传承人，才能有娴熟的技艺和高超的水平，进而准确把握和理解非物质文化遗产的精髓，从而真正准确地将其传承下去，并可能在原有基础上进行最符合该项非物质文化遗产的特色创新。

第二，在特定领域内具有代表性，且在一定区域内具有较大影响。代表性传承人需要具有“代表性”，“在特定领域内具有代表性”，即对其在该项非物质文化遗产行业内的评价，需通过专家学者的评选和同行公认来进行判断；“在一定区域内具有较大影响”是对其社会影响力的判断，即在该项非物质文化遗产所流传的区域内，该代表性传承人在社会公众中有较高的知名度。①

第三，积极开展传承活动。代表性传承人承担着传承非物质文化遗产的重要责任，必须有积极传承的主观意愿和具体的行为表现，如积极培养后继人才，主动展示、表演非物质文化遗产相关内容，开展社会讲座传播非物质文化遗产知识，等等。

3. 代表性传承人应履行的义务

第一，开展传承活动，培养后继人才。非物质文化遗产的一个重要特点就是依托于人而存在。开展传承活动、培养后继人才是使非物质文化遗产保持鲜活和持久生命力的根本途径。因此，开展传承活动、培养后继人才是代表性传承人的首要义务。代表性传承人开展传承活动的方式很多，最重要的方式就是采取收徒、办学等方式，口传心授，将自己掌握的非物质文化遗产代表性项目的内涵渊源、操作程序、技术规范、技艺要领等传授给愿意学习者，特别是年轻一代，使他们真正成为热爱和弘扬中华优秀传统文化的后继人才。

第二，妥善保存相关的实物和资料。尽管非物质文化遗产主要是依托于人而存在和传承，不具有具体的物质形态，但它同样需要借助一定的物质载体，如生产技艺使用的工具、音乐演奏的乐器、戏剧表演的道具等。这些实物和资料代表着非物质文化遗产的创造水平，承载着非物质文化遗产的基因。保护非物质文化遗产相关的实物和资料对非物质文化遗产的保存、研究和传承具有重要意义。因此，明确实物、资料的保管职责是加强非物质文化遗产保护的重要内容。保管好这些实物和资料对代表性传承人而言既是一项重要权利，也是一项重要义务。

第三，配合文化主管部门和其他有关部门进行非物质文化遗产调查。调查是开展非物质文化遗产保护工作的前提和基础，直接影响到非物质文化遗产的认定，代表性项目名录的建立和非物质文化遗产的传承、弘扬等工作，意义重大。非物质文化遗产的认

---

① 李树文，信春鹰，袁曙宏，等．非物质文化遗产法律指南．北京：文化艺术出版社，2011：116.

定、代表性项目名录的建立都是在调查的基础上进行的。因此，承担着非物质文化遗产传承任务的代表性传承人，有义务配合文化主管部门和其他有关部门进行非物质文化遗产调查。

第四，参与非物质文化遗产公益性宣传。宣传、传播非物质文化遗产是保护工作的重要内容，不仅可以继承和弘扬中华优秀传统文化，增强民族凝聚力，扩大中华文化的国际影响，还可以营造保护非物质文化遗产的良好氛围，增强全社会对非物质文化遗产的保护意识。

非物质文化遗产代表性项目的代表性传承人无正当理由不履行上述义务的，文化主管部门可以取消其代表性传承人资格。

4. 代表性传承人应获得的支持

虽然《非物质文化遗产法》规定代表性传承人应当承担上述非物质文化遗产的传承与传播义务，但这些义务在具体落实过程中，需要相关管理部门提供必要的支持。《非物质文化遗产法》第30条规定，县级以上人民政府文化主管部门应采取必要措施，支持代表性传承人开展传承和传播活动。主要措施包括：

第一，提供必要的传承场所。在代表性传承人进行非物质文化遗产的展示、介绍、表演、培训等传承、传播活动时，各地政府文化主管部门应提供必要的场所，如文化馆、博物馆、美术馆等，也可以建立专门的非物质文化遗产传习所。

第二，提供必要的经费。为支持非物质文化遗产保护传承工作，中央财政设立了国家非物质文化遗产保护专项资金，主要用于国家级非物质文化遗产代表性项目的保护传承、国家级非物质文化遗产代表性传承人的传习补助，还有国家级文化生态保护区建设等，并制定了《国家非物质文化遗产保护专项资金管理办法》，规范和加强资金的管理。2006年以来，中央财政累计投入资金87.9亿元。2021年，中央转移支付比10年前增加了1倍。国家发展改革委也安排了14.17亿元用于实施国家级非物质文化遗产保护利用设施的建设项目。国家级非物质文化遗产代表性传承人传习补助由原来的每人每年1万元提高到了2万元。[①]

思政专栏 7-3

第三，支持代表性传承人参与社会公益性活动。若代表性传承人参加与非物质文化遗产宣传、教育、交流有关的公益性活动，政府应当为其创造条件并给予资金、人员等必要的支持。

（二）非物质文化遗产传播

2021年8月，中共中央办公厅、国务院办公厅印发了《关于进一步加强非物质文化遗产保护工作的意见》，对非物质文化遗产的保护传承与传播作出工作部署，提出要加大非物质文化遗产传播普及力度。

---

① 今年将启动新一批国家级非遗代表性传承人认定工作.（2021-06-10）[2023-05-25]. http://www.gov.cn/xinwen/2021-06/10/content_5616713.htm.

第一，适应媒体融合发展趋势，使用多种媒介手段，拓展传播渠道，促进传播。鼓励新闻媒体设立非物质文化遗产专题、专栏等，支持加强相关题材纪录片创作，办好有关优秀节目，鼓励各类新媒体平台做好相关传播工作。

第二，开展多种形式的非物质文化遗产宣传活动。利用文化馆（站）、图书馆、博物馆、美术馆等公共文化设施，开展非物质文化遗产相关培训、展览、讲座、学术交流等活动。在传统节日、文化和自然遗产日期间组织丰富多彩的宣传展示活动。加强专业化、区域性非物质文化遗产展示展演，办好中国非物质文化遗产博览会、中国成都国际非物质文化遗产节等活动。

第三，将非物质文化遗产融入国民教育体系当中。构建非物质文化遗产课程体系和教材体系，出版非物质文化遗产通识教育读本。在中小学、高校和职业学校开设不同层次的非物质文化遗产相关课程，加强高校非物质文化遗产学科体系和专业建设。加大非物质文化遗产师资队伍培养力度，支持代表性传承人参与学校授课和教学科研工作。引导社会力量参与非物质文化遗产教育培训，广泛开展社会实践和研学活动。建设一批国家非物质文化遗产传承教育实践基地。

第四，加强对外和对港澳台交流合作。配合重要活动、节庆和会议等，举办对外和对港澳台非物质文化遗产交流传播活动；加强与联合国教科文组织等国际组织在非物质文化遗产领域的合作，拓展政府间多边、双边合作渠道，加强与共建“一带一路”国家和地区非物质文化遗产交流，提升我国在国际非物质文化遗产领域的话语权，维护国家主权和文化安全；加强国际文化专家队伍建设和中外智库交流合作，提升国际学术影响力；鼓励各驻外使领馆、海外中国文化中心、驻外旅游办事处、中资企业以及海外侨胞和出国留学人员等积极开展我国非物质文化遗产的宣传推广活动；推出以对外传播我国非物质文化遗产为主要内容的影视剧、纪录片、宣传片、舞台剧、短视频等优秀作品；通过中外人文交流活动等形式，交流非物质文化遗产保护先进经验，向国际社会宣介我国非物质文化遗产和中华优秀传统文化；积极推动内地和港澳、大陆和台湾地区的交流合作，充分发挥非物质文化遗产在增进文化认同、维系国家统一中的独特作用。

三、非物质文化遗产的知识产权保护

作为一个历史悠久的文化大国，我国拥有丰富的非物质文化遗产资源，有必要通过知识产权制度保护好这些珍贵资源，并充分对其加以开发利用。但非物质文化遗产内涵丰富，很多内容并不为现行知识产权制度的保护客体所覆盖；非物质文化遗产在时间和空间上跨度较大，其所涉权利主体在法律上往往难以准确认定；由于知识产权保护期限的限制，非物质文化遗产中许多有价值的内容可能由于年代久远而被排除在知识产权保护范围之外。①

① 曹兴龙．我国现行知识产权制度框架下的非物质文化遗产保护．海关与经贸研究，2022（6）：88－96．

(一) 以知识产权制度保护非物质文化遗产的有限性

非物质文化遗产保护与知识产权保护的客体并非完全一致，二者具有不同的特征和范围，如果不加任何改变，直接适用知识产权制度对其进行保护，难免有失恰当。以知识产权制度对非物质文化遗产实施保护存在的问题主要表现在以下几个方面。

1. 客体不完全相同

知识产权所保护的客体是具有独创性的智力成果，包括作品、商标和专利等，这些智力成果都以相对确定的形式表达或表现。而非物质文化遗产的表现则有所不同，部分非物质文化遗产在内容上具有不确定性。例如同样是过春节，南方和北方的习俗就不同；又如传唱的民歌、流传的故事等，可能在传承和发展过程中会不断地加入一些新内容，形成多个不同版本；还有一些类型的非物质文化遗产由于不符合现有知识产权客体特征而无法得到知识产权保护，如传统体育和游艺、传统礼仪和节庆等。

2. 保护期限不同

知识产权的保护通常有一个保护期限，而非物质文化遗产在不断传承的过程中，无法像知识产权那样被设定一个明确的保护期限。

3. 主体认定的确定性不同

知识产权作为一项私权利，其权利主体的权责归属比较清晰。而非物质文化遗产由于在其传承和发展过程中有不同区域、不同群体的人参与，其权利主体存在着不确定性。即使其主体能够确定，也极有可能是一个模糊的群体而不是具体的个人或者组织。如果按照知识产权制度的方式确定主体，可能会将非物质文化遗产的主体范围扩大到一个难以掌握的状态，也可能会漏掉一些主体。

4. 保护目的不同

知识产权保护的主要目的是对智力成果给予保护，知识产权制度通过授予主体一定程度和范围的排他性权利，使其获得相应的经济利益，鼓励人们创新，进而推动社会进步。而非物质文化遗产保护的宗旨则是通过支持其保存、传承与传播，使创作和传承群体得以保持他们的文化身份，保护人类文化的多样性，实现多种文化的共存与发展。如果简单地照搬知识产权制度对非物质文化遗产进行保护，可能会使非物质文化遗产偏向与经济利益直接挂钩，导致非物质文化遗产保护与发展发生偏差。

(二) 我国非物质文化遗产知识产权保护的司法实践经验

尽管不能完全套用知识产权制度对非物质文化遗产予以保护，但两者之间也有相当多的关联性。长期以来，我国司法实践在非物质文化遗产知识产权保护方面进行了一些有益的探索，部分司法观点在该领域取得了一定突破。2011 年 12 月，最高人民法院发布《关于充分发挥知识产权审判职能作用推动社会主义文化大发展大繁荣和促进经济自主协调发展若干问题的意见》，对非物质文化遗产知识产权保护的司法实践进行了系统回顾和展望。该意见中提到了五种知识产权制度，即著作权、商标、反不正当竞争、专利和商业秘密相关法律的保护。[①] 结合现阶段司法实践的情况，以专利和商业秘密保护非物质文化遗产尚处于理论研究阶段。法院已经在系列具体案例里就著作权、商标权和反不正当竞争法规保护非物质文化遗产的问题，在相关权利主体、客体和内容等方面进行了一定的法理探索。

1. 商标法和反不正当竞争法的保护

以商标法和反不正当竞争法保护非物质文化遗产，司法实践中已有诸多案例。关于商标权的保护，最高人民法院《关于充分发挥知识产权审判职能作用推动社会主义文化大发展大繁荣和促进经济自主协调发展若干问题的意见》第 11 条中提道："将非物质文化遗产的名称、标志等申请商标注册，构成对非物质文化遗产的歪曲、贬损、误导等不正当利用行为，损害特定民族或者区域群体的精神权益的，可以认定为具有其他不良影响，禁止作为商标使用；已经使用并造成不良影响的，人民法院可以根据具体案情，判决使用人承担停止使用、赔礼道歉，消除影响等民事责任。"

在司法实践中，以非物质文化遗产作为商标标识的，不能侵害非物质文化遗产权利主体的正当使用权；非物质文化遗产的名称如果已经成为商品或服务的通用名称，则不能被注册为商标。

典型案例 7－4

在 2009 年原告甲公司与被告乙公司、丙公司侵害"鲁锦"商标权及不正当竞争纠纷案中，山东省高级人民法院认为：虽然原告享有"鲁锦"注册商标专用权，但"鲁锦织造技艺"已被列入国家级非物质文化遗产名录，"鲁锦"是山东地区特别是鲁西南地区民间纯棉手工纺织品的通用名称，被告作为山东企业可以正当使用"鲁锦"商品名称。[②] 此后，原告的"鲁锦"注册商标由于不正当地将商品通用名称注册为商标而被国家商标局宣告无效。

如果非物质文化遗产的名称没有成为某一商品或服务领域的通用名称，市场主体就可以将其注册为商标，但商标权人不能排除非物质文化遗产权利人将非物质文化遗产名称作为商品或服务标志而正当使用的权利。

典型案例 7－5

在 2013 年原告（反诉被告）甲公司与被告（反诉原告）乙公司、余某某侵害"同德福"商标权及不正当竞争纠纷案中，原告（反诉被告）注册并持有"同德福 TONGDEFU 及图"商标，被告（反诉原告）是"同德福"非物质文化遗产权利人。法院认为，被告（反诉原告）有权对"同德福"名称进行非商标性的正当使用；原告（反诉被

① 参见最高人民法院《关于充分发挥知识产权审判职能作用推动社会主义文化大发展大繁荣和促进经济自主协调发展若干问题的意见》第 9～11 条。

② 参见 2015 年 4 月 15 日最高人民法院发布的第 46 号指导案例。

告）称其“同德福”商标与被告（反诉原告）同德福斋铺的历史及荣誉具有传承联系，与事实不符，容易误导消费者，构成虚假宣传和不正当竞争。①

2. 著作权法的保护

非物质文化遗产的部分内容还可以适用著作权法来保护。在《非物质文化遗产法》规定的非物质文化遗产类别中，第一类为传统口头文学以及作为其载体的语言，第二类为传统美术、书法、音乐、舞蹈、戏剧、曲艺和杂技，这两类非物质文化遗产构成作品的，可以依据著作权法予以保护。

典型案例 7-6

在2002年黑龙江省饶河县某乡人民政府诉郭某、中央电视台、某购物中心《乌苏里船歌》著作权纠纷案中，法院认为，《乌苏里船歌》是在《想情郎》等赫哲族民歌的曲调基础上编曲或改编而成的，民间曲调属于民间文学艺术，赫哲族中的每一个群体、每一个成员都有维护本民族民间文学艺术不受侵害的权利主体资格，原告作为民族乡政府，可以以自己的名义提起诉讼。关于权利内容，法院认为，被告在使用音乐作品《乌苏里船歌》时，应注明该歌曲曲调源于赫哲族传统民间曲调，保护赫哲族群体的署名权，但法院不支持保护民间文艺作品的财产权，最终驳回了原告要求赔偿经济损失的诉请。②

典型案例 7-7

在2010年贵州省安顺市文化体育局与张某谋、甲公司、张某平“安顺地戏”署名权纠纷案中，法院对民间文学艺术作品的保护主体和客体作了限制性解释。法院认为，就作为非物质文化遗产的民间文学艺术而言，对其加以保护的权利主体资格并不归属于某个特定民事主体，但贵州省安顺市文化体育局作为管理及保护机关有资格代表安顺地区的人民主张权利并提起诉讼。关于权利客体和内容，法院认为，“安顺地戏”是一个地方剧种，是和京剧、豫剧一样的戏剧类别的名称，不是具体思想的表达，不属于作品，因此不享有署名权。③

基本概念

文化遗产　物质文化遗产　非物质文化遗产　代表性传承人

① 参见2016年5月20日最高人民法院发布的第58号指导案例。

② 参见北京市第二中级人民法院（2001）二中知初字第223号民事判决书、北京市高级人民法院（2003）高民终字第246号民事判决书。

③ 参见北京市西城区人民法院（2010）西民初字第2606号民事判决书、北京市第一中级人民法院（2011）一中民终字第13010号民事判决书。

讨论题

1. 我国的文化遗产保护法律制度有哪些？

2. 物质文化遗产和非物质文化遗产有哪些不同特征？

3. 建筑公司在施工时发现了埋藏于地下的文物，应当如何处置该文物？该文物可以归建筑公司或发现人员所有吗？

4. 个人要获得文物，有哪些合法途径？

5. 非物质文化遗产保护与知识产权保护制度有哪些关联？

第八章

出版法律制度

引　例

赵某将自己组织编写的“黄冈金牌之路”系列图书带至某出版社，与该社工作人员刘某商谈用该社的名义和书号出版此系列图书。出版社在组织审校工作并收取了管理费和印刷押金后，同意该系列图书用该社的名义和书号出版发行。

随后，赵某成立赵氏文化发展有限公司，经营出版物的印刷，并与该出版社就“黄冈金牌之路”系列教辅书签订委托印刷合同。为了更好地经营发行以获得更好的市场效益，赵某等人擅自决定在其印刷的“黄冈金牌之路”系列教辅书的封面上加注“人教实验版”“北师大版”等字样。图书印刷后，交发行公司发行销售。随后，河南省驻马店市公安局侦查人员在书店查扣封面加注“人教实验版”“北师大版”字样的“黄冈金牌之路”系列教辅书共 75 031 册，其中 56 763 册系非法出版物。经鉴定，非法经营的涉案图书金额为 340 578 元。[①]

出版活动既是人类智慧和社会文明进步的见证，又对促进人类智慧和社会文明进步起到了至关重要的作用。出版法律制度是文化法领域的重要组成部分。加强对出版活动的管理，发展和繁荣中国特色社会主义的出版产业和出版事业，对保障公民依法行使出版自由的权利、促进社会主义精神文明和物质文明建设皆具有重要意义。出版法律关系包含哪些方面？出版立法经历了怎样的历程？我国法律对出版管理以及出版物传播作出了怎样的规定？本章将为你解答以上问题。

第一节　出版法律制度概述

出版是什么？出版法律关系具有何种特点、包含哪些要素？出版的立法历史如何？本节将带你探讨上述问题。

一、出版及相关概念

出版是人类社会信息、知识传播的主要方式和基本手段。出版活动是一种社会性的

① 艾其来，郑军．新闻出版广电法律知识读本．北京：中国民主法制出版社，2017：68.

行为，参与其中的当事人自然会形成一定的权利义务关系，这就需要一定的规范来约束各方。

根据法律的一般概念，我们可以这样定义出版法：出版法是指由国家制定并由国家强制力保证实施的、用于调整人们在出版活动中形成的各种社会关系的行为规范的总称。

思政专栏 8-1

出版法律关系是指由出版法调整的当事人在各种出版活动中形成的权利义务关系。出版法律关系具有以下特点：

第一，其主体既有平等性，也有不平等性。出版法律关系的主体有出版单位、作者、出版主管部门等。各主体之间形成的出版法律关系总体上可以分为两类，即平等主体之间的出版法律关系和不平等主体之间的出版法律关系。

第二，以国家意志为主导、当事人意志为从属。我国对新闻出版活动实行事先审查制度，新闻出版具有较强的国家干预性。因此，现行的出版法律规范更多是对出版活动进行管理和监督，体现了国家意志。当事人基于出版合同形成的共同意志也要服从于国家意志，不得违反相关的出版法律规范。

第三，是在出版活动中形成的权利义务关系。出版法律关系的基础是出版关系，而出版关系的形成是以当事人参与各种出版活动为前提的。没有参与出版活动（包括合法的和违法的出版活动），当事人之间便不会产生出版关系，更不会形成出版法律关系。

出版法律关系包含主体、内容、客体三个要素。

（一）出版法律关系的主体

出版法律关系的主体，是指在出版活动中享有权利和承担义务的自然人、法人或者其他组织。成为出版法律关系的主体必须具备一定的条件，即必须具有出版权利能力和出版行为能力。出版权利能力，是指依法享有出版权利和承担出版义务的资格或能力；出版行为能力，是指以自己的行为独立行使出版权利和履行出版义务的能力。只有同时具备出版权利能力和出版行为能力，才能成为出版法律关系的主体。

出版法律关系的主体可以分为以下几类：出版单位、出版物印制单位、出版物发行单位、出版从业人员、作者、出版主管部门和受众等。

（二）出版法律关系的内容

出版法律关系的内容，是指出版法律关系的主体所享有的出版权利和承担的出版义务。出版权利是指出版法所确认和保护的与出版活动相关的各种权利，一般包括出版自由、采访权、发表权、知情权、监督权、著作权、管理权等。出版义务是指出版法所规定的出版法律关系的主体必须为或者不为一定行为的义务，可以分为法定义务和约定义务两种。法定义务包括依法出版的义务、保守国家秘密的义务以及如实报道的义务等，而约定义务一般指合同约定的义务。出版法律关系的主体，尤其是出版从业人员，由其职业特点所决定，应当享有不同于一般公民的权利的独特权利。

(三) 出版法律关系的客体

出版法律关系的客体，是指在出版活动中，出版法律关系主体的权利和义务所共同指向的对象，包括出版行为和智力成果。出版行为包括出版物的出版、印刷、复制、发行、进出口等行为。①

二、出版的立法历史

出版法的形式多样，既包括宪法、法律，又包括行政法规和部门规章、地方性法规和地方政府规章，还包括与法律有同等效力的法律解释和国际条约。

中华人民共和国成立后，党和政府十分重视出版事业，对出版事业给予了必要的法律保障。1949 年 9 月，中国人民政治协商会议第一届全体会议通过了具有临时宪法性质的《中国人民政治协商会议共同纲领》，其中关于保障人民享有出版自由的规定是："中华人民共和国人民有思想、言论、出版、集会、结社、通讯、人身、居住、迁徙、宗教信仰及示威游行的自由权。"此后，全国人大通过的多部宪法都明确给予公民言论与出版自由保障。针对社会主义出版事业发展需要，我国建立起了一系列组织机构和一整套出版的基本方针与政策。1949 年 2 月，中共中央宣传部出版委员会组建，1949 年 10 月，全国新华书店出版工作会议召开，同年 11 月中央人民政府出版总署成立。

1950 年 3 月，国家发布了《关于统一全国新华书店的决定》，革新了新华书店的出版管理模式。同年 9 月，第一届全国出版会议明确提出"为人民大众的利益服务是人民出版事业的基本方针"。1952 年 8 月，政务院发布《管理书刊出版业印刷业发行业暂行条例》。1954 年，出版总署并入文化部，并变身为文化部下属的出版事业管理局。

改革开放后，我国的新闻出版事业迎来了春天，此后出版法的起草和制定工作逐步展开，一些出版行政法规、规章、政策等陆续出台，例如 1983 年《中共中央、国务院关于加强出版工作的决定》、1985 年《国务院关于严禁淫秽物品的规定》以及 1987 年《国务院关于严厉打击非法出版活动的通知》等。

1997 年，新闻出版署发布《关于严格禁止买卖书号、刊号、版号等问题的若干规定》。同年，国务院颁布了《出版管理条例》，这是一部对出版活动进行依法有效管理的行政法规。2001 年又通过了新的《出版管理条例》，该条例于 2011 年、2013 年、2014 年、2016 年、2020 年作了五次修订。

2005 年，《期刊出版管理规定》和《报纸出版管理规定》同时由新闻出版总署修订颁布。2008 年，新闻出版总署颁布了《图书出版管理规定》(后于 2011 年、2013 年进行了两次修订)。

电子出版物和网络出版物方面的政策法规则有：《关于加强电子出版物管理的通知》(1994 年，新闻出版署，已失效)、《电子出版物出版管理规定》(2008 年，新闻出版总

---

① 艾其来，郑军．新闻出版广电法律知识读本．北京：中国民主法制出版社，2017：92.

署，2015 年修正)、《电子出版物管理暂行规定》(1996 年，新闻出版署，1997 年修改为《电子出版物管理规定》，2008 年修改为《电子出版物出版管理规定》)、《互联网出版管理暂行规定》(2002 年，新闻出版总署，2016 年经国家新闻出版广电总局修改为《网络出版服务管理规定》)。

发行方面，多个版本的《出版管理条例》都对出版物的发行作了专门的规定。1999 年，新闻出版署发布了《出版物市场管理暂行规定》(2003 年修订后易名为《出版物市场管理规定》，2004 年、2011 年、2015 年、2016 年又多次修改)。[1]

第二节　出版管理法律制度

作为出版环节的起点，出版单位是生产精神文化产品、提供科学文化知识的重要主体。了解与出版单位相关的法律制度，既是出版社、报社、期刊社正常运作的需要，也是出版从业人员依法开展工作的客观要求。我国法律如何规制出版单位的设立与管理，以及出版物的内容管理？本节将为你解开疑惑。

一、出版单位的设立与管理

我国法律法规所指的出版单位，包括报社、期刊社、图书出版社、音像出版社、电子出版物出版社和网络出版服务机构等实体单位，以及报纸编辑部、期刊编辑部等法人单位。

我国是社会主义国家，鉴于出版单位传播的大多数产品内容具有鲜明的意识形态特性，容易产生较大的社会影响，国家对出版单位均实行严格的准入管控措施，对出版活动实行行政审批制，对出版单位的设立、变更和终止等程序规定了极为严格的管理制度。这些主要体现在《出版管理条例》以及《网络出版服务管理规定》等相关法律法规之中。

(一) 出版单位的设立

国务院出版行政主管部门负责全国出版单位总量、结构、布局的规划，并指导、协调出版产业和出版事业发展。

《出版管理条例》第 11 条明确规定了出版单位的设立条件。设立出版单位，应当具备下列条件：第一，有出版单位的名称、章程；第二，有符合国务院出版行政主管部门认定的主办单位及其主管机关；第三，有确定的业务范围；第四，有 30 万元以上的注册资本和固定的工作场所；第五，有适应业务范围需要的组织机构和符合国家规定的资格条件的编辑出版专业人员；第六，法律、行政法规规定的其他条件。

《出版管理条例》第 12、13 条具体规定了设立出版单位的审批报请程序和申请材料

---

① 胡学亮．出版法纲要．北京：知识产权出版社，2019：14－16.

的内容。设立出版单位，由其主办单位向所在地省、自治区、直辖市人民政府出版行政主管部门提出申请；省、自治区、直辖市人民政府出版行政主管部门审核同意后，报国务院出版行政主管部门审批。设立的出版单位为事业单位的，还应当办理机构编制审批手续。

设立出版单位的申请书应当载明下列事项：第一，出版单位的名称、地址；第二，出版单位的主办单位及其主管机关的名称、地址；第三，出版单位的法定代表人或者主要负责人的姓名、住址、资格证明文件；第四，出版单位的资金来源及数额。设立报社、期刊社或者报纸编辑部、期刊编辑部的，申请书还应当载明报纸或者期刊的名称、刊期、开版或者开本、印刷场所。申请书应当附具出版单位的章程和设立出版单位的主办单位及其主管机关的有关证明材料。

同时，《出版管理条例》第 14、15 条针对出版行政主管部门的受理流程和时限等作出了相应规定。国务院出版行政主管部门应当自受理设立出版单位的申请之日起 60 日内，作出批准或者不批准的决定，并由省、自治区、直辖市人民政府出版行政主管部门书面通知主办单位；不批准的，应当说明理由。设立出版单位的主办单位应当自收到批准决定之日起 60 日内，向所在地省、自治区、直辖市人民政府出版行政主管部门登记，领取出版许可证。登记事项由国务院出版行政主管部门规定。出版单位领取出版许可证后，属于事业单位法人的，持出版许可证向事业单位登记管理机关登记，依法领取事业单位法人证书；属于企业法人的，持出版许可证向工商行政管理部门登记，依法领取营业执照。

（二）出版单位的变更与中止

出版单位变更名称、主办单位或者其主管机关、业务范围、资本结构，合并或者分立，设立分支机构，出版新的报纸、期刊，或者报纸、期刊变更名称的，应当依照《出版管理条例》第 12、13 条的规定办理审批手续。出版单位属于事业单位法人的，还应当持批准文件到事业单位登记管理机关办理相应的登记手续；属于企业法人的，还应当持批准文件到工商行政管理部门办理相应的登记手续。出版单位除上述变更事项外的其他事项的变更，应当经主办单位及其主管机关审查同意，向所在地省、自治区、直辖市人民政府出版行政主管部门申请变更登记，并报国务院出版行政主管部门备案。出版单位属于事业单位法人的，还应当持批准文件到事业单位登记管理机关办理变更登记；属于企业法人的，还应当持批准文件到工商行政管理部门办理变更登记。

同时，《出版管理条例》第 18、19 条针对出版单位中止出版活动作出了规定。出版单位中止出版活动的，应当向所在地省、自治区、直辖市人民政府出版行政主管部门备案并说明理由和期限；出版单位中止出版活动不得超过 180 日。图书出版社、音像出版社和电子出版物出版社自登记之日起满 180 日未从事出版活动的，报社、期刊社自登记之日起满 90 日未出版报纸、期刊的，由原登记的出版行政主管部门注销登记，并报国务院出版行政主管部门备案。

（三）其他重要管理事项

1. 重大选题备案

图书出版社、音像出版社和电子出版物出版社的年度出版计划及涉及国家安全、社会安定等方面的重大选题，应当经所在地省、自治区、直辖市人民政府出版行政主管部门审核后报国务院出版行政主管部门备案；涉及重大选题，未在出版前报备案的出版物，不得出版。

2. 不得出售、出租出版单位名称、刊号等

出版单位不得向任何单位或者个人出售或者以其他形式转让本单位的名称、书号、刊号或者版号、版面，并不得出租本单位的名称、刊号。出版单位及其从业人员不得利用出版活动谋取其他不正当利益。

典型案例 8－1

2023 年 6 月 13 日，安徽省铜陵市郊区人民法院公开开庭审理了一起非法经营罪案件。2019 年 2 月至 2022 年 5 月，胡某某等 6 名被告人参与印刷某出版物，并通过微信小程序、拼多多等网络平台对外销售。经铜陵市广播电视新闻出版局鉴定，被告人销售的书籍未取得书号，为非法出版物。

二、出版物的内容管理

出版物是出版活动的最终产品，是精神文化产品的物质载体，具有精神产品的特殊属性，因此，世界各国都非常重视对出版内容的管理。目前，国际上对出版内容的管理主要有两种形式，即预审制和追惩制。

预审制又称事先检查，是指在出版物出版发行之前，出版单位必须先将原稿或清样送经政府有关机构检查、删改和批准后方能出版发行出版物。

追惩制也称事后检查，是一种事后惩治的出版制度。在出版物出版发行前，出版不受限制，政府管理机构不作任何检查。在出版物出版发行后，在有关机构审读样书或社会舆论监督发现有违法行为时，政府有关机构依照新闻出版法或其他法律对出版单位予以惩处。

我国十分重视出版业的舆论宣传作用，对出版物的内容管理一向严格，颁布了大量法律法规对出版物内容进行规范。

我国《宪法》第 35 条规定：“中华人民共和国公民有言论、出版、集会、结社、游行、示威的自由。”作为出版业管理的最高专门法规，《出版管理条例》第 5 条规定：“公民依法行使出版自由的权利，各级人民政府应当予以保障。公民在行使出版自由的权利的时候，必须遵守宪法和法律，不得反对宪法确定的基本原则，不得损害国家的、社会的、集体的利益和其他公民的合法的自由和权利。”由此可见，对出版物内容的管理是为了维护社会主义国家的利益，保障人民民主、自由权利的行使，是符合人民利益的，也是完全必要的。

《出版管理条例》第 25 条规定："任何出版物不得含有下列内容：(一) 反对宪法确定的基本原则的；(二) 危害国家统一、主权和领土完整的；(三) 泄露国家秘密、危害国家安全或者损害国家荣誉和利益的；(四) 煽动民族仇恨、民族歧视，破坏民族团结，或者侵害民族风俗、习惯的；(五) 宣扬邪教、迷信的；(六) 扰乱社会秩序，破坏社会稳定的；(七) 宣扬淫秽、赌博、暴力或者教唆犯罪的；(八) 侮辱或者诽谤他人，侵害他人合法权益的；(九) 危害社会公德或者民族优秀文化传统的；(十) 有法律、行政法规和国家规定禁止的其他内容的。"

同时，《出版管理条例》第 26 条规定："以未成年人为对象的出版物不得含有诱发未成年人模仿违反社会公德的行为和违法犯罪的行为的内容，不得含有恐怖、残酷等妨害未成年人身心健康的内容。"第 27 条规定："出版物的内容不真实或者不公正，致使公民、法人或者其他组织的合法权益受到侵害的，其出版单位应当公开更正，消除影响，并依法承担其他民事责任。报纸、期刊发表的作品内容不真实或者不公正，致使公民、法人或者其他组织的合法权益受到侵害的，当事人有权要求有关出版单位更正或者答辩，有关出版单位应当在其近期出版的报纸、期刊上予以发表；拒绝发表的，当事人可以向人民法院提起诉讼。"第 28 条规定："出版物必须按照国家的有关规定载明作者、出版者、印刷者或者复制者、发行者的名称、地址，书号、刊号或者版号，在版编目数据，出版日期、刊期以及其他有关事项。出版物的规格、开本、版式、装帧、校对等必须符合国家标准和规范要求，保证出版物的质量。出版物使用语言文字必须符合国家法律规定和有关标准、规范。"第 29 条规定："任何单位和个人不得伪造、假冒出版单位名称或者报纸、期刊名称出版出版物。"

思政专栏 8-2

第三节　出版物传播法律制度

印刷是什么？出版物的印刷和发行需要遵循何种法律规定？什么是电子出版物？电子出版物出版单位的设立、终止，以及电子出版物的出版需要遵循哪些规定？本节将为你讲解上述问题。

一、出版物的印刷和发行

(一) 出版物的印刷

印刷就是复制。对于纸质出版物（图书、报刊等）来说，印刷指的是排版、制版、印刷、装订、复印、影印、打印等活动；对于电子出版物来说，印刷指的是以数字代码的方式，将有知识性、思想性内容的信息编辑加工后存储在固定物理形态的磁、光、电等介质上的活动。

印刷是出版物向社会公众传播和在市场中流通的一个必备环节，其重要性不亚于出版物的编辑环节。因此各国对于出版物的印刷都采取严格的法律和行政手段进行管理。

我国新闻出版行政管理部门、公安部门、工商部门、文化部门在各自的职权范围内对出版物印制行业依法进行监管。相关法规主要有《出版管理条例》、《印刷业管理条例》、《印刷业经营者资格条件暂行规定》、《印刷品承印管理规定》和《电子出版物出版管理规定》等，这些法规基本涵盖了印刷复制企业经营活动的各方面。

我国法律规定，国家对印刷业实行经营许可制度。从事出版物印刷或者复制业务的单位必须具备相应的条件：第一，有企业的名称和章程；第二，有确定的业务范围；第三，有适应业务范围需要的生产经营场所和必要的资金、设备等生产经营条件；第四，有适应业务范围需要的组织机构和人员；第五，有关法律、行政法规规定的其他条件。

从事出版物印刷或者复制业务的单位，应当向所在地省、自治区、直辖市人民政府出版行政主管部门提出申请，经审核许可，并依照国家有关规定到工商行政管理部门办理相关手续后，方可从事出版物的印刷或者复制经营活动。未经许可并办理相关手续的，不得印刷报纸、期刊、图书，不得复制音像制品、电子出版物。

出版单位不得委托未取得出版物印刷或者复制许可的单位印刷或者复制出版物。出版单位委托印刷或者复制单位印刷或者复制出版物的，必须提供符合国家规定的印刷或者复制出版物的有关证明，并依法与印刷或者复制单位签订合同。印刷或者复制单位不得接受非出版单位和个人的委托印刷报纸、期刊、图书或者复制音像制品、电子出版物，不得擅自印刷、发行报纸、期刊、图书或者复制、发行音像制品、电子出版物。

《印刷业管理条例》规定，从事出版物印刷经营活动的企业不得印刷国家明令禁止出版的出版物和非出版单位出版的出版物。印刷企业不得盗印出版物，不得销售、擅自加印或者接受第三人委托加印受委托印刷的出版物，不得将接受委托印刷的出版物纸型及印刷底片等出售、出租、出借或者以其他形式转让给其他单位或者个人。

《印刷业管理条例》等法规对印刷业经营者的日常经营管理活动也作了明确而全面的规定，主要包括承印验证制度、承印登记制度、印刷品保管制度、印刷品交付制度、承印档案制度、印刷活动残次品销毁制度等。

承印验证制度，指的是印刷业经营者接受委托印刷各种印刷品时，依照相关法律规定，必须验证委印单位及委印人的证明文件（包括印刷委托书或者委托印刷证明等）。

承印登记制度，指的是印刷业经营者在开印前按承印印刷品的种类在当地省级出版行政主管部门统一印制的《出版印刷登记簿》等上登记委托印刷单位及委印人的名称、住址，经手人的姓名，委托印刷的印刷品的名称、数量等信息。

印刷品保管制度，指的是印刷业经营者依法对承印件的原稿、校样、印版、底片等，自完成印刷之日起应妥善保管至少 2 年以备检查。

印刷品交付制度，指的是印刷业经营者在按约定印数完成一种印刷品的印刷业务后，应认真清点印刷品数量，登记台账，并根据合同的约定将印刷成品、原稿、底片等全部交付委托印刷单位或者个人，不得擅自留存也不得擅自加印。

承印档案制度，指的是印刷业经营者在每完成一种印刷品的印刷业务后，应将印刷合同、承印验证的各种证明文件及相应的复印件、发排单、付印单、样书等相关资料一并归档留存。

印刷活动残次品销毁制度，指的是印刷业经营者对印刷活动中产生的残次品，按实际数量登记造册，对不能修复并履行交付的予以销毁，并登记销毁印件的名称、数量、时间等。[①]

典型案例 8－2

2022 年 4 月 7 日，根据青海省“扫黄办”转办举报线索，西宁市文化市场综合行政执行局对西宁某印刷厂进行了检查，发现该印刷厂仓库存放大量图书。经现场抽样验查，该印刷厂的法定代表人无法提供样书、委托印刷合同及委托方相关经营资质证明，涉嫌违法行为。

（二）出版物的发行

《出版管理条例》第 35 条规定：“单位从事出版物批发业务的，须经省、自治区、直辖市人民政府出版行政主管部门审核许可，取得《出版物经营许可证》。单位和个体工商户从事出版物零售业务的，须经县级人民政府出版行政主管部门审核许可，取得《出版物经营许可证》。”第 38 条规定：“出版单位可以发行本出版单位出版的出版物，不得发行其他出版单位出版的出版物。”

典型案例 8－3

2022 年 3 月，某市文化市场综合执法支队执法人员依法出示执法证后，对徐某某经营的位于该市的书店进行了检查。该店有营业执照，正在营业中。执法人员发现该店正在销售《地心游记》等图书共计 130 本，但未取得出版物经营许可证。经查，该店于 2022 年 3 月开始销售这批图书，但无法提供进货凭证及销售凭证，至检查时该批图书尚未售出，经营额为进货款额。本案中，当事人未经批准擅自从事出版物发行业务，违反了《出版管理条例》第 35 条的规定。

《出版管理条例》第 36 条规定：“通过互联网等信息网络从事出版物发行业务的单位或者个体工商户，应当依照本条例规定取得《出版物经营许可证》。提供网络交易平台服务的经营者应当对申请通过网络交易平台从事出版物发行业务的单位或者个体工商户的经营主体身份进行审查，验证其《出版物经营许可证》。”

---

① 胡学亮．出版法纲要．北京：知识产权出版社，2019：77－78.

二、电子出版物

(一) 电子出版物的概念及其出版规定

电子出版是指以数字代码方式将图、文、声、像等信息编辑加工后存储在磁、光、电介质上，通过计算机或其他具有类似功能的设备读取信息并使用的一种出版形式。

我国法律法规中所称的电子出版物，是指以数字代码的方式，将有知识性、思想性内容的信息编辑加工后存储在固定物理形态的磁、光、电等介质上，通过电子阅读、显示、播放设备读取使用的大众传播媒体。

电子出版物制作，是指通过创作、加工、设计等方式，提供用于出版、复制、发行的电子出版物节目源的经营活动。

我国目前有关电子出版物的法律规范文件主要有两个：《出版管理条例》和《电子出版物出版管理规定》。

根据《出版管理条例》第 25 条的规定，电子出版物不得含有下列内容：(1) 反对宪法确定的基本原则的；(2) 危害国家统一、主权和领土完整的；(3) 泄露国家秘密、危害国家安全或者损害国家荣誉和利益的；(4) 煽动民族仇恨、民族歧视，破坏民族团结，或者侵害民族风俗、习惯的；(5) 宣扬邪教、迷信的；(6) 扰乱社会秩序，破坏社会稳定的；(7) 宣扬淫秽、赌博、暴力或者教唆犯罪的；(8) 侮辱或者诽谤他人，侵害他人合法权益的；(9) 危害社会公德或者民族优秀文化传统的；(10) 有法律、行政法规和国家规定禁止的其他内容的。此外，以未成年人为对象的电子出版物不得含有诱发未成年人模仿违反社会公德的行为和违法犯罪的行为的内容，不得含有恐怖、残酷等妨害未成年人身心健康的内容。

《电子出版物出版管理规定》第 4 条规定："新闻出版总署负责全国电子出版物出版活动的监督管理工作。县级以上地方新闻出版行政部门负责本行政区域内电子出版物出版活动的监督管理工作。"第 5 条规定"国家对电子出版物出版活动实行许可制度；未经许可，任何单位和个人不得从事电子出版物的出版活动。"

(二) 电子出版物出版单位的设立与终止

《电子出版物出版管理规定》第 6 条第 1 款规定："设立电子出版物出版单位，应当具备下列条件：(一) 有电子出版物出版单位的名称、章程；(二) 有符合新闻出版总署认定条件的主管、主办单位；(三) 有确定的电子出版物出版业务范围；(四) 有适应业务范围需要的设备和工作场所；(五) 有适应业务范围需要的组织机构，有 2 人以上具有中级以上出版专业职业资格；(六) 法律、行政法规规定的其他条件。"

《电子出版物出版管理规定》第 7 条规定："设立电子出版物出版单位，经其主管单位同意后，由主办单位向所在地省、自治区、直辖市新闻出版行政部门提出申请；经省、自治区、直辖市新闻出版行政部门审核同意后，报新闻出版总署审批。"第 9 条规定："新闻出版总署自受理设立电子出版物出版单位的申请之日起90日内，作出批准或者不批准的决定，直接或者由省、自治区、直辖市新闻出版行政部门书面通知主办单位；不批准的，应当说明理由。"第10条规定："设立电子出版物出版单位的主办单位应当自收到批准决定之日起60日内，向所在地省、自治区、直辖市新闻出版行政部门登记，领取新闻出版总署颁发的《电子出版物出版许可证》。电子出版物出版单位持《电子出版物出版许可证》向所在地工商行政管理部门登记，依法领取营业执照。"

《电子出版物出版管理规定》第11条第1款规定："电子出版物出版单位自登记之日起满180日未从事出版活动的，由省、自治区、直辖市新闻出版行政部门注销登记，收回《电子出版物出版许可证》，并报新闻出版总署备案。"第13条规定："电子出版物出版单位终止出版活动的，应当向所在地省、自治区、直辖市新闻出版行政部门办理注销登记手续，并到原登记的工商行政管理部门办理注销登记。省、自治区、直辖市新闻出版行政部门应将有关注销登记报新闻出版总署备案。"

《电子出版物出版管理规定》第14条第1款规定："申请出版连续型电子出版物，经主管单位同意后，由主办单位向所在地省、自治区、直辖市新闻出版行政部门提出申请；经省、自治区、直辖市新闻出版行政部门审核同意后，报新闻出版总署审批。"所谓连续型电子出版物，是指有固定名称，用卷、期、册或者年、月顺序编号，按照一定周期出版的电子出版物。

（三）电子出版物的出版管理

《电子出版物出版管理规定》第18条规定："电子出版物出版单位实行编辑责任制度，保障电子出版物的内容符合有关法规、规章规定。"第20条规定："电子出版物出版实行重大选题备案制度。涉及国家安全、社会安定等方面重大选题，涉及重大革命题材和重大历史题材的选题，应当按照新闻出版总署有关选题备案的规定办理备案手续；未经备案的重大选题，不得出版。"

《电子出版物出版管理规定》第21条规定："出版电子出版物，必须按规定使用中国标准书号。同一内容，不同载体形态、格式的电子出版物，应当分别使用不同的中国标准书号。出版连续型电子出版物，必须按规定使用国内统一连续出版物号，不得使用中国标准书号出版连续型电子出版物。"第22条规定："电子出版物出版单位不得以任何形式向任何单位或者个人转让、出租、出售本单位的名称、电子出版物中国标准书号、国内统一连续出版物号。"第23条规定："电子出版物应当符合国家的技术、质量标准和规范要求。出版电子出版物，须在电子出版物载体的印刷标识面或其装帧的显著位置载明电子出版物制作、出版单位的名称，中国标准书号或国内统一连续出版物号及条码，著作权人名称以及出版日期等其他有关事项。"

思政专栏8-3

基本概念

出版　出版物　出版单位　电子出版物

讨论题

1. 我国法律法规对出版物内容管理是如何规定的？
2. 当今媒体的融合发展对于出版行业有哪些法律挑战？
3. 我国关于出版物的书号有哪些法律规定？

第九章
广播电视法律制度

引　例

针对近年来部分未成年人广播电视和网络视听节目中出现的炫富、炒作明星子女、包装“童星”、成人化表演、低俗调侃、侵犯隐私权等涉及未成年人合法权益的现象，以及个别节目中出现的“商业化、成人化和过度娱乐化”倾向的问题，2019 年，国家广播电视总局依据《未成年人保护法》和《广播电视管理条例》等法律和行政法规制定了部门规章《未成年人节目管理规定》，设定了以下主要制度措施：

一是落实习近平总书记关于促进少年儿童健康成长、保护未成年人合法权益、注重“家庭、家教、家风”等重要论述，完善相关法律制度。二是培育和弘扬社会主义核心价值观，引导未成年人树立正确的世界观、人生观、价值观。支持、鼓励优秀节目制作、传播，禁止违法节目内容，着重强调社会主义核心价值观对未成年人节目制作和传播的引领作用。三是全方位加强对未成年人合法权益的保护。强调未成年人节目制作和播出应当保护未成年人的隐私，明确节目制作单位对参与制作的未成年人负有安全保障义务，并就对未成年人的心理保护提出明确要求。四是完善管理手段，提高节目质量。强化创新监管手段方面的制度设计，通过提升管理水平促进未成年人节目质量的提升，鼓励推出更多符合未成年人成长规律、更受未成年人喜爱的精品力作。

广播电视业务应当遵循哪些法律制度？广播电视节目内容应符合怎样的规定？我国的广播电视涉外管理制度包括哪些内容？本章将详细介绍与广播电视相关的法律制度。

第一节　广播电视法律制度概述

本节主要说明广播电视是什么，我国的广播电视相关立法经历了怎样的发展历程。

一、广播电视的概念和特点

广播电视是通过无线电波或导线传播声音、图像、视频的新闻传播工具。只播送声音的，称为声音广播；播送图像和声音的，称为电视广播。1906 年圣诞节前夜，美国的费森登和亚历山德逊在纽约附近设立了一个广播站，并进行了有史以来的第一次广播。

世界上第一座广播电台是美国匹兹堡的 KDKA 广播电台，其创办于 1920 年 11 月 2 日。1926 年 10 月 1 日，刘瀚创办哈尔滨广播电台，这是中国人自办的第一座广播电台。1927 年 3 月，上海新新公司电台开播，这是中国第一座民营电台。1928 年 8 月 1 日，陈果夫等人在南京创办了国民党中央广播电台，这是中国第一座国家级的广播电台。1940 年 12 月 30 日，延安新华广播电台开播，这是中国共产党领导创办的第一座广播电台。新中国成立后，延安新华广播电台成为国家广播电台，并于 1949 年 12 月 5 日正式定名为中央人民广播电台。

1922 年，英国广播公司（BBC）成立并开始播出广播节目，1936 年起播出电视节目，成为世界上第一家电视台。中国最早的电视台是 1958 年成立的北京电视台，现为中央广播电视总台。

思政专栏 9-1

广播电视具有以下三个特点：(1) 形象化。广播电视以声音和图像来传递信息，相比报纸等更为立体生动。(2) 及时性。广播电视以电波来传递信息，速度快。(3) 广泛性。广播电视覆盖面广，受众广泛，影响力大。①

二、广播电视立法历史

新中国成立后，我国政府对广播工作发展的方针政策进行了初步探索，发布了诸多有关广播监管的法规。1950 年，新闻总署发布《关于建立广播收音网的决定》，对不同的政府机构、社会组织以及群众等的广播使用情况作了整体性规定。1956 年，国务院下发《关于农村广播网管理机构和领导关系的通知》，要求中央广播事业局和各省、自治区、直辖市都应设立管理机构负责全国和各级农村广播网的领导建设工作。1963 年，国务院下发《关于设置和使用无线电台的管理办法》，规定设置和使用无线电台必须事先向邮电部或设置所在地的省、自治区、直辖市人民委员会提出申请，经批准并发给证明文件后，方可设置和使用无线电台。

1982 年，国务院批转发布广播电视部制定的《录音录像制品管理暂行规定》，这是我国第一部音像管理行政法规。1987 年，国务院出台了《广播电视设施保护条例》，禁止任何单位或者个人侵占、哄抢、私分、截留、破坏广播电视设施，明确了任何单位和个人都有保护广播电视设施的义务，对危害广播电视设施的行为，有权制止并向有关部门报告。该条例还对广播电视设施的保护措施及罚则作了规定。

进入 20 世纪 90 年代，随着媒介技术的不断发展，广播电视的立法体系进一步完善。1990 年，广播电影电视部颁布了《有线电视管理暂行办法》，广播电影电视部、公安部、国家安全部颁布了《卫星地面接收设施接收外国卫星传送电视节目管理办法》。

---

① 国家广播电视总局发展研究中心课题组. 新时代广播电视公共服务建设取得重大成果. (2022-10-15) [2023-07-21]. https://mp.weixin.qq.com/s/P70SrLhmAdtJYBMYeqxfvQ.

1993年，国务院发布了《卫星电视广播地面接收设施管理规定》。1997年，国务院发布了《广播电视管理条例》，这是我国第一部全面规范广播电视活动的行政法规。2000年，国务院修订发布了《广播电视设施保护条例》，制定了《互联网信息服务管理办法》。2003年，国家广播电影电视总局出台了《互联网等信息网络传播视听节目管理办法》。2007年，国家广播电影电视总局、信息产业部发布了《互联网视听节目服务管理规定》。

2014年，党的十八届四中全会通过《中共中央关于全面推进依法治国若干重大问题的决定》，广播电视主管部门正式启动广播电视法的立法工作，并积极推进公共文化服务保障法等行业重要法律和行政法规、部门规章的制定和修订，这极大提升了广播电视领域的法治化水平。这一时期，《卫星电视广播地面接收设施管理规定》和《广播电视管理条例》两部行政法规修订实施。

2016年，《网络安全法》和《公共文化服务保障法》相继颁布，广播电视行业法律体系实现了从无到有的历史性突破。2020年，新修正的《著作权法》把更多的视听形式纳入"视听作品"范畴，在广播权与广播组织权等方面为广播电视行业权益保障提供了更有力的支持。《专网及定向传播视听节目服务管理规定》《未成年人节目管理规定》等部门规章的相继制定实施，健全完善了广播电视和网络视听的相关制度规定。

2021年，广播电视行业基本法——广播电视法向社会公开征求意见。2022年，《广播电视法（草案）》被国务院预备提请全国人大常委会审议。同年，广播电视主管部门出台了《广播电视和网络视听领域经纪机构管理办法》，修订了《广播电视节目传送业务管理办法》和《广播电视无线传输覆盖网管理办法》，体现了主管部门精准化、生态化的治理思路。①

第二节　广播电视业务准入法律制度

由于广播电视是资源有限的公共产品，因此有必要对广播电视业务实行准入制度，进而更好地维护文化安全，保障社会公众的文化权利。广播电视业务准入制度贯穿于广播电视机构设立、节目制作、节目传输、涉外活动、基础设施和设备以及从业人员等各个环节。

一、广播电视机构成立及节目制作准入制度

1. 广播电台、电视台的设立、终止许可

广播电台、电视台原则上由县、不设区的市以上广播电视行政部门或经批准的广播

① 国家广播电视总局发展研究中心课题组．广播电视法治建设取得历史性成就．(2022-08-08) [2023-07-21]. https: //mp. weixin. qq. com/s/4G7TDn8J0ikpUJei-Zs-uw.

影视集团（总台）设立，其中教育电视台可以由设区的市、自治州以上教育行政部门设立，审批机关是广电总局。申请设立广播电视站，须由申请单位向当地县级以上广播电视行政部门提出申请，逐级审核同意后，报省级广播电视行政部门审批。

2. 广播电台、电视台变更台名、台标、节目设置范围或节目套数许可

广播电台、电视台变更台名、台标、节目设置范围或者节目套数的，应当经广电总局批准。县级、设区的市级人民政府广播电视行政部门设立的广播电台、电视台变更台标的，应当经所在地省级人民政府广播电视行政部门批准。

3. 广播电视节目制作经营许可

广播电视节目由广播电台、电视台和省级以上人民政府广播电视行政部门批准设立的广播电视节目制作经营单位制作。广播电视节目制作经营机构的设立需要取得广播电视节目制作经营许可证。在京的中央单位及其直属机构（以下简称“中直制作机构”）申请广播电视节目制作经营许可证，报广电总局审批；其他机构申请广播电视节目制作经营许可证，向所在地广播电视行政部门提出申请，经逐级审核后，报省级广播电视行政部门审批。

4. 电视剧制作许可

电视剧的制作在取得广播电视节目制作经营许可证之后，还需另行取得电视剧制作许可证，包括甲种与乙种两类。电视剧制作许可证（甲种）有效期限为2年，有效期届满前，对持证机构制作的所有电视剧均有效，审批机关是广电总局。电视剧制作许可证（乙种）仅限于该证所标明的剧目使用，有效期限不超过1年，特殊情况下经发证机关批准后可适当延期。中直制作机构直接向广电总局提出申请，其他机构向所在地广播电视行政部门提出申请，经逐级审核后，报省级广播电视行政部门审批。

5. 电视节目拍摄制作备案公示

电视节目拍摄制作备案公示制度具体包括电视剧（动画片）剧目公示、重大题材立项公示与摄制公示、电视纪录片题材公示。广电总局对电视剧和电视动画片实行备案公示制度，对电视纪录片实行题材公告制度（非强制备案）。

制作电视节目之前，应当向省级广播电视行政部门申请备案，经审核后报请广电总局公示。同时，制作机构应当按照公示的内容拍摄制作电视节目。重大题材或者涉及政治、军事、外交、国家安全、统战、民族、宗教、司法、公安等敏感内容的特殊题材的备案公示，必须取得省、自治区、直辖市以上人民政府有关部门或者有关方面的书面意见。

6. 电视剧发行许可

电视剧要播出必须取得发行许可证。报广电总局备案公示的中直制作机构报广电总局审批，其他报省级广播电视行政部门备案公示的制作单位报省级广播电视行政部门审批。

7. 中外合作制作电视剧（含电视动画片）业务许可

我国禁止境外资金未经批准擅自进入广播电视节目制作经营领域。所有的广播电视节目制作经营单位不得有外资成分，中外合作制作电视剧须经许可，报广电总局审批。

8. 境外人员及机构参加广播电视节目制作许可

境外人员及机构参加广播电视节目制作的需要经过审批。中央级部门聘请的，报广电总局审批；省级以下（含省级）部门聘请的，报省级广播电视行政部门审批。电视剧聘请境外演职人员的，申报单位报所在省级广播电视行政部门审核、广电总局审批，中直制作机构直接报广电总局审批。

9. 广播电视视频点播业务许可

开展广播电视视频点播服务的需要取得广播电视视频点播业务许可证。持有广播电视视频点播业务许可证（甲种）的机构，可在许可证载明的行政区域内从事广播电视视频点播业务。禁止外商独资、中外合资、中外合作机构申请开办广播电视视频点播业务，但是外商独资、中外合资、中外合作的机构为三星级以上或相当于三星级以上的宾馆饭店的，可以申请广播电视视频点播业务许可证（乙种）。广播电视视频点播业务许可证（甲种）的申请经过省级广播电视行政部门初审后，报广电总局决定。广播电视视频点播业务许可证（乙种）的申请向当地县级以上广播电视行政部门提出，经逐级审核后，报省级广播电视行政部门审批。获得该证的机构，可在许可证载明的宾馆饭店内从事广播电视视频点播业务。

10. 信息台`网络传播视听节目许可

向公众提供互联网视听节目服务活动，需要取得信息网络传播视听节目许可证。地方申请单位应当将申请材料报所在地省级广播电视行政部门审核，初审后报广电总局审批；中央直属单位直接向广电总局提交申请材料。

二、广播电视节目传送业务许可

按传送范围划分，广播电视节目传送业务分为省级行政区域内传送与跨省传送。前者由省级广播电视行政部门审核，后者由广电总局审核。按传送方式划分，广播电视节目传送业务分为有线传送和无线传送。省级行政区域内的有线传送和小功率（发射机标称功率50瓦（含）以下）无线传送，由省级广播电视行政部门审批；跨省传送（包括有线传送、无线传送）及发射机标称功率50瓦以上的无线传送，由申请单位向所在地广播电视行政部门申请，经逐级审核，报广电总局审批。

三、广播电视涉外活动准入制度

1. 以卫星传送方式进口、转播境外电视节目业务许可

对于以卫星传送方式引进境外电视节目的申请，省级广播电视行政部门正式受理

后，应在行政许可法规定的期限内作出详细、明确的初审意见，报广电总局审查批准。

2. 引进用于广播电台、电视台播放的境外广播电视节目许可

引进境外影视剧，由省级广播电视行政部门初审后，报广电总局审查批准。地（市）级电视台、省级电视台申请引进其他境外电视节目，报省级广播电视行政部门审查批准；题材涉及重大、敏感内容的，由省级广播电视行政部门报广电总局审批。

3. 举办国际性广播电视节目交流、交易活动许可

境内外举办国际性广播影视节（展）、中外政府间广播影视节（展）和设评奖的全国性广播影视节（展），由广电总局举办或与国家相关政府部门、地方政府等联合举办。全国性广播影视社会团体、行业组织经广电总局批准可以举办设评奖的全国性广播影视节（展）。国际性广播影视科研、学术交流活动可由全国性广播影视社会团体、行业组织或广播影视科研、教学、研究机构举办。赴境外举办中国广播影视节（展），可由广播影视行政部门、社会团体、行业组织、企事业单位等举办。

4. 境外卫星电视频道落地许可

境外卫星电视频道落地许可申请由指定机构向广电总局提出，由广电总局进行审批，对于一个境外广播电视机构，原则上只批准其所属的一个卫星电视频道在规定的范围内落地；特殊情况，须报广电总局特殊批准。

5. 境外广播电视机构在华设立办事机构许可

境外广播电视机构在华设立办事机构应当报广电总局审批。

四、广播电视基础设施、设备许可

1. 卫星电视广播地面接收设施进口业务许可

此类许可的申请人为经省级广播电视行政部门审核上报的用户，审批机关为广电总局。

2. 广播电视专用频段频率使用许可

此类许可的申请人为具有广播电视节目传送业务经营许可证（无线）的单位，审批机关为广电总局。

3. 无线广播电视发射设备（不含小功率无线广播电视发射设备）订购许可

此类许可的申请人为持有广播电视节目传送业务经营许可证（无线）和广播电视频率使用许可证的单位，审批机关为广电总局。

4. 小功率的无线广播电视发射设备订购证明许可

小功率的无线广播电视发射设备订购证明核发，由省级人民政府广播电视行政部门负责。

5. 广播电视设施迁建许可

此类许可的申请人应为拟迁建广播电视设施所有单位，审批机关为广电总局。

6. 广播电视设备器材入网认定许可

此类许可的申请人为符合条件的生产企业，审批机关为广电总局。

7. 卫星地面接收设施安装服务许可

此类申请向所在地县级以上人民政府广播电视行政部门提出，经逐级审核后，报省级以上人民政府广播电视行政部门审批。

8. 设置卫星电视广播地面接收设施许可

单位设置卫星电视广播地面接收设施的，必须向当地县、市人民政府广播电视行政部门提出申请，报省级人民政府广播电视行政部门审批，凭审批机关开具的证明购买卫星电视广播地面接收设施。卫星电视广播地面接收设施安装完毕，由审批机关发给接收卫星传送的电视节目许可证。

五、广播电视从业人员的资质

广播电视编辑记者、播音员、主持人在通过相应的资格考试之后，向审批机关申请执业注册，获得执业资质。申请执业注册的，由省级人民政府广播电视行政部门初审，报广电总局审批。

我国建立了节目主持人、嘉宾管理制度。《国家新闻出版广电总局关于进一步加强广播电视主持人和嘉宾使用管理的通知》中指出：各广播电视机构要严格执行主持人上岗管理规定；加强主持人职务行为信息管理；播出广播电视节目前，需对主持人持证和注册情况进行审核，对嘉宾身份信息进行核实，并综合考虑主持人和嘉宾的专业素质和社会形象，判断其是否适宜发声出镜；要对主持人和嘉宾在节目中的言行举止认真审查把关，有问题的一律不得播出；加强主持人和嘉宾教育培训；做好主持人资质清查和主持人、嘉宾管理制度建设工作。各播出机构在主持人和嘉宾使用管理中负有主体责任。

《未成年人节目管理规定》规定，邀请未成年人参与节目制作，应当事先经其法定监护人同意，不得以恐吓、诱骗或者收买等方式迫使、引诱未成年人参与节目制作。未成年人节目制作过程中，不得泄露或者质问、引诱未成年人泄露个人及其近亲属的隐私信息。制作未成年人节目应当保障参与制作的未成年人人身和财产安全。

典型案例 9－1

针对群众反映强烈的养生类节目乱象，《国家新闻出版广电总局关于做好养生类节目制作播出工作的通知》要求，“电视养生类节目只能由电视台策划制作，不得由社会公司制作。凡在专家资源、节目资金、制作能力等方面不具备条件的电视台，不得盲目跟风制作养生类节目。鼓励上星综合频道制作的优秀养生类节目在地面频道播出。养生类节目应为广大观众提供真实、科学、实用、权威的资讯信息，不得夸大夸张或虚假宣传、误导观众。要做到以下几点：(一) 主持人必须取得播音员主持人执业资质，依法持证上岗。主持中要有效控制节目进程，引导嘉宾围绕主题介绍相关知识。演员和各类社会名人不得担任养生类节目主持。（二）聘请医学、养生、营养等方面专家作为嘉宾的，该嘉宾必须具备省级以上卫生行政部门认定的副高以上专业职称、资格，并在节目中据实提示……”

第三节　广播电视节目内容管理制度

广播电视节目内容管理制度包括内容审核制度和节目合理安排制度，目的在于坚持正确的政治方向、舆论导向、价值取向，确保广播电视节目内容合法合规。

一、广播电视节目内容审核制度

广播电视节目内容审核制度亦称内容禁载、禁播制度。广播电视节目内容审核制度具体要求节目内容要经过事前审查，符合国家相关法律法规的规定。《广播电视管理条例》《电视剧内容管理规定》《未成年人节目管理规定》《中外合作制作电视剧管理规定》《广播电视广告播出管理办法》《境外电视节目引进、播出管理规定》等对各种广播电视节目禁止的内容作出了明确规定，涵盖了危害国家安全、破坏社会秩序和侵害他人合法权益等各方面的内容。

我国对广播电视节目实行播前审查、重播重审制度，各级广播电台、电视台主要负责人是落实意识形态工作责任制的第一责任人，要主动履行节目管理责任，亲自审查、严格把关，既要能够发现问题及时报告、及时处理，又要防止不适应社会发展新情况的节目被重复播放，对社会造成不良影响。

违反广播电视节目内容审核制度，依据《广播电视管理条例》等相关法律法规，可能会被责令停止相关节目的制作或者播放，并被处以罚款，情节严重的还会被吊销许可证。广播电视节目内容审核制度的主要法律规定如表 9-1 所示。

表 9-1　广播电视节目内容审核制度的主要法律规定

法规名称	主要内容
《广播电视管理条例》	第 31 条： ……广播电台、电视台不得播放未取得广播电视节目制作经营许可的单位制作的广播电视节目。 第 32 条： 广播电台、电视台应当提高广播电视节目质量，增加国产优秀节目数量，禁止制作、播放载有下列内容的节目： （一）危害国家的统一、主权和领土完整的； （二）危害国家的安全、荣誉和利益的； （三）煽动民族分裂，破坏民族团结的； （四）泄露国家秘密的； （五）诽谤、侮辱他人的； （六）宣扬淫秽、迷信或者渲染暴力的； （七）法律、行政法规规定禁止的其他内容。

续表

法规名称	主要内容
《电视剧内容管理规定》	第 5 条： 电视剧不得载有下列内容： （一）违反宪法确定的基本原则，煽动抗拒或者破坏宪法、法律、行政法规和规章实施的； （二）危害国家统一、主权和领土完整的； （三）泄露国家秘密，危害国家安全，损害国家荣誉和利益的； （四）煽动民族仇恨、民族歧视，侵害民族风俗习惯，伤害民族感情，破坏民族团结的； （五）违背国家宗教政策，宣扬宗教极端主义和邪教、迷信，歧视、侮辱宗教信仰的； （六）扰乱社会秩序，破坏社会稳定的； （七）宣扬淫秽、赌博、暴力、恐怖、吸毒，教唆犯罪或者传授犯罪方法的； （八）侮辱、诽谤他人的； （九）危害社会公德或者民族优秀文化传统的； （十）侵害未成年人合法权益或者有害未成年人身心健康的； （十一）法律、行政法规和规章禁止的其他内容。 国务院广播影视行政部门依据前款规定，制定电视剧内容管理的具体标准。
《未成年人节目管理规定》	第 9 条： 未成年人节目不得含有下列内容： （一）渲染暴力、血腥、恐怖，教唆犯罪或者传授犯罪方法； （二）除健康、科学的性教育之外的涉性话题、画面； （三）肯定、赞许未成年人早恋； （四）诋毁、歪曲或者以不当方式表现中华优秀传统文化、革命文化、社会主义先进文化； （五）歪曲民族历史或者民族历史人物，歪曲、丑化、亵渎、否定英雄烈士事迹和精神； （六）宣扬、美化、崇拜曾经对我国发动侵略战争和实施殖民统治的国家、事件、人物； （七）宣扬邪教、迷信或者消极颓废的思想观念； （八）宣扬或者肯定不良的家庭观、婚恋观、利益观； （九）过分强调或者过度表现财富、家庭背景、社会地位； （十）介绍或者展示自杀、自残和其他易被未成年人模仿的危险行为及游戏项目等； （十一）表现吸毒、滥用麻醉药品、精神药品和其他违禁药物； （十二）表现吸烟、售烟和酗酒； （十三）表现违反社会公共道德、扰乱社会秩序等不良举止行为； （十四）渲染帮会、黑社会组织的各类仪式； （十五）宣传、介绍不利于未成年人身心健康的网络游戏； （十六）法律、行政法规禁止的其他内容。 以科普、教育、警示为目的，制作、传播的节目中确有必要出现上述内容的，应当根据节目内容采取明显图像或者声音等方式予以提示，在显著位置设置明确提醒，并对相应画面、声音进行技术处理，避免过分展示。

续表

法规名称	主要内容
《广播电视广告播出管理办法》	第 7 条： 广播电视广告是广播电视节目的重要组成部分，应当坚持正确导向，树立良好文化品位，与广播电视节目相和谐。 第 8 条： 广播电视广告禁止含有下列内容： （一）反对宪法确定的基本原则的； （二）危害国家统一、主权和领土完整，危害国家安全，或者损害国家荣誉和利益的； （三）煽动民族仇恨、民族歧视，侵害民族风俗习惯，伤害民族感情，破坏民族团结，违反宗教政策的； （四）扰乱社会秩序，破坏社会稳定的； （五）宣扬邪教、淫秽、赌博、暴力、迷信，危害社会公德或者民族优秀文化传统的； （六）侮辱、歧视或者诽谤他人，侵害他人合法权益的； （七）诱使未成年人产生不良行为或者不良价值观，危害其身心健康的； （八）使用绝对化语言，欺骗、误导公众，故意使用错别字或者篡改成语的； （九）商业广告中使用、变相使用中华人民共和国国旗、国徽、国歌，使用、变相使用国家领导人、领袖人物的名义、形象、声音、名言、字体或者国家机关和国家机关工作人员的名义、形象的； （十）药品、医疗器械、医疗和健康资讯类广告中含有宣传治愈率、有效率，或者以医生、专家、患者、公众人物等形象做疗效证明的； （十一）法律、行政法规和国家有关规定禁止的其他内容。 第 9 条： 禁止播出下列广播电视广告： （一）以新闻报道形式发布的广告； （二）烟草制品广告； （三）处方药品广告； （四）治疗恶性肿瘤、肝病、性病或者提高性功能的药品、食品、医疗器械、医疗广告； （五）姓名解析、运程分析、缘分测试、交友聊天等声讯服务广告； （六）出现“母乳代用品”用语的乳制品广告； （七）法律、行政法规和国家有关规定禁止播出的其他广告。 第 12 条： 除福利彩票、体育彩票等依法批准的广告外，不得播出其他具有博彩性质的广告。 第 23 条： 播出商业广告应当尊重公众生活习惯。在 6：30 至 7：30、11：30 至 12：30 以及 18：30 至 20：00 的公众用餐时间，不得播出治疗皮肤病、痔疮、脚气、妇科、生殖泌尿系统等疾病的药品、医疗器械、医疗和妇女卫生用品广告。 第 24 条： 播出机构应当严格控制酒类商业广告，不得在以未成年人为主要传播对象的频率、频道、节（栏）目中播出。广播电台每套节目每小时播出的烈性酒类商业广告，不得超过 2 条；电视台每套节目每日播出的烈性酒类商业广告不得超过 12 条，其中 19：00 至 21：00 之间不得超过 2 条。 第 25 条： 在中小学生假期和未成年人相对集中的收听、收视时段，或者以未成年人为主要传播对象的频率、频道、节（栏）目中，不得播出不适宜未成年人收听、收视的商业广告。

续表

法规名称	主要内容
《中外合作制作电视剧管理规定》	第 17 条： 国家鼓励中外合作制作体现中华民族优良传统和人类文明进步内容的电视剧，鼓励中外合作制作旨在塑造中国动画品牌形象的电视动画片。 中外合作制作的电视剧（含电视动画片）中不得含有下列内容： （一）反对宪法确定的基本原则的； （二）危害国家统一、主权和领土完整的； （三）泄露国家秘密、危害国家安全或者损害国家荣誉和利益的； （四）煽动民族仇恨、民族歧视，破坏民族团结，或者侵害民族风俗、习惯的； （五）宣扬邪教、迷信的； （六）扰乱社会秩序，破坏社会稳定的； （七）宣扬淫秽、赌博、暴力或者教唆犯罪的； （八）侮辱或者诽谤他人，侵害他人合法权益的； （九）危害社会公德或者民族优秀文化传统的； （十）有法律、行政法规和国家规定禁止的其他内容的。
《境外电视节目引进、播出管理规定》	第 15 条： 引进境外电视节目应严格把握导向和格调，确保内容健康、制作精良。 境外电视节目中不得载有以下内容： （一）反对中国宪法确定的基本原则的； （二）危害中国国家统一、主权和领土完整的； （三）泄露中国国家秘密、危害中国国家安全或者损害中国荣誉和利益的； （四）煽动中国民族仇恨、民族歧视，破坏中国民族团结，或者侵害中国民族风俗、习惯的； （五）宣扬邪教、迷信的； （六）扰乱中国社会秩序，破坏中国社会稳定的； （七）宣扬淫秽、赌博、暴力或者教唆犯罪的； （八）侮辱或者诽谤他人，侵害他人合法权益的； （九）危害中国社会公德或者中国民族优秀文化传统的； （十）其他违反中国法律、法规、规章规定的内容。

典型案例 9－2

2011 年 9 月，广电总局发布了《关于对××市广播电视台违规问题的通报》，指出××市广播电视台未经总局批准，擅自将影视频道更名，并变更了频道标识和节目设置范围。该频道于 2011 年初开办了一档反映百姓日常生活状态的栏目，节目委托某传媒公司制作策划，雇用群众演员表演，其中一期节目用夸张的手法表现儿子对父亲不敬、不孝，肆意渲染家庭矛盾，刻意放大扭曲的伦理道德观。据查，该栏目中还有其他多期类似节目。该广播电视台为了追求收视率和市场份额，对节目审查把关不严，造成了不良社会影响，极大地损害了广播电视媒体的社会形象。

广电总局决定：(1) 责令该广播电视台影视频道暂停播出 30 日，进行全面清理整顿，并追究相关责任人的责任。责成××市所在省广电局对该频道的整改情况进行监督检查和核查验收。验收工作结束后，该省广电局向广电总局提出书面报告，经广电总局审核同意后，方可恢复该频道播出。(2) 责成该省广电局依法吊销涉案传媒公司的广播电视节目制作经营许可证，此后 3 年内，不得许可该公司及其法定代表人从事广播电视节目制作经营业务。(3) 责成该省广电局采取有效措施，加强对全省广播电视播出机构和节目制作经营机构的监管，发现问题及时予以纠正。

二、广播电视节目合理安排制度

广播电视节目播放过程中还应当注意节目之间的时间安排与前后衔接等问题，保证节目安排的有序性与合理性。《未成年人节目管理规定》出于对未成年人的保护，其第 23 条第 1 款规定，广播电视播出机构在法定节假日和学校寒暑假每日 8：00 至 23：00，以及法定节假日和学校寒暑假之外时间每日 15：00 至 22：00，播出的节目应当适宜所有人群收听收看。《广播电视广告播出管理办法》第 13 条规定："广播电视广告播出应当合理编排。其中，商业广告应当控制总量、均衡配置。"节目的播出方式关系到观众的观看质量与节目内容对观众的影响，各类节目之间的合理安排既是对各类节目的平等保护，又是对观众的负责。《广播电视管理条例》规定，节目安排违反相关法律规定的，由县级以上人民政府广播电视行政部门责令停止违法活动，给予警告，没收违法所得，可以并处罚款，情节严重的，由原批准机关吊销许可证。

典型案例 9-3

国家广电总局于 2011 年出台了《关于进一步加强电视上星综合频道节目管理的意见》(以下简称《意见》)。《意见》提出，对节目形态雷同、过多过滥的婚恋交友类、才艺竞秀类、情感故事类、游戏竞技类、综艺娱乐类、访谈脱口秀和真人秀等类型节目实行播出总量控制。每天 19：30 至 22：00，全国电视上星综合频道播出上述类型节目总数控制在 9 档以内，每个电视上星综合频道每周播出上述类型节目总数不超过 2 档。每个电视上星综合频道每天 19：30 至 22：00 播出的上述类型节目时长不超过 90 分钟。

2013 年 10 月，国家广电总局下发《关于做好 2014 年电视上星综合频道节目编排和备案工作的通知》，要求每季度国家广电总局通过评议会择优选择一档歌唱类选拔节目安排在黄金时段播出，其余该类节目不得安排在 19：30 至 22：30 之间播出；国家广电总局对电视晚会进行调控，原则上重要节假日期间每日不超过 3 台。

第四节　广播电视涉外管理制度

广播电视涉外活动关乎文化安全，因此，我国确立了一系列广播电视涉外管理制度。

一、境外时事类新闻节目禁止引进制度

该制度是涉及广播电视和网络视听节目服务传输安全的基础性制度。我国的新闻制作主体是固定的，广播电视时政新闻及同类专题、专栏等节目只能由广播电视播出机构制作。同时，广播电视播出、传输、制作、经营，投资新闻机构（包括但不限于通讯社），投资互联网新闻信息服务、网络视听节目服务等业务，历来就被纳入我国发布的“外商投资准入特别管理措施（负面清单）”中。该类外商投资被明确禁止。出于政治、经济与文化等多方面的考虑，我国对境外时事类新闻节目实施严格管理，始终禁止其行业准入，禁止其在我国境内从事节目制作和播放。

二、境外节目重塑制度

境外节目引进后，必须经过包装、编辑方可在境内播出。《境外电视节目引进、播出管理规定》规定，节目中不得出现境外频道台标或相关文字的画面，不得出现宣传境外媒体频道的广告等类似内容。引进节目的内容应当整体符合国家要求，同时应在不影响节目本身的前提下对其中的细节以及可能涉及的不当内容予以适当的包装、编辑，使其更符合国内观众的观看习惯，更高质量地满足国内观众对境外电视节目的观看需求，同时应避免节目内容之外的因素对国内观众造成不良影响。

三、国际性广播电视节目交流、交易活动举办单位的事后汇报备案制

国际性广播影视节（展）及节目交流活动的举办单位应在广播影视节（展）结束后30日内，将举办广播影视节（展）情况报广电总局备案，保证交流活动健康、顺利地开展，便于国家了解行业发展与制定相关政策。

四、国际性广播电视节目交流、交易活动举办单位的主题遴选制度

国际性广播影视节（展）的举办单位、参展单位应遴选内容健康，思想性、艺术性、观赏性较高的影视片（剧）和其他广播影视节目参加广播影视节（展）。国际性广播电视节目交流、交易活动既是市场流通的重要渠道，也是国内观众接触境外广播电视节目的公众场所。举办单位作为活动的组织者，应当为节目交流、交易提供健康积极的、高质量的主题保障。

五、境内外友好交往制度

在广播电视领域的涉外交往中，应当尊重他国的法律法规，秉持互惠互利的态度，

通过节目交流推动文化交往。《境外卫星电视频道落地管理办法》规定：申请落地的境外卫星电视频道所播放的内容不得违反中国法律、法规、规章的规定；申请落地的频道应具备与中国广播电视互利互惠合作的综合实力，承诺并积极协助中国广播电视节目在境外落地；申请落地的频道及其直接相关机构应当对中国友好，与中国有长期友好的广播电视交流和合作；等等。这些内容鲜明地表现出我国在广播电视涉外交往中秉持的友好与互惠互利的态度。广播电视领域的任何主体在进行涉外交往中都应秉持这一态度，这关系着我国广播电视领域的长远发展。

思政专栏 9-2

第五节　广播电视传输覆盖法律制度

广播电视传输覆盖的法律制度的目的在于确保设施安全和信号安全。

一、利益关联避免制度

《卫星电视广播地面接收设施安装服务暂行办法》规定，“卫星地面接收设施安装服务机构和卫星地面接收设施生产企业之间，除依法形成的供货关系外，不得存在其他利益关联”，“存在违反本办法规定的利益关联的，由县级以上人民政府广播电视行政部门给予警告、通报批评，可以并处三万元以下的罚款”。安装企业与生产企业相分离，断开了设施设备的自动供应链，避免与减少了违法违规基础设施与设备进入市场，打击了非法生产、销售、安装广播电视设施设备行为，维护了广播电视事业和节目传播的正常秩序。

二、广播电视设施设备质量管理与保护制度

《广播电视设施保护条例》规定，任何单位和个人均有保护广播电视设施的义务。《卫星电视广播地面接收设施安装服务暂行办法》规定，卫星地面接收设施安装服务机构应当确保卫星地面接收设施安装施工质量，遵循牢固稳定、安全可靠、经济适用、便于维护的原则。在广播电视的基础设施设备方面，最主要的制度就是保护相关设施设备的安全。广播电视节目的制作、播放与传输等的最基础的保障就是稳定运行的基础设施与设备。基础设施与设备一旦被破坏，可能会造成整个区域甚至整个国家广播电视节目传输的瘫痪，使国家、社会的财产安全与文化建设都遭受严重损失。

考虑到基础设施设备被破坏之后可能造成的巨大危害，必须通过法律手段保护其安全。依据《广播电视管理条例》及相关法律规范，破坏广播电视设施不仅要承担行政责任，还要承担赔偿损失的民事责任以及相应的刑事责任。

典型案例 9-4

2019 年 10 月 18 日，杨某受他人指派，驾驶钩车至福州市某寺庙旁的空地上清理

垃圾平整地块。在施工过程中，杨某未认真查看周边环境，不慎将福建省广播电视传输发送中心 103 台 A3 发射塔的拉锚弄断，导致 A3 发射塔倒塌损毁。经查，被损毁的 A3 发射塔属省级广播电视设施，至 2019 年 11 月 25 日，A3 发射塔已无法使用约 900 小时。法院认为：杨某过失损坏广播电视设施，造成严重后果，其行为已构成过失损坏广播电视设施罪，判处有期徒刑 6 个月。①

基本概念

广播电视　准入制度　内容管理　涉外管理　传输覆盖

讨论题

1. 如何确保广播电视节目内容合法合规？
2. 为什么要实行电视剧备案公示制度？
3. 如何整治收视率造假的问题？

① 陈发德，张元慧．无意一钩 银铛入狱．(2020-09-11)[2023-10-11]．http://fz.pafj.net/html/2020/fuzhoushirenminjianchayuan_0911/822.html.

第十章
电影法律制度

引 例

在全面依法治国的大背景下，为促进中国电影产业的可持续健康发展，满足经济社会发展的需要和人民群众不断增长的精神文化需求，缩小中国与电影强国的差距，2016年11月7日，《中华人民共和国电影产业促进法》（以下简称《电影产业促进法》）出台，并于2017年3月1日起正式实施。这是电影产业的第一法，其以进一步激发电影市场活力、规范电影市场秩序、提高电影产业发展水平、维护国家文化安全为主旨，以电影制作流程为线索，对电影产业相关环节作了原则性规定，开启了电影产业的法治新时代。

伴随着《电影产业促进法》的实施，中国电影法律制度体系更为健全，基本形成了以《电影产业促进法》为核心，包括宪法、法律、行政法规和部门规章、地方性法规和地方政府规章、自治条例和单行条例、司法解释和指导性案例、行业协会的自律规则、香港和澳门特别行政区法律、国际条约和国际惯例以及执政党的政策在内的制度体系。

电影产业是文化产业的重要组成部分。2016年，我国就已经成为世界上电影银幕最多的国家。2019年，我国生产的各类电影总计1 037部，全国电影总票房达642.66亿元，城市院线观影人次达17.27亿，影院和银幕数量远超北美市场。2022年，在受到疫情严重影响的情况下，我国内地电影票房仍然超300亿元，位列全球第二。由此，中国作为世界第二大电影市场的地位更加巩固，我国已经成为全球电影市场增长的主引擎。

我国电影产业还将持续高速发展，并有效带动关联产业的发展，成为拉动内需、促进就业、推动国民经济增长和转型升级的重要产业之一。在此背景下，电影法律制度如何为电影产业保驾护航，如何促进电影产业规范发展，值得我们深入探讨。电影的概念如何界定？我国电影立法经历了怎样的历程？其价值目标是什么？我国法律在电影的筹备、摄制、发行以及放映阶段分别作了何种规定？本章将为你解答上述问题。

第一节　电影法律制度概述

电影是什么？在电影行业内和法律规范中，电影概念的内涵和外延如何？电影的属性又如何？《电影产业促进法》的立法过程和价值目标如何？电影法律制度是如何对文化领域产生影响的？本节将带你解决以上疑问。

一、电影的概念和属性

1895 年，法国卢米埃尔兄弟在巴黎大咖啡馆首次用活动电影机向公众进行放映活动，标志着电影的诞生。电影在中国的发展起源于 20 世纪初，1905 年，北京丰泰照相馆的任庆泰为了向著名京剧老生演员谭鑫培祝寿，拍摄了一段由他主演的京剧《定军山》，由此开启了中国电影发展之路。

（一）电影的概念

自诞生以来，电影经历了从无声到有声，从黑白到彩色，从胶片到高科技数字业态，从院线电影到网络电影、私家影院电影的转变。目前 3D 电影、VR 电影、私人订制服务的私家影院电影都已经成为观众普遍喜爱的电影形式。

根据《电影艺术词典》的解释，电影是根据视觉暂留原理，运用照相（以及录音）手段，把外界事物的影像（以及声音）摄录在胶片上，通过放映在银幕上造成活动影像（以及声音），以表现一定内容的技术。① 这一论断显然是从技术角度来定义电影的。

而电影在法律里的概念与艺术词典所阐述的概念有所不同。在《电影产业促进法》出台之前，我国没有专门的电影领域的法律，有关电影作品的规定散见于不同法律制度之中。其中，在民事纠纷的解决方面，以《著作权法》为核心的法律、司法解释和规章制度等多从知识产权的角度来对电影作品予以规定。在电影行业的管理方面，则多以电影行政部门为监管主体，依据《电影管理条例》这部规章来进行监管。

《电影产业促进法》关于电影作品概念的界定与《著作权法》相应规定的字面意思接近。《电影产业促进法》第 2 条第 2 款规定："本法所称电影，是指运用视听技术和艺术手段摄制、以胶片或者数字载体记录、由表达一定内容的有声或者无声的连续画面组成、符合国家规定的技术标准、用于电影院等固定放映场所或者流动放映设备公开放映的作品。"通过这一规定可以看出，《电影产业促进法》中的电影仅指院线电影，而不包含网络电影等其他视听作品。同时该法第 2 条第 3 款又格外说明："通过互联网、电信网、广播电视网等信息网络传播电影的，还应当遵守互联网、电信网、广播电视网等信息网络管理的法律、行政法规的规定。"这里的"电影"依然是指院线电影，而非网络电影，这一规定只是要求电影作品的权利人在通过网络进行传播时，要遵守互联网、电

① 许南明，富澜，崔君衍．电影艺术词典．修订版．北京：中国电影出版社，2005：1-2.

信网、广播电视网等信息网络管理的法律、行政法规的规定。

如果严格按照法律解释的方法来定义这类作品，构成电影作品需要满足以下几个构成要件：一是在创作方法上，要通过摄制或者类似摄制电影的方式来创作；二是在呈现效果上，要由一系列有伴音或者无伴音的画面组成；三是在传播载体上，要借助适当装置放映或者以其他方式传播。

《电影产业促进法》和《著作权法》关于电影作品的概念的规定有所不同，由此，电影作品的定义问题也产生了一系列争议。在司法层面，审理法院则需要结合案件的实际情况来解释电影的概念。

典型案例 10－1

在王某某与甲公司、乙公司等著作权权属、侵权纠纷案件[①]中，双方就电影作品是否包含网络电影各持己见，而这也是业界长期以来争议较多的话题。审理法院认为，随着表达方式和传播手段的不断发展，无疑会出现各种新的作品形态，但判断某一作品形态是否属于著作权法上的电影作品，还应考察其是否符合著作权法所规定的电影作品的本质属性和特征。

网络电影是摄制在一定介质上、由一系列有伴音或者无伴音的画面组成并且借助适当装置放映的作品，属于我国著作权法规定的电影作品。本案一审、二审判决均认定网络电影属于电影作品范畴，既明确了此类作品的法律属性，也为此类案件的审理提供了参考。

（二）电影的属性

电影学方面的研究，多从艺术、商业、文化、科技和媒介等多个维度来研究电影。学界通说认为，电影的主要功能在于通过视听技术传递艺术形象信息，为人们提供审美、娱乐、宣教等服务。电影具备以下属性[②]：

电影是一种艺术品，是一门视觉和听觉的现代艺术，是世界第七大艺术。

电影是一种意识形态宣教工具，具有媒介属性，与意识形态紧密相关，在宣传教育领域发挥着重要作用。

电影是一种商品，具有商业的属性，与资金市场紧密相关，需要大量的资金支持，是一种高投入、高风险的产业。

电影是一种科技产品，从发明之初就与科学技术紧密相关，是科技含量较高的产业。

电影是一种文化产品。电影具备知识经济特性，以文化创意为核心要素；电影具备高附加值特性，其后续衍生产品的运营收入具有更高价值；电影具备多元化特性，电影

---

① 参见北京知识产权法院（2018）京73民终251号民事判决书。

② 陈晓云．电影学导论．3版．北京：北京联合出版公司，2015：3－52.

业是艺术、经济、文化、技术等相互融合的产物，具有高度的融合性、较强的渗透性和辐射力，为相关产业的发展提供了良好条件。

二、中国电影立法的历程

在 20 世纪 80 年代初期，中国电影界就发出了关于中国电影立法的呼声。1993 年，《关于当前深化电影行业机制改革的若干意见》出台，打破了中影公司的垄断发行地位。该意见规定电影发行方式为自主发行，不再是统购统销的发行模式，并以行政手段赋予了 32 个省、自治区、直辖市级电影发行公司发行权。

1994 年发布的《关于进一步深化电影行业机制改革的通知》规定，影片（著作权）发行权拥有单位可以直接向北京等 21 家省、市（11 家老、少、边、穷省区除外）的各级发行放映单位发行影片。1995 年，《关于改革故事影片摄制管理工作的规定》发布，独立拍片权进一步扩大。在这之前，只有国务院批准的制片厂才能出品电影，该规定颁布后，各省、自治区、直辖市原有国有制片厂也可以行使独立拍片的权利，同时允许市场资本介入——“联合摄制”署名单位确定由投资额占 70%以上的社会法人组织与国有制片厂组成。直到《电影管理条例》出台，才明确了电影各流程的管理规定，形成了行政法规、部门规章共同规制的局面。

2003 年，中央宣传部将电影立法纳入立法规划中，正式开启了电影立法。2008 年，国家广电总局将立法草案报送国务院法制办，该法在此期间被正式定名为《电影产业促进法》。2011 年 12 月，国务院法制办就该法草案面向社会公开征求意见。2015 年 9 月 1 日，国务院常务会议决定将草案报送全国人大常委会审议。《电影产业促进法》由第十二届全国人民代表大会常务委员会第二十四次会议于 2016 年 11 月 7 日通过，自 2017 年 3 月 1 日起施行。至此，千呼万唤的《电影产业促进法》终于面世。业内专家称这部法律的出台伴随着中国电影绝处逢生、超越进取的曲折历程，见证了电影产业化改革的决心和成就，足见这部法律立法过程的艰辛曲折。①

三、中国电影立法的价值目标

中国电影立法历经多年终于开花结果。由于其涉及多元主体，其中的利益冲突在所难免。人们是否接纳和遵循一部法律取决于其所体现的价值取向是否与人们的共同价值观念相吻合，取决于法律规则体系所意图建构的社会秩序是否为人们所认可，因此在立法过程中价值目标尤为重要。《电影产业促进法》蕴含了以下价值目标。

（一）自由

《电影产业促进法》立法的目的和价值在于保障创作自由。《电影产业促进法》第 4 条规定：“国家坚持以人民为中心的创作导向，坚持百花齐放、百家争鸣的方针，尊重

① 童刚．贯彻落实电影产业促进法 由电影大国向电影强国迈进．现代电影技术，2017（1）：5－7.

和保障电影创作自由，倡导电影创作贴近实际、贴近生活、贴近群众，鼓励创作思想性、艺术性、观赏性相统一的优秀电影。”国家保障电影创作自由，制定相关产业政策，引导形成统一开放、公平竞争的电影市场，促进电影市场繁荣。

（二）效率

“效率”主要体现在加大简政放权力度以激发电影市场活力方面。《电影产业促进法》第二章是关于电影摄制的规定，没有新增设行政审批项目，同时还取消了电影制片单位审批、摄制电影片许可证（单片）审批等行政审批的项目。

为了防止各地审查管理标准不一致，《电影产业促进法》在下放审批权限的同时还规范了电影审查标准制定和公开的程序，其第 17 条第 3 款明确规定：“国务院电影主管部门应当根据本法制定完善电影审查的具体标准和程序，并向社会公布。制定完善电影审查的具体标准应当向社会公开征求意见，并组织专家进行论证。”

（三）秩序

《电影产业促进法》的立法目的和价值还在于规范电影市场秩序。随着经济社会的快速发展和文化体制改革的深入推进，近年来，我国电影产业取得了长足进展，成就令世人瞩目，但仍然存在不少问题和矛盾，如票房造假、监管不力等，必须借助立法手段推动有效解决。

《电影产业促进法》坚持问题导向，为规范电影市场秩序作出了系统的设计安排。例如，建立有关制度，理顺电影创作、摄制、发行、放映等各环节之间的关系；加强对电影活动的日常监管；加强电影行业自律；强化电影知识产权的保护；针对票房虚假交易、偷漏瞒报销售收入等突出问题，完善管理措施，加大打击力度；严格规范电影放映单位义务，提高放映质量，保障观众权益；规范电影对外交流活动，推动中国电影“走出去”；等等。同时《电影产业促进法》还在法律责任部分对破坏市场秩序的行为规定了严格的处罚措施，目的是为电影产业的健康繁荣发展营造良好的市场秩序和社会环境。

（四）安全

《电影产业促进法》规定了国产电影放映保护的内容，从国家文化安全的角度来设计立法。同时，该法还规定了公映许可，且仍旧保留电影审查制度，以保障政治安全。2018 年 3 月，电影管理职责由国家新闻出版广电总局划入中央宣传部，中央宣传部对外加挂国家电影局牌子，更加突出了电影的意识形态属性，更加考虑了政治安全和公共安全以及电影的宣教价值。

四、《电影产业促进法》的性质

行业内主流观点认为《电影产业促进法》是一部综合法性质的法律，从学理上看其性质可以大致包含以下三个方面的内容。

(一) 内容监管法

从《电影产业促进法》的内容来看，电影作为意识形态传播工具的特性突出。其中，有相当大的篇幅都涉及内容监管。《电影产业促进法》第二章规定了法人、其他组织应当将其摄制完成的电影报送相应电影主管部门审查的步骤和程序。第 16 条还专门规定了创作内容标准，要求电影不得含有违反法律、危害国家主权、诋毁民族优秀文化传统等内容。

(二) 产业促进法

从《电影产业促进法》第一章“总则”和第四章“电影产业支持、保障”的内容来看，其规定了国家支持电影产业发展的原则以及多项措施。《电影产业促进法》开宗明义，在第 1 条立法宗旨中明确把“促进电影产业健康繁荣发展”放在首位，从宏观角度强调了该法对于电影产业属性特征的界定。该法规定了降低准入门槛、开放制片参与权、精简电影审查程序、对电影从业者的合法权益加强保护、电影产业资金支持、产业税收优惠、影院建设保障、产业融资与保险支持、电影对外投资、电影人才培养、特殊地区电影产业扶持、境外推广、捐赠资助、鼓励电影科技研发和补贴公益放映等一系列支持、促进电影产业发展的措施，体现出《电影产业促进法》具有产业促进法的性质。

(三) 综合性和交叉性的法律

综合《电影产业促进法》的全部内容来看，其更鲜明地表现为是一种集监管法性质和促进法性质的综合性和交叉性法律。如前所述，《电影产业促进法》包含了促进和振兴电影产业发展的一系列条款，具有经济法性质。同时，《电影产业促进法》还规定了行业监管的内容，例如关于创作导向的规定、审查制度、审批和许可制度等，都体现了《电影产业促进法》所具备的行政法性质。此外，《电影产业促进法》还规定了从业主体的知识产权受到保护、禁止盗版等，表明其具备知识产权法、侵权责任法的性质。《电影产业促进法》中关于未成年人保护的条款又体现了其具有社会法的性质。因此，《电影产业促进法》是一部具有综合性和交叉性的法律。

第二节 电影筹备阶段的法律制度

电影拍摄是一项耗资巨大、耗时较长的工作，一部电影的完整运作流程大致分为筹备阶段、摄制阶段、发行放映阶段。电影筹备阶段是指电影正式开拍前的准备阶段，是电影从制片人、编剧的创意构想转换为实际影像的前置过渡阶段。在此阶段需要完成电影剧本梗概备案审查工作，之后才能正式进入摄制环节。电影筹备阶段应当遵循哪些法律规范？本节将为你详细介绍。

一、电影剧本梗概备案

我国实行电影剧本梗概备案制度，剧本梗概未经备案的电影不得拍摄。根据《电影产业促进法》第13条的规定，对于一般题材的电影，拟摄制电影的法人、其他组织应当将电影剧本梗概向国务院电影主管部门或者省、自治区、直辖市人民政府电影主管部门备案；涉及重大题材或者国家安全、外交、民族、宗教、军事等特殊题材的，应当按照国家有关规定将电影剧本报送审查。

根据《电影剧本（梗概）备案、电影片管理规定》的规定，电影剧本（梗概）备案的程序为：制片单位向国家电影局或实行属地审查的省级人民政府电影主管部门提出备案；国家电影局或实行属地审查的省级人民政府电影主管部门按照《行政许可法》规定的期限，发给电影剧本（梗概）备案回执单。在20个工作日内没有提出意见的，制片单位可按备案的电影剧本（梗概）进行拍摄；对备案的电影剧本（梗概）有修改意见或不同意拍摄的，应在20个工作日内书面通知制片单位；电影剧本需另请相关主管部门和专家评审的，需延长20个工作日，并书面告知制片单位。实行属地审查的省级人民政府电影主管部门，应将电影剧本（梗概）备案情况抄报国家电影局。经过国家电影局或省级人民政府电影主管部门备案审查，或者经过与特殊题材相关的主管部门审查后，国家电影局将拟摄制电影的基本情况予以公告，同时，国家电影局或者省级人民政府电影主管部门出具备案证明文件或者颁发批准文件。

根据《关于改进和完善电影剧本（梗概）备案、电影片审查工作的通知》（广发〔2010〕19号）的规定，不同行政层级主管部门的管理职责有所不同。国家电影局负责全国电影剧本（梗概）备案管理工作，国家电影局电影审查机构负责影片的终审。各省级人民政府电影主管部门负责本行政区域内电影剧本（梗概）备案管理工作，并成立相应的管理机构和电影审查机构，具体负责本行政区域内电影剧本（梗概）备案的上报、批复。实行属地审查（吉林省、广东省、浙江省、陕西省、湖北省和北京市）的省级人民政府电影主管部门和电影审查机构负责本行政区域内电影剧本（梗概）备案的上报、批复。

备案证明文件所针对的是一般题材电影剧本梗概的备案，国家电影局或省级人民政府电影主管部门在对备案内容是否符合《电影产业促进法》第16条的规定进行审查后，应在《行政许可法》规定的期限内发给电影剧本（梗概）备案回执单，对于修改后拍摄的或不同意拍摄的，应说明理由并书面通知制片单位。

凡剧情主要内容和主要人物涉及国家安全、外交、民族、宗教、军事、公安、司法、历史和文化名人、敏感历史事件等方面的特殊题材电影，省级人民政府电影主管部门须将电影剧本征得省级相关主管部门的意见后，方可备案。

批准文件所针对的是重大或特殊题材电影剧本的审查，省级人民政府电影主管部门审核电影剧本后，按相关的管理规定报国家电影局立项审批。

（一）一般题材电影

对于一般题材的电影，拟摄制电影的法人、其他组织将电影剧本梗概向国家电影局或者省级人民政府电影主管部门备案。前述部门根据《电影产业促进法》第16条有关禁止性内容的规定进行审查后，向电影摄制主体反馈备案结果。

需做备案处理的仅是电影剧本梗概而非剧本全文。电影剧本梗概通过朴实简洁的语言表达电影故事的起因、进展和结局，包括故事创意、故事事件、故事焦点人物、故事基本模式等基本要素。剧本梗概分为简要梗概和详细梗概，简要梗概为 50 字至 100 字，详细梗概则为 1 000 字至 2 500 字。

（二）重大、特殊题材电影

重大题材电影包括重大革命题材影片、重大历史题材影片、重大文献纪录影片等；特殊题材电影是指剧情主要内容和主要人物涉及国家安全、外交、民族、宗教、军事等方面的电影。由于重大或特殊题材的电影涉及国家历史、国家形象、民族宗教关系等敏感元素，具备特殊性，因此对这一类别的电影剧本仍然保留了审查制度，拟摄制电影的法人、其他组织应按照国家有关规定将电影剧本梗概报送审查。

根据《关于改进和完善电影剧本（梗概）备案、电影片审查工作的通知》（广发〔2010〕19 号），对于重大题材的影片，在报送国家电影局进行立项审批前，需由省级人民政府电影主管部门审核剧本；对于特殊题材的影片，在征得与国家安全、外交、民族、宗教、军事等相关的省级主管部门的意见后，方可进入备案程序。

思政专栏 10－1

二、国家支持创作的题材

通过国家法律政策支持文化发展，是当代政府宏观调控职能的重要体现。在电影产业领域，《电影产业促进法》第 36 条①对此作了专门规定以引导电影的创作、摄制方向，同时也为政府相关具体政策的出台提供了法律依据。

（一）传播中华优秀文化、弘扬社会主义核心价值观的重大题材电影

电影产业应坚持大力弘扬社会主义核心价值观，支持和促进中华优秀文化的传播。《电影产业促进法》第 3 条规定，从事电影活动应当坚持为人民服务、为社会主义服务，坚持社会效益优先，实现社会效益与经济效益相统一。第 36 条第 1 项明确规定，国家支持创作、摄制传播中华优秀文化、弘扬社会主义核心价值观的重大题材电影。

（二）促进未成年人健康成长的电影

未成年人需要良好的整体社会生态，包括媒介和文化生态，来呵护他们的成长。电影在正确引导未成年人完成社会化方面具有特殊的潜移默化的作用。② 因此，法律专门规

① 《电影产业促进法》第 36 条规定：“国家支持下列电影的创作、摄制：（一）传播中华优秀文化、弘扬社会主义核心价值观的重大题材电影；（二）促进未成年人健康成长的电影；（三）展现艺术创新成果、促进艺术进步的电影；（四）推动科学教育事业发展和科学技术普及的电影；（五）其他符合国家支持政策的电影。”

② 黄会林，吕益都，陆彭，等．电影媒介/文化对未成年人社会化影响的调研与思考．电影艺术，2006（6）：82－98.

定重点扶持对未成年人健康发展有益的题材，鼓励创作出有益于未成年人健康成长的作品。

（三）展现艺术创新成果、促进艺术进步的电影

目前我国艺术电影市场并不发达。与商业电影相比，观众对于艺术电影的热情不高。为了促进这类电影的发展，更快地与国际艺术电影市场接轨，我国在法律层面对艺术电影予以支持。

（四）推动科学教育事业发展和科学技术普及的电影

电影是科技进步的产物，又可以记录和促进科技发展，向大众普及科学技术知识。《电影产业促进法》落地实施之后，国家电影局、中国科协专门出台了《关于促进科幻电影发展的若干意见》，提出将科幻电影打造成为电影高质量发展的重要增长点和新动能，把创作优秀电影作为中心环节，对科幻电影的创作生产、发行放映、特效技术、人才培养等方面加强扶持引导。

思政专栏 10－2

第三节　电影摄制、发行、放映阶段的法律制度

一方面，《电影产业促进法》取消了电影制片单位审批、摄制电影片许可证（单片）审批制度，充分简政放权，释放市场活力，吸引社会资源进入电影产业；另一方面，《电影产业促进法》维持了电影审查制度，保留了在发行、放映环节的审查规定，要求取得电影公映许可证的电影方可进入发行、放映等环节，对于未取得电影公映许可证的电影，不能进行发行、放映活动，不能通过互联网、电信网、广播电视网等信息网络进行传播，也不能制作为音像制品。电影在摄制、发行和放映阶段需要遵循何种法律规范？电影的内容审查规范标准如何？票房、电影衍生品以及中外合拍电影等相关法律问题如何解决？本节将为你解答上述问题。

一、电影摄制

在《电影产业促进法》实施之前，拍电影是有“门槛”的，只有持电影摄制许可证的单位方有资格摄制电影，而那些持有资金但没有电影摄制资格的投资人只能采用委托制作和联合制作的方式“绕开”持证资格这一门槛。

按照《电影管理条例》的规定，摄制电影片，首先需要成立具有资质的电影制片单位，即获得由电影行政部门发给的摄制电影许可证后方可办理登记手续、领取营业执照。电影制片单位以外的单位独立从事电影摄制业务，须申领摄制电影片许可证（单片），方可摄制电影。根据《电影企业经营资格准入暂行规定》第5条的规定，“未取得《摄制电影许可证》的境内公司、企业和其他经济组织（不包括外商投资企业），首次拍摄电影片时须设立影视文化公司，由影视文化公司申请领取《摄制电影片许可证（单片）》”。

《电影产业促进法》正式取消了电影制片单位审批、摄制电影片许可证（单片）审批的规定。法人、其他组织只要符合电影摄制所需的资金、人员等条件，就可以组织创作电影，并按照要求对电影剧本梗概进行备案。拟摄制电影的法人、其他组织应当将电影剧本梗概向国务院电影主管部门或者省、自治区、直辖市人民政府电影主管部门备案；其中，涉及重大题材或者国家安全、外交、民族、宗教、军事等方面题材的，应当按照国家有关规定将电影剧本报送审查。关于合拍片，《电影产业促进法》仍然要求事先获得批准。此外，根据《电影产业促进法》的规定，摄制主体是法人、其他组织，自然人被排除在制作者之外。

二、电影发行、放映许可

一部影片，需经过剧本创作、拍摄、后期制作才最终得以完成。如果想要让观众看到这部影片，发行商还需要将制作完成的影片以多种形式提供给市场的个人或者公司。一部影片能否取得优异的票房成绩，发行是否得力起到决定性作用。而在发行、放映之前，影片需要进行送审或者分级。

在我国，电影在发行、放映之前，需要获得“龙标”。《电影产业促进法》第 20 条第 2 款规定：“未取得电影公映许可证的电影，不得发行、放映，不得通过互联网、电信网、广播电视网等信息网络进行传播，不得制作为音像制品；但是，国家另有规定的，从其规定。”因此，摄制电影的法人、其他组织在摄制完成后拟进行发行、放映等的，必须向电影主管部门申请，经电影主管部门审查通过颁发电影公映许可证后方可开展相关活动。

《电影产业促进法》第 17 条第 1 款规定：“法人、其他组织应当将其摄制完成的电影送国务院电影主管部门或者省、自治区、直辖市人民政府电影主管部门审查。”《电影产业促进法》确定了省级人民政府电影主管部门享有电影审查权，这有利于简化审批流程、提高行政效率、激发电影市场的活力。

国务院电影主管部门对一般题材的影片和重大、特殊题材的影片均享有终审权，省级人民政府电影主管部门仅对一般题材的影片享有终审权。特殊题材的影片，按照行业惯例，在经省级人民政府电影主管部门审查后，还需军队、文物、宗教、司法等与题材相关的行政部门参与审查。对于重大题材的影片，省级人民政府电影主管部门仅享有初审权，终审需送交国务院电影主管部门进行。

2014 年发布的《国家新闻出版广电总局关于试行国产电影属地审查的通知》规定，“重大革命和重大历史题材影片，按规定要求，由省级广电部门电影审查机构审查通过后，送国家新闻出版广电总局重大革命和重大历史题材影视创作领导小组终审”；“重大文献纪录影片，按规定要求，由省级广电部门电影审查机构审查通过后，送国家新闻出版广电总局重大文献纪录影视片创作领导小组终审”。

《电影产业促进法》还规定了电影成片审查的专家评审制度，这是对电影审查程序的规范和创新。目前我国大部分行业均建立了专家库，进入专家库的专家应当是经政府有关部门通过一定的程序选择的在专业知识、实践经验和人格品质等方面比较优秀的专家。由于电影内容和题材可能涉及各行各业，因此在审查时根据影片的不同题材和内容遴选不同行业的评审专家能够确保电影审查结果的客观和公正。并且，通过评审专家向行业协会、电影公司、制片人等的反馈，涉及不同行业影片的审查标准逐渐在业内成型，创作者可据此对影片进行自审自查，提高电影审查的效率和影片的通过率。

根据《电影产业促进法》第 17 条的规定，国务院电影主管部门或者省级人民政府电影主管部门在受理法人、其他组织提出的电影片审查申请后，应当在 30 日内作出审查决定。对符合《电影产业促进法》相关规定的，应当准予公映，并颁发电影公映许可证；对不符合《电影产业促进法》相关规定的，不准予公映，还须书面通知申请人并说明作出决定的相关理由。

取得电影公映许可证的电影可进入发行、放映等环节。未取得电影公映许可证的电影，根据《电影产业促进法》第 20 条第 2 款的规定，不能进行发行、放映活动，不能通过互联网、电信网、广播电视网等信息网络进行传播，也不能制作为音像制品。法人或者其他组织对于审查部门作出的不准予电影公映的决定不服的，可以按照《电影产业促进法》第 58 条的规定采取行政救济措施，依法申请行政复议或者提起行政诉讼。需要注意的一点是，对国务院电影主管部门作出的不准予电影公映的决定不服的，应当先申请行政复议，对行政复议决定仍然不服的，才可提起行政诉讼。

如果电影制作方在取得电影公映许可证后需要对其电影的内容进行变更，则变更后的电影视为未取得电影公映许可证，须按照《电影产业促进法》第 17 条的规定重新报送国务院电影主管部门或者省级人民政府电影主管部门审查。根据《电影产业促进法》第 49 条第 2 项的规定，取得电影公映许可证后变更电影内容，未按规定重新取得电影公映许可证而擅自发行、放映、送展的，将被处以一系列的行政处罚，包括："由原发证机关吊销许可证；县级以上人民政府电影主管部门没收电影片和违法所得；违法所得五万元以上的，并处违法所得十倍以上二十倍以下的罚款；没有违法所得或者违法所得不足五万元的，可以并处五十万元以下的罚款"。

除影片需要获得审批许可才可公映外，经营发行、放映业务也需要相应的资质。根据《电影产业促进法》第 24～26 条的规定[①]，从事电影发行活动的企业，须经省级以上电影主管部门批准，取得电影发行经营许可证；从事电影院等固定放映场所电影放映

---

① 《电影产业促进法》第 24 条规定："企业具有与所从事的电影发行活动相适应的人员、资金条件的，经国务院电影主管部门或者所在地省、自治区、直辖市人民政府电影主管部门批准，可以从事电影发行活动。企业、个体工商户具有与所从事的电影放映活动相适应的人员、场所、技术和设备等条件的，经所在地县级人民政府电影主管部门批准，可以从事电影院等固定放映场所电影放映活动。"第 25 条规定："依照本法规定负责电影发行、放映活动审批的电影主管部门，应当自受理申请之日起三十日内，作出批准或者不批准的决定。对符合条件的，予以批准，颁发电影发行经营许可证或者电影放映经营许可证，并予以公布；对不符合条件的，不予批准，书面通知申请人并说明理由。"第 26 条规定："企业、个人从事电影流动放映活动，应当将企业名称或者经营者姓名、地址、联系方式、放映设备等向经营区域所在地县级人民政府电影主管部门备案。"

活动的企业、个体工商户，须经县级电影主管部门批准，取得电影放映经营许可证；从事电影流动放映活动的企业、个人，须向县级电影主管部门备案。根据《点播影院、点播院线管理规定》的规定①，点播影院、点播院线从事电影放映、发行活动的，须向电影主管部门提出申请。主管部门依照《电影产业促进法》对符合条件的点播影院，颁发电影放映经营许可证；对符合条件的点播院线，颁发电影发行经营许可证。

典型案例 10－2

2018 年 3 月，北京市文化执法总队对北京某电影放映有限公司进行检查，发现其经营的电影院放映了《奇幻兽传奇》《恐龙白垩纪》等影片，但不能提供电影公映许可手续。经查，该公司与叶某某达成场地租赁协议，将一个放映厅租给叶某某用于商业活动，为其放映《奇幻兽传奇》《恐龙白垩纪》等影片。这两部电影经国家电影主管部门鉴定为未取得电影公映许可证的影片。北京市文化执法总队认定该公司的行为构成放映未取得电影公映许可证电影片的违规行为，依法给予该公司罚款 20 万元的行政处罚。这也是北京市查处的放映未取得电影公映许可证电影片的第一案。②

典型案例 10－3

被告人伪造广东省电影放映经营许可证并使用该伪造的证件为其经营的公司申请电影片。而后被告人在经营公司期间，未经许可擅自放映电影。广东省中山市文化广电新闻出版局在对该公司进行检查时发现上述广东省电影放映经营许可证系伪造，遂依法进行了扣押。被告人经电话通知主动到公安机关投案并如实供述自己的罪行。

本案中，法院援引《电影产业促进法》第 47 条进行说理，认为应对被告人的行为处以行政处罚。法律并未明确被告人的行为构成非法经营罪，因此认定被告人非法从事电影片放映活动的行为不构成非法经营罪。最终法院以伪造国家机关证件罪对被告人进

① 《点播影院、点播院线管理规定》第 5 条规定："企业、个体工商户设立点播影院，应当向所在地县级人民政府电影主管部门提出申请，并应当符合以下条件：（一）放映设备、放映质量和计费系统符合国务院电影主管部门规定的技术规范；（二）所设单个影厅的银幕宽度不超过 6 米，观众有效座位数不超过 20 个；（三）有拟加入的点播院线或者处于筹建期的点播院线；（四）法定代表人或者主要负责人未处于电影从业禁止期间。"第 6 条规定："企业设立省内点播院线，应当向所在地省、自治区、直辖市人民政府电影主管部门提出申请；设立跨省点播院线，应当向国务院电影主管部门提出申请；并应当符合以下条件：（一）有与其业务相适应的影片来源；（二）计费系统符合国务院电影主管部门规定的技术规范；（三）法定代表人或者主要负责人未处于电影从业禁止期间；（四）省内点播院线所辖点播影院数量不少于 30 家，跨省点播院线所辖点播影院数量不少于 60 家。只符合前款第一项至第三项条件的，由有关电影主管部门发给有效期为三个月的同意筹建证明文件。筹建期间内达到前款第四项条件的，方可向有关电影主管部门申请颁发许可证件。"第 7 条规定："电影主管部门应当依照《中华人民共和国电影产业促进法》第二十五条的规定，对符合条件的点播影院，颁发电影放映经营许可证；对符合条件的点播院线，颁发电影发行经营许可证。"

② 倪伟．两部电影未获"龙标"即上映 放映公司被罚 20 万元．(2018－04－03)［2023－05－29］. https://baijiahao.baidu.com/s?id=1596694862941841287&wfr=spider&for=pc.

行了定罪处罚。

三、电影内容审查规范标准

电影作为文化传播的重要渠道，其所反映出来的内容可能会关涉国家安全、民族宗教、青少年成长、社会风俗等，因此世界各国都对本国的电影内容予以严格要求和规范。

影片内容应当合法合规，不能超越法律的边界。我国实行电影事后审查制度。电影成片的审查包括内容审查和技术审查。内容审查是电影审查的核心，主要审查电影中是否包含法律法规禁止的内容，自《电影产业促进法》至部门规章，对此均有较为详细的规定。

2001年通过的《电影管理条例》第25条规定了电影片禁载的十项内容。国家广电总局分别于2003年和2004年发布了《电影剧本（梗概）立项、电影片审查暂行规定》和《电影剧本（梗概）立项、电影片审查暂行规定（2004）》，确立了电影成片属地审查制。国家广电总局于2006年发布并于2017年修订了《电影剧本（梗概）备案、电影片管理规定》，进一步细化规定了电影片有九种情形之一的应删减修改。2010年，国家广电总局发布了《关于改进和完善电影剧本（梗概）备案、电影片审查工作的通知》（广发〔2010〕19号），确立了电影审查的“一备二审制”。“一备”是指电影拍摄之前的剧本（梗概）备案工作，“二审”是指电影拍摄完成后成片的初审和终审。

《电影产业促进法》在第16条关于电影内容的禁止性规定中对电影中不得含有的内容进行了全面规定，具体包括以下内容：

第一，电影不得含有违反宪法确定的基本原则，煽动抗拒或者破坏宪法、法律、行政法规实施的内容。宪法是我国的根本大法，所有法律、行政法规都在宪法基本原则的指引下对某一方面的法律问题进行规定。宪法和法律是公民最根本的也是最低限度的行为规范。通常道德、传统在社会中传承的价值观的要求远远高于宪法和法律的规定，但前者已经内化为人们在社会生活中日常行事的标准，通常没有明确的文本进行系统的规定。因此，本条关于遵守宪法、法律规范的规定为电影内容应当遵从的标准定下了一个基调。

第二，电影不得含有危害国家统一、主权和领土完整，泄露国家秘密，危害国家安全，损害国家尊严、荣誉和利益，宣扬恐怖主义、极端主义的内容。这是有关国家安全的规定。电影在表达创作者的艺术灵感与思想的同时，还需兼顾其在意识形态方面的影响。首先，对于国家主权而言，电影不得有危害国家统一和主权、领土完整的内容；其次，对于国家安全而言，电影不得有泄露国家秘密、危害国家安全的内容；再次，对于国家尊严而言，电影不得有损害国家尊严、荣誉和利益的内容；最后，对于世界和平而言，电影不得有宣扬恐怖主义和极端主义的内容。

第三，电影不得含有诋毁民族优秀文化传统，煽动民族仇恨、民族歧视，侵害民族风俗习惯，歪曲民族历史或者民族历史人物，伤害民族感情，破坏民族团结的内容。我国是统一的多民族国家，《宪法》第4条第1款规定：“中华人民共和国各民族一律平等。国家保障各少数民族的合法的权利和利益，维护和发展各民族的平等团结互助和谐关系。禁止对任何民族的歧视和压迫，禁止破坏民族团结和制造民族分裂的行为。”因此，电影中应当避免出现破坏各民族团结的内容。在民族文化方面，电影不得有诋毁民族优秀文化传统、侵害民族风俗习惯、歪曲民族历史或者民族历史人物的内容；在民族团结方面，电影不得有煽动民族仇恨和民族歧视、伤害民族感情、破坏民族团结的内容。

第四，电影不得含有煽动破坏国家宗教政策，宣扬邪教、迷信的内容。我国《宪法》第36条规定了我国的宗教政策，其第1款开宗明义，规定我国公民有宗教信仰自由。《电影产业促进法》第16条规定电影不得含有煽动破坏国家宗教政策的内容，具体表现为电影不得含有强制公民信仰宗教或者不信仰宗教、歧视信仰宗教的公民或者不信仰宗教的公民的内容，电影不得含有利用宗教进行破坏社会秩序、损害公民身体健康、妨碍国家教育制度的活动的内容，电影不得含有宗教团体和宗教事务受外国势力支配的内容。

第五，电影不得含有危害社会公德，扰乱社会秩序，破坏社会稳定，宣扬淫秽、赌博、吸毒，渲染暴力、恐怖，教唆犯罪或者传授犯罪方法的内容。电影作为意识形态领域的文化工具，其所展示的内容能直接影响观众的价值判断，因此电影应当发挥自身的正面导向作用，立足于传播中华优秀传统文化，弘扬社会主义核心价值观。因此，法律禁止电影中出现危害社会公德、扰乱社会秩序、破坏社会稳定、教唆犯罪的内容。《电影管理条例》第25条中也有类似规定：“电影片禁止载有下列内容：……（六）扰乱社会秩序，破坏社会稳定的；（七）宣扬淫秽、赌博、暴力或者教唆犯罪的……”

第六，电影不得含有侵害未成年人合法权益或者损害未成年人身心健康的内容。我国还不存在按照观众年龄段将影片分级的制度，因此通过审查得以上映的影片的受众是所有人；而相对成年人而言，未成年人的心智、判断能力等较不成熟，容易受到外界环境的影响。因此，法律强调加强对电影内容的把控，保护未成年人的健康成长。

第七，电影不得含有侮辱、诽谤他人或者散布他人隐私，侵害他人合法权益的内容。隐私权是自然人重要的人格权利，受到法律保护。在院线上映的电影面向全国甚至全世界的观众，电影一经播放，极有可能造成舆论放大效应。尤其在拍摄由真人真事改编的电影时，对人物形象的处理容易引起人物原型与片方之间的矛盾。因此，电影不得含有暴露他人隐私、破坏他人名誉的内容，这就要求创作者不能只顾电影冲突博人眼球，擅自虚构情节甚至暴露他人隐私、破坏他人名誉，在涉及敏感情节时，应取得当事人的许可。

第八，电影不得含有法律、行政法规禁止的其他内容。这是兜底条款。在上述七种列举的禁止内容范围之外，一定还存在其他不利于社会公共利益的情形，兜底条款的作用是将这些情形也囊括在本条关于禁止内容的规范中，将一切法律、行政法规禁止的内容排除在电影之外。我国许多法律中都采用了类似的立法技术，保证了规范适用范围的包容性和灵活性。

此外，根据《电影剧本（梗概）备案、电影片管理规定》第 14 条[①]的规定，电影片存在该规定中规定的禁止情形的，应当进行删减修改。

四、其他法律问题

（一）票房相关法律问题

纵观电影放映史可知，随着电视、DVD、互联网视频等多媒体娱乐的出现，电影产业越来越重视盈利远超影院放映的非影院市场，但是非影院市场的收入在很大程度上取决于一部影片的首映票房收入。[②] 电影票房的高低现在成为一种对电影的评判方式，也是衡量一部影片是否成功的一个标准。

伴随着我国电影产业的快速发展，票房造假的情况不断增多，市场上也浮现出愈来愈多的控制票房的新手段。偷漏瞒报、伪造票房、票房与卖品之间的数据调换等现象的危害已触及方方面面。《电影产业促进法》第 34 条对如实统计电影销售收入作出了规定，要求"电影发行企业、电影院等应当如实统计电影销售收入，提供真实准确的统计数据，不得采取制造虚假交易、虚报瞒报销售收入等不正当手段，欺骗、误导观众，扰乱电影市场秩序"。同时，《电影产业促进法》第 51 条[③]还对票房造假的违法行为作出了罚则规定：电影发行企业、电影院等有制造虚假交易、虚报瞒报销售收入等行为，扰乱电影市场秩序的，根据违法情节不同，予以行政罚款、责令停业整顿，乃至吊销许可证等行政处罚。

《电影产业促进法》在规范电影相关企业的同时，也对县级以上人民政府电影主管部门或者其他有关部门的工作人员提出了明确的执法要求。根据第 55 条的规定，县级以上人民政府电影主管部门或者其他有关部门的工作人员出现利用职务上的便利收受他

---

① 《电影剧本（梗概）备案、电影片管理规定》第 14 条规定："电影片有下列情形，应删剪修改：（一）曲解中华文明和中国历史，严重违背历史史实；曲解他国历史，不尊重他国文明和风俗习惯；贬损革命领袖、英雄人物、重要历史人物形象；篡改中外名著及名著中重要人物形象的；（二）恶意贬损人民军队、武装警察、公安和司法形象的；（三）夹杂淫秽色情和庸俗低级内容，展现淫乱、强奸、卖淫、嫖娼、性行为、性变态等情节及男女性器官等其他隐秘部位；夹杂肮脏低俗的台词、歌曲、背景音乐及声音效果等；（四）夹杂凶杀、暴力、恐怖内容，颠倒真假、善恶、美丑的价值取向，混淆正义与非正义的基本性质；刻意表现违法犯罪嚣张气焰，具体展示犯罪行为细节，暴露特殊侦查手段；有强烈刺激性的凶杀、血腥、暴力、吸毒、赌博等情节；有虐待俘虏、刑讯逼供罪犯或犯罪嫌疑人等情节；有过度惊吓恐怖的画面、台词、背景音乐及声音效果；（五）宣扬消极、颓废的人生观、世界观和价值观，刻意渲染、夸大民族愚昧落后或社会阴暗面的；（六）鼓吹宗教极端主义，挑起各宗教、教派之间，信教与不信教群众之间的矛盾和冲突，伤害群众感情的；（七）宣扬破坏生态环境，虐待动物，捕杀、食用国家保护类动物的；（八）过分表现酗酒、吸烟及其他陋习的；（九）违背相关法律、法规精神的。"

② 杨远婴．电影概论．北京：中国电影出版社，2010：241.

③ 《电影产业促进法》第 51 条第 1 款规定："电影发行企业、电影院等有制造虚假交易、虚报瞒报销售收入等行为，扰乱电影市场秩序的，由县级以上人民政府电影主管部门责令改正，没收违法所得，处五万元以上五十万元以下的罚款；违法所得五十万元以上的，处违法所得一倍以上五倍以下的罚款。情节严重的，责令停业整顿；情节特别严重的，由原发证机关吊销许可证。"

人财物或者其他好处、违反本法规定进行审批活动、不履行监督职责、发现违法行为不予查处等违反本法规定滥用职权、玩忽职守、徇私舞弊的情形，尚不构成犯罪的，依法给予处分。这里规定的对执法人员执法行为的监督，可以从侧面加强对偷漏瞒报票房不良行为的执法力度。

典型案例 10－4

在原告某公司诉被告某市综合行政执法局行政处罚案件①中，法院认为，2017 年 7 月 29 日 16 时至 17 时许在原告放映某电影的过程中突然停电，造成电影院 3 号厅的 15 时 30 分场次放映中断，1 号厅的 16 时 45 分场次未放映的事实。停电虽属于原告意志以外的原因，但在客观上造成观众未看或未看完该场次放映的电影。

之后原告未依照相关规定进行退票，而是自行给未退票的观众发放观影票券，原告的行为违反了《电影院票务系统（软件）管理实施细则》的强制性规定，影响了该放映电影的票房实时数据统计，造成国家电影票房虚假及实时票房数据不实，扰乱了电影市场管理秩序。根据《电影产业促进法》第 34 条的规定，原告的行为构成虚假交易事实成立。法院认为，被告以原告构成虚假交易、扰乱电影市场秩序为由所作出的行政处罚行为，事实清楚，证据确凿，适用法律正确，程序合法。

典型案例 10－5

2018 年 4 月 28 日，某电影首映日票房达 2.8 亿元。全国不少影院反映，当日一部热映影片在开场前出现大量集中退票情况。这一情况在行业内引起较大震动。随后各地院线也证实了这一情况，绝大多数都是通过第三方平台所销售的票，被退票的影院数量接近 4 000 家，退票数量约 38 万张，涉及票房约 1 300 万元，占影片当日总票房 2.8 亿的 4.6%。被恶意刷票订单集中在 19.9 元等特惠票。4 月 29 日，国家电影局依据国家电影专资数据平台的数据，对近几日退票信息进行了分析，初步认定该电影退票情况确有异常。国家电影局对影片出品方、发行方等相关人员进行了约谈，要求立即完善退票机制，认真查明存在的漏洞，进一步梳理情况、完善数据，形成书面报告报主管部门。

（二）电影衍生品

电影衍生品是围绕电影内容本身，以电影知识产权为对象，尤其是以电影的商品化权为核心而开发出来的各类产品。电影衍生品的开发是电影产业链中的重要环节之一，是电影业产值增加的重要部分，处于电影资金回收的高级阶段。

电影衍生品的开发除了能够成为一种增加资金回收的有效渠道以降低电影投资的风险、增加电影的收入，还能够带动其他相关产业共同发展。电影衍生品开发的真正价值

---

① 参见湖南省衡阳市中级人民法院（2018）湘 04 行终 130 号行政裁定书。

不仅是给影片提高利润，更重要的是在其研发产品过程当中能与其他相关的产业领域形成一种联系和互动，这种产业间的交流能够提供大量的商业发展机遇和就业的机会。

不可否认的是，我国电影衍生品产业仍存在创意不足、产品质量不高、产业机制不够健全等方面的问题，其中最核心的问题是电影衍生品的知识产权保护不够。《电影产业促进法》第 7 条第 4 款规定："国家鼓励公民、法人和其他组织依法开发电影形象产品等衍生产品。"该规定从立法层面对电影衍生品的开发予以鼓励和支持，标志着电影衍生品的开发和保护已经得到国家法律的认可。

（三）中外合拍电影

《电影产业促进法》取消了电影摄制事前审批制度，但仍然保留了关于合拍片的审批制度。启动中外合拍电影，除遵守双方国家签订的国际条约外，还需要遵守我国的相关法律法规。根据《电影产业促进法》的规定[①]，中外合拍电影需要经过电影主管部门审批。《电影管理条例》也规定，"中外合作摄制电影片出口的，中方合作者应当持《电影片公映许可证》到海关办理出口手续。中外合作摄制电影片素材出口的，中方合作者应当持国务院广播电影电视行政部门的批准文件到海关办理出口手续"。未经批准，擅自与境外组织或个人合作摄制电影，或者擅自到境外从事电影摄制活动的，由电影主管部门作出相应处罚。此外，《中外合作摄制电影片管理规定》对合拍片作了具体的规定，明确提出中外合作须取得中外合作摄制电影片许可证或批准文件。

中外合作制片即合拍片项目的启动，需要取得缔约双方主管部门的批准，这种批准从程序上又分为临时批准和最终批准两个步骤。临时批准与最终批准的区别在于，临时批准须在影片投拍之前获得，这是合拍片摄制工作得以启动的前提；最终批准则是在合拍片摄制完成后提出申请，是影片得以发行公映的前提条件。[②] 具体而言，立项申请应当在国家电影局电子政务平台上提交，并应将剧本和申报材料报送至我国承办机构（中国电影合作制片公司）。承办机构审核合格后，将符合要求的项目报送电影主管部门，主管部门颁发《影片立项通知书》及中外合作摄制电影片许可证（有效期 2 年），至此，合拍影片才完成了临时批准。

在影片摄制完成后，制片者应在国家电影局电子政务平台上填报送审影片申请，并同时向承办机构递交相同材料，在影片通过审查，取得电影公映许可证后，才视为该合拍影片完成了最终批准。

---

① 《电影产业促进法》第 14 条规定："法人、其他组织经国务院电影主管部门批准，可以与境外组织合作摄制电影；但是，不得与从事损害我国国家尊严、荣誉和利益，危害社会稳定，伤害民族感情等活动的境外组织合作，也不得聘用有上述行为的个人参加电影摄制。合作摄制电影符合创作、出资、收益分配等方面比例要求的，该电影视同境内法人、其他组织摄制的电影。境外组织不得在境内独立从事电影摄制活动；境外个人不得在境内从事电影摄制活动。"

② 刘毅．中外合作拍摄电影双边条约的法律问题研究．中国政法大学学报，2020（6）：103．

基本概念

电影　电影法　电影剧本梗概备案　一般题材影片　重大、特殊题材影片　电影片审查　发行、放映许可　虚假票房

讨论题

1. 电影的属性是什么？
2. 电影法的立法价值是什么？会对文化产业产生怎样的影响？
3. 如何进行电影剧本（梗概）备案？一般题材和重大题材具有哪些区别？
4. 电影成片内容审查的规范和标准是什么？《电影产业促进法》对此的规定如何？

第十一章 演出法律制度

引 例

随着社会经济的发展，我国人民群众的精神文化需求也日益提升，文化娱乐支出占比不断扩大。演出节目的娱乐性较强、影响力较大，是人民群众喜闻乐见的娱乐形式之一，演艺产业在文化产业中占据重要地位。

然而，当下演艺市场呈现出鱼龙混杂的态势，演出内容低俗、假唱、虚假宣传、黄牛炒高票价等乱象频发。演出节目中包含的低俗违规内容，不仅显著危害社会公德，也常造成一些社会影响恶劣的事件。以脱口秀演出内容方面的监管为例，2021 年 3 月 17 日，在北京某文化发展有限公司举办的脱口秀营业性演出活动中，演员在现场表演时使用了不文明语言及低俗段子，危害了社会公德。4 月 25 日，北京市文化市场综合执法总队依据《营业性演出管理条例》和《营业性演出管理条例实施细则》，对该公司作出了罚款 5 万元的行政处罚。这是北京市首例针对脱口秀演出存在禁止性内容、涉及侵害未成年人合法权益作出的行政处罚案件。①

2023 年 5 月 13 日，上海某文化传媒有限公司及其演员李某某肆意篡改演出申报内容，在当日下午、晚上连续两场脱口秀演出中，出现严重侮辱人民军队的行为，造成了恶劣的社会影响。② 该事件一经新闻报道，便引发了广泛的社会讨论和舆论谴责。

上述一系列现象和事件的发生，反映出我国部分演出从业人员政治素养不高、法律意识淡薄、道德观念滑坡等问题，严重降低了演出作品的质量，影响了演出市场有序发展，对社会尤其是青少年做出了不良的引导和示范，人民群众反映强烈。演出市场的良性运转迫切地需要加强行政监管与规范。

涉及演出的法律规范有哪些？演出法对演出的经营主体、演出活动、演出安全，以及演出经纪人员如何进行监管？本章将带你解答这些问题。

---

① 砥砺奋进结硕果 乘势而上再扬帆：北京市召开“铁军・铸剑”2021 年北京市文化市场综合执法“十大案件”新闻通气会.（2021 - 10 - 27）[2023 - 06 - 22]. http://whsczfzd.beijing.gov.cn/bjwhzf/dtxx/202110/009e91ee27be45ef808c3ae2c657de9d.shtml.

② 北京市文化和旅游局坚决依法依规严肃查处“笑果脱口秀”涉案公司及个人.（2023 - 05 - 18）[2023 - 06 - 22]. http://whsczfzd.beijing.gov.cn/bjwhzf/dtxx/202305/94c951ce2d564c259112782cb25c90e0.shtml.

第一节　演出法律制度概述

演出的定义是什么？演出活动的分类有哪些？演出的立法历史是怎样的？本节将为你解答上述问题。

一、演出的概念

（一）演出的定义

演出是指演出单位、团体或个人举办文艺表演或竞技表演供观众欣赏的活动。演出是面向观众的、具有现场性的表演，纯粹自娱自乐的演唱行为和健身运动等不属于演出的范畴。

（二）演出活动的分类

按照表演主体人数的不同，演出活动可以分为个人表演和团体表演。

按照表演场地的不同，演出活动可以分为室内表演和露天表演。

按照是否具有营利性，演出活动可以分为营业性演出和非营业性演出。营业性演出是指以营利为目的、为公众举办的现场文艺表演活动。“以营利为目的”和“为公众举办”构成营业性演出的两大要素。以营利为目的，是指举办单位拟通过演出活动获得经济利益，既包括直接的金钱收入，也包括通过广告宣传或者产品促销等方式间接获得的经济利益。具体的营利方式包括售票、接受赞助、向演出单位或者个人支付报酬、以演出为媒介进行广告宣传或者产品促销等。营业性演出单位和个体从业者属于文化产业的组成部分，营业性演出活动则属于文化服务市场的范畴。非营业性演出亦称非营利性演出，是指不以营利为目的、公益性的现场演出活动。本章所论述的演出系指营业性演出。

思政专栏 11-1

二、演出的立法历史

演出是文化产业的一大传统门类。随着文化产业的发展，我国关于演出行业监管的法律法规也经历了逐步完善的过程。20 世纪 80 年代，“走穴”作为当时我国演出市场上最活跃的文化经济现象，存在制作粗糙、偷税漏税、蒙骗群众等问题。1983 年国务院批转的文化部《关于严禁私自组织演员进行营业性演出的报告》是最早的监管演出行业的行政法规之一。1991 年国务院办公厅转发的文化部《关于加强演出市场管理的报告》，以当时我国演出市场发生的变化为依据，进一步细化了规定，旨在切实加强对营业性组台（团）演出的管理。

1997 年国务院发布的《营业性演出管理条例》是我国第一部全面规范演出行业的行政法规。《营业性演出管理条例》首次明确了演出主体的概念，正式开始对演出主体进行许可证式管理，此后演出机构逐渐取代了“走穴”。《营业性演出管理条例》的制定和实施有助于促进文化产业的发展，繁荣社会主义文艺事业。为了便于《营业性演出管理条例》的实施，文化部于 1998 年 3 月出台了《营业性演出管理条例实施细则》。

此后，为适应演出行业的市场变化及发展需要，2005 年国务院第 84 次常务会议通过了《营业性演出管理条例（2005）》。《营业性演出管理条例（2005）》降低了市场准入条件，取消了《营业性演出管理条例》中有关非法人文艺表演团体、演出经纪机构和演出场所不得成为演出经营主体的规定；取消了《营业性演出管理条例》中关于涉外和涉港澳台地区营业性演出只能由承担涉外演出业务的经纪机构承办的规定，允许文艺表演团体邀请境外文艺表演团体、个人参加本团体的演出①；禁止管理部门向演出经营主体索要演出门票；禁止以各级人民政府及其部门的名义资助、赞助或变相资助、赞助营业性演出；明文禁止假唱；增设了关于义演的规范性条款。

《营业性演出管理条例》与《营业性演出管理条例实施细则》相辅相成，不断更新完善，共同构成了我国演出行业的行政监管规范框架，为演出行业的有序运行保驾护航。现行有效的版本为 2020 年修订的《营业性演出管理条例》和 2022 年修订的《营业性演出管理条例实施细则》。

近年来，文化演出不再单纯是舞台、票房、创作和观演，通过个人直播频道提供的网络表演，运用全息成像、人工智能、数字视觉设计、虚拟现实等技术展示虚拟形象进行营业性演出等演出新业态蓬勃发展。为了促进演出行业新业态的健康发展，坚持正确的价值导向，2020 年 9 月，文化和旅游部发布了《关于深化“放管服”改革促进演出市场繁荣发展的通知》，制定了监管演出新业态发展的三项原则：第一，坚持包容审慎监管；第二，规范在线演出管理；第三，明确新业态监管规则。2021 年 8 月，文化和旅游部制定出台了《网络表演经纪机构管理办法》，规定网络表演经纪机构实行许可证制度，明确了网络表演经纪机构应当履行的义务和管理要求，明确规定了应当配备的网络表演经纪人员与所签约的网络表演者的人数。

为进一步加强演出经纪人员队伍建设和管理，规范演出经纪行为，文化和旅游部将演出经纪人员资格认定委托从中国演出行业协会收回，由文化和旅游部直接组织考试和发证，这体现了演出经纪人员资格成为具有权威性、严肃性和公信力的国家职业资格的调整方向。2021 年 9 月，文化和旅游部发布了《关于规范演出经纪行为加强演员管理促进演出市场健康有序发展的通知》；同年 12 月，文化和旅游部修订完善了《演出经纪人员管理办法》，演出经纪人员管理的基本法律体系已经形成。

除此之外，《大型群众性活动安全管理条例》《文化部关于规范营业性演出票务市场经营秩序的通知》《文化和旅游市场信用管理规定》《文化市场突发事件应急管理办法（试行）》《文化市场突发事件应急预案（试行）》《文化和旅游部办公厅关于简化跨地区

---

① 降低非公有资本进入演出市场的准入门槛.（2006-06-10）[2023-09-04]. https://www.gov.cn/govweb/ztzl/2006-06/10/content_305492.htm.

巡演审批程序的通知》《文化和旅游部办公厅关于加强模仿秀营业性演出管理的通知》《外国人入境完成短期营业性演出活动的办理程序和工作指引》《文化和旅游部关于规范演出经纪行为加强演员管理促进演出市场健康有序发展的通知》等一系列规范性法律文件同中国演出行业协会制定的《演出行业演艺人员从业自律管理办法（试行）》等行业规范共同构成了保障演出行业健康发展的规范体系。

第二节　演出行政监管

习近平总书记指出："文艺事业是党和人民的重要事业，文艺战线是党和人民的重要战线。"[①] 文艺演出活动的开展必须以习近平新时代中国特色社会主义思想为指导，严格遵守相关法律法规。

从事演出活动的主体需要满足哪些法定条件？其经营活动受到哪些方面的行政监管、具体涉及哪些法律规范的规定？本节将解答上述问题。

一、演出经营主体的设立

（一）文艺表演团体的设立

1. 文艺表演团体的设立条件

文艺表演团体是指具备法律规范规定的条件，从事文艺表演活动的经营单位，包括交响乐团、歌舞团、曲艺团、杂技团、马戏团、文工团、京剧院、话剧院等。依法设立的文艺表演团体具有开展营业性演出的权利，同时也负有从事营业性演出应取得营业性演出许可证、变更名称住所等信息应换发许可证和变更登记、禁止不正当竞争等义务。

申请设立文艺表演团体应当满足两个基本条件：第一，要有与其业务相适应的专职（非兼职）演员和器材设备；第二，应当向县级人民政府文化和旅游主管部门提出申请。

2. 文艺表演团体的申请与审批

设立文艺表演团体，申请人应当向文化和旅游主管部门提出申请，并提交申请书、营业执照和从事的艺术类型、法定代表人或者主要负责人的有效身份证件、演员的艺术表演能力证明以及与业务相适应的演出器材设备书面声明。演员的艺术表演能力证明可以是中专以上学校文艺表演类专业毕业证书、职称证书或其他有效证明。文化和旅游主管部门应当自受理申请之日起 20 日内作出决定（这里的 20 日包括法定假日，而非 20 个工作日）。文化和旅游主管部门决定予以批准的，向申请人颁发营业性演出许可证（包括一份正本和两份副本，有效期为 2 年）（见图 11－1）；不批准的，应当书面通知申请人并说明理由。

---

① 中共中央文献研究室．习近平关于社会主义文化建设论述摘编．北京：中央文献出版社，2017：171.

图 11-1 营业性演出许可证

一般情况下，外国投资者与我国台湾地区投资者不得申请设立文艺表演团体，但为了保障自由贸易试验区有关改革开放措施的依法顺利实施，根据《国务院关于在自由贸易试验区暂时调整实施有关行政法规规定的通知》，在自由贸易试验区，允许设立中外合资经营的文艺表演团体（须由中方控股），允许台湾地区的投资者设立合资经营的文艺表演团体（须由大陆合作者控股）。

文艺表演团体变更名称、住所、法定代表人或者主要负责人、营业性演出经营项目的，应当先换证再变更登记，即先向原发证机关申请换发营业性演出许可证，再依法到工商行政管理部门办理变更登记。

（二）演出经纪机构的设立

根据全国文化市场技术监管与服务平台数据，截至 2021 年上半年，全国共有演出经纪机构 8 000 余家，在每年举办的营业性演出活动中，约 80%是由演出经纪机构组织举办的。[①] 演出经纪机构是演出市场的重要主体，对优化演出资源配置、丰富演出产品供给、促进演出市场繁荣发挥了重要的作用。

1. 演出经纪机构的设立条件与程序

演出经纪机构是指具备法律规范规定的条件，从事演出经营活动和经纪活动的经营单位。依法设立的演出经纪机构有权从事演出经营活动，包括演出组织、制作、营销等经营活动，演出居间、代理、行纪等经纪活动，演员签约、推广、代理等经纪活动；同时其负有遵守行政管理规范、禁止不正当竞争等义务。

申请设立演出经纪机构应当满足两个基本条件：第一，应当有 3 名以上专职演出经

---

① 《文化和旅游部关于规范演出经纪行为加强演员管理促进演出市场健康有序发展的通知》政策解读.（2021-10-01）[2023-05-26]. http：//www.gov.cn/zhengce/2021-10/01/content_5640657.htm.

纪人员和与其业务相适应的资金；第二，应当向省、自治区、直辖市人民政府文化和旅游主管部门提出申请。

依法登记的演出经纪机构申请从事营业性演出经营活动的，应当向文化和旅游主管部门提交申请书、营业执照、法定代表人或者主要负责人的有效身份证件以及演出经纪人员资格证；法人或者其他组织申请增设演出经纪机构经营业务的，应当提交申请书和演出经纪人员资格证。文化和旅游主管部门应当自受理申请之日起 20 日内作出决定。文化和旅游主管部门决定予以批准的，向申请人颁发营业性演出许可证（包括一份正本和两份副本，有效期为 2 年）；不批准的，应当书面通知申请人并说明理由。

典型案例 11-1

艺人蔡某某的代理公司上海某文化发展有限公司未取得营业性演出许可证，不具备演出经纪机构合法资质。但该公司利用其独占性艺人资源，在蔡某某巡回演唱会北京站演出活动中实际负责演出内容、演出票务、收入结算等营业性演出经营活动，并存在侵害公众正常购票观演权益的风险。对其未经许可擅自从事营业性演出经营活动的行为，北京市文化和旅游局于 2021 年 11 月依法作出罚款的行政处罚。①

2. 港澳台地区投资者、外国投资者设立演出经纪机构的条件

我国港澳台地区的投资者设立的演出经纪机构申请从事营业性演出经营活动的，应当向省、自治区、直辖市人民政府文化和旅游主管部门提出申请。外商投资的演出经纪机构申请从事营业性演出经营活动的，应当向国务院文化和旅游主管部门提出申请。国务院文化和旅游主管部门应当自收到申请之日起 20 日内作出决定，决定批准的，向申请人颁发营业性演出许可证；不批准的，应当书面通知申请人并说明理由。

香港特别行政区、澳门特别行政区的演出经纪机构经批准可以在内地设立分支机构。该分支机构可以依法从事营业性演出的居间、代理活动，但不得从事其他演出经营活动。分支机构不具有独立法人资格，港澳地区的演出经纪机构必须在内地指定该分支机构的负责人，向该分支机构拨付与其所从事的经营活动相适应的资金，并对该分支机构的经营活动承担民事责任。

（三）演出场所的设立

演出场所是指为演出活动提供场地和相关服务的经营单位，包括歌剧院、曲艺场、音乐厅、夜总会等。与文艺表演团体和演出经纪机构不同，演出场所的经营实行的是“注册＋备案”的管理制度。

演出场所对观众等群体负有安全保障义务。设立演出场所经营单位，应当依法到工

① 加强建党百年庆祝活动执法保障 深入推进文娱领域综合治理：文化和旅游部强化演出市场执法监管．(2021-12-03)[2023-06-22]. https://www.mct.gov.cn/whzx/whyw/202112/t20211203_929563.htm.

商行政管理部门办理注册登记，领取营业执照，并依照有关消防、卫生管理等法律、行政法规的规定办理审批手续。自领取营业执照之日起 20 日内，演出场所经营单位应当向所在地县级人民政府文化和旅游主管部门备案。具体而言，依法登记的演出场所经营单位应当自领取证照之日起 20 日内，持证照和有关消防、卫生批准文件，向所在地县级人民政府文化和旅游主管部门备案，县级人民政府文化和旅游主管部门应当出具备案证明。备案证明式样由国务院文化和旅游主管部门设计、省级人民政府文化和旅游主管部门印制。演出场所经营单位变更名称、住所、法定代表人或者主要负责人的，应当依法到工商行政管理部门办理变更登记，并向原备案机关重新备案。

我国港澳台地区的投资者设立的演出场所经营单位申请从事演出场所经营活动的，应当向省、自治区、直辖市人民政府文化和旅游主管部门提出申请；外商投资的演出场所经营单位申请从事演出场所经营活动的，应当向国务院文化和旅游主管部门提出申请。

（四）个体演员和个体演出经纪人的备案

以从事营业性演出为职业的个体演员和以从事营业性演出的居间、代理活动为职业的个体演出经纪人，不属于任何团体或公司。个体演员和个体演出经纪人应当依法到工商行政管理部门办理注册登记，领取营业执照，自领取营业执照之日起 20 日内，应当向所在地县级人民政府文化和旅游主管部门备案。

我国关于个体演员和个体演出经纪人的备案条件正在逐步放宽，这有利于鼓励个体演员、个体演出经纪人依法从事经营活动，增加演出的有效供给。个体演员可以持个人有效身份证件和艺术表演能力证明（包括中专以上学校文艺表演类专业毕业证书、职称证书、演出行业协会颁发的演员资格证明或其他有效证明），个体演出经纪人可以持个人有效身份证件和演出经纪人员资格证，向户籍所在地或者常驻地县级人民政府文化和旅游主管部门申请备案，文化和旅游主管部门应当出具备案证明。备案证明式样由国务院文化和旅游主管部门设计、省级人民政府文化和旅游主管部门印制。

二、演出活动的行政监管

（一）演出的举办

符合举办营业性演出条件的主体应当依法办理演出申报手续，安排演出节目内容、演出场地并负责演出现场管理，确定演出票价并负责演出活动的收支结算，履行依法纳税以及代扣代缴等有关税费的义务，接受文化和旅游主管部门的监督管理。《营业性演出管理条例》与《营业性演出管理条例实施细则》对各类演出市场经营主体的权利和义务都作出了明确的规定。

就文艺表演团体、个体演员而言，其可以自行举办营业性演出，也可以参加营业性组台演出。营业性组台演出是指除文艺表演团体的独立演出或联合演出之外的临时组合的营业性演出活动。一般情况下，营业性组台演出应当由演出经纪机构举办，演出场所经营单位也可以附条件地举办营业性组台演出，即在本单位经营的场所内举办营业性组台演出。

典型案例 11-2

陕西西安某酒吧并非演出场所经营单位，未取得营业性演出许可证，也未委托有资质的演出经纪机构举办演出，却擅自举办艺人王某参加的演出活动，引起了不良社会反响。对其未经许可擅自从事营业性演出经营活动的行为，陕西省西安市文化和旅游局于2021年3月依法作出了罚款的行政处罚。①

演出经纪机构举办营业性演出活动，应当安排专职演出经纪人员承担演出活动的协调联络等工作；举办涉外营业性演出活动，还应配合外事、公安等部门落实外籍人员日常管理工作。除演出经纪机构外，其他任何单位或者个人不得举办外国的或者我国港澳台地区的文艺表演团体、个人参加的营业性演出。但是，文艺表演团体自行举办营业性演出，可以邀请外国的或者我国港澳台地区的文艺表演团体、个人参加。举办外国的或者我国港澳台地区的文艺表演团体、个人参加的营业性演出，应当具有与其举办的营业性演出相适应的资金、2年以上举办营业性演出的经历，以及举办营业性演出前2年内无违反《营业性演出管理条例》规定的记录。经批准到艺术院校从事教学、研究工作的外国或者我国港澳台地区艺术人员从事营业性演出的，应当委托演出经纪机构承办。举办营业性涉外或者涉我国港澳台地区的演出，举办单位应当负责统一办理外国或者我国港澳台地区文艺表演团体、个人的入出境手续，巡回演出的还要负责其全程联络和节目安排。

就演出场所而言，演出场所经营单位提供演出场地，应当核验演出举办单位取得的批准文件，不得为未经批准的营业性演出提供演出场地。歌舞娱乐场所、旅游景区、主题公园、游乐园、宾馆、饭店、酒吧、餐饮场所等非演出场所经营单位需要在本场所内举办营业性演出的，应当委托演出经纪机构承办，在上述场所举办驻场涉外演出的，应当报省级人民政府文化和旅游主管部门审批。

（二）演出的申请和审批

1. 演出申请材料

申请举办营业性演出，应当在演出日期3日前将申请材料提交负责审批的文化和旅游主管部门。申请举办营业性涉外或者涉港澳台的演出，应当在演出日期20日前将申请材料提交负责审批的文化和旅游主管部门。

申请举办营业性演出，应当持营业性演出许可证或者备案证明向文化和旅游主管部门提交申请材料。申请材料包括：第一，演出名称、演出举办单位和参加演出的文艺表

① 加强建党百年庆祝活动执法保障 深入推进文娱领域综合治理：文化和旅游部强化演出市场执法监管.(2021-12-03)[2023-06-22]. https://www.mct.gov.cn/whzx/whyw/202112/t20211203_929563.htm.

演团体、演员；第二，演出时间、地点、场次；第三，节目及其视听资料。申请举办营业性组台演出，还应当提交文艺表演团体、演员同意参加演出的书面函件。申请举办营业性涉外或者涉港澳台演出，除提交上述申请材料外，还应当提交演员有效身份证件复印件、2 年以上举办营业性演出经历的证明文件以及近 2 年内无违反《营业性演出管理条例》规定的书面声明。

文化和旅游主管部门审核涉外或者涉港澳台营业性演出项目，必要时可以依法组织专家进行论证。营业性演出要重视未成年人的权利保护，申请举办需要未成年人参加的营业性演出，应当符合国家有关规定。

2. 审批机关与时限

举办营业性演出，应当向演出所在地县级人民政府文化和旅游主管部门提出申请，县级人民政府文化和旅游主管部门应当自受理申请之日起 3 日内作出决定。举办外国的及我国港澳地区的文艺表演团体、个人参加的营业性演出，演出举办单位应当向演出所在地省、自治区、直辖市人民政府文化和旅游主管部门提出申请；举办我国台湾地区的文艺表演团体、个人参加的营业性演出，演出举办单位应当向国务院文化和旅游主管部门会同国务院有关部门规定的审批机关提出申请。国务院文化和旅游主管部门或者省、自治区、直辖市人民政府文化和旅游主管部门应当自受理申请之日起 20 日内作出决定。对符合举办营业性演出活动规定的，发给批准文件；对不符合举办营业性演出活动规定的，不予批准，书面通知申请人并说明理由。各级人民政府文化和旅游主管部门应当将营业性演出的审批事项向社会公布。

（三）演出内容及宣传监管

1. 演出内容的禁止情形

习近平总书记指出，“文艺工作者应该牢记，创作是自己的中心任务，作品是自己的立身之本”①。广大文艺工作者应当以习近平新时代中国特色社会主义思想为指导，承担起举旗帜、聚民心、育新人、兴文化、展形象的重要使命，坚持创作、演出思想精深、艺术精湛、制作精良的精品内容，讲品位、讲格调、讲责任，为观众带来正确的价值和审美导向，发挥文艺精品在反映时代精神、陶冶高尚情操、树立昂扬正气方面的独特作用，增强人民精神力量，同时为建设社会主义文化强国贡献力量。

因此，演出内容必须不碰“红线”、不触“底线”，不得有下列情形：第一，反对宪法确定的基本原则；第二，危害国家统一、主权和领土完整，危害国家安全，或者损害国家荣誉和利益；第三，煽动民族仇恨、民族歧视，侵害民族风俗习惯，伤害民族感情，破坏民族团结，违反宗教政策；第四，扰乱社会秩序，破坏社会稳定；第五，危害社会公德或者民族优秀文化传统；第六，宣扬淫秽、色情、邪教、迷信或者渲染暴力；第七，侮辱或者诽谤他人，侵害他人合法权益；第八，表演方式恐怖、残忍，摧残演员

---

① 中共中央文献研究室．习近平关于社会主义文化建设论述摘编．北京：中央文献出版社，2017：153.

身心健康；第九，利用人体缺陷或者以展示人体变异等方式招徕观众；第十，法律、行政法规禁止的其他情形。

演出场所经营单位、演出举办单位一旦发现营业性演出有上述禁止情形，应当立即采取措施予以制止并同时向演出所在地县级人民政府文化和旅游主管部门、公安部门报告。

典型案例 11－3

天津某文化艺术发展有限公司未取得营业性演出许可证，在天津市某酒吧举办名为“绑定派对”的演出活动，伴随着DJ音乐表演对女性实施性虐待行为的内容，严重危害了社会公德。对其未经许可擅自从事营业性演出经营活动且营业性演出有《营业性演出管理条例》禁止内容的行为，天津市文化和旅游局于2021年8月依法作出了罚款的行政处罚。[①]

典型案例 11－4

对于本章“引例”中所述上海某文化传媒有限公司及其演员李某某肆意篡改演出申报内容的行为，北京市文化市场综合执法总队于2023年5月17日决定依法对该公司作出相应的行政处罚：警告、没收违法所得1 325 381.6元、罚款13 353 816元。并将进一步追究涉案人员及其演出经纪机构和演出场所经营单位相关违规行为的法律责任。北京市文化和旅游局决定无限期暂停涉事公司在京所有演出活动。[②] 上海市文娱领域综合整治领导小组办公室、上海市文化和旅游局第一时间同步约谈、严厉训诫了涉事公司负责人，责令其从即日起暂停在沪全部演出，并立即开展内部管理整顿，配合做好立案后续处理。[③] 2023年5月17日，公安机关依法对涉案演员李某某立案调查。2023年6月12日，北京市文化和旅游局依法对涉案演出场所罚款10万元，处罚事由为演出场所经营单位、演出举办单位发现营业性演出有禁止情形未采取措施予以制止，同时未向文化和旅游主管部门、公安部门报告。

2. 演出宣传的禁止情形

以政府名义举办营业性演出，不仅会影响政府的正常开支，还可能形成公款举办演出、乱搞形象工程的不良风气，严重影响和损害政府在人民群众心目中的形象。

《营业性演出管理条例》实施至今，我国始终禁止演出举办单位以政府或者政府部

---

① 加强建党百年庆祝活动执法保障 深入推进文娱领域综合治理：文化和旅游部强化演出市场执法监管.（2021－12－03）[2023－06－22]. https：//www.mct.gov.cn/whzx/whyw/202112/t20211203_929563.htm.

② 北京市文化和旅游局坚决依法依规严肃查处“笑果脱口秀”涉案公司及个人.（2023－05－18）[2023－06－22]. http：//whsczfzd.beijing.gov.cn/bjwhzf/dtxx/202305/94c951ce2d564c259112782cb25c90e0.shtml.

③ 上海暂停笑果文化在沪全部演出，责令其深刻反省整改!.（2023－05－18）[2023－06－22]. http：//whlyj.sh.gov.cn/wlyw/20230517/85bc1ff0a3bb4046a655a59ed36ef4 e0.html.

门的名义举办营业性演出。因此，营业性演出的宣传不得冠以“中国”“中华”“全国”“国际”等字样。违反上述禁止性规定的，由县级人民政府文化和旅游主管部门责令改正，没收违法所得，并处违法所得 3 倍以上 5 倍以下的罚款；没有违法所得或者违法所得不足 1 万元的，并处 3 万元以上 5 万元以下的罚款；拒不改正或者造成严重后果的，由原发证机关吊销营业性演出许可证。

营业性演出广告内容必须真实、合法，不得误导、欺骗公众。广告内容误导、欺骗公众或者含有其他违法内容的，由工商行政管理部门责令停止发布，并依法予以处罚。

(四) 观众的合法权益保护

1. 知情权和退票权

参加营业性演出的文艺表演团体、主要演员或者主要节目内容等是观众决定是否观看演出的重要因素，上述因素发生变更的，演出举办单位应当及时告知观众并说明理由。观众有权退票。

2. 非因不可抗力不得中止、停止或退出演出

演出过程中，除因不可抗力不能演出的以外，演出举办单位不得中止或者停止演出，演员不得退出演出。不可抗力是指不能预见、不能避免且不能克服的客观情况，如自然灾害、政府行为、社会异常事件等。因不可抗力不能履行民事义务的，不承担民事责任。法律另有规定的，依照其规定。

3. 禁止假唱、假演奏行为

假唱、假演奏是指演员在演出过程中，使用事先录制好的歌曲、乐曲代替现场演唱、演奏的行为。近年来，演艺人员拿错话筒、未开唱先出声的事件频繁出现。2018 年，文化部曾公布 2016—2017 年度全国文化市场十大案件。其中，2016 年 9 月，合肥某文化经纪有限公司在合肥市体育中心体育馆内举办“亚洲群星演唱会”，韩国某表演团体在演唱会中演唱了 4 首歌曲。安徽省合肥市文化市场综合执法支队进行了现场监管和技术监控，发现演出中存在以假唱欺骗观众的行为，之后当事人被处以罚款 5 万元的行政处罚。①

假唱、假演奏行为欺骗观众、侵犯观众的合法权益，同时败坏行业风气，造成演出作品真假不分的局面，破坏演出市场的公平竞争，损害文艺人才培养成长和队伍建设。为防止假唱、假演奏行为的发生，《营业性演出管理条例》从四个方面对假唱、假演奏进行规范：第一，明确禁止演员以假唱欺骗观众；第二，禁止演出举办单位组织演员假唱；第三，禁止任何单位或者个人为假唱提供条件；第四，为落实该禁止性规范，《营业性演出管理条例》明确了演出举办单位的责任，要求演出举办单位派专人对演唱、演

---

① 文化部公布 2016—2017 年度全国文化市场十大案件．(2018-02-02) [2023-05-26]. https://www.gov.cn/xinwen/2018-02/02/content_5263104.htm.

奏行为进行监督，并作出记录备查。记录内容包括演员、乐队、曲目的名称和演唱、演奏过程的基本情况，并由演出举办单位负责人和监督人员签字确认。演出举办单位没有现场演唱、演奏记录的，由县级人民政府文化和旅游主管部门处以 3 000 元以下的罚款。

4. 侵犯观众合法权益的罚则

演出举办单位、文艺表演团体、演员侵犯观众合法权益的情形包括以下四种：第一，非因不可抗力中止、停止或者退出演出；第二，文艺表演团体、主要演员或者主要节目内容等发生变更未及时告知观众；第三，以假唱欺骗观众；第四，为演员假唱提供条件。

有前述第一至第三项所列行为之一的，由县级人民政府文化和旅游主管部门处 5 万元以上 10 万元以下的罚款；观众有权在退场后依照有关消费者权益保护的法律规定直接要求演出举办单位赔偿损失，演出举办单位赔偿损失后可以依法向负有责任的文艺表演团体、演员追偿。有前述第四项所列行为的，由县级人民政府文化和旅游主管部门处 5 000 元以上 1 万元以下的罚款。有前述四种行为之一的，对演出举办单位、文艺表演团体、演员，由国务院文化和旅游主管部门或者省、自治区、直辖市人民政府文化和旅游主管部门向社会公布；演出举办单位、文艺表演团体在 2 年内再次被公布的，由原发证机关吊销营业性演出许可证；个体演员在 2 年内再次被公布的，由工商行政管理部门吊销营业执照。

（五）募捐义演的演出收入监管

募捐义演的演出收入，除必要的成本开支外，必须全部交付受捐单位；演出举办单位、参加演出的文艺表演团体和演员、职员不得获取经济利益。

演出收入是指门票收入、捐赠款物、赞助收入等与演出活动相关的全部收入。演出成本是指演职员食、宿、交通费用和舞台灯光音响、服装道具、场地、宣传等费用。募捐义演结束后 10 日内，演出举办单位或者演员应当将演出收支结算报审批机关备案。

演出举办单位或者其法定代表人、主要负责人及其他直接责任人员在募捐义演中获取经济利益的，由县级以上人民政府文化和旅游主管部门依据各自职权责令其退回并交付受捐单位；构成犯罪的，依法追究刑事责任；尚不构成犯罪的，由县级以上人民政府文化和旅游主管部门依据各自职权处违法所得 3 倍以上 5 倍以下的罚款，并由国务院文化和旅游主管部门或者省、自治区、直辖市人民政府文化和旅游主管部门向社会公布违法行为人的名称或者姓名，直至由原发证机关吊销演出举办单位的营业性演出许可证。文艺表演团体或者演员、职员在募捐义演中获取经济利益的，由县级以上人民政府文化和旅游主管部门依据各自职权责令其退回并交付受捐单位。

三、演出安全的行政监管

演出的安全保障不仅涉及演职人员的生命安全，也涉及观众的生命安全，因此，无论是演出场所还是演出举办单位都有责任依法落实《营业性演出管理条例》《营业性演出管理条例实施细则》《大型群众性活动安全管理条例》的规定，严把安全关。

（一）演出经营主体的安全保障义务

1. 演出场所的安全保障义务

演出场所经营单位对演出负有安全保障义务，具体包括：

第一，演出场所经营单位应当确保演出场所的建筑、设施符合国家安全标准和消防安全规范，定期检查消防安全设施状况，并及时维护、更新。

第二，演出场所经营单位应当制定安全保卫工作方案和灭火、应急疏散预案。演出场所应当配备应急广播、照明设施，在安全出入口设置明显标识，保证安全出入口畅通。

第三，举办营业性演出，应当根据舞台设计要求，优先选用境内演出器材。

第四，演出场所经营单位发现营业性演出现场秩序混乱，应当立即采取措施并同时向演出所在地县级人民政府公安部门报告。

2. 演出举办单位的安全保障义务

第一，核验义务。演出举办单位在演出场所进行演出，应当核验演出场所经营单位的消防安全设施检查记录、安全保卫工作方案和灭火、应急疏散预案。

第二，签订安全责任协议义务。演出举办单位应当与演出场所经营单位就演出活动中突发安全事件的防范、处理等事项签订安全责任协议。演出举办单位或者个人可以为演出活动投保安全生产责任保险，但此保险并非强制投保。

第三，制定预案的义务。演出举办单位应当依照有关安全、消防的法律、行政法规和国家有关规定办理审批手续，并制定安全保卫工作方案和灭火、应急疏散预案。

第四，指定专人负责的义务。演出举办单位要专门组织人员落实具体的安全保障义务，包括落实营业性演出时的安全、消防措施，维护营业性演出现场秩序。发现营业性演出现场秩序混乱时，演出举办单位应当立即采取措施并同时向演出所在地县级人民政府公安部门报告。公安部门接到演出秩序混乱的报告后，应当立即采取措施消除安全隐患。

（二）入场观众的义务

演出场所经营单位、演出举办单位负有相应的安全保障义务，观看营业性演出表演的入场观众同样不得实施危及场所安全的行为。任何人不得携带传染病病原体和爆炸性、易燃性、放射性、腐蚀性等危险物质或者非法携带枪支、弹药、管制器具进入营业性演出现场。

演出场所经营单位应当根据公安部门的要求，配备安全检查设施，并对进入营业性演出现场的观众进行必要的安全检查；观众不接受安全检查或者有危及场所或他人安全行为的，演出场所经营单位有权拒绝其进入。

（三）临时搭建舞台、看台的监管

演出举办单位临时搭建舞台、看台进行营业性演出的，应当向文化和旅游主管部门提交依法验收后取得的演出场所合格证明，安全保卫工作方案和灭火、应急疏散预案，以及依法取得的安全、消防批准文件。演出场所合格证明，是指由演出举办单位组织有关承建单位进行竣工验收并作出的验收合格的证明材料。文化和旅游主管部门应当对上述文件进行核验、审批。

（四）观众数量的监管

适当的观众数量可以充分表现演出场所的服务效果，而超出演出场所容纳能力的观众数量不仅会影响演出观看质量，也会导致安全隐患，甚至可能发生踩踏事件。为保障安全，演出场所容纳的观众数量应当报公安部门核准，观众区域与缓冲区域应当由公安部门划定，缓冲区域应当有明显标识。演出场所容纳的观众数量未经批准的营业性演出活动，不得出售门票。演出举办单位应当按照公安部门核准的观众数量、划定的观众区域等印制、出售门票，不得印制、出售超过核准观众数量的或者观众区域以外的营业性演出门票。

任何单位或者个人不得伪造、变造营业性演出门票或者倒卖伪造、变造的营业性演出门票。验票时，发现进入演出场所的观众达到核准数量但仍有观众等待入场的，应当立即终止验票并同时向演出所在地县级人民政府公安部门报告；发现观众持有观众区域以外的门票或者假票的，应当拒绝其入场并同时向演出所在地县级人民政府公安部门报告。

（五）大型群众性活动的安全监管

大型群众性活动获得的社会关注度较高，指挥调度复杂，临时设施较多，容易发生重大涉险事故，因此对这类活动在履行安全保障义务方面有更高的要求。韩国当地时间 2022 年 10 月 29 日晚，首尔龙山区梨泰院举行万圣节派对，发生大规模踩踏事故，截至 2022 年 11 月 1 日，事故造成 156 人丧生。据资料查证，当晚约有 10 万人参加活动，现场人山人海，前方有人跌倒后，后方人流跟进，导致了严重踩踏。这是韩国继 2014 年“世越号”客轮沉没以来遇难者人数最多的一次事故。[①]

我国对大型群众性活动的安全管理遵循“安全第一、预防为主”的方针。根据《大型群众性活动安全管理条例》的规定，大型群众性活动是指由法人或者其他组织面向社会公众举办的每场次预计参加人数达到 1 000 人以上的活动，包括演唱会、音乐会等文艺演出活动，体育比赛活动等。影剧院、音乐厅、公园、娱乐场所等在其日常业务范围内举办的活动，则不属于大型群众性活动。

1. *活动承办者的安全责任*

大型群众性活动的安全管理坚持“承办者负责、政府监管”的原则。大型群众性活

---

① 肖欢，高科．关于组织大型群众性活动引发事故的警示反思．(2023 - 01 - 31)［2023 - 06 - 22］．https：//www.cdjy.sichuanpeace.gov.cn/llqy/20230131/2701272.html.

动的承办者是依照法定程序成立的法人或者其他组织，承办者对其承办活动的安全负责。承办者的主要负责人是大型群众性活动的安全责任人，即需要对安全事故承担责任的人。

举办大型群众性活动，承办者应当负责法定安全事项，制定大型群众性活动安全工作方案，落实安全工作方案和安全责任制度，为大型群众性活动的安全工作提供必要的保障。安全工作方案应当明确活动的时间、地点、内容及组织方式，安全工作人员的数量、任务分配和识别标志，活动场所消防安全措施，活动场所可容纳的人员数量以及活动预计参加人数，治安缓冲区域的设定及其标识，入场人员的票证查验和安全检查措施，车辆停放、疏导措施，现场秩序维护、人员疏导措施，以及医疗救护、灭火、应急疏散等应急救援预案。

2. 活动场所管理者的安全责任

大型群众性活动的场所管理者负责保障活动场所、设施符合国家安全标准和安全规定，保障疏散通道、安全出口、消防车通道、应急广播、应急照明、疏散指示标志符合法律、法规、技术标准的规定，保障监控设备和消防设施、器材配置齐全、完好有效，提供必要的停车场地，并维护安全秩序。

3. 活动参加人员的安全义务

大型群众性活动的参加人员应当遵守法律、法规和社会公德，不得妨碍社会治安、影响社会秩序；遵守大型群众性活动场所治安、消防等管理制度，接受安全检查，不得携带爆炸性、易燃性、放射性、毒害性、腐蚀性等危险物质或者非法携带枪支、弹药、管制器具；服从安全管理，不得展示侮辱性标语、条幅等物品，不得围攻裁判员、运动员或者其他工作人员，不得投掷杂物。

4. 公安机关的安全职责

公安机关对大型群众性活动实行安全许可制度。大型群众性活动的预计参加人数在1 000人以上5 000人以下的，由活动所在地县级人民政府公安机关实施安全许可；预计参加人数在5 000人以上的，由活动所在地设区的市级人民政府公安机关或者直辖市人民政府公安机关实施安全许可；跨省、自治区、直辖市举办大型群众性活动的，由国务院公安部门实施安全许可。

公安机关对大型群众性活动安全负有监督管理职责，包括审核承办者提交的大型群众性活动申请材料，实施安全许可，对不符合要求的一律不予批准；根据大型群众性活动的规模、规格、场地安全状况等因素，确定活动的安全风险等级，并据此制定活动的安全监督方案和突发事件处置预案，处置危害公共安全的突发事件；督促承办单位聘请保安员从事安全工作，逐步实行大型群众性活动安全保卫力量的社会化和安全工作的市场化，指导对保安队伍的教育、培训；在大型群众性活动举办前，对活动场所组织安全检查，发现安全隐患及时责令改正；在大型群众性活动举办过程中，对安全工作的落实情况实施监督检查，发现安全隐患及时责令改正；对大型群众性活动中的违法犯罪行为依法查处。

在大型群众性活动现场负责执行安全管理任务的公安机关工作人员，凭值勤证件进入大型群众性活动现场，依法履行安全管理职责。公安机关和其他有关主管部门及其工作人员不得向承办者索取门票。

第三节 演出经纪人员监管制度

《营业性演出管理条例》规定，演出经纪机构申请从事营业性演出经营活动的，应当有 3 名以上专职演出经纪人员。《网络表演经纪机构管理办法》规定，网络表演经纪机构应当配备满足业务需要的网络表演经纪人员，网络表演经纪人员与所签约网络表演者人数比例原则上不低于 1∶100。由此可见，演出经纪人员是促进演出市场高质量发展的重要人员支撑。中国演出行业协会演员经纪人委员会于 2020 年 10 月发布的《高级演出经纪人管理办法》是约束持有高级演出经纪资格证书的相关人员的行业自律规范。为加强演出经纪人员队伍建设和管理，规范演出经纪行为，文化和旅游部于 2021 年 12 月根据《营业性演出管理条例》等有关规定对《演出经纪人员管理办法》进行了修订。2022 年，文化和旅游部办公厅印发了《演出经纪人员继续教育实施意见》和《演出经纪人员资格证管理规定（试行）》。

如何取得演出经纪人员从业资格？演出经纪人员享有的权利和需要遵守的执业规范有哪些？本节将围绕这些问题展开论述。

一、演出经纪人员概述

演出经纪人员属于经纪人的一种。经纪人是指在经济活动中，以收取佣金为目的，为促成他人交易而从事居间、行纪或者代理等经纪业务的自然人、法人或其他组织。经纪人必须拥有执业资格，依法注册登记并取得合法经营地位。

演出经纪人员，是指在演出活动中代表经纪对象，在演出相关领域的机构和个人之间进行沟通、宣传、谈判、代理签约、监督履约等代理、行纪、居间等经纪活动，并取得以佣金为主要收入的经纪人，包括演出经纪机构中的专职演出经纪人员和个体演出经纪人。① 演出经纪活动，包括演出组织、制作、营销，演出居间、代理、行纪，演员签约、推广、代理等活动。

二、演出经纪人员的资格认定

根据《国家职业资格目录》等相关规定，国家对演出经纪人员实行职业资格认定制度。在中华人民共和国境内从事演出经纪活动的人员，应当通过演出经纪人员资格认定

---

① 参见《2021 年全国演出经纪人员资格认定考试大纲》。

考试，取得演出经纪人员资格证，持证上岗。

演出经纪人员资格认定考试全国统一实施，每年举行一次。文化和旅游部组织拟定考试大纲、考试科目、考试试题，组织实施考试，于演出经纪人员资格认定考试结束后20个工作日内公布合格分数线。同时，文化和旅游部建立演出经纪人员资格证管理库，自合格分数线公布之日起30日内通过全国文化市场技术监管与服务平台向通过演出经纪人员资格认定考试的人员发放演出经纪人员资格证。

思政专栏 11-2

《演出经纪人员管理办法》规定，凡具有中华人民共和国国籍，拥护中华人民共和国宪法，具有良好的政治素质、业务水平和道德品行，具有高级中学、中等专业学校以上学历，年满18周岁，具有完全民事行为能力的自然人（包含我国港澳台地区人员），均可报名参加演出经纪人员资格认定考试。但因违反考试纪律、扰乱考试秩序等原因被取消考试资格未满2年的或被认定为文化市场严重失信主体的，不得参加考试。

三、演出经纪人员的权利、义务和执业规范

（一）演出经纪人员的权利

演出经纪人员有权依法在批准的业务范围内开展演出经纪业务。任何个人、团体和单位不得采用非法手段干预演出经纪人员的从业活动。

演出经纪人员有权依法收取佣金。演出经纪人员通过自己的劳动促进演出行业的交易活动，有权依据演出经纪合同的约定收取佣金。

（二）演出经纪人员的义务

1. 遵守法律和职业道德

演出经纪人员应当严格遵守法律法规，自觉践行社会主义核心价值观，不断提高思想品德修养和职业能力水平，自觉维护演出行业形象。

2. 定期完成继续教育

演出经纪人员每年通过全国文化市场技术监管与服务平台完成不少于20个学时的在线继续教育，每学时不少于45分钟。继续教育内容包括职业道德素养、法律法规基础、演出市场政策、演出经纪实务等。演出经纪人员应当定期完成相应的继续教育，于每年12月31日前通过全国文化市场技术监管与服务平台填写继续教育记录，并提交相关证明文件。演出经纪人员不得提供虚假证明材料骗取继续教育学时，不得由他人替代参加继续教育或者有其他违反继续教育制度的情形。

3. 规范演员行为

演出经纪人员应当在演出经纪活动中依法维护演员的合法权益。演出经纪人员应当规范演员从业行为，加强对演员的教育、提醒、督促，积极引导演员时刻敬畏法律红线、严守道德底线、提升职业操守，积极营造崇德尚艺、见贤思齐的良好风气，树立良好的社会形象。

（三）演出经纪人员的执业规范

（1）演出经纪人员不得在两家以上演出经纪机构从业，不得出租、出借演出经纪人员资格证。

（2）演出经纪人员应当对所经纪的演出项目进行内容自审，保证演出内容健康合法，不为含有《营业性演出管理条例》第 25 条规定的禁止内容的演出提供服务，不得纵容所经纪演员的违法失德行为。

典型案例 11－5

针对上一节“典型案例”中提到的上海某文化传媒有限公司及其演员李某某肆意篡改演出申报内容，在 2023 年 5 月 13 日下午、晚上连续两场脱口秀演出中出现严重侮辱人民军队的情节、造成恶劣社会影响的事件，北京市文化市场综合执法总队决定进一步对涉案人员及其演出经纪机构和演出场所经营单位的相关违规行为依法依规追究责任。本案中，演出经纪人员为含有《营业性演出管理条例》第 25 条规定的禁止内容的演出提供服务，以及纵容所经纪演员的违法失德行为并造成恶劣社会影响，需要承担相应的法律责任。

（3）演出经纪人员不得对演出活动进行虚假宣传。

（4）演出经纪人员不得实施为演员假唱、假演奏提供条件等欺骗行为。

（5）演出经纪人员不得从事其他扰乱演出市场秩序的行为。

演出经纪人员在从业过程中违反上述执业规范的，由县级以上人民政府文化和旅游主管部门责令改正；情节严重的，依法认定为文化市场失信主体，实施联合惩戒。

基本概念

营业性演出　文艺表演团体　演出经纪机构　演出场所　演出经纪人员

讨论题

1. 演出经营主体要接受哪些方面的行政监管？具体涉及哪些监管规则？

2. 如果你是一名演出经纪人员，在日常从事演出经纪活动的过程中，你需要遵守哪些规则？你应如何规范、引导经纪对象的从业行为？

3. 党的二十大报告中对数字中国建设作出了新部署、提出了新要求。我们应当如何顺应数字经济发展大潮，构建线上线下融合的演出新生态，规范数字文艺作品的健康发展？

第十二章
网络信息法律制度

引　例

自1994年全功能接入国际互联网以来，中国坚持依法治网，持续推进网络空间法治化，推动互联网在法治轨道上健康运行。进入新时代，在习近平新时代中国特色社会主义思想指引下，中国将依法治网作为全面依法治国和网络强国建设重要内容，努力构建完备的网络法律规范体系、高效的网络法治实施体系、严密的网络法治监督体系、有力的网络法治保障体系，网络法治建设取得历史性成就。网络立法、网络执法、网络司法、网络普法、网络法治教育一体推进，国家、政府、企业、社会组织、网民等多主体参与，走出了一条既符合国际通行做法，又有中国特色的依法治网之路。中国的网络法治建设不仅有力提升了中国互联网治理能力，也为全球互联网治理贡献了中国智慧和中国方案。

——2023年3月国务院新闻办公室《新时代的中国网络法治建设》

经过近30年的发展，互联网已经成为我国广大民众传递信息、获取信息最重要的渠道。网络在为公众提供信息传播自由与便利的同时，也为违法信息、有害信息的传播提供了途径。规范网络信息的传播行为，维护国家安全、公序良俗以及他人合法权益，促进网络信息传播的健康发展，是网络信息法治的重要使命。本章将详细介绍网络信息传播的特点、网络信息的类型、我国网络信息立法的历程、我国网络信息的准入制度、网络信息内容规范制度以及网络平台的信息内容管理责任等重要内容。

第一节　网络信息法律制度概述

网络信息是指通过互联网（包括移动互联网）传输的信息。与传统媒介相比，网络信息传播具有哪些特点？网络信息包含哪些类型？我国网络信息立法经历了哪些阶段？本节将为你解答这些问题。

一、互联网的起源与发展

互联网的发明被称为第五次信息技术革命。互联网起源于美国国防部高级研究计划署的阿帕网（ARPANET），该网于 1969 年投入使用。阿帕网主要用于军事研究目的，其主旨为：网络必须能够经受住故障的考验，维持正常的工作，在发生战争致使网络的某一部分因遭受攻击而失去工作能力时，网络的其他部分仍能维持正常的通信工作。

根据有关学者的研究①，迄今为止，互联网的发展可以分为七个阶段：

第一阶段是 20 世纪 60 年代的基础技术阶段。这一阶段以计算机广域网和数字通信技术的成熟为标志，尤其是包交换技术的突破，为互联网前身——阿帕网的诞生奠定了基础。

第二阶段是 20 世纪 70 年代的基础协议阶段。这一阶段最大的突破就是 TCP/IP 的诞生，这使得不同计算机和不同网络之间互联成为大势所趋。

第三阶段是 20 世纪 80 年代的基础应用阶段。这一阶段全球各种网络如雨后春笋一般冒出，并且电子邮件、BBS 和 Usenet 等应用的普及，促成了互联网在全球学术界的联网，TCP/IP 和 NSFNET（美国国家科学基金网）成为协议大战和网络大战的胜出者。

第四阶段是 20 世纪 90 年代的 Web1.0 阶段。万维网（WWW）的诞生和商业化浪潮推动着互联网走向大众，浏览器、门户和电子商务等应用开启了互联网发展的第一次投资热潮。

第五阶段是 21 世纪前 10 年的 Web2.0 阶段。这一阶段主要是博客、社交媒体等应用的兴起，网民成为内容的生产主体。

第六阶段是 21 世纪 10 年代的移动互联阶段。随着智能手机全面崛起，移动互联网成为全球互联网新一轮扩散的主力军，其更加深刻地改变着人们的日常生活。

第七阶段是 21 世纪 20 年代开启的智能物联阶段。随着 5G 应用的展开，全球将进入万物互联的新阶段。

自 1994 年全功能接入国际互联网以来，我国网民规模、网络产业发展迅速。截至 2022 年 12 月，我国网民规模达 10.67 亿，互联网普及率达 75.6%；在网络基础资源方面，我国域名总数达 3 440 万个，IPv6 地址数量达 67 369 块/32；在信息通信业方面，我国 5G 基站总数达 231.2 万个，占移动基站总数的 21.3%；在物联网发展方面，我国移动网络的终端连接总数已达 35.28 亿户，移动物联网连接数达 18.45 亿户。②

二、网络信息传播的特点

与报刊、图书、广播电视等传统传输媒介相比，网络信息传播具有很多特点和优势。

（一）传播的瞬时性

报纸、期刊、录音和录像制品等传统形式的传播方式会受到物流的限制，而网络信

① 方兴东，钟祥铭，彭莜军．全球互联网 50 年：发展阶段与演进逻辑．新闻记者，2019（7）：6－7.

② 第 51 次《中国互联网络发展状况统计报告》．（2023－03－02）［2023－07－06］．https://www.cnnic.cn/n4/2023/0303/c88－10757.html.

息以数字化形式呈现，不依赖于有形的物流。并且，由于信息技术的快速发展，网络传输速度不断加快，网络信息传播几乎没有延迟，可以实时传播。

（二）传播的跨地域性

无论是纸质媒介还是电子媒介，传统的媒介传输几乎都会受到某种形式和程度的地域限制，而网络本身具有的开放性使得网络信息传播从一开始就突破了地域的限制。只要连上互联网，就可以与世界各地的人进行交流，获取来自世界各地的信息。

（三）传播的交互性

无论是纸质媒介还是电子媒介，传统的传播方式往往是单向传播，公众无法将自己对信息的想法和感受即时地反馈给信息传播者。而网络发展到 Web2.0 阶段之后，公众就可以即时地反馈信息，形成与信息传播者之间动态的、交互式的交流，这极大地提高了信息传播的效率，提升了用户的传播体验。

（四）传播主体的复杂性

传统媒介的传播主体通常是专业机构。由于传统媒介的传输容量有限，其传播的内容往往需要经过较长时间的设计和制作，通常质量也较高。而网络技术的发展使得传播的门槛大大降低，普通用户（主要是个人用户）成为网络信息传播的主体，这就使信息传播主体数量增多、类型复杂，传输的信息质量也良莠不齐。

（五）传播内容的海量性

由于任何人都可以成为生产、传播信息内容的主体，再加上互联网存储量大、存储高效和快速，因此网络空间的内容是海量的。近年来，生成式人工智能的出现更使得互联网上传播的信息难以计量，海量信息的特性使得网络空间中的信息推荐——无论是社交推荐还是算法推荐——都变得无比重要。信息交换趋向于个性化发展，以满足每个人的个性化需求。

（六）传播形式的多样性

网络信息本身具有多媒体属性，可以通过文字、图片、音频、视频、直播等多种形式呈现。这一特点使得网络信息传播备受青睐，但也增加了信息传播监管的难度，提出了许多新的法律问题。

三、网络信息的类型

信息技术的迅猛发展不断带动网络信息在传播主体、传输渠道、信息表现形式等方面发展和突破。网络信息可以按照以下标准进行划分。

（一）按照生成主体

根据生成网络信息主体的不同，网络信息可以分为以下几种类型。

1. 用户生成内容（user-generated content）

这是由普通用户创建和共享的内容。它包括社交媒体上的帖子、评论、照片、视频以及用户在博客、论坛、百度百科等平台上发布的内容等。用户生成内容是网络信息中最常见和使用最广泛的类型之一。

2. 专业生成内容（professionally-generated content）

这是由专业人士或组织创建的内容。它包括新闻报道、专业博客、在线杂志、电影、电视节目、音乐专辑等。专业生成内容通常要经过精心策划、制作和编辑，以提供高质量和专业水平的信息。

3. 机器生成内容（machine-generated content）

随着人工智能和自动化技术的发展，机器生成内容正在逐渐增多。这包括由计算机程序、算法或机器学习模型生成的内容，如自动化新闻报道、生成的艺术作品、智能助手生成的文本等。

4. 混合生成内容（hybrid-generated content）

这是由多个主体共同生成的内容。例如，在社交媒体上，用户可以与机器人助手进行互动，生成一种结合人类用户生成内容和机器生成内容的混合形式的内容。

这些不同类型的网络信息源源不断地在互联网上产生，给用户提供了丰富的信息资源和良好的互动体验。

（二）按照传输渠道

根据传输渠道的不同，网络信息可以分为以下几种类型。

1. 有线网络信息

这种信息是通过有线传输媒介，如光纤、电缆、以太网等进行传输的。它包括通过有线网络传输的数据、文件、媒体内容等。

2. 无线网络信息

这种信息是通过无线传输媒介，如 Wi-Fi、蓝牙、移动网络等进行传输的。它包括通过无线网络传输的数据、文件、媒体内容等。

3. 卫星网络信息

这种信息是通过卫星网络进行传输的。卫星网络被用于在地球的不同地区之间进行通信和数据传输。它包括通过卫星网络传输的数据、媒体内容等。

4. 公共网络信息

这种信息是通过公共网络，如互联网等进行传输的。公共网络是一个全球性的网络基础设施，连接了各种网络和计算机，使信息可以在全球范围内自由传播。

5. 内部网络信息

这种信息是在组织内部，如企业内部网络、校园网络等传输的。它包括组织内部的通信、文件共享、内部系统访问等。

这些不同的传输渠道让信息的传输变得多样和灵活，使人们可以随时随地获取和共享信息。

（三）按照应用类型

根据应用类型的不同，网络信息可以分为以下几种类型。

1. 电子邮件（E-mail）

电子邮件是一种常见的网络应用，用于发送和接收文字、文件、附件等信息。它是一种点对点的通信方式，被广泛用于个人和商业通信。

2. 即时通讯（instant messaging）

即时通讯是一种实时的文本交流方式，用于实时聊天和即时通信，包括即时消息应用程序（如 WhatsApp、微信等）、在线聊天室、社交媒体私信等。

3. 社交媒体（social media）

社交媒体是一种网络平台，用于创建、共享、交流用户生成的内容。它包括社交网络（如新浪微博、Facebook、Twitter、Instagram 等）、专业网络（如 LinkedIn 等）、分享平台（如知乎、豆瓣等）等。

4. 在线购物（online shopping）

在线购物是通过网络进行商品和服务的购买和销售。它包括电子商务平台（如亚马逊、京东、淘宝等）、在线支付系统、数字货币交易等。

5. 搜索引擎（search engines）

搜索引擎是用于在互联网上搜索信息的工具。它通过关键词搜索和索引互联网上的网页和其他内容，提供相关的搜索结果和链接。

6. 在线娱乐（online entertainment）

在线娱乐包括通过网络提供的各种娱乐内容和服务。它包括在线游戏、在线音乐和视频流媒体服务、网络电视等。

7. 在线教育（online education）

在线教育是通过网络提供的教育和学习资源。它包括在线课程、远程教育、网络培训和虚拟学习环境等。

8. 在线新闻和媒体（online news and media）

在线新闻和媒体是通过互联网提供的新闻报道、文章、音频和视频内容。它包括新闻网站、博客、网络电视、网络广播等。

这些不同类型的网络应用满足了人们的各种需求，提供了丰富的信息和服务。随着技术的不断进步，新的网络应用也在不断涌现。

(四) 按照呈现形式

按照呈现形式，网络信息可以分为以下几种类型：

(1) 文字信息：包括电子邮件、文本消息、网页内容、博客文章、论坛帖子、新闻报道等。

(2) 图像信息：包括照片、插图、图表、地图等。

(3) 音频信息：包括音乐、语音记录、播客、音频广告等。

(4) 视频信息：包括电影、电视节目、视频广告、视频日志（Vlog）、在线课程等。

(5) 实时信息（直播）：包括实时视频流、实时音频流、即时通信消息等。

（6）文件和软件：包括文档、电子书、电子表格、幻灯片、应用程序、游戏等。

这些类型的网络信息在互联网上广泛流通和共享，构成了当今信息社会的重要组成部分。

四、我国网络信息立法的历史

（一）1994 年至 1999 年：探索起步期

1994 年 4 月 20 日，我国通过一条 64K 国际专线全功能接入国际互联网，成为国际互联网的第 77 个成员。1997 年，党的十五大报告提出了推进国民经济信息化的战略思想。1999 年，我国网络用户规模达到 890 万，网络站点增至约 1.5 万个。①

这一时期我国的网络信息立法主要包括：1994 年 2 月国务院发布的《计算机信息系统安全保护条例》（2011 年 1 月修订）、1996 年 2 月国务院发布的《计算机信息网络国际联网管理暂行规定》（1997 年 5 月修正）和 1997 年 12 月公安部经国务院批准发布的《计算机信息网络国际联网安全保护管理办法》（2011 年 1 月修订）。后两者旨在加强对计算机信息网络国际联网的管理，以保障国际计算机信息交流的健康发展。其中，《计算机信息网络国际联网安全保护管理办法》首次规定了禁止通过互联网传输的九项内容。

总体来看，该时期的网络信息立法较为宽松，在大力推进信息化建设的背景下，主要围绕网络建设、系统安全等方面进行立法。

（二）2000 年至 2009 年：快速发展期

2000 年之后，互联网进入 Web2.0 阶段，互联网的媒体属性不断增强，即时通信、论坛、视频、搜索引擎全面开花，开始深层次影响整个社会的信息传播方式。到 2008 年，我国网民总人数达到 2.98 亿②，首次跃居世界第一。同年，CN 域名首次成为全球第一大国家顶级域名。2001 年，江泽民提出对信息网络化问题的 16 字方针："积极发展，加强管理，趋利避害，为我所用"③。

2000 年，第九届全国人大常委会第十九次会议通过了《全国人民代表大会常务委员会关于维护互联网安全的决定》，这一决定在相当长的一段时期内成为互联网甚至整个网络信息传播领域最高位阶的专门性法律文件，其中明确规定了网络犯罪的刑法适用问题。同年，国务院颁布了互联网监管领域两部重要的行政法规《中华人民共和国电信条例》（以下简称《电信条例》）和《互联网信息服务管理办法》，前者明确将互联网作为电信业务纳入监管，后者被认为是我国互联网内容管理的"根本大法"。

---

① 中国互联网络信息中心．中国互联网络发展状况统计报告（2000/1）．［2023－07－06］．http：//www.cac.gov.cn/files/pdf/hlwtjbg/hlwlfzzkdctjbg005.pdf.

② CNNIC 发布《第 23 次中国互联网络发展状况统计报告》．（2009－01－12）［2023－07－06］．https：//www.cnnic.cn/n4/2022/0401/c148－4505.html.

③ 江泽民文选：第 3 卷．北京：人民出版社，2006：300.

国务院于2001年发布的《计算机软件保护条例》、于2002年发布的《互联网上网服务营业场所管理条例》及于2006年发布的《信息网络传播权保护条例》，对上网场所的管理、网络版权保护等作出了规定。2009年，第十一届全国人大常委会第十二次会议通过了《侵权责任法》，该法第36条对网络平台的侵权责任作出了规定。

这一时期，信息产业部、国务院新闻办公室、新闻出版总署、广电总局、文化部等部门分别对电子公告、互联网新闻信息、网络出版、网络视听节目、网络文化活动等内容进行了规定，加强了网络内容监管。2000年10月8日，信息产业部发布《互联网电子公告服务管理规定》（已失效）。2000年11月17日，国务院新闻办公室、信息产业部联合发布《互联网站从事登载新闻业务管理暂行规定》。2005年9月25日，国务院新闻办公室、信息产业部联合发布《互联网新闻信息服务管理规定》。

这一时期，我国遵循"边发展、边管理"的互联网治理思路，开始重视互联网的媒体属性，内容管理成为立法的重心，网络安全、电信业务、互联网信息服务等方面的基础性立法开始确立，同时，传统部门法重新制定或修改以回应网络发展带来的立法挑战。

（三）2010年至2019年：全面提升期

2010年前后，3G网络的发展与智能手机的普及将我国带入移动互联网时代。微博、微信等社交媒体迅速崛起。2014年2月，中央网络安全和信息化领导小组成立。2014年11月，首届世界互联网大会在浙江乌镇举行，此后每年举行一届。2015年，"互联网+"行动战略提出，带动我国经济数字化转型，互联网全面融入社会生活。2018年3月，中央网络安全和信息化领导小组改组为中央网络安全和信息化委员会，我国的网络治理完成了新的顶层设计。

这一时期，网络信息立法进入全面提升时期，网络立法非常活跃。2012年通过的《全国人民代表大会常务委员会关于加强网络信息保护的决定》，明确了网络实名制和对网络个人信息保护的要求。2013年，最高人民法院发布《关于审理编造、故意传播虚假恐怖信息刑事案件适用法律若干问题的解释》；同年，最高人民法院与最高人民检察院联合发布《关于办理利用信息网络实施诽谤等刑事案件适用法律若干问题的解释》，共同对网络空间传播违法信息构成犯罪的刑法适用问题作出了规定。2016年，第十二届全国人大常委会第二十四次会议审议通过的《中华人民共和国网络安全法》（以下简称《网络安全法》）对网络信息安全等问题作出了专门的规定。这一时期，《刑法》《国家安全法》《反不正当竞争法》《反恐怖主义法》《广告法》《食品安全法》等传统法律在网络环境下都进行了修改，以回应网络空间信息传播等方面的新挑战。

此外，在网络安全理念的指导下，国家互联网信息办公室、国家新闻出版署、国家广播电视总局、文化和旅游部等部门不断通过发布规章、规范性文件等方式对互联网新闻信息、网络出版、网络视听节

思政专栏 12-1

目、网络文化活动、社交媒体信息等进行了全面规定，网络内容监管得到了强化。

这一时期网络信息立法的特点是高度重视网络安全，对网络媒介、网络空间的各种活动进行密集立法，并强调严格监管和多方共治。

（四）2020 年至今：升级完善期

2020 年之后，随着云计算、大数据、人工智能、虚拟现实、5G 等技术的不断突破，互联网开始进入智能物联时代。截至 2021 年 12 月，我国网民规模达到 10.32 亿，互联网普及率达到 73%。[①] 2022 年以来，以 ChatGPT、文心一言等为代表的生成式人工智能横空出世，并开始获得广泛应用。

这一时期，全国人大常委会颁布了《数据安全法》《个人信息保护法》等网络专门立法，制定和修订了《民法典》《著作权法》《未成年人保护法》《反垄断法》等传统法律，积极回应互联网时代的法律发展要求。各个行业主管部门继续按照业务分工，围绕网络安全、数据安全、隐私保护、信息安全等方面进行立法。

这一时期的网络信息立法有三个特点：一是立法层次明显提高，二是专门立法速度加快，三是数据安全成为立法重点。

典型案例 12－1

2022 年 7 月 21 日，国家互联网信息办公室依据《网络安全法》《数据安全法》《个人信息保护法》《行政处罚法》等法律法规，对某股份有限公司处以人民币 80.26 亿元罚款，对该公司董事长兼 CEO 程某、总裁柳某各处以人民币 100 万元罚款。

经查明，该公司共存在 16 项违法事实，主要包括八个方面：一是违法收集用户手机相册中的截图信息 1 196.39 万条；二是过度收集用户剪切板信息、应用列表信息 83.23 亿条；三是过度收集乘客人脸识别信息 1.07 亿条、年龄段信息 5 350.92 万条、职业信息 1 633.56 万条、亲情关系信息 138.29 万条、“家”和“公司”打车地址信息 1.53 亿条；四是过度收集乘客评价代驾服务时、App 后台运行时、手机连接桔视记录仪设备时的精准位置（经纬度）信息 1.67 亿条；五是过度收集司机学历信息 14.29 万条，以明文形式存储司机身份证号信息 5 780.26 万条；六是在未明确告知乘客的情况下分析乘客出行意图信息 539.76 亿条、常驻城市信息 15.38 亿条、异地商务/异地旅游信息 3.04 亿条；七是在乘客使用顺风车服务时频繁索取无关的“电话权限”；八是未准确、清晰说明用户设备信息等 19 项个人信息的处理目的。

此前，该公司还存在严重影响国家安全的数据处理活动，以及拒不履行监管部门的明确要求，阳奉阴违、恶意逃避监管等其他违法违规问题。该公司违法违规运营给国家关键信息基础设施安全和数据安全带来了严重安全风险隐患。

① CNNIC 发布第 49 次《中国互联网络发展状况统计报告》.（2022－02－25）[2023－07－06]. https://www.cnnic.cn/n4/2022/0401/c135－5314.html.

纵观我国网络信息立法历程可以发现：一方面，我国网络信息立法从无到有，不断探索，围绕技术、产业、信息内容等方面展开了全方位立法，形成了一套富有中国特色的互联网信息法律体系；另一方面，我国网络信息立法总体上还存在着规范层级低、立法碎片化等不足之处，未来还需要在尊重互联网技术发展规律、促进产业创新、保障网络安全的基本思路上继续改进和完善。

第二节　网络信息准入制度

市场准入是一项事前监管制度。我国网络信息服务市场普遍实行信息准入制度。准入制度主要包括许可和备案两种方式。

行政许可属于行政监管中的刚性监管措施。根据《行政许可法》的规定，行政许可是指行政机关根据公民、法人或者其他组织的申请，经依法审查，准予其从事特定活动的行为。行政许可必须依申请作出，行政机关不会依职权主动作出行政许可。

行政备案是指行政机关为加强行政管理与服务，依法要求公民、法人和其他组织报送与行政管理有关的材料，并对报送材料进行收集、整理、存档备查的一种程序性事实行为和行政法律制度。

《互联网信息服务管理办法》对经营性和非经营性互联网信息服务分别实行许可和备案管理，同时还规定，各行业主管部门对“从事新闻、出版、教育、医疗保健、药品和医疗器械等互联网信息服务”实行许可制度。市场准入通过在技术、人员、资金等方面设置一定的门槛，能够从源头上对网络信息安全和内容质量进行把关。

一、互联网信息服务

互联网信息服务是指通过互联网向上网用户提供信息的服务活动。根据《互联网信息服务管理办法》，我国互联网信息服务分为经营性和非经营性两类。国家对经营性互联网信息服务实行许可制度，对非经营性互联网信息服务实行备案制度。未取得许可或者未履行备案手续的，不得从事互联网信息服务。

经营性互联网信息服务，是指通过互联网向上网用户有偿提供信息或者网页制作等服务活动。从事经营性互联网信息服务，除应当符合《电信条例》规定的要求外，还应当具备下列条件：(1) 有业务发展计划及相关技术方案；(2) 有健全的网络与信息安全保障措施，包括网站安全保障措施、信息安全保密管理制度、用户信息安全管理制度；(3) 服务项目属于《互联网信息服务管理办法》第 5 条规定范围的，已取得有关主管部门同意的文件。

同时，《互联网信息服务管理办法》第 7 条第 1 款还规定：“从事经营性互联网信息服务，应当向省、自治区、直辖市电信管理机构或者国务院信息产业主管部门申请办理互联网信息服务增值电信业务经营许可证。”

非经营性互联网信息服务，是指通过互联网向上网用户无偿提供具有公开性、共享性信息的服务活动。从事非经营性互联网信息服务，应当向省、自治区、直辖市电信管理机构或者国务院信息产业主管部门办理备案手续。

二、互联网新闻信息服务

新闻信息是指有关政治、经济、军事、外交等社会公共事务的报道、评论，以及有关社会突发事件的报道、评论。根据国家互联网信息办公室 2017 年发布的《互联网新闻信息服务管理规定》，通过互联网站、应用程序、论坛、博客、微博客、公众账号、即时通信工具、网络直播等形式向社会公众提供互联网新闻信息服务，应当取得互联网新闻信息服务许可，禁止未经许可或超越许可范围开展互联网新闻信息服务活动。

互联网新闻信息服务分为三类：互联网新闻信息采编发布服务、转载服务、传播平台服务。申请互联网新闻信息采编发布服务许可的，应当是新闻单位（含其控股的单位）或新闻宣传部门主管的单位，其他主体只能从事转载服务或提供传播平台服务。互联网新闻信息服务提供者转载新闻信息，应当转载中央新闻单位或省、自治区、直辖市直属新闻单位等国家规定范围内的单位发布的新闻信息，并注明新闻信息来源、原作者、原标题、编辑真实姓名等，不得歪曲、篡改标题原意和新闻信息内容，并保证新闻信息来源可追溯；提供互联网新闻信息传播平台服务的互联网新闻信息服务提供者，应当与在其平台上注册的用户签订协议，明确双方权利义务；对用户开设公众账号的互联网新闻信息服务提供者应当审核其账号信息、服务资质、服务范围等信息，并向所在地省、自治区、直辖市互联网信息办公室分类备案。

根据《互联网新闻信息服务管理规定》第 6 条的规定，申请互联网新闻信息服务许可的主要负责人、总编辑应当是中国公民，且需要有与服务相适应的专职新闻编辑人员、内容审核人员和技术保障人员，以及健全的信息安全管理制度和安全可控的技术保障措施等。①

互联网新闻信息服务与意识形态安全和国家安全紧密相关。因此，《互联网新闻信息服务管理规定》第 7 条对设立互联网新闻信息服务单位的资金来源进行了限制：任何组织不得设立中外合资经营、中外合作经营和外资经营的互联网新闻信息服务单位；互联网新闻信息服务单位与境内外中外合资经营、中外合作经营和外资经营的企业进行涉

---

① 《互联网新闻信息服务管理规定》第 6 条规定："申请互联网新闻信息服务许可，应当具备下列条件：（一）在中华人民共和国境内依法设立的法人；（二）主要负责人、总编辑是中国公民；（三）有与服务相适应的专职新闻编辑人员、内容审核人员和技术保障人员；（四）有健全的互联网新闻信息服务管理制度；（五）有健全的信息安全管理制度和安全可控的技术保障措施；（六）有与服务相适应的场所、设施和资金。申请互联网新闻信息采编发布服务许可的，应当是新闻单位（含其控股的单位）或新闻宣传部门主管的单位。符合条件的互联网新闻信息服务提供者实行特殊管理股制度，具体实施办法由国家互联网信息办公室另行制定。提供互联网新闻信息服务，还应当依法向电信主管部门办理互联网信息服务许可或备案手续。"

及互联网新闻信息服务业务的合作，应当报经国家互联网信息办公室进行安全评估。其第 8 条还规定，互联网新闻信息服务提供者的采编业务和经营业务应当分开，非公有资本不得介入互联网新闻信息采编业务。

典型案例 12－2

2019 年 3 月 4 日，上海市网信办依据《网络安全法》《互联网信息服务管理办法》《互联网新闻信息服务管理规定》等法律法规，对某网站及其 App 运营公司上海某信息科技有限公司作出了罚款的处罚决定。上海市网信办介绍，经巡查发现，上海某信息科技有限公司的某网站及其 App 在未获得互联网新闻信息服务资质的情况下，违规登载新闻信息，且内容导向存在偏差，扰乱了网络信息传播秩序。①

三、互联网视听节目服务

互联网视听节目服务，是指制作、编辑、集成并通过互联网向公众提供视音频节目，以及为他人提供上载传播视听节目服务的活动。依据 2015 年修订的《互联网视听节目服务管理规定》，国务院广播电影电视主管部门是互联网视听节目服务的行业主管部门，负责对互联网视听节目服务实施监督管理，统筹互联网视听节目服务的产业发展、行业管理、内容建设和安全监管。

《互联网视听节目服务管理规定》第 7 条第 1 款和第 2 款规定："从事互联网视听节目服务，应当依照本规定取得广播电影电视主管部门颁发的《信息网络传播视听节目许可证》（以下简称《许可证》）或履行备案手续。未按照本规定取得广播电影电视主管部门颁发的《许可证》或履行备案手续，任何单位和个人不得从事互联网视听节目服务。"

依据《互联网视听节目服务管理规定》第 8 条②的规定，只有国有独资或国有控股单位才有资格申请从事互联网视听节目服务。鉴于我国大部分视频网站属于由风险投资创办的民营企业，国家广电总局对此作出解释，在该规定发布之前依法开办、无违法违规行为的互联网视频网站，可重新登记并继续运营。

此外，从事广播电台、电视台形态服务和时政类视听新闻服务的，除需要满足《互联网视听节目服务管理规定》第 8 条的规定外，还应当持有广播电视播出机构许可证或

---

① 上海网信办处罚"华尔街见闻"：违规登载新闻信息.（2019－03－05）[2023－07－06]. http：//capital. people. com. cn/n1/2019/0305/c405954－30957661. html.

② 《互联网视听节目服务管理规定》第 8 条规定："申请从事互联网视听节目服务的，应当同时具备以下条件：（一）具备法人资格，为国有独资或国有控股单位，且在申请之日前三年内无违法违规记录；（二）有健全的节目安全传播管理制度和安全保护技术措施；（三）有与其业务相适应并符合国家规定的视听节目资源；（四）有与其业务相适应的技术能力、网络资源；（五）有与其业务相适应的专业人员，且主要出资者和经营者在申请之日前三年内无违法违规记录；（六）技术方案符合国家标准、行业标准和技术规范；（七）符合国务院广播电影电视主管部门确定的互联网视听节目服务总体规划、布局和业务指导目录；（八）符合法律、行政法规和国家有关规定的条件。"

互联网新闻信息服务许可证。从事主持、访谈、报道类视听服务的，还应当持有广播电视节目制作经营许可证和互联网新闻信息服务许可证；从事自办网络剧（片）类服务的，还应当持有广播电视节目制作经营许可证。

四、网络出版服务

网络出版服务是指通过信息网络向公众提供网络出版物。根据2016年《网络出版服务管理规定》，网络出版物是指通过信息网络向公众提供的，具有编辑、制作、加工等出版特征的数字化作品，其主要包括：(1) 文学、艺术、科学等领域内具有知识性、思想性的文字、图片、地图、游戏、动漫、音视频读物等原创数字化作品；(2) 与已出版的图书、报纸、期刊、音像制品、电子出版物等内容相一致的数字化作品；(3) 将上述作品通过选择、编排、汇集等方式形成的网络文献数据库等数字化作品；(4) 国家新闻出版广电总局（现为国家新闻出版署，下同）认定的其他类型的数字化作品。

根据《网络出版服务管理规定》，国家新闻出版广电总局作为网络出版服务的行业主管部门，负责全国网络出版服务的前置审批和监督管理工作。申请从事网络出版服务，须由主办者向所在地省、自治区、直辖市出版行政主管部门提出申请，经审核同意后，报国家新闻出版广电总局审批。中外合资经营、中外合作经营和外资经营的单位不得从事网络出版服务。网络出版服务单位与境内中外合资经营、中外合作经营、外资经营企业或境外组织及个人进行网络出版服务业务的项目合作，应当事前报国家新闻出版广电总局审批。

网络出版服务单位出版涉及国家安全、社会安定等方面重大选题的内容的，应当按照国家新闻出版广电总局有关重大选题备案管理的规定办理备案手续。未经备案的重大选题内容，不得出版。网络游戏上网出版前，必须向所在地省、自治区、直辖市出版行政主管部门提出申请，经审核同意后，报国家新闻出版广电总局审批。

典型案例 12-3

2023年2月，广州市黄埔区“扫黄打非”办公室牵头区公安、文化执法、市场监管等部门组织开展出版物市场联合检查，在对广州某文化科技有限公司检查过程中，执法人员发现该公司在未取得网络出版服务许可证的情况下，通过信息网络向公众提供免费试读《××江山》《剑道×××》等网络小说出版物的服务。广州市黄埔区文化广电旅游局依法对涉事企业未经批准擅自从事网络出版服务的行为予以取缔，责令其删除全部相关网络出版物，并处罚款人民币5 000元的行政处罚。[①]

---

① 广东：广州市查处一起擅自从事网络出版服务案.(2023-02-07)[2023-07-06]. https://www.shdf.gov.cn/shdf/contents/2423/451578.html.

五、互联网文化产品和活动

根据文化部 2011 年颁布的《互联网文化管理暂行规定》(2017 年修订)，互联网文化产品是指通过互联网生产、传播和流通的文化产品，主要包括：(1) 专门为互联网而生产的网络音乐娱乐、网络游戏、网络演出剧（节）目、网络表演、网络艺术品、网络动漫等互联网文化产品；(2) 将音乐娱乐、游戏、演出剧（节）目、表演、艺术品、动漫等文化产品以一定的技术手段制作、复制到互联网上传播的互联网文化产品。

互联网文化活动是指提供互联网文化产品及其服务的活动，主要包括：(1) 互联网文化产品的制作、复制、进口、发行、播放等活动；(2) 将文化产品登载在互联网上，或者通过互联网、移动通信网等信息网络发送到计算机、固定电话机、移动电话机、电视机、游戏机等用户端以及网吧等互联网上网服务营业场所，供用户浏览、欣赏、使用或者下载的在线传播行为；(3) 互联网文化产品的展览、比赛等活动。

互联网文化活动分为经营性和非经营性两类。经营性互联网文化活动是指以营利为目的，通过向上网用户收费或者以电子商务、广告、赞助等方式获取利益，提供互联网文化产品及其服务的活动。非经营性互联网文化活动是指不以营利为目的向上网用户提供互联网文化产品及其服务的活动。

申请从事经营性互联网文化活动，应当向所在地省、自治区、直辖市人民政府文化行政部门提出申请，由省、自治区、直辖市人民政府文化行政部门审核批准。非经营性互联网文化单位，应当向所在地省、自治区、直辖市人民政府文化行政部门备案。取得文化行政部门核发的网络文化经营许可证的经营性互联网文化单位可以经营进口互联网文化产品，产品应当报文化部（现为文化和旅游部）进行内容审查。

第三节　网络信息内容规范制度

为了保护国家安全、社会秩序、公共道德以及他人合法权益，需要对所有媒介的内容规范作出规定。鉴于网络信息本身的传播特点，以及违法信息、有害信息在网络上大量传播的现实情况，我国网络信息内容规范总体上包括三类要求：禁止登载违法信息，防范抵制不良信息，鼓励发布正能量内容。

一、公民表达权与信息安全的平衡

每个公民都享有表达的权利和自由。我国《宪法》第 35 条规定：“中华人民共和国公民有言论、出版、集会、结社、游行、示威的自由。”第 47 条规定：“中华人民共和国公民有进行科学研究、文学艺术创作和其他文化活动的自由……”但权利和自由并不是绝对的，因此《宪法》第 51 条规定：“中华人民共和国公民在行使自由和权利的时候，不得损害国家的、社会的、集体的利益和其他公民的合法的自由和权利。”网络空间并非法外之地，任何人都应当依法依规行使表达权。

网络信息安全是我国网络信息内容规范的重要价值目标。信息传递思想、价值观，其本身即蕴含着安全风险。网络信息安全涉及国家主权安全、政治制度安全、文化安全、社会秩序安全、未成年人价值观安全等诸多方面。自 1994 年全功能接入国际互联网以来，网络信息内容的安全问题就引起我国高度重视。2010 年前后，以微博、微信为代表的移动社交在我国强势崛起，这类以用户创作内容为主的新应用给我国网络传播秩序和舆论引导更是带来了极大的挑战。2014 年 4 月，习近平总书记首次提出总体国家安全观，将信息安全作为国家安全的重要组成部分。2016 年，我国互联网领域第一部综合性立法《网络安全法》获得通过，其第 12 条明确禁止任何个人和组织利用网络危害国家安全、经济秩序、社会秩序，以及侵害他人权益的信息传播行为。该法还设置了“网络信息安全”专章，对网络平台等各方的义务和责任进行了规定。2019 年 12 月，国家互联网信息办公室发布了《网络信息内容生态治理规定》，其从意识形态安全和文化安全角度对网络信息内容的治理进行了全面、系统的规定，按照构建天朗气清的网络生态的要求将信息安全的要求进行了全面升级。

二、禁止传播违法内容

违法内容是指违反我国刑法、行政法、民法等法律部门所规定的禁止性规范的内容。我国有关网络信息规范的法律、行政法规、部门规章等都明确禁止通过互联网传播违法内容。早在 1996 年，国务院颁布的《计算机信息网络国际联网管理暂行规定》就全面规定了禁止互联网传播的内容。全国人大常委会于 2000 年通过的《全国人民代表大会常务委员会关于维护互联网安全的决定》、国务院于 2000 年颁布的《互联网信息服务管理办法》和《电信条例》，以及国务院于 2002 年颁布的《互联网上网服务营业场所管理条例》等都对禁止在互联网上传播的内容作出了规定。此后，国家广播电影电视总局和信息产业部颁布的《互联网视听节目服务管理规定》、文化部颁布的《互联网文化管理暂行规定》，以及国家新闻出版广电总局、工业和信息化部颁布的《网络出版服务管理规定》等部门规章也都规定了禁止通过互联网传播的内容。

2000 年，国务院制定的行政法规《互联网信息服务管理办法》是关于网络信息内容管理的基础性规定，其第 15 条列举了互联网信息服务提供者不得制作、复制、发布、传播的九项内容：(1) 反对宪法所确定的基本原则的；(2) 危害国家安全，泄露国家秘密，颠覆国家政权，破坏国家统一的；(3) 损害国家荣誉和利益的；(4) 煽动民族仇恨、民族歧视，破坏民族团结的；(5) 破坏国家宗教政策，宣扬邪教和封建迷信的；(6) 散布谣言，扰乱社会秩序，破坏社会稳定的；(7) 散布淫秽、色情、赌博、暴力、凶杀、恐怖或者教唆犯罪的；(8) 侮辱或者诽谤他人，侵害他人合法权益的；(9) 含有法律、行政法规禁止的其他内容的。这九项内容大致可以分为三类：危害国家安

思政专栏 12－2

全、破坏社会秩序以及损害他人权益，关于这九项内容的规定通常被称为“九不准”。

2016 年，第十二届全国人大常委会第二十四次会议通过了《网络安全法》，其第 12 条第 2 款规定：“任何个人和组织使用网络应当遵守宪法法律，遵守公共秩序，尊重社会公德，不得危害网络安全，不得利用网络从事危害国家安全、荣誉和利益，煽动颠覆国家政权、推翻社会主义制度，煽动分裂国家、破坏国家统一，宣扬恐怖主义、极端主义，宣扬民族仇恨、民族歧视，传播暴力、淫秽色情信息，编造、传播虚假信息扰乱经济秩序和社会秩序，以及侵害他人名誉、隐私、知识产权和其他合法权益等活动。”这一禁止性规定与“九不准”的内容基本是一致的。

2019 年，主管网络信息内容监管的国家互联网信息办公室发布部门规章《网络信息内容生态治理规定》，其根据新的形势和要求将“九不准”的内容扩充为十一项不得传输的内容。与“九不准”相比，该规定增加了两项不得传输的内容：一是歪曲、丑化、亵渎、否定英雄烈士事迹和精神，以侮辱、诽谤或者其他方式侵害英雄烈士的姓名、肖像、名誉、荣誉的；二是宣扬恐怖主义、极端主义或者煽动实施恐怖活动、极端主义活动的。

违反以上规定的，行为人应当根据传播内容及其危害的严重程度承担相应的刑事责任、民事责任和行政责任。

典型案例 12－4

2021 年 5 月，某信息技术有限公司通过信息网络向公众提供了 5 首含有危害国家统一、主权和领土完整的内容的网络音乐制品，违反了《互联网文化管理暂行规定》第 16 条第 2 项的规定，被处罚款。

典型案例 12－5

2021 年 10 月 6 日，罗某平在网络上发帖，否认抗美援朝战争的正义性，侮辱在长津湖战役中牺牲的中国人民志愿军“冰雕连”英烈，侵害了英雄烈士的名誉、荣誉。2022 年 5 月 5 日，海南省三亚市城郊人民法院判处被告人罗某平有期徒刑七个月，并判令其承担在新浪网、《法治日报》和《解放军报》上公开赔礼道歉等民事责任。

三、防范抵制不良内容

不良内容指的是违背伦理道德、公序良俗的内容。这类内容尽管并未达到违法程度，但也对社会风气造成了不良影响，不利于青少年形成正确的价值观，因此，应当限制其在网络上传播。

《互联网视听节目服务管理规定》中规定的禁止传输的十项内容中的第九项就是“危害社会公德，损害民族优秀文化传统的”内容。《网络信息内容生态治理规定》第 7 条作出了更加详细的规定：“网络信息内容生产者应当采取措施，防范和抵制制作、复制、发布含有下列内容的不良信息：（一）使用夸张标题，内容与标题严重不符的；

（二）炒作绯闻、丑闻、劣迹等的；（三）不当评述自然灾害、重大事故等灾难的；（四）带有性暗示、性挑逗等易使人产生性联想的；（五）展现血腥、惊悚、残忍等致人身心不适的；（六）煽动人群歧视、地域歧视等的；（七）宣扬低俗、庸俗、媚俗内容的；（八）可能引发未成年人模仿不安全行为和违反社会公德行为、诱导未成年人不良嗜好等的；（九）其他对网络生态造成不良影响的内容。”

典型案例 12－6

2018 年 4 月，国家广播电视总局在督察某网站整改工作中，发现某公司组织推送的某视听节目产品的客户端软件和相关公众号存在导向不正、格调低俗等突出问题，引发了网民的强烈反感。为维护网络视听节目传播秩序，清朗互联网空间视听环境，依据相关规定，国家广播电视总局责令该公司永久关停该视听节目产品的客户端软件及公众号，并要求该公司举一反三，全面清理类似视听节目产品。①

典型案例 12－7

2021 年 12 月，“抖音安全中心”公布年度部分头部违规账号名单。其中包括网红主播郭某某和铁某某。郭某某的账号封禁理由是：该主播涉嫌低俗夸张、恶意炒作，在平台引发大范围不良影响。铁某某账号封禁理由为：该主播涉嫌方言骂人、低俗调侃女主播，其粉丝饭圈化倾向严重，引发未成年人模仿，造成不良社会影响。②

四、鼓励发布正能量内容

网络生态的建立不仅需要禁止和限制违法和不良内容，还应该积极进行内容建设，鼓励发布正能量内容，促进整个网络生态的健康发展，营造清朗网络空间，培育积极健康、向上向善的网络文化。

《网络信息内容生态治理规定》第 5 条规定了鼓励网络信息内容生产者制作、复制、发布的信息内容，包括：（1）宣传习近平新时代中国特色社会主义思想，全面准确生动解读中国特色社会主义道路、理论、制度、文化的；（2）宣传党的理论路线方针政策和中央重大决策部署的；（3）展示经济社会发展亮点，反映人民群众伟大奋斗和火热生活的；（4）弘扬社会主义核心价值观，宣传优秀道德文化和时代精神，充分展现中华民族昂扬向上精神风貌的；（5）有效回应社会关切，解疑释惑，析事明理，有助于引导群众形成共识的；（6）有助于提高中华文化国际影响力，向世界展现真实立体全面的中国的；（7）其他讲品味讲格调讲责任、讴歌真善美、促进团结稳定等的内容。

---

① “内涵段子”被永久关停．（2018－04－10）［2023－07－06］．http：//www. xinhuanet. com/politics/2018－04/10/c_129847557. htm.

② 抖音公布年度部分头部违规账号名单．（2021－12－17）［2023－07－06］．https：//tech. sina. com. cn/i/2021－12－17/doc-ikyakumx4778905. shtml.

同时，为了让这些正能量内容在海量内容中更易被用户所接收，《网络信息内容生态治理规定》第 11 条还规定，网站、平台应当通过首页首屏、弹窗、热门推荐、精选、榜单等各种方式积极呈现上述正能量内容。①

第四节　网络平台的信息内容管理责任

什么是网络平台？网络平台是否应当在信息内容方面承担管理责任？如果应当承担责任，具体包括哪些内容？这是本节将要回答的问题。

一、网络平台的兴起

从信息传播链条来看，网络信息传播的参与者包括网络信息的创作者、提供者、传输者和接受者。在现实中，尤其是在 Web2.0 技术之后，网络传授关系逐渐模糊，网络用户往往既是信息的提供者，又是信息的接受者。在这种情况下，连接信息提供者和接受者的传输中介或者说传输平台就变得无比重要，其成为海量信息的入口和网络信息传输的中枢，因此也被赋予越来越多的信息内容管理责任。

最初，网络服务提供者通常分为网络内容供应商（ICP）和网络服务供应商（ISP）。前者直接生产内容或者对内容履行编辑责任，后者是为网上信息的传播提供设施、途径和技术支持等各类中介服务。随着信息技术和业态的发展，平台型经济兴起，后者的地位越来越突出，成为网络信息传输中最重要的角色。平台本身并不生产内容或不以生产内容为主业，平台的主要功能是为各类信息和服务提供线上互动交流的机会和渠道，是连接供给方和需求方的中间媒介（intermediary）。

目前，平台型企业已经成为互联网行业的主流，占据着从搜索引擎到社交媒体，再到电子商务、金融支付、交通出行、订餐团购等互联网应用的各个领域。平台经济具有自然垄断的特点，能够以较低的成本迅速聚集起大量用户，不断塑造出互联网领域的巨无霸企业，美国的 FAMGA（脸书、苹果、微软、谷歌、亚马逊）和我国的 BAT（百度、阿里、腾讯）就是其中最重要的代表。正是凭借其所积累起的大量资源与财富，超级平台在国家诸多领域中的地位都举足轻重。

---

① 《网络信息内容生态治理规定》第 11 条第 1 款规定："鼓励网络信息内容服务平台坚持主流价值导向，优化信息推荐机制，加强版面页面生态管理，在下列重点环节（包括服务类型、位置版块等）积极呈现本规定第五条规定的信息：（一）互联网新闻信息服务首页首屏、弹窗和重要新闻信息内容页面等；（二）互联网用户公众账号信息服务精选、热搜等；（三）博客、微博客信息服务热门推荐、榜单类、弹窗及基于地理位置的信息服务版块等；（四）互联网信息搜索服务热搜词、热搜图及默认搜索等；（五）互联网论坛社区服务首页首屏、榜单类、弹窗等；（六）互联网音视频服务首页首屏、发现、精选、榜单类、弹窗等；（七）互联网网址导航服务、浏览器服务、输入法服务首页首屏、榜单类、皮肤、联想词、弹窗等；（八）数字阅读、网络游戏、网络动漫服务首页首屏、精选、榜单类、弹窗等；（九）生活服务、知识服务平台首页首屏、热门推荐、弹窗等；（十）电子商务平台首页首屏、推荐区等；（十一）移动应用商店、移动智能终端预置应用软件和内置信息内容服务首屏、推荐区等；（十二）专门以未成年人为服务对象的网络信息内容专栏、专区和产品等；（十三）其他处于产品或者服务醒目位置、易引起网络信息内容服务使用者关注的重点环节。"

二、网络平台信息内容管理主体责任的确立

在互联网发展之初，出于对产业发展和技术创新的鼓励，我国并未特别强调网络服务商的内容管理责任。网络平台作为网络信息传播的中介服务者，通常被视为信息“通道”，除非其明知或应知存在违法不良内容，否则不对网络信息内容承担管理责任。

2010 年之后，随着平台地位越来越突出，我国逐步形成了“主体责任观”的治理思路，要求网络平台在内容管理中履行“主体责任”。2014 年，中央网络安全和信息化领导小组成立，进一步强化了国家互联网信息办公室的职权。同年，国务院授权国家互联网信息办公室对互联网信息内容进行管理。随后不久，《即时通信工具公众信息服务发展管理暂行规定》和《互联网用户账号名称管理规定》两个规范性文件先后发布，其突出强调了网络服务提供者在信息安全管理方面的主体责任，要求其配备相应的专业技术人员，及时处理公众举报的违法不良信息，并对注册用户进行实名认证等。2016 年 4 月 19 日，习近平总书记在讲话中提出，“网上信息管理，网站应负主体责任，政府行政管理部门要加强监管”①。至此，我国网络内容监管中“主体责任观”的基本指导思想正式确立。

“主体责任观”监管思路的形成和确立与超级平台的出现及在政治、经济、文化制度等方面日渐增强的影响力有着直接关系。有学者指出，超级平台已经成为整个社会的基础设施，兼具私有性与公共性，因此应当承担更大的责任。② 习近平总书记提出：“企业做得越大，社会责任、道德责任就越大，公众对企业这方面的要求也就越高。”③

在“主体责任观”的指导下，我国出台了一系列规范互联网的法律法规以及针对社交媒体内容管理的规范性文件。2016 年通过的《网络安全法》明确规定了网络运营者的信息安全管理义务。2017 年后，国家互联网信息办公室接连发布有关规范，针对论坛、跟帖评论、群组、直播、微博等一系列社交媒体应用要求网络平台建立和完善各项保障其信息安全的内部管理制度，积极主动地承担内容管理责任。政府则在一定程度上退居幕后，对网络内容实施间接监管，即政府管平台，平台管用户。《网络信息内容生态治理规定》第 8 条明确规定：“网络信息内容服务平台应当履行信息内容管理主体责任，加强本平台网络信息内容生态治理，培育积极健康、向上向善的网络文化。”

三、网络实名管理责任

实名是指用户（包括个人用户、企业用户）在注册时提供真实的身份验证。实名制是对所有网络应用类型的基本要求，是我国网络内容监管中一项基础性和首要性的管理

---

① 习近平．在网络安全和信息化工作座谈会上的讲话．人民日报，2016－04－26（2）．
② 方兴东．超级网络平台：人类治理第一难题．汕头大学学报（人文社会科学版），2017（3）：3．
③ 习近平．在网络安全和信息化工作座谈会上的讲话．人民日报，2016－04－26（2）．

制度。实名制在我国网络空间的适用始于对微博客的管理，后由《全国人民代表大会常务委员会关于加强网络信息保护的决定》以及《网络安全法》予以正式确认。

实名制推出的基本动因是为了破解网络匿名所带来的发言者不负责任且难以追查的困境。匿名性被认为是导致网络有害信息泛滥的一个重要原因，实名制的推行则使用户具有可识别性，可以在一定程度上增强发言者的责任感，提高发言质量。

网络平台可以采用移动电话号码、身份证件号码或者统一社会信用代码等真实身份信息进行实名认证。用户不提供真实身份信息，或者冒用组织机构、他人身份信息进行虚假注册的，不得为其提供相关服务。我国所规定的实名制是一种有限度的实名制，即前台自愿、后台实名。同时，我国其他相关法律法规还规定，对于前台实名的，网站要进行严格审核。

实名制自推行以来在规范网络言论、打击网络违法犯罪等方面确实发挥了比较积极的作用。但在实践中，冒用他人手机号码等身份信息进行注册的仍不在少数。同时，实名制带来的个人信息泄露的风险也不容忽视，应当采取措施加以防范。

四、信息内容安全管理责任

信息内容安全是网络安全的重要组成部分。《网络安全法》第 47 条明确规定了网络运营者的信息安全管理责任："网络运营者应当加强对其用户发布的信息的管理，发现法律、行政法规禁止发布或者传输的信息的，应当立即停止传输该信息，采取消除等处置措施，防止信息扩散，保存有关记录，并向有关主管部门报告。"

我国网络内容主管部门发布的诸多规章和规范性文件都明确规定了微信、微博、直播、短视频，以及提供论坛、跟帖评论服务的各类网络服务商的信息安全管理义务，明确了对建立信息安全管理制度的要求。例如，国家互联网信息办公室于 2017 年发布的《互联网新闻信息服务管理规定》第 12 条规定："互联网新闻信息服务提供者应当健全信息发布审核、公共信息巡查、应急处置等信息安全管理制度，具有安全可控的技术保障措施。"

2022 年，国家互联网信息办公室修订了《互联网跟帖评论服务管理规定》，要求建立健全跟帖评论审核管理、实时巡查、应急处置、举报受理等信息安全管理制度，及时发现处置违法和不良信息，并向网信部门报告。创新跟帖评论管理方式，研发使用跟帖评论信息安全管理技术，提升违法和不良信息处置能力；及时发现跟帖评论服务存在的安全缺陷、漏洞等风险，采取补救措施，并向网信部门报告。配备与服务规模相适应的审核编辑队伍，加强跟帖评论审核培训，提高审核编辑人员专业素养。

典型案例 12－8

湖南公安机关依法对不履行网络信息安全管理义务造成网络谣言大范围传播的湖南某短视频平台进行行政处罚。2023 年 4 月，一段已被官方辟谣过的谣言信息在该短视频平台大量传播扩散，累计播放206万余次，转发分享8.3万余次，造成了恶劣社会影响。经湖南长沙公安机关依法调查，该短视频平台因网络安全管理制度不健全导致相关谣言视频在该平台大量传播扩散。根据《网络安全法》的有关规定，公安机关对该短视频平台依法作出责令整改、罚款10万元的行政处罚。①

五、用户分级分类管理责任

分级分类管理是指根据用户类别、规模、数量、影响力大小等因素将信息服务进行分级分类，并赋予其不同权限，采用不同管理方式的一项制度。根据国家互联网信息办公室发布的规范性文件《微博客信息服务管理规定》，微博客服务提供者需要根据微博客服务使用者主体类型、发布内容、关注者数量、信用等级等制定具体管理制度。根据《互联网跟帖评论服务管理规定》，跟帖评论服务提供者应当建立用户分级管理制度，对用户的跟帖评论行为开展信用评估，根据信用等级确定服务范围及功能。根据《互联网直播服务管理规定》，互联网直播服务提供者应当根据互联网直播的内容类别、用户规模等实施分级分类管理。根据《互联网群组信息服务管理规定》，互联网群组信息服务提供者应当根据互联网群组的性质类别、成员规模、活跃程度等实行分级分类管理。

分级分类是精细化管理的一种体现，能够有效降低管理成本、提高内容管理效率。我国社交平台用户众多，而平台的人员、技术、财力有限，平台不可能对每个用户、账号和群组实施同等程度的关照和管理，因此在这种情况下可行的方式就是分级分类管理。对于流量大、影响力大、活跃度高的用户予以重点关注和管理，同时辅之以划分信用等级、设立黑名单等管理制度，落实对用户和账号的管理。

六、对用户举报投诉的管理责任

举报投诉制度是动员广大用户、社会力量进行监督的一项内容管理制度。对违法违规信息感受最强烈的往往就是广大用户本身，他们可以第一时间将违法违规信息反馈到平台，提醒和督促平台进行处理，从而可以大大提高网络内容监管的有效性和针对性。此外，举报投诉是一种事后监督方式，较其他预防性监管措施更具民主性、合法性和正当性。

《网络安全法》以及国家互联网信息办公室发布的规章及诸多规范性文件都要求，网络服务提供者应当建立便捷的投诉入口，及时处理举报投诉信息。例如，《网络安全法》第49条第1款规定："网络运营者应当建立网络信息安全投诉、举报制度，公布投诉、举报方式等信息，及时受理并处理有关网络信息安全的投诉和举报。"又如，2017年8月国家互联网信息办公室发布的《互联网论坛社区服务管理规定》第11条规定：

---

① 郝萍，梁秋坪．公安部公布网络谣言打击整治专项行动第二批10起典型案例．（2023-07-04）[2023-07-06]．http：//society.people.com.cn/n1/2023/0704/c1008-40027405.html.

“互联网论坛社区服务提供者应当建立健全公众投诉、举报制度，在显著位置公布投诉、举报方式，主动接受公众监督，及时处理公众投诉、举报……”

七、未成年人保护责任

未成年人保护从互联网普及之初就是一个被格外关注的问题。近年来，统计数据显示，未成年人互联网普及率不断提高，未成年人触网低龄化趋势明显。[①]《网络信息内容生态治理规定》第 13 条规定：“鼓励网络信息内容服务平台开发适合未成年人使用的模式，提供适合未成年人使用的网络产品和服务，便利未成年人获取有益身心健康的信息。”

2020 年新修订的《未成年人保护法》设置了“网络保护”专章，对网络产品和服务提供者的未成年人保护责任作出了详细的规定，包括防沉迷、禁止未成年人直播、防止网络欺凌、投诉举报处理、适龄提示、及时处理等。为防止未成年人网络沉迷，该法要求网络产品和服务提供者不得向未成年人提供诱导其沉迷的产品和服务。对于网络游戏、网络直播、网络音视频、网络社交等容易引发沉迷的网络产品，网络服务提供者应当为未成年人设置相应的时间管理、权限管理、消费管理等功能。以未成年人为服务对象的在线教育网络产品和服务，不得插入网络游戏链接，不得推送广告等与教学无关的信息。

《未成年人保护法》还特别规定了平台的适龄提示和及时处理责任。网络服务提供者发现用户发布、传播可能影响未成年人身心健康的信息且未作显著提示的，应当作出提示或者通知用户予以提示；未作出提示的，不得传输相关信息。网络服务提供者发现用户发布、传播含有危害未成年人身心健康内容的信息的，应当立即停止传输相关信息，采取删除、屏蔽、断开链接等处置措施，保存有关记录，并向网信、公安等部门报告。网络服务提供者发现用户利用其网络服务对未成年人实施违法犯罪行为的，应当立即停止向该用户提供网络服务，保存有关记录，并向公安机关报告。

典型案例 12－9

近年来，从出台相关法律法规、突出保护未成年人的网络权益，到建立防沉迷实名验证系统，再到指导各平台上线“青少年模式”等，有关部门从多方面入手，着力织密制度防护网，监管力度越来越大、范围越来越广。从实践来看，启动“青少年模式”等一系列举措取得了积极成效，青少年的上网环境有效改善，上网行为逐步规范。

综合来看，各家的“青少年模式”各有侧重、各有所长，比如有的平台推出了“时

① 共青团中央维护青少年权益部、中国互联网络信息中心（CNNIC）发布的《2021 年全国未成年人互联网使用情况研究报告》显示，2021 年我国未成年网民规模达 1.91 亿，未成年人互联网普及率达 96.8%，未成年人触网低龄化趋势明显。

间锁”“内容池过滤和优选”“退出漏洞防范机制”等举措。但也要看到，当下仍有家长反映，孩子可以通过买号或者租号的方式打游戏，有的平台“青少年模式”解锁仍然比较简单，等等。面对这些问题，相关平台需要继续夯实主体责任，有针对性地进行完善，拿出实招来不断提升技术手段、排查管理漏洞、探索机制创新，为青少年提供更健康有益的内容和网络环境。①

网络平台的信息内容管理责任是网络综合治理的重要组成部分。2018 年 4 月，习近平总书记在全国网络安全和信息化工作会议上指出，要提高网络综合治理能力，形成党委领导、政府管理、企业履责、社会监督、网民自律等多主体参与，经济、法律、技术等多种手段相结合的综合治网格局。② 网络综合治理强调构建多元主体参与、协同共治的治理结构。要充分发挥行业组织和社会组织的治理优势，整合资源，建立信用监管、第三方监管等行业自律和社会监督机制。同时，广大网民要不断提升自身媒介素养，自觉抵制各种不良信息和违法行为，积极传播正能量内容。网络综合治理还强调经济、法律、技术等多种手段并用，不断提升治理的有效性和针对性。

基本概念

网络信息　网络信息准入　网络内容规范　网络平台　网络平台主体责任

讨论题

1. 我国网络信息立法经历了哪些阶段？分别有什么特点？
2. 我国网络信息准入制度主要包括哪些方面？
3. 我国的网络内容规范有哪些？
4. 网络平台为什么要承担网络信息内容监管的主体责任？这种责任主要包括哪些方面？

---

① 人民来论：用好“青少年模式”需各方合力.（2022 - 08 - 11）[2023 - 07 - 06]. http：//opinion.people.com.cn/n1/2022/0811/c431649 - 32500600.html.

② 习近平在全国网络安全和信息化工作会议上强调 敏锐抓住信息化发展历史机遇 自主创新推进网络强国建设 李克强主持 栗战书汪洋王沪宁赵乐际韩正出席 . 人民日报，2018 - 04 - 22（1）.

第十三章

旅游法律制度

引　例

2013年4月25日，第十二届全国人民代表大会常务委员会第二次会议以150票赞成、5票弃权的投票结果，表决通过了本届全国人大常委会的第一部法律《中华人民共和国旅游法》(以下简称《旅游法》)。该法于同年10月1日起生效。“历经三十一年磨一剑”，《旅游法》的最终出台重构了我国旅游市场的新秩序。

2016年11月7日，国家主席习近平签署了中华人民共和国主席令，公布了第十二届全国人民代表大会常务委员会第二十四次会议于同日通过并生效的对《旅游法》关于领队的规定作出的修改。

《旅游法》的起草和出台，是“以良法促进发展、保障善治”的典例。

随着社会的发展，旅游业在国民经济中的重要地位日益凸显，已经成为全球经济中发展势头最强劲和规模最大的产业之一。本章将带你走进旅游法的世界，了解我国现行的旅游法律制度。

第一节　旅游法律制度概述

旅游的定义是什么？旅游的分类都有哪些？旅游法的立法历史是怎样的？本节将带你解决这些问题。

一、旅游概述

(一) 旅游的定义

旅游 (tour) 来源于拉丁语“tornare”和希腊语“tornos”，其含义是“车床或圆圈；围绕一个中心点或轴的运动”，这个含义在现代英语中演变为“顺序”。后缀-ism被定义为“一个行动或过程，以及特定行为或特性”，后缀-ist则意指“从事特定活动的人”。词根tour与后缀-ism和-ist连在一起，指“按照圆形轨迹的移动”，所以“旅游”指一种往复的行程，即指离开后再回到起点的活动，完成这个行程的人也就被称为旅游者（tourist）。[①]“旅”是旅行、外出，即为了实现某一目的而在空间上从甲地到乙地的行进过程；“游”是外出游览、观光、娱乐，即为达到这些目的所作的旅行，二者结合起来即旅游。[②] 因此，旅行偏重于行，但旅游不只有“行”，还有“观光、娱乐”的含义。[③] 旅游是非定居者的旅行和暂时居留而引起的一种现象及关系的总和。这些人不会永久居留，且多数不从事营利活动。

世界旅游组织（UNWTO）和联合国统计委员会推荐的对于旅游的技术性的统计定义是：为了休闲、商务或其他目的离开惯常的居住环境，到某些地方并停留在那里但连续不超过一年的活动。旅游的目的包括六大类：休闲、娱乐、度假；探亲访友；商务、专业访问；健康医疗；宗教/朝拜以及其他。[④]

在两次世界大战之间，国际旅游收入增长迅速，在统计上迫切需要有一个更准确的旅游定义。1936 年，国际联盟统计专家委员会首次提出：“外国旅游者是指离开其惯常居住地到其他国家旅行至少 24 小时的人”。1945 年，联合国认可了这一定义，但是增加了“最长停留时间不超过 6 个月”的限定条件。

1963 年，联合国国际旅游大会在罗马召开。这次大会是当时的国际官方旅游组织联盟（IUOTO），即世界旅游组织发起的，大会提出应采用“游客”（visitor）这个新词语。游客是指离开其惯常居住地所在国到其他国家去，且主要目的不是在所访问的国家内获取收入的旅行者。游客包括两类不同的旅行者：一类是旅游者（tourist），即在所访问的国家逗留时间超过 24 小时，且以休闲、商务、家事、使命或会议为目的的临时性游客。另一类是短期旅行者（excursionists），即在所访问的目的地停留时间在 24 小时以内，且不过夜的临时性游客（包括游船旅游者）。自 1963 年起，绝大多数国家接受了该游客、旅游者和短期旅行者的定义以及之后所做的多次修改。

（二）旅游业和旅游法

旅游业是以旅游资源为凭借、以旅游设施为条件，向旅游者提供旅行游览服务的行业，是综合性的经济事业，其构成涉及社会许多部门。旅游业的基础经济活动由旅行社、旅游饭店和旅游交通三大部门组成。此外，还有为旅游者提供服务的旅游商品零售商店、园林设施、文化娱乐事业等。

旅游资源、旅游设施、旅游服务是旅游业赖以生存和发展的三大要素。旅游资源包括自然风光、历史古迹、革命遗址、建设成就、民族习俗等，其体现的是旅游业的吸引能力；旅游设施包括旅游交通设施、旅游住宿设施、旅游餐饮设施、旅游游乐设施等；

---

① 旅游的概念.（2019－11－24）[2023－08－25]. https：//www.toutiao.com/article/6762659593878241806/?wid=1692948708351.

② 旅游的含义.（2020－08－20）[2023－09－21]. https：//www.yebaike.com/22/566230.html.

③ 旅游的概念及定义.（2022－01－19）[2023－09－21]. https：//m.bala.iask.sina.com.cn/p/6ccL8zStdwv.html.

④ 旅行. [2023－09－21]. https：//wenku.baidu.com/view/3b29671aa300a6c30c229f42.html? fr=sogou&_wkts_=1686741384539.

旅游服务包括各种劳务和管理行为。旅游设施和旅游服务相结合体现出的是经营旅游业的接待能力。

狭义的旅游业，在中国主要指旅行社、旅游饭店、旅游车船公司、专门从事旅游商品买卖的旅游商业等行业。广义的旅游业，除专门从事旅游业务的部门以外，还包括与旅游相关的各行各业。①

从业务类型看，旅游业包括三种类型：一是组织国内游客在本国进行旅行游览活动的国内旅游；二是组织国内游客到国外进行旅行游览活动的出境旅游；三是接待或招徕外国游客到本国进行旅行游览活动的入境旅游。其中，后两种类型的旅游业务活动属于涉外性质的业务。旅游业主要通过劳动服务的形式，向社会提供无形效用，以满足旅游者进行旅行游览的消费需要，其行业基本特征是非生产性的，因此又称无烟工业。从整体上看，旅游业不是实现商品流通的经济部门，而是凭借旅游资源，利用旅游设施，提供吃、住、行、游、购、娱等劳务活动以满足旅游者旅行游览消费的需要，故也称为无形贸易。②

旅游法是现代旅游业发展的必然产物，也是旅游业发展的法律依据，是调整人们在旅游活动中所产生的各种社会关系的主要法律依据。③ 而旅游法律关系是基于旅游事实而引起的一种社会关系。没有旅游事实就没有旅游法律关系的产生、变更和消灭。例如，在旅游合同签订后，旅游者与旅行社之间的旅游法律关系就产生了；旅游行程的改变就是旅游法律关系的变更；在旅游者结束旅游以后，旅游者与旅行社之间的旅游法律关系就消灭了。

（三）旅游的分类

1. 按地理范围分类

按照旅游者到达目的地的地理范围的不同，旅游活动可以分为国际旅游和国内旅游。

（1）国际旅游。

国际旅游是指跨越国界的旅游活动，分为入境旅游和出境旅游。入境旅游是指他国公民到本国进行的旅游活动，出境旅游是指本国公民到他国进行的旅游活动。

（2）国内旅游。

国内旅游是指在居住国内进行的旅游活动，包括本国公民在国内进行的旅游活动，以及在一国长期居住、工作的外国人在本国内进行的旅游活动。

---

① 旅游业的形成. [2023－09－21]. https://wenku.baidu.com/view/e737a56d1eb91a37f1115c73.html?fr=sogou&_wkts_=1686742916947.

② 旅游业的发展. [2023－09－21]. https://wenku.baidu.com/view/ee952982e53a580216fcfe89.html?fr=sogou&_wkts_=1686742164794.

③ 旅游法概述. [2023－09－21]. https://wenku.baidu.com/view/c93ed6d0f311f18583d049649b6648d7c0c7083e?fr=sogou&_wkts_=1686742396438.

从旅游发展的历程看，国内旅游是一国旅游业发展的基础，国际旅游是国内旅游的延伸。

2. 按旅游性质和目的分类

按照旅游性质和人们出游目的的不同，旅游活动可以分为以下六类：

（1）休闲、娱乐、度假类。

这一类旅游活动主要包括观光旅游、度假旅游、娱乐旅游等。

（2）探亲、访友类。

这是一种以探亲、访友为主要目的的旅游活动。

（3）商务、专业访问类。

这类旅游活动包括商务旅游、公务旅游、会议旅游、修学旅游、考察旅游、专项旅游等。奖励旅游也可以归入这一类，因为奖励旅游与游客个人的职业及所在单位的经济活动存在紧密关系。

（4）健康医疗类。

这类旅游主要是指体育旅游、保健旅游、生态旅游等。

（5）宗教朝圣类。

这类旅游主要是指宗教界人士进行的以朝圣、传经布道为主要目的的旅游活动。

（6）其他。

除上述五类旅游外，还有一些其他旅游活动，例如探险旅游等。

3. 按人数分类

按照参加一次旅游活动的人数划分，旅游活动可以分为团队旅游和散客旅游。

（1）团队旅游。

团队旅游是由旅行社或旅游中介机构将购买同一旅游路线或旅游项目的 10 名以上（含 10 名）游客组成旅游团队进行集体旅游活动的旅游形式。团队旅游一般采用包价形式，具有方便、舒适、相对安全、价格便宜等特点，但游客的自由度小。

（2）散客旅游。

散客旅游，又称自助或者半自助旅游，是由游客自行安排旅游行程，零星现付各项旅游费用的旅游形式。其特点是预订期短、规模小、要求多、变化大、自由度高，但费用一般较高。①

4. 按旅游模式分类

按照旅游的模式的不同，旅游活动可以分为自助旅游和互助旅游。

（1）自助旅游。

自助旅游是不经过旅行社，完全由自己安排旅游行程，按个人意愿进行活动的旅游

---

① 旅游．[2023－09－21]. https://wenku.baidu.com/view/f09c9b7e1711cc7931b71694.html? fr=sogou&_wkts_=1686743093143.

形式，例如背包旅游等。其特点是自由、灵活、丰俭由人。很多人认为自助旅游是一种省钱的旅游方式，但旅游内容粗糙，可能会有安全隐患和危险。这其实是一种错误的认识，其实，如果深入了解自助旅游就会发现，自助旅游实际上是一种相当精致和有特色的旅游形态。自助旅游时，所有的花费都可依自己的喜好来支配，行程可弹性调整，可深入了解当地的民情风俗。自助旅游并不意味着玩的少、花的多，而是在同一地方可以花较多的时间深入了解当地的特色、接触当地的人与事，看自己想看的东西，走自己想走的路。

（2）互助旅游。

互助旅游是网络催生的一种新型旅游模式，是一种以自主、平等、互助为指导思想的交友旅游活动，是没有中间商的经济旅行。通俗地说，互助旅游就是交朋友去旅游，使网络中的人脉关系走向现实世界，其强调旅行不应该只是“我路过”，而应该是“我体验”。

互助旅游将成为人们主选的旅游模式之一，也是科技时代带给人们的现代社交观念与快乐生活方式。①

二、旅游法的立法历史

旅游法是调整旅游活动领域中的各种社会关系的法律、法规、规章的总称。② 广义的旅游法是一个法律规范体系，它是国家制定或者认可的调整旅游活动中所产生的各种社会关系的法律规范的总称。狭义的旅游法仅指旅游基本法，是调整游览、度假、休闲等形式的旅游活动以及为旅游活动提供的相关服务所产生的权利义务关系的基本法。③

国家通过制定旅游法律法规，确定旅游业发展的基本原则、基本方针和产业政策，对旅游业进行有效的宏观调控，把旅游业纳入整个社会和经济发展之中，使旅游业的发展能够起到促进社会和经济发展的作用。④ 旅游法明确规定各个主体的权利、义务和责任，使各个主体在法律允许的范围内自享其权、各尽其责、各得其利，从而保证旅游活动的正常秩序，为旅游业的发展创设一个良好的法律环境。⑤

1982 年，国家旅游局（2018 年国务院机构改革后，组建文化和旅游部）曾经着手起草旅游法。当时，负责这部法律起草等相关工作的国家旅游局政策研究室主要开展了三个方面的工作：第一，翻译国外旅游法规；第二，介绍旅游业发展情况和经验；第

---

① 旅游．［2023－09－21］．https：//wenku. baidu. com/view/f09c9b7e1711cc7931b71694. html？fr＝sogou&_wkts_＝1686743093143.

② 旅游法规第一讲．［2023－09－21］．https：//wenku. baidu. com/view/6885e7cf83d049649b6658db？fr＝sogou&_wkts_＝1686743382042.

③ 作为大学生旅游法的基础知识．［2023－09－21］．https：//wenku. baidu. com/view/9f3b78c5fa0f76c66137ee06eff9aef8951e4875. html？fr＝sogou&_wkts_＝1686743696113.

④ 《旅游法》第 3 条规定：“国家发展旅游事业，完善旅游公共服务，依法保护旅游者在旅游活动中的权利。”

⑤ 旅游法概述．［2023－09－21］．https：//wenku. baidu. com/view/52e0501f29ea81c758f5f61fb7360b4c2f3f2a7e？fr＝sogou&_wkts_＝168674430109.

三，组织专家成立旅游法起草小组，负责起草工作。

1985年，起草小组完成并提交了旅游法第一稿——《中国旅游事业管理法》，其内容涵盖了旅行社管理、旅游收费等十二章共91条规定。[①]

当时我国旅游业发展的重点是加强旅游基础设施建设，提高旅游服务水平。基于此，国务院常务会议提出，制定旅游法的条件还不成熟，建议从单项立法着手。对于当时我国刚刚起步的旅游业而言，这一决策是智慧和精准的。

1985年5月，国务院颁布了《旅行社管理暂行条例》，这是我国第一部由国务院发布的关于旅游业管理的行政法规。随后，我国又颁布和实施了《导游人员管理暂行规定》等多部行政法规。

这一时期，我国一直对旅游业的发展持续关注。1986年，我国召开了全国旅游工作会议。1988年，第七届全国人大常委会将旅游法列入立法规划，但由于当时我国的旅游业还处于起步阶段，有关部门对立法所涉及的一些重要问题的认识不尽一致，导致旅游法未能提请审议。第八届全国人大以来，社会上要求制定旅游法的呼声进一步提高。

1989年，经过机构调整的国家旅游局成立了政策与法规司，由原来的条法处和政策研究室合并而成。1991年，国家旅游局将旅游法纳入年度立法计划，并开始了筹备工作。同年，旅游法被纳入国务院立法计划，国务院有关部门起草了旅游法草案，并报告全国人大常委会。1992年5月，旅游法被再次搁置。

1997年，在第八届全国人民代表大会第五次会议上，安徽省人大代表第一次提出了关于旅游立法的议案。在此后的十余年间，在历次全国人民代表大会上，都有人大代表提出关于旅游立法的问题，这明显提高了人们对旅游立法的关注度。

2000年3月，在第九届全国人民代表大会第三次会议上，人大代表提出的有关旅游的议案数量首次进入前10名。2005年3月，在第十届全国人民代表大会第三次会议上，一些人大代表提出加快制定和出台旅游法的建议，与会者反响热烈。[②]

尽管如此，关于要求旅游业立法的议案由于种种原因还是被束之高阁，旅游法长期处于筹备阶段。旅游法难以出台的一个重要的原因就是立法部门和法律界人士的认识不一致。有些人认为，当时我国已经有了《民法通则》《合同法》《消费者权益保护法》等可以用于解决经济权益纠纷的法律法规，没有必要为旅游业再单独制定一部基本法，只要参照已有的法律法规即可。

第十一届全国人民代表大会财政经济委员会成立以后，于2009年12月牵头组织国家发展改革委、国家旅游局等23个部门和有关专家成立旅游法起草组，旅游法的立法工作重新启动。2009年，我国旅游业得到快速发展，这也在一定程度上加速了旅游法

① 31年磨一剑，回顾《旅游法》的立法故事．法律与生活，2023（3）.

② 31年磨一剑，回顾《旅游法》的立法故事．法律与生活，2023（3）.

草案提请审议的进程。

2009 年，《国务院关于加快发展旅游业的意见》提出把旅游业培育成国民经济的战略性支柱产业和人民群众更加满意的现代服务业的发展目标，将发展旅游业作为推动经济结构调整、促进经济发展方式转变、丰富人民群众精神文化生活、促进社会和谐进步的重要举措。

旅游相关法律法规层级不高、权威性不够、系统性不强，欠缺基本的民事制度和规范，难以适应市场经济条件下旅游业快速发展的需要，亟待通过制定旅游法提升法律层级，增强法律规范的权威性、系统性，完善我国旅游法律制度，促进旅游业健康持续发展。

截至 2011 年底，全国各类旅游景区景点达到 2 万多处，旅行社达到 2 万多个，星级饭店达到 1 万多家，旅游直接从业人员超过 1 300 万人次，国内旅游人数超过 26 亿人次，接待入境旅游超过 1.35 亿人次，公民出境旅游超过 7 000 万人次，国内旅游市场规模居全球第一位，接待入境旅游人数和公民出境旅游消费居全球第三位，旅游行业迅猛发展。①

2012 年，第十一届全国人大常委会第三十次会议对《旅游法（草案）》进行了第二次审议。草案二审稿充分吸收了初审当中全国人大常委会组成人员的意见以及社会各个方面的建议，进一步完善了公益性文化场馆开放、旅游资源保护、游客合法权益维护等各方面的内容。

2013 年 4 月 25 日下午，在充分吸收一审、二审、三审以及社会各方面意见和建议的基础上，第十二届全国人大常委会第二次会议以 150 票赞成、5 票弃权表决通过了本届全国人大常委会通过的第一部法律——《旅游法》。②《旅游法》分为总则、旅游者、旅游规划和促进、旅游经营、旅游服务合同、旅游安全、旅游监督管理、旅游纠纷处理、法律责任和附则，共十章 112 条，于 2013 年 10 月 1 日起生效实施。

思政专栏 13-1

《旅游法》的实施，从诸多方面提升了游客的旅游体验。

第一，以自由活动代替旅行社的强制购物。

第二，新版的旅游合同当中规定，团费中包含境外小费、导游和领队服务费、境外交通服务费，并且标注了每日价格，以及总共交付几天的小费。而在以往的境外旅游过程中，领队或者导游经常会要求游客付给地陪或者司机小费。

第三，自费项目全部取消。《旅游法》规定：旅行社组织、接待旅游者，不得安排另行付费旅游项目。导游和领队不得向旅游者索取小费，不得诱导、欺骗、强迫或者变

---

① 赵超，钱春弦．旅游法：千呼万唤始出来．(2012-08-27)［2023-09-21］. http://www.npc.gov.cn/zgrdw/huiyi/cwh/1128/2012—08/27/content_1734247.htm.

② 全国人大常委会表决通过《中华人民共和国旅游法》.(2013-04-26)［2023-09-21］. http://www.npc.gov.cn/zgrdw/npc/cwhhy/12jcwh/2013-04/26/content_1793445.htm.

相强迫旅游者购物或者参加另行付费旅游项目，等等。新版的旅游合同当中规定，自费项目不包含在行程的游览景点中。以往有的游客倾向于报名低价团，旅行社为了降低团费，甚至连一些必去的景点都改成自费项目。比如去法国旅游，凡尔赛宫的门票费用需要游客自理就是非常不合理的。

第四，不可抗力损失双方买单。《旅游法》规定：因不可抗力造成旅游者滞留的，旅行社应当采取相应的安置措施。因此增加的食宿费用，由旅游者承担；增加的返程费用，由旅行社和旅游者分担。旧版的旅游合同当中没有单独列出因不可抗力因素造成的损失应该如何分担，新版的旅游合同将其作为合同的补充说明，把相关内容按照《旅游法》的规定列出并要求合同双方共同执行。因此，在 2013 年 10 月 1 日之后，如果因飞机延误取消、天气原因等不可抗力因素导致行程出现问题，费用需要游客和旅行社共同承担。

《旅游法》的通过，有助于全面提升依法兴旅、依法治旅的水平，推动我国旅游业蓬勃发展。

2016 年 11 月 7 日，国家主席习近平签署中华人民共和国主席令，公布了第十二届全国人民代表大会常务委员会第二十四次会议于同日通过并生效的对《旅游法》作出的修改。这次修改，对该法第 39 条、第 40 条第 1 款等条款中有关“领队证”的内容进行了调整。此后，开展领队业务不再需要领队证，只要是导游，符合《旅游法》的规定，都可从事领队业务。[①]

2018 年，《旅游法》进行了第二次修改，将该法第 83 条中的“工商行政管理、产品质量监督”修改为“市场监督管理”；将该法第 95 条和第 104 条中的“工商行政管理部门”修改为“市场监督管理部门”。

《旅游法》对旅游相关内容作了明确规定，全面、科学、指导性强，对促进我国旅游业全面协调可持续发展意义重大，是我国旅游业发展史上的重要里程碑。

典型案例 13－1

上海某旅行社某营业部于 2013 年 10 月 22 日在《新民晚报》刊登了“韩国好客山东汽车、客轮串线游日照、韩国首尔豪华客轮 6 日游 1 980 元/人”的广告。国家旅游局暗访组和上海市旅游局怀疑该营业部超范围经营，并涉嫌以不合理的低价组织旅游活动诱骗旅游者，于是以游客身份电话咨询该旅行社总部，未获明确答复。

据调查，该营业部在未取得总部授权的情况下以上海某旅行社有限公司名义与山东某旅行社有限公司签订委托接待协议。案发后，该营业部已作出退团处理。上海某旅行社有限公司事后积极整改，关停了该营业部，并向上海市文化执法总队和上海市旅游局

① 全国人大修改《旅游法》：开展领队业务不需领队证.（2016－11－08）[2023－08－25]. http://travel.people.com.cn/n1/2016/1108/c41570－28845078.html.

递交了整改报告。

该营业部从事招徕、咨询以外的活动，违反了《旅行社条例》第 11 条第 2 款，根据《旅行社条例实施细则》第 18 条和《旅行社条例》第 46 条的规定，上海市文化执法总队对其处以责令改正、罚款 10 万元的行政处罚。

第二节　具体旅游法律制度[①]

具体旅游法律制度包括旅游综合协调管理制度、旅游者权益保护制度、旅游促进和公共服务制度、资源保护和旅游利用制度、旅游服务合同制度等各项制度。这些制度的具体内容是什么？本节将为你介绍。

一、旅游综合协调管理制度

《旅游法》第 7 条规定："国务院建立健全旅游综合协调机制，对旅游业发展进行综合协调。县级以上地方人民政府应当加强对旅游工作的组织和领导，明确相关部门或者机构，对本行政区域的旅游业发展和监督管理进行统筹协调。"

该制度的内容包括：国务院建立健全旅游综合协调机制，确立地方政府统筹协调旅游业发展和监督管理的职能，建立健全旅游市场综合监管机制，整合投诉受理机构、投诉受理部门间转办、处理结果告知的旅游投诉统一受理制度。

二、旅游者权益保护制度

旅游者权益保护制度具体内容包括：《旅游法》设"旅游者"专章，规定旅游者的权利、义务和权利保障措施；对政府旅游公共服务及基础设施建设提出明确要求；对旅游经营者及其从业人员设定较为严格的行为规范和义务；在遵循《消费者权益保护法》和《民法典》一般性原则的基础上，根据旅游活动的特点，规定旅游者的特殊权利及其救助途径。

三、旅游促进和公共服务制度

为了满足人民日益增长的旅游消费需求，提高旅游服务质量，《旅游法》规定了旅游促进和公共服务制度。具体内容包括：对各级政府安排资金提出要求，并明确资金用途；规定政府将旅游业发展纳入国民经济和社会发展规划，制定有利于旅游业持续健康发展的产业扶持政策；完善旅游基础设施建设；政府无偿向旅游者提供关于旅游景区、线路、交通、气象、住宿、安全、医疗急救等的必要信息和咨询服务；建立统一的旅游

① 2022 年导游证《政策与法律法规》知识点：旅游法法律制度．(2022－07－11)［2023－08－25］．https：//www.hqwx.com/web_news/html/2022－11/16680403657886.html.

形象，进行宣传推广；鼓励和支持发展旅游职业教育和培训。

四、资源保护和旅游利用制度

资源通过旅游开发成为旅游资源，资源的合理利用十分重要。因此，《旅游法》规定了资源保护和旅游利用制度。具体内容包括：规定编制完整的旅游规划体系，明确编制主体和内容；明确旅游规划与其他规划的关系；规定旅游资源事前、事中、事后保护利用的制度，以及资源的旅游利用原则；规定景区流量控制制度，完善景区门票价格制度。

五、旅游服务合同制度

《旅游法》确立了旅游服务合同制度。具体内容包括：规范旅游服务合同的类别、内容、形式；规范旅游经营者与旅游者的合同权利与义务；规定特殊情况下对旅游者保护的规则，诸如告知、说明义务，协助返程义务，无正当理由不得拒绝旅游者替换的义务，规定时间内无条件退货、退费的义务，等等；规范特殊的责任承担，包括旅行社与旅游者之间采取安全措施费用的合理分担，滞留安置返程费用的分担，自行安排活动期间的责任承担，旅游者自身原因导致责任的承担，委托社和代理社之间、组团社和地接社之间、旅行社和履行辅助人之间的特殊责任的承担；规定特殊的合同变更、解除制度，诸如不能成团的特殊处理、单方解除合同、旅游者的任意解除合同权、旅行社的法定解除合同权、因不可抗力等影响行程的处理等。

六、规范旅游市场、提高服务质量制度

《旅游法》第 6 条规定了规范旅游市场、提高服务质量制度。具体内容包括：在平衡旅游者与旅游经营者权益的基础上，设立相关民事法律规范，规范旅游经营者的经营行为；对旅游行业全链条重点领域的经营行为进行规范；规范旅游综合监管机制；明确旅游行业组织的自律规范。

七、旅游安全保障制度

安全是旅游业发展的生命线。《旅游法》专章规定了旅游安全要求，设立了旅游安全保障制度。该制度的主要内容包括：明确了政府统一负责、部门依法履职、旅游经营者负主体责任、旅游者承担自我保护义务的主体责任制度；规定旅游安全的全程责任制度，诸如政府风险提示、流量控制、旅游经营者安全评估、说明警示义务、高风险旅游项目许可、购买责任保险和提示旅游者购买意外保险、旅游者掌握相关信息和告知相关信息的事前预防，政府安全监管和救助、旅游经营者报告和救助、旅游者遵守安全规定义务的事中管理，以及政府、旅游经营者的事后处置。

典型案例 13－2

2013 年 10 月，国家旅游局组织暗访组对湖南旅游市场进行了暗访。暗访组报团参加长沙到张家界、凤凰四日三晚游。在随团暗访中，地接社湖南某旅行社张家界分公司导游带领旅游团前往多处购物店购物，并擅自减少了旅游景点，暗访组向湖南省旅游局提供了相关违法违规线索。

经调查，该分公司存在指定购物点、擅自变更行程等违法违规问题，违反了《旅游法》第 35 条、第 69 条之规定。湖南省旅游局依据《旅游法》第 98 条、第 100 条之规定对该旅行社给予停业整顿 2 个月、罚款 6 万元的行政处罚。

基本概念

旅游业　旅游法　旅游者　旅游者权益保护　旅游服务合同

讨论题

1. 假如你是一名旅游者，在旅行的过程中与旅游经营者发生了纠纷，你可以通过哪些途径解决纠纷？

2. 旅游经营者应当就旅游活动中的哪些事项以明示的方式事先向旅游者作出说明或者警示？

3. 因不可抗力或者旅行社、履行辅助人已尽合理注意义务仍不能避免的事件，危及旅游者人身、财产安全的，旅行社应当采取相应的安全措施。因此支出的费用应由谁来承担？

第十四章
文化领域国际法律制度

引 例

文化间的对话是文化外交的基础，同时也是促进文化多样性以及增强社会凝聚力的重要途径。文化和教育是建设和平包容的社会的重要方式。越南在国家报告中强调了文化在促进和平与非暴力、公民身份认同、文化多样性等方面起着举足轻重的作用；苏丹在 2015 年启动的全国反战运动中，通过和平艺术项目等一系列创造性的文化表达方式宣传非暴力和平文化，对维持武装冲突后的社会稳定起到了关键作用；叙利亚在战后发布的《叙利亚战后国家发展计划》也强调应致力于重建教育和文化，包括遗产保护、基础设施重建、技能发展、农村发展、媒体和宗教话语治理等项目；英国发布的《北爱尔兰的社区关系方案》旨在通过提供支持文化多样性的包容性空间来改善社区内部及社区间的关系；哥伦比亚创建了一个平台，允许太平洋非裔社区和土著社区之间进行知识交流和经验分享，从而促进文化间的对话，实现支持可持续发展与和平稳定的目标。

国际公约是怎样定义文化的？有关文化权利的国际法律制度包含哪些内容？有关文化贸易的国际法律制度又包含哪些方面？本章将为你解答这些问题。

第一节 国际公约对文化的定义

2021 年，联合国教科文组织提出了一种新的文化概念，即社会文化。社会文化是人类社会或某个群体独特的文化精神、物质生活、智慧和情感的复合体，它不仅包含文学作品和艺术作品，还包含日常生活、共处方式、意识形态体制、文化传统、宗教信仰等。① 社会文化的概念可以作更广泛的理解，即无论是来自人类学、社会学还是其他学科领域，其都可以被用来探讨各种群体、宗教、文化传统、习俗以及其他意识形态。同时，社会文化还强调智慧、伦理、美感等其他因素的重要作用。②

① GEERTZ C. The Interpretation of Cultures. [S. l.]: Basic Books, Inc., 1973.

② UNESCO. Culture in the 2030 Agenda. (2021-03-21) [2023-07-01]. https://www.unesco.org/en/articles/culture-2030-agenda-5.

文化有多种类型，包括音乐、文学、戏剧、电影、绘画、雕塑、建筑等艺术形式，以及具有深远历史和现实意义的民族传统习惯等。各个民族在社会发展水平与自然环境条件等方面存在差异，因而形成了各具特色的文化。这些丰富多彩的文化形式能够丰富我们的生活，激发我们的思考，让我们更好地理解世界。文化不仅体现了个体的文艺创造力，也体现了多元文明的蓬勃发展，在推动全球文明发展的过程中发挥着举足轻重的作用。

2001 年，联合国教科文组织在《世界文化多样性宣言》中指出，在不同的历史时期和地域，文化呈现出多种多样的面貌和形态。文化多样性是由于民族之间或族群之间存在的差异而形成的。文化差异表现为不同的民族和国家在历史传统、价值观念、思维方式、语言等社会特征上的不同。文化多样性是人类创新和创造力的来源，其重要性不亚于生物多样性。每个民族都有各自独特的价值观、信仰体系、传统习俗、语言和艺术形式等，这些多样性的元素构成了各个民族的独特身份和历史根基，是一个民族区别于其他民族的重要标志之一，同时也体现了这一民族特有的生活方式和审美情趣，赋予其鲜明的民族性和时代性，集中体现了该民族的特点。民族文化是提升民族凝聚力、增强民族认同感、维系民族生存和发展的精神纽带。尊重文化多样性是发展本民族文化的内在要求，也是实现世界文化繁荣的必然要求。

立足文化，探讨文化领域的国际法律规范的首要任务是从国际法视角对文化的概念进行界定。国际法学者鲁道夫·斯塔文黑根（Rodolfo Stavenhagen）提出，文化的三个主要维度包括实体形态、思想内容、文明行为。斯塔文黑根的文件概念得到了联合国文明联盟（UNAOC）的认可。[①] 斯塔文黑根认为，要系统地界定文化权利，必须对文化的概念进行严格的定义。他认为文化可以分为三个层面：物质文化、创造力文化、社会文化。首先，文化是物质文化，它被视为一种特定的产品，是人类社会的一种积累，包括纪念碑、手工艺品、图书、图书馆、杂志、博物馆等，它们构成了人类文明的重要组成部分；其次，文化是创造力文化，文化创造自由以及文化创造的成果所体现的思想和表达自由是人的尊严的体现和人类发展的主要动力；最后，文化是社会文化，社会文化可以被视为一种社会生活方式，包括丰富的内涵，其可以分为生活模式、共同生活方式、价值观、传统、个性等多个方面。[②] 这些内涵共同构成完整、多元、具有深刻影响的社会结构。

第二节　文化权利的国际法律制度

文化权利的规范性内容有哪些？与文化权利相关的国际公约又有哪些？本节将为你

① The United Nations Alliance of Civilizations' High Level-Group Report.［2023 - 08 - 05］. https：//www. unaoc. org/resource/alliance-of-civilizations-report-of-the-high-level-group-13-november-2006/.

② 斯塔文黑根．文化权利：社会科学视角//A. 艾德，C. 克洛斯，A. 罗萨斯．经济、社会和文化权利教程：修订第 2 版．成都：四川出版集团，四川人民出版社，2004：71 - 73.

解答这些问题。

一、文化权利的规范性内容

由于缺乏统一的国际法律文件，关于文化权利的规范性内容存在诸多不同的解释，这些解释可以归纳为以下几个方面。

（一）参加文化生活的权利

参加文化生活的权利是所有文化权利中最基础和最核心的一项。公民可以自由地参加各种形式的文化生活，包括去博物馆，去电影院，参加各种文化活动和仪式，等等。这项权利首先在《世界人权宣言》第27条中得到了确认，随后又在许多国际和地区的人权公约中得到了强调，如《经济、社会和文化权利国际公约》第15条第1款、《公民权利和政治权利国际公约》第27条、《消除一切形式种族歧视国际公约》第5条第5项、《儿童权利公约》第31条第2款、《保护所有移徙工人及其家庭成员权利国际公约》第43条第1款、《残疾人权利公约》第30条第1款、《消除对妇女一切形式歧视公约》第13条、《美洲人的权利和义务宣言》第13条、《关于经济、社会和文化领域的美洲人权公约补充条例》第14条第1款、《非洲人权和民族权宪章》第17条第2款、《非洲儿童权利与福利宪章》第12条第2款等，都明确规定了参加文化生活的权利是文化权利首要的核心内容。

1973年，联合国大会通过了《禁止并惩治种族隔离罪行国际公约》，其第2条第3项赋予了少数民族更多的参与和发展的机会。其明确指出，任何阻碍少数民族团体在一个国家内进入公共领域或发展的措施都是违反公平正义的。1976年，联合国教科文组织在《关于人们参与文化生活的建议》（Recommendation on Participation by the People at Large in Cultural Life and their Contribution to It）中提出应将“参与文化生活的权利作为人权保护”，其旨在提高全民的文化素养，并且在这方面产生了重大影响。2009年，联合国经社文委员会在《第21号一般性意见》中强调，“文化权利是人权的一个组成部分……全面增进和尊重文化权利，对于维护人的尊严和在一个多样化的多种文化的世界里个人和社群之间的积极的社会互动，至关重要”①，并详细探讨了参与文化生活的概念、文化权利与其他人权之间的联系、所需遵守的规则、享有权益的主体等。

思政专栏 14-1

参加文化生活的权利应该成为一种全球共识，以确保每一个人都能够拥有平等地享受到文化的机会。这种平等性应该被充分肯定，从而实现文化的普及。维护少数弱势群体的文化权利应当坚持公平正义，努力推动社会的发展，避免任何一方遭受歧视或偏见。非歧视原

① 第21号一般性意见：人人有权参加文化生活．(2014－10－09)［2023－09－21］. https：//www.humanrights.cn/html/2014/1_1009/1885.html.

则是一种基本的态度和前提，各个国家应该积极推动文化交流以促进不同文化群体之间的自由交流和借鉴，为公民平等参加文化生活创造良好的条件。此外，各个国家也应该采取有效的措施以确保真正的平等。

在当今的多元文化社会中，保障公民享有参加文化生活的权利尤为重要。无论是个人还是集体都应该享有参加文化生活的权利。享有参加文化生活的权利包含参加文化活动的自由和不参加文化活动的自由。例如，如果一个人不想参加群体文化活动，那么我们也应该确保其有权选择参加其他类型的文化活动。

典型案例 14－1

常设国际法院在 1923 年的“波兰的德国定居者”案（the German Settlers in Poland Case）中明确规定：“禁止任何形式的歧视行为。”1935 年在“阿尔巴尼亚少数人学校”案（Minority Schools in Albania Case）中，常设国际法院进一步强调了这一原则。该案中，阿尔巴尼亚政府基于普遍的教育观念，决定废除一所针对少数族裔的公办学校。但常设国际法院在裁决中指出：政府不应废除这所公办学校，针对少数族裔的公办学校可以让这些族裔有机会选择他们的兴趣和爱好。这所公办学校为少数族裔创造了机会，让他们有机会参与与本民族文化传统相关的活动，使他们能够更好地理解自己的语言、习俗、文化等，更好地享受到社会对他们的尊重。

典型案例 14－2

2015 年，联合国消除种族歧视委员会（Committee on the Elimination of Racial Discrimination）发现，芬兰在对待其境内土著居民萨米人时违反了关于种族歧视的国际公约。萨米人是欧盟唯一的土著居民，2015 年，芬兰最高行政法院对萨米人议会选举进行了干预。芬兰最高行政法院裁定，数十名自称为萨米人的人应该被添加到选举名册中，有资格在那年的选举中投票。

事实上，在芬兰一万多人的萨米人社区中，谁能自称萨米人是一个极其敏感的问题，其中约有一半萨米人仍然生活在传统的活动区域，即芬兰拉普兰。“芬兰必须尊重我们的自决权以及我们的习俗和传统。”向联合国消除种族歧视委员会提起诉讼的萨米人之一安妮·努格姆（Anne Nuorgam）说。努格姆是联合国土著问题常设论坛的前任主席，她说，一些被芬兰最高行政法院添加到选举名册上的人与萨米人的身份和文化没有任何联系。

（二）享有文化的权利

享有文化的权利是指某一民族或群体享有、维护和发展本民族或群体所独有的文化的权利。国际社会十分关注个人和集体享有文化的权利，尤其是少数人群体享有文化的权利。文化多样性产生于群体间的差异，对于那些在民族、种族、宗教、语言方面占少数的群体而言，享有文化的权利是实现其文化权利的重要组成部分。

享有文化的权利是在二战后反殖民浪潮中伴随着民族自决权孕育而生的，其自诞生以来就带有集体性的特征。其主要包含文化发展权、文化认同权、享有和保护文化遗产的权利三个方面。它们散见于各种国际人权法律文件中，但都具有一个共同的特征——权利主体的多元化，即其权利主体既包括个人，也包括群体。其中，少数人群体的文化权利得到了特别重视。文化权利相关国际法律制度的根本目标是保护权利主体平等地、自由地享有并发展自己的独特文化。

1. 文化发展权

文化发展权，即每个公民都应该拥有的维护自己的文化以及让其得到充分传播的自由。这种自由的主要目的是促进社会共同进步。世界文化与发展委员会认识到，文化的传播既可以作为促进文化发展的一种手段，又可以成为社会共同进步的动力。

2. 文化认同权

文化认同权意味着每一个公民都应该尊重并维护自己的独特文化，并享受表达这些文化的自主性。这种尊重并非局限于保护某种独特的文化，还涵盖对不同文化的尊重。拥有相同文化的个人和团队应当承担起责任，确保他们的文化得到尊重和传承，避免受到任何形式的压迫和剥夺。这些责任包括维护他们的文化自由、尊重他们的传统、维护他们的尊严等。

联合国教科文组织于1996年发布的《世界语言权利宣言》(Universal Declaration of Linguistic Rights) 是文化领域的重要国际文件，其强调每个公民都应该拥有平等地使用某种语言文字的权利。这不仅意味着他们可以拥有更多的表达权，还意味着他们可以更好地理解所处的环境，进而维护其与所处环境之间的联系，提升其文化认同感。此外，政府应当为公民提供必要的教育资源和帮助，以确保他们语言文字权利的实现。每个国家和民族使用本国和本民族语言文字的权利是保护文化多样性、促进沟通和参与、保障人权的重要组成部分，这有助于保护和传承各国、各民族的独特文化和传统，促进全球文化多样性和相互理解。

文化认同权是一项重要的国际人权，其旨在确保每一个社会成员都能够享有平等的文化权利，并尊重各种文化之间的差异。它不仅是文化多样性的基础，也是文化权利的核心要素，因此，文化认同权在国际人权保护实践中发挥着至关重要的作用。为了确保少数人群体的文化认同权得到充分尊重，应当采取有效措施确保少数人群体可以根据自身的意愿，充分发挥自身的文化优势。

随着全球化的不断深入，文化认同权也面临着前所未有的挑战，其中最突出的表现就是文化霸权，它严重影响了个人享受多样文化和特有文化的权利。

典型案例 14-3

联合国人权理事会的普遍定期审议机制是一项重要的国际机制，用于审查成员国在人权方面的表现。文化差异导致的歧视和侵害是重点审查领域，具体到芬兰的情况，审查发现罗姆人社区遭受文化歧视，导致他们的人格尊严受到侵害。罗姆人作为一个特定的民族群体，应该享有保护和促进自己的文化权益的权利。他们使用传统罗姆服饰的权利被剥夺和限制，儿童无法获得接受传统文化教育的权利，包括学习本民族语言的机会。芬兰政府表示将积极采取措施来消除这些问题，确保所有群体都可以享有平等的社会地位，各民族文化都能获得应有的尊重。芬兰将采取提供具有罗姆人文化背景的教师和教育机构、为儿童提供用罗姆语授课的机会等措施以确保他们能够获得充分的语言学习机会和传统文化教育。同时，芬兰政府还努力消除文化歧视，并促进本土文化和艺术的自由发展，这主要通过制定和执行反歧视法律、进行文化多样性教育和宣传、支持罗姆人社区的文化活动等方式来实现，以确保其文化权利得到有效保护。

3. 享有和保护文化遗产的权利

文化遗产是一种世代流传下来的传统文化形态，它是各个民族的智力成果，是全世界的共同财产。文化遗产不仅是一个国家民族精神的集中表现，还是一个国家文化传承的一种主要方式和手段。享有和保护文化遗产对保持国际社会的多元文明、促进人类文明的可持续发展具有十分重要的现实意义。在享受文化的过程中，一个人或一个团体有权继承、保持和发扬其文化遗产，这也是享有文化权利的一项关键要素。“享有和保护文化遗产”中的“文化”不仅包含世代传承的文化习俗和传统知识，还包含现代社会中的多种文化表达和生活方式。

（三）自主创造文化并从中受益的权利

个人和群体都享有创造物质文化和精神文化的平等权利，这是一项不可剥夺的权利。在我国，无论是公民还是法人、其他组织，都享有自主创造文化并从中受益的权利。文学、艺术、科学等领域的创造都反映了自主创造文化并从中受益的权利的重要性，自主创造文化并从中受益的权利自身就是一种具有促进文学、艺术、科学创造的价值的权利。创作是在人类与社会相互作用过程中发生的一种创造性的行为，它代表着人们的思维和表达的自由，是推动人类社会发展的重要力量，也是实现文化多样性、保护人类共同利益的根本先决条件。《经济、社会和文化权利国际公约》强调：缔约国应当尊重和保护人们在从事科学研究和创造性活动时所享有的基本权益。国家应当积极采取措施，尊重公民的创造自由，并保护和促进实现这一权利，以防止第三方侵犯公民的创造权。这不仅包括消极的不干涉措施，还包括积极的维护措施。

（四）进行文化合作的权利

创造更多的机会和平台，让人们能够与世界各地的人沟通和分享想法和观点，不仅有助于更好地保护文化遗产，还有助于促进社会发展。

《经济、社会和文化权利国际公约》第 15 条第 4 款鼓励各成员国积极参与科学与社会文化领域的交流与合作。这一条款已经成为多项国家间协议的重要组成部分，并受到了广泛的认可。1966 年，联合国教科文组织在《国际文化合作原则宣言》（Declaration of the Principles of International Cultural Cooperation）中强调："文化发展合作是全球共同的责任，它不仅涉及教育、科技、文艺等范畴，还涉及人类的思想、行为、价值观、社会文明等多个层次，它的实施必须以全球性的协作框架来实现，以期达到发展的共同愿景。"1976 年，联合国教科文组织在《关于人们参与文化生活的建议》中呼吁全球社会共同努力，充分认识到不同地区的特点，积极推动双边、多边、区域、全球、联盟的文化交流，共同推动全球文明的发展，实现文化发展的共赢。《世界文化多样性宣言》强调，为了推动全球性的社会文化融合，必须加强各种社会文化间的沟通与协调，鼓励各种形式的社会文化传播与互动。

经济、社会和文化权利委员会的设立旨在推动艺术家、作家以及其他文化行业从业者之间的国际交流与合作。因此，缔约国应当采取有效措施以确保本土文化得到充分尊重，并保护当地人民的文化权利。联合国教科文组织在《保护和促进文化表现形式多样性公约》中强调了文化认同和本土文化的重要性，但这并不意味着国家必须完全孤立，而是要求国家在保护本土文化的同时也要尊重文化多样性，并且鼓励国际社会的交流合作，以实现文化的共存共荣。

世界各国应该采取措施确保公众能够充分地与外界沟通交流，同时也要谨防外来文化的侵入。联合国开发计划署（UNDP）在《2020 年人类发展报告》中指出：如果文化产品和创新活动被完全控制，将会对文化多样性造成极大的破坏，甚至可能导致文化的毁灭。政府应当努力营造有助于促进公民发展的、充满活力的、包容多元的文化氛围，以便让每个人都有机会参与到不同的文化中，并享受到相同的待遇，这样才能够真正地维护每个人的文化权利。

二、文化权利相关的国际公约

典型案例 14－4

在当今国际社会，文化权利作为一项重要的人权，已经被许多国家纳入本国宪法之中。许多国家都在法律规范中具体提及了文化权利，包括个人的、集体的和与其他国家共同享有的权利。例如，巴西在其"国家发展计划"中特别提到文化是一项权利；津巴布韦承认语言、文化和环境权利；匈牙利在 2012 年的《基本法》中阐明了后代在"保存和保护物质、知识和自然资源"方面享有权利的原则，包括保护文化遗产、语言和生物多样性；埃及十分重视残疾人的文化权利，将其纳入文化政策；芬兰强调文化对"促进平等、包容、福祉和人权"以及土著居民的重要性，并将其纳入宪法；澳大利亚和新西兰将保护土著居民文化权利作为优先事项，后者强调"毛利土著人民是我们国家的根本"。

文化权利被视为每个公民的基本权利，它可以让我们以包容的态度去接纳不同的文化，以及它们所带来的影响。其不仅可以促进个体的自由，还可以促进全球的文化繁荣，进而推动世界的进步。随着时代的发展，各个国家不仅应该在文化法律制度中坚持自身的独特性，还应该结合当今的国际环境，制定紧跟时代的、为各国提供实质性支持的、反映当今社会发展趋势的国际性规则、协议、宣言和章程，从而为各个国家的文化发展提供更加完善的制度保障。

1948年12月10日，联合国大会通过了《世界人权宣言》，其旨在维护人类基本权利，确认了文化权利是一项基本人权。1966年12月16日，联合国大会批准并颁布了《经济、社会和文化权利国际公约》，我国于1997年10月27日签署了该公约，并于2001年2月28日获得全国人大常委会的批准。根据该公约第1条和第2条的规定，所有人民都拥有自决权，他们可以根据自己的意愿自由决定自己的政治地位，并且可以自由地寻求经济、社会和文化的发展。各缔约国应当承担责任，确保该公约所宣布的权利得到普遍实施。该公约第15条规定，所有缔约国都应保障人人享有参加文化生活的权利，并分享科学进步及其应用带来的收益；此外，人们对自己的任何科学、文学或艺术作品中所形成的精神上和物质上的收益，都将受到保障。所有人都应该拥有平等的机会来获得公共的文化资源，并且充分地享受它们带来的乐趣。

1966年12月16日，联合国大会通过了《公民权利和政治权利国际公约》，我国于1998年10月5日正式签署了该公约。其在第1条强调，所有国家的成员均拥有公平的参加条件，应当尊重他人的政策立场，积极参与到国家的经济、社会及文化建设中，同时也应当尊重他人的自由，充分尊重他人的自然财产及其所拥有的资源。① 这种方式可以更好地鼓励和支持个人和社区的积极参与，促进公共文化的发展。

1977年12月16日，第三十二届联合国大会第105次会议通过了第32/130号决议，即《关于人权新概念的决议案》，其为各国文化权利的保护与发展工作提供了重要指引与参考。

1979年12月18日，联合国大会通过了《消除对妇女一切形式歧视公约》。妇女在文化生活中遭受的不公正对待使其更难充分发挥为国家和社会服务的潜力，因此，保护妇女的文化权利也是该公约的重要内容。该公约指出，世界各国应当在文化领域采取一切适当措施（包括制定法律等），保证妇女得到充分的发展和进步，确保她们能够与男子平等地行使和享有人权以及基本自由。

1989年11月20日，第四十四届联合国大会第25号决议通过了《儿童权利公约》，我国于1990年8月29日签署了该公约，并于1991年12月29日经全国人大常委会批准。其第31条旨在保障儿童的基本权利，包括获得充足的休息时间、平等参与文化和

---

① 《公民权利和政治权利国际公约》第1条规定："一、所有人民都有自决权。他们凭这种权利自由决定他们的政治地位，并自由谋求他们的经济、社会和文化的发展。二、所有人民得为他们自己的目的自由处置他们的天然财富和资源，而不损害根据基于互利原则的国际经济合作和国际法而产生的任何义务。在任何情况下不得剥夺一个人民自己的生存手段。三、本公约缔约各国，包括那些负责管理非自治领土和托管领土的国家，应在符合联合国宪章规定的条件下，促进自决权的实现，并尊重这种权利。"

艺术活动、获得公共文化服务等。政府应当积极采取措施，确保儿童享受到充分的文化服务，以促进他们的身心健康发展。①

2001 年 11 月，联合国教科文组织第三十一届大会通过了《世界文化多样性宣言》，将 5 月 21 日定为“世界文化多样性促进对话和发展日”，并以推动对话和发展为主题，每年都举行相关活动。2003 年 10 月，联合国教科文组织第三十二届大会通过了《保护非物质文化遗产公约》，该公约已于 2006 年 4 月生效并实施。2005 年 10 月，联合国教科文组织第三十三届大会通过了《保护和促进文化表现形式多样性公约》（以下简称《文化多样性公约》），这是对 1972 年《保护世界文化和自然遗产公约》的补充。《文化多样性公约》规定了一系列文化政策和措施，旨在提升文化表达形式、激发文化创新活力、推动文化传播、实现文化交流与共享，以满足各种文化环境下的需求。这些公约的相继通过和生效标志着联合国教科文组织在世界范围内增进文化多样性方面的努力进入了实质性运作阶段，为全球的文明传承提供了更加有力的法律依据。

第三节　文化贸易的国际法律制度

国际文化贸易在全球经济中扮演着至关重要的角色，随着时间的推移，其贸易内容不断发展丰富，涵盖了各种形式的文化内容，如图书、电影等；同时也包括了文化产品和服务的生产和传播。国际文化贸易可以通过向公众传播艺术、科学、历史、地理、政治、经济、教育、法律、道德、宗教、风俗等方面的知识来促进社会交往。国际文化贸易由于其独特性质在一国国际贸易中具有高度的敏感性和重要性。联合国教科文组织的“文化统计框架”（FCS）是一种被广泛采用的国际文化贸易客体分类方法，它将涉及国际贸易流通的文化相关对象划分为文化产品和文化服务两类。因此，国际文化贸易所涉及的对象不仅包括文化产品，还包括文化服务，国际文化贸易具有国际商品贸易和国际服务贸易的双重特征。简而言之，文化贸易是国际文化贸易法律制度的调整对象，包括涉及文化产品和文化服务的贸易活动。

国际文化贸易相关的国际条约都有哪些？国际文化贸易法的主要规制对象与内容是什么？国际文化贸易法律制度的基本原则与特点是什么？本节将为你解答这些问题。

一、国际文化贸易相关的国际条约

1886 年 9 月 9 日在瑞士伯尔尼缔结的《保护文学和艺术作品伯尔尼公约》（以下简称《伯尔尼公约》），是世界上第一个与文化产品和国际服务贸易相关的国际协定，也是

① 《儿童权利公约》第 31 条规定：“1. 缔约国认识到儿童有权享有休息和闲暇，从事与儿童年龄相宜的游戏和娱乐活动，以及自由参加文化生活和艺术活动。2. 缔约国应尊重并促进儿童充分参加文化和艺术生活的权利，并应鼓励提供从事文化、艺术、娱乐和休闲活动的适当和均等的机会。”

最早产生的国际版权公约。《伯尔尼公约》的基本原则包括国民待遇原则、自动保护原则和独立保护原则，其内容涉及对著作权人利益的维护、国家对文化权利进行控制等方面。《伯尔尼公约》确立了版权制度的立法模式，规定了版权保护的最低标准。其后又有 1961 年 10 月 26 日在罗马签署的《保护表演者、音像制品制作者和广播组织罗马公约》，其由国际劳工组织、世界知识产权组织及联合国教科文组织共同发起，并于 1964 年 5 月 18 日生效。

为了促进国家间的相互了解与文化交流，联合国教科文组织通过了《关于教育、科学和文化物品的进口的协定》（简称《佛罗伦萨协定》）。这项协定以自由流动为基础，旨在增进各国之间的文化交流。根据该协定，各成员国应取消一系列文化产品的关税，例如图书、艺术、教育等。《佛罗伦萨协定》于 1950 年订立，并于 1976 年在采纳《内罗毕议定书》后进行了修订。《内罗毕议定书》把自由流通原则扩展到了其他类别的文化产品，特别是当时采用新技术开发的产品，如视听材料等。虽然《佛罗伦萨协定》和《内罗毕议定书》明确支持文化产品市场的自由开放，但该协定和议定书都有保留条款，允许各国不进口那些可能对本国文化产业发展构成损害的文化产品。

在目前众多的国际贸易法规中，世界贸易组织（World Trade Organization，WTO）的法规制度对各国的对外贸易行为产生了重大的影响。在法治层面上，世界贸易组织下的各项协定是当今世界对文化产业进行调整的重要法律依据。在关贸总协定时期，文化产品被当作普通的货物对待。在世界贸易组织建立之后，《关税和贸易总协定》（General Agreement on Tariffs and Trade，GATT）的惯例得以延续，GATT 和 WTO 所建立的贸易规则应该被一视同仁地应用在文化产品和文化服务贸易上。

二、国际文化贸易法的主要规制对象与内容

（一）国际文化贸易法的主要规制对象

1. 文化产品

文化产品（cultural-goods）是指由特定主体创作、使用并能够产生经济利益的各种精神文化产品。文化产品是一种消费品，它承载和传播着人们的思想、信仰和生活方式，为人们提供一种独特的文化体验和精神寄托。文化依据存在形式可以分为物质文化和精神文化两个层面。根据《文化多样性公约》第 4 条之规定，文化活动、产品与服务，是指“从其具有的特殊属性、用途或目的考虑时，体现或传达文化表现形式的活动、产品与服务，无论其是否具有商业价值。文化活动可能以自身为目的，也可能是为文化产品与服务的生产提供帮助”。文化产品是一种特殊的消费性商品，是人们获取资讯和休闲娱乐的重要方式，同时也深刻地影响着人们的文化行为。此外，文化产品又可以作为商品进行交换，满足人们的消费需求。而且，文化产品作为个人或集体以版权为核心的创作成果，在产业化和全球销售的推动下，不断被复制，其价值也不断提升。

尽管《文化多样性公约》并未对文化产品的具体表现形式进行分类，但 2004 年的《文化多样性公约草案》在其附件一“部分文化产品与服务的清单”中详细列出了出版、印刷和文学类，手工艺、设计和建筑类，文化遗产类等文化产品的具体分类。这也表明了文化产品概念的宽泛模糊，其范围并未得到明确界定，因此，需要从国际条约中寻找依据来进行判断。根据世界贸易组织的法规和各成员在谈判中的观点，GATT 所调整的文化产品呈现出一系列物理实体的特征，包括但不限于电影胶盒、CD、DVD、视频、录音磁带、纸质图书等。这意味着文化产品在国际贸易中是一种特殊的商品，它既要遵守一般贸易的惯例但又不完全等同于普通商品。《文化多样性公约》与 GATT 在规定文化产品的具体表现形式方面略有差异，一般而言，前者规定的文化产品涵盖了图书、杂志、多媒体产品、软件、录音带、电影、录像带、视听节目、手工艺品、时装设计等多种类型。

典型案例 14-5

瑞士着力发展数字科技和数字创意领域的国际文化贸易。瑞士利用自身的文化优势，作为同时拥有四种主要语言文字（法语、英语、意大利语、拉丁语）的国家在传播文化产品与文化服务方面具有得天独厚的多语言优势，结合前沿科技，打造了一系列数字文化产品（如球幕电影、新材质未来感服装、虚拟现实机、沉浸式游戏）。瑞士 2021 年的文化产业总额达到了 232.71 亿瑞士法郎。①

2. 文化服务

相较于作为货物的文化产品，对文化服务的统计相对困难，国际范围内对文化服务尚无权威定义。文化服务通常是以非物质形式存在的，因此无法像物品一样容易被衡量和计量。文化服务包括艺术表演、文化活动、文化教育、文化旅游等。这些服务往往具有复杂的特征和多样的形式，因此不容易通过传统的统计方法进行准确的量化和测量。广义上，文化服务（cultural service）是一项旨在满足人们对文化的兴趣和需求的活动，其目的在于提供多元化的文化体验和服务，由国家制定法律法规对其进行管理和保护。文化服务可以是免费的，也可以是具有商业价值的。《服务贸易总协定》（The General Agreement on Trade in Services，GATS）中的“国际服务贸易分类表”对文化服务的类型作了划分（见表 14-1）。

表 14-1 文化服务的类型

服务分类	具体内容
商业服务	软件服务、数据处理服务和数据库服务、广告服务、摄影服务、包装服务、印刷和出版服务

① Zurich Center for Creative Economies.（2022-05-30）[2023-08-05]. https://creativ-eeconomies.com.

续表

服务分类	具体内容
视听服务	电影和录像的制作和分销服务、电影放映服务、广播电视服务、无线电广播和电视传输服务、录音服务
娱乐、文化和体育服务	文娱服务，新闻社服务，图书馆、档案馆和其他文化服务，体育和娱乐服务

从理论上讲，区分文化产品和文化服务是可行的，但在实践中，部分产品同时具备文化产品和文化服务的特征，因而很难将两者完全分开。要准确把握国际文化贸易法的规制对象，首先要明确文化产品和文化服务的区别。以 WTO 为例，其对文化产品和文化服务的规定是有区别的：通常可以将图书、多媒体产品、报纸、软件、唱片、电视、录音、光盘、手工艺品、图纸等归类为文化产品；而音乐、戏剧、芭蕾舞、巡回表演等文化项目则可以被归类为文化服务范畴，同时文化服务也包括利用实验室、文献中心、美术馆等对文化资料进行的保护和收集，以及由出版社或出版团体所出版和分发的杂志和图书，由通讯社发出的消息，由广播或电视转播的讯息及其他资料，音像制品传播、复制或翻译的影片或电视节目等。

典型案例 14－6

毕尔巴鄂始建于 1300 年，在西班牙成为海上霸主的时期，其凭借优越的港口条件成为西班牙北部重要的海港城市。17 世纪，毕尔巴鄂开始衰落，19 世纪铁矿石出口运输的大规模需求使其又获振兴，20 世纪中叶产业转型使城市发展举步维艰。1983 年，毕尔巴鄂遭遇洪水，城市陷入困境。为了城市复兴，毕尔巴鄂政府决定发展旅游业，但由于其缺乏良好的旅游资源而困难重重。通过多方咨询，毕尔巴鄂当局决定通过具有创造力与感染力的艺术表演、博物馆等文化服务方式吸引欧洲众多的艺术爱好者入境旅游，从而带动城市经济发展。艺术表演、博物馆等文化服务形式不仅改变了毕尔巴鄂的原有形象，使其一时间闻名全球，还极大地拉动了城市经济发展，促进了国际入境旅游，并增加了大量就业岗位。

（二）国际文化贸易法的主要规制内容

国际文化贸易法采用的主要规制措施包括但不限于以下几个方面。

1. GATS 承诺表

GATS 承诺表是 GATS 的一部分，用于规制各成员在文化服务贸易领域的准入和待遇。GATS 的市场准入原则、最惠国待遇原则以及其他政策都为实施文化服务贸易自由化提供了有力的支持。在 GATS 承诺表中，各成员对特定文化服务贸易领域作出了一系列具体的承诺和限制性措施。这些承诺和限制性措施旨在促进和保护文化贸易，并确保成员在跨国文化交流中遵守相关规定。承诺表具体规定了每个成员在文化服务贸易领域的市场准入条件，包括限制性措施、国民待遇、最惠国待遇、透明度等。每个成员的承诺表都是独立的，即各成员各自对特定服务贸易领域作出承诺。成员可以对文化服务贸易施加一些限制性措施，例如管理和审核进口文化产品的许可证要求，或者对特定文化服务领域的外商投资进行限制。GATS 第 2 条第 2 款则强调成员可以自主决策，以最惠国待遇原则为基础，并可以采取多种措施，实现最大限度的公正和公平。同时，成员应提供透明的信息，让其他成员了解其文化服务贸易政策和措施。GATS 的目标是通过减少贸易壁垒和规范市场行为，促进和保护文化服务贸易的发展。GATS 的成员应当认真审视其在文化服务贸易领域所作出的承诺，并采取切实有效的措施，确保不会带来任何负面影响。

典型案例 14－7

新西兰加入 WTO 后承诺在视听服务领域不会对其他国家的产品实施任何形式的市场准入限制。1999 年，新西兰的一项调查显示，当地的电视新闻节目的可用放映时间已经降低到 24%，这给新西兰政府带来了潜在的风险。因此，新西兰政府在 2001 年宣布将对本地新闻的播放数量实施限制。但是，美国政府随即对此提出了强烈的反对，认为这种做法违背了新西兰在 GATS 中的承诺。面对这一巨大的压力，新西兰政府不得不取消限额计划，并且采取了一系列补救措施，包括与广播媒体签订协议、要求广播媒体加大对当地新闻的报道和传播力度等。

随着互联网的普及，视听内容的持续传播已经成为一个不可忽视的现实情况。GATS 的前言强调，各成员应当采取有效的政策措施以促进服务贸易的发展，维护自身的利益和权利。通过这种制度，主权国家可以在其国内法律框架下行使对本国文化市场的主权和自主决策权。虽然主权国家有权执行内部产品和服务的法律法规，但是也需要确保这些法律法规符合 GATS 承诺表的规定。

2. 补贴措施

补贴在政府为保护和促进本民族文化所采取的各项措施中扮演着不可或缺的角色。许多国家都制定了相关政策来支持本国文化产业的发展，欧洲国家尤其如此。为了保护和推动当地文化产品和文化服务业的发展，各国政府广泛采用补贴资助措施，助力本国文化产品的推广。在许多情况下，补贴还被用来刺激本国文化企业进行创新活动以及鼓励文化消费。为了提高本国文化产品的市场占有率，许多国家都制定了一系列法律规定来限制文化产品的进口。为了促进欧洲电影业的发展，欧洲议会成立了欧影基金（Eurimages fund），专门为欧洲本土电影提供资金支持。[①] 欧盟的“媒体工程”旨在为视听产品提供补贴，以培养专业人才、推进电影和视听节目的制作，从而提升电影和视听节目的水平和国际竞争力。[②]

---

① 张玉国，朱筱林．文化、贸易和全球化（下）．中国出版，2003（2）：37－41．

② 范帆，杨颖．《保护和促进文化表现形式多样性公约》谈判通过始末．中国出版，2006（2）：9－11．

典型案例 14-8

加拿大、美国、瑞士等国家采取各种资助方案来促进本国的文化产业发展。这些方案包括财政补贴、特殊待遇、市场援助、免利息贷款等。在电影行业方面，这些国家为本国电影业提供资金支持和政策优惠。例如，加拿大通过电影和电视制品税收抵免措施、电影发展投资基金等方式提供财政补助，促进本国电影的制作和推广。美国则通过税收减免、支持电影院建设等方式支持电影产业的发展。

通过提供财政支持和优惠政策，政府能够帮助文化产业提升竞争力，推动本国文化产品的创作、传播和销售。这不仅有助于经济增长，还能够保护和传承本国的文化遗产，促进艺术和文化多样性的发展。如果没有这样的政府补助，很多艺术行业将难以存活。需要注意的是，这些补助方案需要在公平和透明的基础上实施，避免对其他国家的产业造成扭曲竞争。同时，政府应该审慎评估补助计划的效果，确保投资的回报和社会效益。

3. 市场准入限制措施

在涉及电影、电视和无线广播产业的文化产品和服务中，市场准入限制措施被广泛采用，具体包括：(1) 配额和限制性许可：一些国家会对进口电影、电视节目或广播内容设定配额，要求一定比例的本国作品或本土内容在电视台或电影院播放。此外，一些国家也可能对进口电影和电视节目的许可进行限制，进口电影和电视节目需要通过特定的审查程序或许可证才能进入本国市场。(2) 控制和审查机构：一些国家设立了专门的机构或部门，负责审查和管理电影、电视和广播内容。这些机构可能会对进口内容进行严格审查，并对涉及政治、宗教、道德等敏感问题的内容进行限制。(3) 品质要求和技术标准：一些国家对进口的电影、电视节目和广播内容设定了特定的品质要求和技术标准。这些要求和标准可能会使进口方面临额外的成本和技术要求，从而对市场准入造成一定的限制。(4) 地域化限制：一些国家可能对文化产品和服务的地域设置限制。这意味着只有来自特定地区或特定国家的内容才能在该国市场上播放或销售。需要指出的是，这些市场准入限制措施虽然可能有助于保护本国文化产业和文化多样性，但也可能对跨国贸易和跨文化交流产生一定的限制。在国际贸易谈判和协商中，各国往往就这些限制措施进行讨论和辩论，以确保公平、平衡的市场准入条件。

为了限制外国相关的文化产品进入其国内市场，以维持当地电影行业的健康发展并避免外来电影在当地市场上获得更多利益，法国、墨西哥、韩国和西班牙实行了电影影片配额制度，以确保当地电影产品的最低放映比例，同时对电影产品采取了进口许可证管理等措施。市场准入限制措施为那些拥有独特文化背景的国家提供了保护本国文化并抵御贸易壁垒的重要方式。

4. “文化例外”

“文化例外”这个词最早出现于 20 世纪 90 年代初，在关贸总协定的谈判中，法国人敏锐地意识到国家和民族文化独立的重要性，坚决反对把文化列入一般性服务贸易。[1] 长期以来，各国对于文化产品在贸易中的地位存在争议，因为这些产品既具有文化属性，又具有经济属性。

目前，发达国家与发展中国家之间的文化产品贸易壁垒问题愈演愈烈。法国一直是文化产品贸易保护阵营中的主导者。在乌拉圭回合谈判中，法国提出了“文化例外”的主张，即在 GATS 承诺表中不对视听部门作出任何承诺，反而对图书出版者作出一些限制。法国在尝试于 WTO 协定中设立“文化例外”条款失败之后，又提出了“文化多样性”的理念，并积极推动签署《文化多样性公约》，为文化产品贸易的例外提供了国际法的基础。法国在区域贸易协定中秉持文化多样性原则，以《文化合作议定书》或“文化例外”条款为依据，排除了视听服务，并通过积极的清单开放了图书出版服务。法国将会采取立法保护和补贴激励相结合的措施，以达到保护本国市场、促进国内文化产业发展和提高国际影响力的三重目标。[2] 法国在国际协定中对不同文化领域作了不同的承诺或保留，其在适用对象、受益主体等方面制定了多种法规和补贴，以确保与国际规则的协调一致。法国在文化产品贸易领域的国际法主张和国家实践相互融合，形成了一个有机的整体，其既遵循国际贸易规则，又通过恰当的政策推动文化产业的发展，对我国具有参考价值。

典型案例 14－9

法国是一个拥有丰富文化遗产和名胜古迹的国度，同时也是重要的文化交流中心，其历史和文化价值不可估量。为促进本国文化产业的发展，法国在立法层面采取了多种措施，包括完善相关法律体系、加大政府扶持力度、成立专门的公共文化服务机构等。

法国政府深刻意识到，随着以好莱坞为代表的美国文化的渗透，法国正处于一场文化危机之中。因此，法国政府采取积极措施，加大对文化产业的投资力度，大力推进国内文化产业的发展，扩大国际文化交流与合作。同时，法国还大力推动本国文化出口，积极利用国际文化资源。

法国高度重视文化产品贸易的立法，通过制定法律保障本国文化贸易的健康发展，以确保文化产品在国内市场上得到广泛传播和认可。此外，法国政府还出台了一系列扶持本国文化产业发展的优惠政策，鼓励文化企业向国外转移，并将其纳入国家经济发展计划中。为了维护国内市场和民族文化的完整性，促进文化多样性的发展，法国政府还率先提出了“文化例外”的概念，这一概念旨在消除文化上的障碍，促进文化多样性的繁荣。

---

① WALKLEY S Cultural Diversity in the French Film Industry. Cham：Palgrave Macmillan，2018.

② 张议亓．法国在文化产品贸易领域的国际主张与国内政策研究：以视听和图书出版为例．法国研究，2023（2）：34－53.

1994年，法国《法语使用法》(“杜邦法”)通过。其规定从早上6时半到晚上10时半，法国1 300多个电台中40%的音乐剧都要由法语演唱，每个电视台都要播放至少40%的法语影片，违反规定将被处以罚金，这些影片的税额会被用作国家的文化基金；法国的电台和电视台必须将收入的15%用于法语电影和电视剧，3%用于法国和其他国家合作生产的节目；此外，还需要为国家培训一大批法语歌唱家；法国收费电视台有责任将收入的20%用于生产影片，而这些收入的50%要用于播放法语节目，并且要在法国电视台和纪录影片上投入一笔固定的费用。法国自1997年开始对国外卫星电视转播征收税费，凡是将法语语言节目转播到法国的国外卫星电视，都必须缴纳5%的销售税，作为法语语言传播的资金来源。

三、国际文化贸易法律制度的基本原则与特点

(一) 国际文化贸易法律制度的基本原则

近年来，在全球经济一体化的进程中，国际文化交往越来越多，国际文化贸易也随之频繁。作为国际文化贸易法律制度的基础，国际文化贸易法律制度的基本原则确保国际文化贸易的公平、平衡和可持续发展，同时可以减少贸易纠纷和冲突的发生。国际文化贸易法律制度的基本原则包括但不限于以下几个方面。

1. 公共利益保障原则

维护和倡导公共利益是当代国际社会所追求的共同目标之一。限制国际文化贸易参与方的财产权等权利，必须建立在公共利益的基础上，不能超越公共利益的范畴。因此，各国都应制定专门的法律来明确本国在文化产品贸易方面的义务。若不对国际文化贸易实行限制措施，其正当性将被削弱。因此，在保护公共利益的前提下，合理运用国际法上关于国家间利益冲突问题的解决机制来规范各国之间的国际文化贸易关系成为当务之急。

为了维护公共利益，各国政府有权对国际文化贸易实施一定的限制措施，在这些限制措施中，最重要也最难理解的就是“公共利益”这一概念。考虑到公共利益概念的高度抽象性，若不对其进行具体而明确的定义，其可能会沦为空洞的口号，并成为侵犯公民权利的借口。因此，在对公共领域内的国际文化贸易予以适当规制之前，首先要厘清公共利益与私人利益之间的界限。在国际文化贸易中，公共利益可以包括文化多样性的保护、文化产业的发展、知识产权的保护以及公众权益等。与之相对，私人利益可能涉及个人或组织的商业利益和创作权益等。国家需要权衡这两种利益，以确保公共利益的实现。为了维护国际文化贸易的公共利益，国家可以采取必要的限制措施。这些限制措施可以包括进口配额、版权保护措施等。然而，这些限制必须是真实的，即合法、合理且符合公共利益。此外，这些限制也必须是可以追溯到个人的利益。这意味着限制措施应当最终能够保护个人的权益，例如言论自由、文化传承、知识产权保护等。在发展国际文化贸易时，应注意平衡公共利益和私人利益，促进文化多样性和可持续发展。

2. 法律保留原则

对公民基本权利的限制必须遵循法律保留原则，即对公民基本权利的限制必须依据法律规定进行，以确保其合法性和合理性，这一原则在国际文化贸易领域也适用。只有法律规范，才能对国际文化贸易作出限制。

第一，法律保留是指国家在制定和实施文化贸易限制措施时，必须遵守国内法律，并确保这些措施合法且合理。例如，当国家采取限制进口某些文化产品或服务的措施时，这些措施必须经过法律规定的程序，并符合国际贸易法律的要求。法律保留原则的适用可以确保国际文化贸易的合法性和透明度。一般而言，法律保留原则中的“法律”必须是立法机关制定的法律，不包括行政机关制定的法规或规章。政府只有在获得立法机关的批准并制定法律后，方可依据法律作出限制措施。此原则在国际经贸规则体系中处于核心地位，构成国际文化贸易立法和司法活动的基本准则。贸易权是一项基本的法律权利，因而必须由法律来规定对国际文化贸易的限制措施。

第二，法律保留是利益平衡原则的要求。国际文化贸易中的限制措施势必影响当事方之权益（其中包含但不限于进出口商之贸易权与财产权、消费者之产品选择权与资讯自由等），因而必须通过法律规范来保证这些权利的实现，否则将导致国家之间利益分配失衡。因此，有必要确立一套完善的法律体系进行保障。这就需要在国际法层面上明确各国在国际文化贸易中的权利与义务，并通过制定国际标准、协定和指导方针，保障各国在国际文化贸易中的权利的实现和义务的履行。保障利益平衡的法律体系，包括明确各国依据国内法保护本国文化产业和文化多样性的权利，同时要求各国尊重其他国家的文化权益，这样的规范可以通过国际公约、协议、条约等形式确立，使各国在国际文化贸易中的权利得到保障；还包括确立公平竞争的原则，防止不正当竞争行为的发生，并建立争端解决机制，以便各国可以通过协商、调解、仲裁等方式解决文化贸易争端。通过这样的法律保障，国际文化贸易可以实现平稳、公平和可持续发展。

第三，法律保留是法治国家原则的本质要求。国际文化贸易的各种制度都必须受到相应法律规范的制约。以国际文化贸易为对象的法律规制，其实就是对政府与公民互动关系的一种调节。因此，制定相关法律必须考虑这一关系的性质。在法治国家原则下，这一关系应由法律规范来调整，用法律手段制约行政活动，以免国家权力滥用而侵害公民权利。

3. 比例原则

比例原则是行政法的基本原则之一，它要求对国际文化贸易实施限制的措施必须满足合法性和合理性的要求，否则这些措施将损害国际文化贸易，进而损害公共利益。在国际文化贸易中，政府可能会采取一些限制措施，如贸易限额、关税、配额、进口许可证等，以保护本国的文化产业和文化多样性。然而，这些限制措施必须符合比例原则，即在保护本国文化利益的同时不能过度限制他国的文化贸易，并且限制措施必须通过合法和合理的方式实施。合法性意味着限制措施必须基于国际贸易规则和相关法律的授权和规定。换句话说，政府不能随意实施限制措施，而是必须依据具体的国际协议或国内法律；合理性要求限制措施在实施时必须符合一定的合理标准。例如，措施必须与所追求的目标相符，并且在实施时不能采取过度或不必要的手段。政府需要慎重考虑限制措施对国际文化贸易和公共利益的影响，并努力寻找更加平衡和有效的替代方案。通过遵循比例原则，政府可以更好地管理国际文化贸易限制措施，确保其合法性和合理性，并减少对国际文化贸易和公共利益的潜在损害。因此，国际文化贸易的立法必须符合比例原则，以达到客观效果并避免采取违背预期的行为。

典型案例 14－10

1996 年，美国和加拿大之间产生争议，原因在于加拿大发布的《第 9958 号关税法案》对海外发行的期刊实施严格的限制和定价要求。美国对此表示不满，认为这一做法违背了 GATT 的规定。为了解决争端，美国政府向 WTO 的仲裁委员会提出了仲裁申请，并要求成立一个专家小组对加拿大的做法进行评估。1997 年 2 月 21 日，专家小组正式启动了仲裁程序。同年 4 月 29 日，加拿大政府向仲裁委员会提起了申诉。仲裁委员会经过审查，认为《第 9958 号关税法案》与 GATT 的规定相悖，并建议以更加合理的方式维护本国文化。这一仲裁结果对解决美国和加拿大之间的贸易纠纷具有重要意义，也为国际文化贸易法律制度的发展提供了宝贵的经验。

（二）国际文化贸易法律制度的特点

1. 碎片化

国际文化贸易法律制度的碎片化，是指存在多个不同的、互相独立的法律制度或国际协议规范文化贸易，缺乏统一的、一体化的框架。随着全球经济的不断发展和全球化进程的不断推进，区域间的合作不断加强，国际文化贸易往往涉及多个国家之间的交流和合作。为了促进国际文化贸易，各国之间可能会签订双边或多边的协议。然而，这些协议可能在范围、内容和执行机制上存在差异，这就导致了制度的碎片化。不同国家和地区有自己的国内法律和政策来管理文化贸易，同时还存在双边和多边的国际协议，这使得法律制度的规则和机制相互交织。国际文化贸易涉及广泛的领域，包括版权、商标、文化遗产保护等等，针对这些细分领域往往存在各自独立的法律和规定，缺乏整体性和统一性。

国际文化贸易法律制度中还存在不同层次的管理主体和管理程序。一方面，全球范围内的国际组织、区域性组织、国家等管理主体组成的实体，均是国际文化贸易管理体系的重要主体。另一方面，各个层次的主体都对文化产品的进出口进行分类管理，并制定专门的法律对此予以规制。全球范围内的国际规范、区域性规范、双边条约以及国家立法共同构成了一个错综复杂的治理结构。

2. 同质性

当前，虽然以主权为基础的各国内部贸易管制仍然存在，但是多边贸易规则的逐步完善确实促使各国在对外贸易政策和法规方面呈现出一种趋同的趋势。这主要得益于国际经济合作和贸易协定的增多，以及国际组织（如世界贸易组织）的积极推动。多边贸易规则不仅提供了贸易行为的框架，也为各国政府提供了指导和范本。这些规则涉及贸易壁垒、知识产权保护、非关税措施等，旨在促进公平竞争和贸易自由化。

WTO 和联合国教科文组织制定的国际文化贸易规则是对全球文化交流趋势的具体反映。各国在经济利益、文化传统、风俗习惯等方面存在差异，然而实现文化产品贸易的自由化正在成为一种趋势。由于趋同性的存在，国际文化贸易纠纷的解决不再局限于两国之间，而且可以在多边体制中遵循共同的基本原则和规则。多边贸易规则的建立有助于更有效地避免不稳定性，提高可预见性，并减少一国国内政治对国际文化贸易的影响，从而实现平稳发展。国际文化贸易规则的制定和遵守，促进了各国之间的文化交流与合作，为各国提供了一个公平、开放的贸易环境，让不同国家的文化产品能够在全球范围内流通和交易。这种自由化的国际文化贸易有助于促进文化多样性的传播，同时也使各国的文化特色得到展现和保护。此外，国际文化贸易规则的制定和遵守也为文化产业的发展提供了支持。通过减少国际贸易壁垒和提供更公平的竞争环境，各国的文化产业能够更好地参与全球市场，这也有助于促进文化产业的创新发展，提高文化产业的竞争力和经济效益。

3. 规则适用的灵活性

文化产业涵盖图书出版、演出服务、广播影视、网络服务、教育等领域，这些领域与国家主权、国家安全、意识形态等敏感议题直接相关，能够影响社会意识形态和价值观、塑造国家在国际舞台上的形象和声誉，对国家来说至关重要。

多数国家对文化贸易的开放持高度审慎态度，多国政府对文化贸易的限制与保护远超货物贸易，这极大地阻碍了国际文化贸易自由化的进程。尽管世界贸易组织一直致力于推动国际贸易自由化，但自文化贸易的概念出现以来，国际贸易体制中的“文化例外”主张就得到了广泛的支持和应用。世界贸易组织的成员政府通过在贸易协定中引入一些具有灵活性的“文化例外”条款，来允许各成员在文化领域采取特殊的政策和措施。由于各国文化资源禀赋差异较大，文化市场发展状况也不尽相同，因而各国对文化贸易的规制存在着不同模式。例如，在 GATS 中，文化领域被认为具有特殊敏感性和重要性，允许成员在保护自身文化产业和文化多样性的基础上制定相应的政策和措施。因此，在国际文化贸易中，国际法律规范所施加的限制具有相当的灵活性。

思政专栏 14-2

基本概念

文化产品　文化服务　国际文化贸易

讨论题

1. 请举例说明文化产品与文化服务的联系与区别。

2. 请简述文化权利的具体内容。

3. 国际文化贸易法律制度如何平衡各国的文化主权和文化多样性？我们应该保护本国文化产业还是鼓励跨国文化交流？

4. 许多发展中国家面临着文化产品和文化服务贸易中的不平等问题。如何通过国际文化贸易法律制度来解决这种不平等问题，以促进发展中国家的文化产业发展？

第三编

文化法的实务问题

第十五章
文化行业的合同

引　例

演员窦某与北京某影业公司签订演艺经纪合同，约定从2010年至2018年，该影业公司作为窦某的演艺工作代理方，为其所有的演艺活动提供指导建议和相关咨询，并代理窦某签约，收取一定比例的酬金。

窦某主张该演艺经纪合同无效，主要理由如下：（1）该影业公司不具备演出经纪机构的资质；（2）窦某签约时是外国留学生，涉案合同未按有关规定报批，违反了《出境入境管理法》；（3）窦某签约时是在校学生且未向学校提出申请并获得批准，违反了《教育法》及窦某所在学校的有关规定。

一审法院认定，关于演出经纪机构资质的规定并非合同无效情形中的“强制性规定”，不具备演出经纪机构资质的某影业公司签订的合同，既无法根据明确规定被判定属于无效行为，也不必然会损害国家利益和社会公共利益，因此不能被认定为无效；外国人身份也并非导致合同无效的事由；《教育法》中的规定即使被认为是强制性规定，也仅为“管理性强制性规定”而非“效力性强制性规定”，不能据此认定合同无效。①

作为连接经济活动的重要纽带，合同广泛存在于文化行业的各个领域。文化行业的合同有哪些特征？如何订立合同？哪些因素可能影响合同的效力？如何承担违约责任？如何解除合同？对上述问题将在本章中予以解答。

第一节　文化行业的合同概述

文化行业的合同有哪些作用？文化行业的合同具有哪些特点？本节将为你解答这些问题。

一、文化行业合同的作用

《民法典》第464条第1款将合同定义为“民事主体之间设立、变更、终止民事法

① 参见北京市第二中级人民法院（2012）二中民初字第16451号民事判决书。

律关系的协议”。作为市场经济不可或缺的组成部分，合同在文化行业中发挥着重要的作用：一方面，合同作为私法自治的工具，便于文化行业的参与者按照自己的意志对未来的事务作出安排；另一方面，合同可以明确文化行业各方当事人的权利和义务，建立起各方当事人的合理预期，保证高效地推进交易，促进文艺创作的繁荣和文化行业的健康发展。

二、文化行业合同的特点

首先，文化行业涉及的合同类型多样，既包括有名合同（如买卖合同、承揽合同、委托合同等），又涉及大量的无名合同（如出版合同、演艺经纪合同、直播打赏合同等）。而无名合同往往缺乏明确的法律规定，常常需要适用《民法典》合同编“通则”部分或者参照适用与无名合同最相类似的有名合同的相关规定（《民法典》第467条第1款）。

其次，随着互联网等技术的迅猛发展，文化行业与新技术的结合日益紧密，这影响到了文化行业中合同的订立与履行。相关合同纠纷往往会涉及大量电子证据，例如在网络直播行业中，合同的履行情况、收益等均需通过直播记录、打赏收益记录、直播流量统计等电子数据加以证明。

最后，文化行业的合同纠纷往往具有较高的社会关注度。比如艺人解约纠纷、直播打赏合同纠纷等通常会引起较多的社会关注，且解决纠纷的裁判结果会在文化行业内产生较强的示范效应，从而影响文化行业中合同的订立与履行。

第二节　文化行业合同的订立

合同因当事人意思表示一致而成立。唯有合同成立之后，才有可能进一步讨论合同相关法律规则的适用问题。就此而言，判断“合同是否成立”以及“何时成立”是合同法领域的前置性基础问题。

实践中，合同的订立过程可能较为简单（如即时的现物买卖等），也可能会经过多轮的谈判与磋商（如影视投融资合同、演艺经纪合同等）。从规范的视角观察，合同订立的过程大体上可以拆分为“要约”与“承诺”两个阶段，即使是较为复杂的缔约，同样可以看作是双方当事人经过多次“要约”与“反要约”直至最终“承诺”的过程。文化行业合同订立的过程是怎样的？什么是要约和承诺？我国法律对合同的成立作了哪些规定？本节将为你解答这些问题。

一、要约

（一）要约的概念

根据《民法典》第472条的规定，要约是希望与他人订立合同的意思表示。具体而言，构成要约需具备以下两项基本要件。

1. 内容具体确定

所谓“内容具体确定”，是指要约的内容需要确切到只需要约受领人简单表示同意即可订立合同的程度。换言之，要约中已经具备了使合同成立的最基本要素，比如当事人、数量、标的等。值得注意的是，“内容具体确定”的判断标准需要结合合同的类型具体把握，同时还要考虑缔约时当地的商业惯例等因素的影响。[①]

2. 受拘束的意思

行为人有“受拘束的意思”方能构成要约。具体而言，行为人需表明一旦相对人承诺，行为人即受该意思表示约束（《民法典》第 472 条第 2 项）。与之相反，如果行为人欠缺受拘束的意思，而仅仅是“引诱”或“邀请”对方向自己发出要约，行为人仍然保留是否缔约的最终决定权限（保留承诺资格），则应称之为“要约邀请”。根据《民法典》第 473 条的规定，典型的要约邀请包括拍卖公告、招标公告、招股说明书、债券募集办法、基金招募说明书等。

传统上一般认为，商业广告和宣传、寄送的价目表即使满足“内容具体确定”的标准，也仍应被定性为要约邀请。其主要理由在于：如果将商业广告等理解为“要约”，则一旦经相对人“承诺”，广告主即受到广告内容的拘束。由于商业广告等多向不特定公众发出，行为人可能会收到超出其支付能力的订单，从而可能面临因备货不足导致的给付障碍风险，继而承担超额的损害赔偿责任，而此种风险并非一般表意人所能承受。由此可以推断，通常情况下商家在发出广告或者寄送价目表时，往往不含有为对方设置承诺资格的意思，而仅是希望对方向自己发出要约。[②] 但如果某商家发布广告称，“本月 5 日在××商店以 500 元的价格特价销售××明星本月 20 日演唱会的门票 500 张，先到先得，售完即止”，由于该商家在该广告中明确限定了欲出售标的物的数量，所以并不存在备货不足的风险，此时应认为该商家在 500 张门票的数量范围内具有受广告内容拘束的意思，此类商业广告应属于《民法典》第 473 条第 2 款所称的“符合要约条件”的广告。

此外，《民法典》第 491 条第 2 款规定，“当事人一方通过互联网等信息网络发布的商品或者服务信息符合要约条件的，对方选择该商品或者服务并提交订单成功时合同成立，但是当事人另有约定的除外”。这一规定同《电子商务法》第 49 条第 1 款的规定类似，在当事人没有特别约定的情况下，法律规定提交订单成功时合同成立。由此可以推知，在《民法典》及《电子商务法》的语境下，购物网页原则上应被定性为要约而非要约邀请。与传统商业广告和寄送的价目表等不同，在网络购物的场景下，通过互联网发布商品或者服务信息的当事人往往可以利用技术手段在购物网页上标明标的物的库存数量，以此避免因备货不足所导致的违约风险。将购物网页一般性地理解为要约，可以较好地实现

---

① 韩世远．合同法学．2 版．北京：高等教育出版社，2022：39.

② 朱广新，谢鸿飞．民法典评注：合同编：通则（1）．北京：中国法制出版社，2020：117.

电商经营者与消费者之间的利益平衡。但需要注意的是，《民法典》第 491 条第 2 款为任意性规定，可以被当事人之间的特别约定所排除。

（二）要约的生效

要约属于需受领的意思表示，其生效时间适用《民法典》第 137 条的一般性规则。《民法典》第 137 条区分了“以对话方式作出的意思表示”和“以非对话方式作出的意思表示”。对于前者，要约的生效采“了解主义”，即相对人知道要约内容时要约生效；对于后者，要约的生效采“到达主义”，即要约到达相对人时生效。需要注意的是，这里所谓的“到达”应以相对人“知悉的合理期待”为标准，比如在午夜投入相对人私人信箱的要约，虽然已经进入相对人的控制范围，但无法合理期待相对人在午夜查看信箱，所以应认为该要约于次日到达。①

“对话方式”与“非对话方式”的主要区别在于意思表示是否可以直接通知相对人。典型的对话方式为当事人在同一空间场域内的现场对话，除此之外，以电话、视频通话等方式作出的要约，也应被理解为以对话方式作出的要约。与之相对，以即时通信工具（微信、QQ 等）作出的要约，由于在表意人作出要约后，相对人并不必然能够实时知晓（比如相对人不在线），此时的情形与发送电子邮件类似，应被理解为以非对话方式作出的要约。②

此外，根据《民法典》第 137 条第 2 款的规定，以数据电文形式作出的非对话的要约，相对人指定特定系统的，采“客观到达主义”，即要约进入特定系统时生效；相对人未指定特定系统的，采“主观到达主义”，即相对人知道或应当知道要约进入其系统时，要约生效。

（三）要约的撤回与撤销

所谓“撤回”，乃针对尚未生效的要约，目的是阻止要约生效。在要约生效之前，表意人可以自由撤回要约。根据《民法典》第 141 条的规定，撤回要约的通知应当在要约到达相对人前到达或者与要约同时到达相对人。

所谓“撤销”，乃针对已生效的要约。虽然要约已经生效，但在对方作出承诺之前，双方的法律关系尚未发生改变。在相对人承诺前允许要约人撤销要约，可以最大限度地尊重表意人的形成自由。③《民法典》第 476 条以要约的自由撤销为原则，以要约的不可撤销为例外。除“要约人以确定承诺期限或者其他形式明示要约不可撤销”以及“受要约人有理由认为要约是不可撤销的，并已经为履行合同做了合理准备工作”两种情况之外，要约均可以自由撤销。需要注意的是，虽然要约人确定了承诺期限通常意味着其在所指定的承诺期限内不会撤销要约，但同样存在例外，比如要约中表明“请在 10 月

---

① 朱庆育．民法总论．2 版．北京：北京大学出版社，2016：206.

② 李宇．民法总则要义：规范释论与判解集注．北京：法律出版社，2017：460.

③ 朱庆育．民法总论．2 版．北京：北京大学出版社，2016：313.

1 日前回复，但在此之前我方仍可以撤销本要约”，此时要约人虽确定了承诺期限，但仍为自己保留了撤销要约的机会。[①]

（四）要约的失效

《民法典》第 478 条规定了要约失效的四种情形：第一，要约被拒绝；第二，要约被依法撤销；第三，承诺期限届满，受要约人未作出承诺；第四，受要约人对要约的内容作出实质性变更。

需要注意的是，上述《民法典》第 478 条第 3 项存在法律漏洞，即使受要约人在承诺期限届满前作出了承诺，该要约仍然有失效的可能。比如，受要约人在承诺期限届满前作出的承诺按通常情况未能在承诺期限届满前到达要约人，此时受要约人作出的“承诺”应被理解为“新要约”，而“旧要约”在承诺期限届满时已失效（《民法典》第 486 条）。此外，受要约人在承诺期限届满前作出的承诺按通常情况本可以到达要约人，但因其他原因导致承诺未能在承诺期限届满前到达的，此时若要约人及时通知了受要约人因承诺超过期限而不接受该承诺，则该要约同样在承诺期限届满时失效（《民法典》第 487 条）。

二、承诺

（一）承诺的概念

根据《民法典》第 479 条的规定，承诺是受要约人同意要约的意思表示。具体而言，构成承诺需具备以下要件。

1. 向要约人作出

《民法典》第 480 条规定，承诺原则上需要以“通知的方式作出”，即需要向要约人作出同意要约的意思表示。但第 480 条后段但书规定：“根据交易习惯或者要约表明可以通过行为作出承诺的除外”。

此处规定的无须“通知”的承诺，在学说上被称为“意思实现”。典型情况如，甲向业务上素有往来的乙发出要约：“以 10 万元购买日前已鉴定的 A 花瓶，到外地参展，甚急，收信后无须回信，立即发货。”该要约表明，乙可以通过发货的行为作出承诺，且该承诺无须通知甲，合同在乙作出发货行为时成立。[②]

2. 承诺的内容与要约一致

根据《民法典》第 488 条的规定，承诺的内容应该与要约的内容一致。学说上称之为“镜像规则”。但若僵硬地要求承诺与要约完全一致，则未必符合当事人的意志，甚至有可能阻碍合同的成立，不利于交易的达成。[③] 基于此种考虑，第 488 条和第 489 条

---

① 朱广新，谢鸿飞．民法典评注：合同编：通则（1）．北京：中国法制出版社，2020：133.

② 王泽鉴．债法原理．2 版．北京：北京大学出版社，2013：197.

③ 最高人民法院民法典贯彻实施工作领导小组．中华人民共和国民法典合同编理解与适用：一．北京：人民法院出版社，2020：174.

区分了受要约人对要约内容的“实质性变更”与“非实质性变更”。前者构成新要约；而对于后者而言，虽然承诺在内容上与要约确有差异，但此种差异对于要约人来说无足轻重，此时除“要约人及时表示反对或者要约表明承诺不得对要约的内容作出任何变更”之外，受要约人的承诺仍然有效。合同的内容以变更后的承诺内容为准（《民法典》第489条）。

《民法典》第488条以开放式列举的方式，规定“有关合同标的、数量、质量、价款或者报酬、履行期限、履行地点和方式、违约责任和解决争议方法等的变更”，属于对要约内容的实质性变更。需要注意的是，该规范并非穷尽式列举，构成实质性变更的并非仅限于前述法条所列的几项内容。比如，在涉外合同中，对适用法律条款的变更也可能构成实质性变更。此外，即使属于第488条中所明确列举的事项的变更，此种变更在具体合同中是否一定构成实质性变更，仍需结合个案情形与交易惯例加以具体分析。① 比如第488条中所列举的对履行方式的变更，如果不影响要约人的利益，且对合同的适当履行是必要的，在实践中也有被认定为非实质性变更的可能。就此而言，有必要对第488条列举的事项进行目的性限缩，以扩大非实质性变更的适用空间。②

3. 适时到达

根据《民法典》第481条第1款的规定，承诺应当在要约确定的期限内到达要约人。未确定承诺期限的，对于以对话方式作出的要约，应当即时作出承诺；对于以非对话方式作出的要约，承诺应当在合理期限内到达。其中，合理期限应结合具体合同类型以及交易习惯判断。

承诺在承诺期限届满（或合理期限届满）后到达的，称为“承诺的迟到”。学理上可将“迟到”进一步区分为“必然的迟到”与“意外的迟到”③。前者指受要约人在承诺期限届满后才作出承诺，或者承诺虽然在承诺期限届满前作出，但按通常情形无法在承诺期限届满前到达，此时迟到的承诺应被定性为新要约（《民法典》第486条）；后者指受要约人在承诺期限内作出承诺，按照通常情形可以在承诺期限届满前到达要约人，但因为其他原因（如邮差误投等）导致承诺未能适时到达，此时除要约人及时通知受要约人因承诺超过期限而不接受该承诺之外，迟到的承诺仍然有效（《民法典》第487条）。此规定的目的在于保护受要约人，因为此种情形下承诺未能适时到达并非由于受要约人的过错，且承诺实际到达的时间难以为受要约人获知，此时法律要求要约人履行“及时通知”的义务，符合诚实信用原则的要求。④

（二）承诺的生效

以通知方式作出的承诺属于“需受领的意思表示”，其生效时间与要约的生效时间

---

① 最高人民法院民法典贯彻实施工作领导小组．中华人民共和国民法典合同编理解与适用：一．北京：人民法院出版社，2020：176.

② 朱广新，谢鸿飞．民法典评注：合同编：通则（1）．北京：中国法制出版社，2020：196.

③ 韩世远．合同法学．2版．北京：高等教育出版社，2022：50－51.

④ 朱庆育．民法总论．2版．北京：北京大学出版社，2016：151.

类似，均适用《民法典》第 137 条的一般性规定。不以通知方式作出的承诺（“意思实现”），根据《民法典》第 484 条第 2 款的规定，依交易习惯或者要约的要求作出承诺的行为时生效。

（三）承诺的撤回

根据《民法典》第 485 条的规定，承诺可以撤回，与要约的撤回类似。撤回承诺的通知应在承诺到达相对人前到达或者与承诺同时到达相对人。与要约不同，承诺一旦生效，则合同成立，受要约人受合同约束，不得撤销承诺。

三、合同的成立

根据《民法典》第 483 条的规定，合同自承诺生效时成立，但法律另有规定或者当事人另有约定的除外。法律另有规定的例外情况主要包括以下两种。

第一，当事人采用合同书形式订立合同的，自当事人均签名、盖章或者按指印时合同成立。在签名、盖章或者按指印之前，当事人一方已经履行主要义务，对方接受时，该合同成立。法律、行政法规规定或者当事人约定合同应当采用书面形式订立，当事人未采用书面形式但是一方已经履行主要义务，对方接受时，该合同成立（《民法典》第 490 条）。

第二，当事人采用信件、数据电文等形式订立合同要求签订确认书的，签订确认书时合同成立（《民法典》第 491 条第 1 款）。

第三节 文化行业合同的效力

一般来说，当事人意思表示一致就可以成立合同，但成立的合同是否可以生效则需要经过法律的特定评价[①]，比如当事人是否具备民事行为能力，意思表示是否存在瑕疵，标的是否合法，等等。本节将对各种影响合同效力的瑕疵事由进行体系化的整理，并重点关注文化行业中可能影响合同效力的相关因素。

一、可撤销的合同

（一）重大误解订立的合同

根据《民法典》第 147 条的规定，基于重大误解订立的合同，行为人可以请求人民法院或仲裁机构予以撤销。依据《最高人民法院关于适用〈中华人民共和国民法典〉总则编若干问题的解释》（法释〔2022〕6 号）第 19 条的规定，行为人对行为的性质、对方当事人或者标的物的品种、质量、规格、价格、数量等产生错误认识，按照通常理解如果不发生该错误认识行为人就不会作出相应意思表示的，可以认定为构成“重大

---

① 李永军．合同法．5 版．北京：中国人民大学出版社，2020：74.

误解”。

实践中典型的情况如标价错误：商家在购物网页发布的商品标价有误，在消费者成功下单的情况下，如果不存在双方当事人的特别约定，原则上认为买受人成功提交订单时合同成立（《民法典》第 491 条第 2 款）。此时商家如果可以证明确实发生了标价错误，则可以援引重大误解的规定主张撤销合同。

（二）受欺诈订立的合同

根据《民法典》第 148 条的规定，一方以欺诈手段，使对方在违背真实意思的情况下缔结合同，受欺诈方有权请求人民法院或者仲裁机构撤销合同。

在学理上，欺诈可以区分为积极欺诈与消极欺诈。前者指告知对方虚假情况，比如谎称二手车为新车出卖；后者指隐瞒真实情况，比如未告知对方所出售车辆为泡水车的事实。需注意的是，对消极欺诈的界定与当事人的信息披露义务的范围有关。一般认为，对于那些对相对人明显具有重要意义，尤其是可能危及合同目的实现甚至可能导致合同目的落空的信息，当事人才有披露的义务。[①]

在第三人欺诈的情形下，只有在相对人知道或应当知道欺诈行为的情况下，受欺诈人才得主张撤销合同（《民法典》第 149 条）。比如，房屋中介向买受人谎称待售房屋属于学区房，买受人信以为真，遂缔结买卖合同；如果出卖人知道此情况，买受人可以主张撤销合同。

典型案例 15－1

2020 年 7 月，甲、乙双方签订关于某电影的联合投资协议书，约定：甲方为某电影项目合法的联合出品方，项目制作总成本为人民币 2.3 亿元。甲方自愿将其在本项目中的财产份额对应的投资收益权转让给乙方，乙方同意以人民币 11.5 万元的价格投资受让本项目总投资额 0.05%的投资财产份额对应的投资收益权，乙方向甲方共支付 11.5 万元。后甲、乙双方因电影投资合同产生纠纷，乙方认为甲方在签订电影联合投资协议书时存在欺诈。

法院认为：首先，根据电影公映许可证的记载，该电影的出品单位并不包括甲方，根据现有证据无法认定甲方为电影的联合出品方。其次，根据甲方与案外丙公司签订的电影投资收益权转让协议，该电影的总投资成本为 6 600 万元，与案涉合同约定的电影制作成本 2.3 亿元之间差额巨大，甲方未能合理解释案涉电影成本增加约 1.7 亿元的原因。最后，甲方在与乙方签订联合投资协议书时就其不享有收益权的政府奖励、维权收入、其他地区发行收入等对乙方作出了不实承诺，存在欺诈行为。乙方有权要求撤销双方签订的联合投资协议书，并要求甲方退还投资款并支付利息。[②]

---

① 朱庆育．民法总论．2 版．北京：北京大学出版社，2016：280．

② 参见广东省广州市中级人民法院（2021）粤 01 民终 19282 号民事判决书。

(三) 受胁迫订立的合同

根据《民法典》第 150 条的规定，一方或者第三人以胁迫手段，使对方在违背真实意思的情况下缔结的合同，受胁迫方有权请求人民法院或者仲裁机构予以撤销。

在受第三人胁迫的情况下，无论相对人是否知道或应当知道，受胁迫人均有权撤销合同。此处与第三人欺诈不同，理由在于胁迫相较于欺诈对于当事人意思自由的损害程度更高，法律上理应给予受胁迫人更强的保护。① 需要注意的是，胁迫原则上指“心理强制”，比如使用胁迫手段使人产生心理恐惧；如果是“物理强制”，比如抓住对方的手使其签字或按指印，应理解为意思表示尚未成立，此时不必讨论合同是否可以撤销的问题。②

(四) 乘人之危与显失公平订立的合同

根据《民法典》第 151 条的规定，一方利用对方处于危困状态、缺乏判断能力等情形，致使合同成立时显失公平的，受损害方有权请求人民法院或者仲裁机构予以撤销。《民法典》改变了《民法通则》以及《合同法》中的体例，将“乘人之危”和“显失公平”两种效力瑕疵形态合二为一，换言之，适用本条撤销合同，需要同时满足主观上因处于危困状态或者缺乏判断能力等导致意思表示不真实（不自由）以及客观上交易结果显失公平。③

文化行业投融资实务中有一种常见的“对赌协议”，比如投资方与目标企业（或目标企业股东）对赌，双方约定如果目标企业无法完成约定的业绩目标或达到其他条件（比如成功上市等），则目标企业（或其股东）需对投资方进行现金补偿或股权回购。司法实践中一般不认为此类对赌协议构成乘人之危与显失公平，原因在于对赌协议的双方当事人作为典型的商事主体，其交易能力、信息获取能力等与普通的民事主体不同，双方基于商事活动的经验与商业判断能力签订的对赌协议，应属于意思自治和可以自我控制的范围，并不具备《民法典》第 151 条所要求的主观要件。④

(五) 撤销权的行使

撤销权属于典型的形成权。《民法典》中对于因重大误解、受欺诈、受胁迫、乘人之危与显失公平等因素导致的合同撤销，要求撤销权人必须通过人民法院或者仲裁机构行权，所以这种撤销权又被称为形成诉权。

作为形成权，撤销权的行使需满足除斥期间的要求，根据《民法典》第 152 条第 1 款的规定，因胁迫而撤销需在胁迫行为终止之日起 1 年内行使撤销权，因重大误解而撤销需在知道或者应当知道撤销事由之日起 90 日内行使撤销权，其他情形需在知道或应

① 李宇．民法总则要义：规范释论与判解集注．北京：法律出版社，2017：600.

② 李永军．合同法．5 版．北京：中国人民大学出版社，2020：102.

③ 李宇．民法总则要义：规范释论与判解集注．北京：法律出版社，2017：614.

④ 参见浙江省高级人民法院（2015）浙商终字第 84 号民事判决书。

当知道撤销事由之日起 1 年内行权。

此外，《民法典》第 152 条第 2 款还规定了 5 年的客观除斥期间，即自合同成立起 5 年内未行使撤销权的，撤销权消灭。需要注意的是，该款规定存在法律漏洞，在因胁迫而订立合同的情形，如果胁迫行为持续 5 年以上，按此款规定，受胁迫人将丧失撤销权，这严重损害受胁迫人的正当权益。就此而言，应当采取目的性限缩的解释方法，将受胁迫而订立的合同排除在第 152 条第 2 款的适用范围之外，此时仍应适用第 152 条第 1 款第 2 项的规定，自胁迫行为终止之日起计算 1 年的除斥期间。[①]

二、效力待定的合同

（一）限制民事行为能力人订立的与其年龄、智力、精神健康状况不相适应的非纯获利益的合同

根据《民法典》第 19 条以及第 22 条的规定，“八周岁以上的未成年人”以及“不能完全辨认自己行为的成年人”为限制民事行为能力人。根据《民法典》第 145 条第 1 款的规定，限制民事行为能力人可以独立缔结纯获利益的合同以及与其年龄、智力、精神健康状况相适应的合同，除此之外缔结的合同需经法定代理人事前同意或事后追认。需要注意的是，此处对“纯获利益”的判断并非遵循经济标准或财务上的成本收益标准，而是强调在法律效果上限制民事行为能力人不会因为合同的缔结而减损权利或增加义务。[②]

如果限制民事行为能力人订立的合同并非纯获法律利益，也与其年龄、智力、精神健康状况不相适应，那么在未获得法定代理人同意或者追认的情况下，其所订立的合同便处于效力待定的状态。而对于交易相对人而言，如果此时只能消极等待法定代理人的决定，则未免过于被动。基于此，《民法典》第 145 条第 2 款赋予了相对人催告权，即相对人可以催告法定代理人自收到通知之日起 30 日内予以追认，法定代理人未作表示的，视为拒绝追认。此外，善意相对人还享有撤销权。

催告权和撤销权的目的均在于帮助相对人尽快摆脱合同的不确定状态，维护交易安全与稳定。

典型案例 15 - 2

2018 年 10 月 23 日至 2019 年 1 月 5 日，刘某（生于 2002 年）使用父母用于生意资金流转的银行卡，多次向某科技公司账户转账用于打赏直播平台主播，打赏金额高达近 160 万元。刘某父母得知后，希望该公司能够退还全部打赏金额，但遭到拒绝。后刘某诉至法院，要求该公司返还上述款项。法院在审理本案中，多次组织双方当事人进行调解，最终当事双方达成庭外和解，刘某申请撤回起诉，某科技公司自愿返还近 160 万元

① 李宇．民法总则要义：规范释论与判解集注．北京：法律出版社，2017：629.
② 朱庆育．民法总论．2 版．北京：北京大学出版社，2016：252.

打赏款项并已经履行完毕。①

限制民事行为能力人刘某向主播打赏近160万元的行为显然与其年龄和智力水平不相适应，根据《民法典》第145条第1款，未经其法定代理人追认，该打赏行为不应发生效力。《最高人民法院关于依法妥善审理涉新冠肺炎疫情民事案件若干问题的指导意见（二）》第9条也明确规定："限制民事行为能力人未经其监护人同意，参与网络付费游戏或者网络直播平台'打赏'等方式支出与其年龄、智力不相适应的款项，监护人请求网络服务提供者返还该款项的，人民法院应予支持。"

思政专栏 15-1

（二）狭义无权代理

根据《民法典》第171条第1款的规定，行为人没有代理权、超越代理权或者代理权终止后，仍然实施代理行为，未经被代理人追认的，对被代理人不发生效力。这就是狭义无权代理。在狭义无权代理的情形下，除非被代理人追认，否则代理人以被代理人名义签订的合同不应对被代理人发生效力，此乃私法自治的题中之义。在被代理人追认前，合同处于效力待定的状态。

被代理人的追认可以是明示，也可以是默示。根据《民法典》第503条的规定，被代理人已经开始履行合同义务或者接受相对人履行的，视为对合同的追认。

在被代理人追认之前，合同效力处于不确定的状态，这对交易相对人不利。与上述限制民事行为能力人订立的相关合同类似，《民法典》第171条第2款同样规定了相对人的催告权以及善意相对人的撤销权：（1）相对人可以催告被代理人自收到通知之日起30日内对合同予以追认，被代理人未作表示的，视为拒绝追认；（2）在合同被追认之前，善意相对人有直接撤销的权利。

在合同未被追认的情形下，善意相对人可以请求无权代理人履行债务或向其主张损害赔偿，赔偿范围不超过有权代理时相对人可获得的履行利益（《民法典》第171条第3款）。② 在相对人非善意的情形下，即相对人知道或应当知道代理人无权代理的，相对人和行为人应当按各自的过错承担责任（《民法典》第171条第4款）。

三、无效的合同

（一）无民事行为能力人订立的合同

不满八周岁的未成年人、不能辨认自己行为的八周岁以上的未成年人以及成年人为无民事行为能力人（《民法典》第20条，第21条）。根据《民法典》第144条的规定，无民事行为能力人独自订立的合同无效。

---

① 未成年人司法保护典型案例．（2021-03-02）[2023-06-15]．https：//www.court.gov.cn/zixun-xiangqing-288721.html.

② 李宇．民法总则要义：规范释论与判解集注．北京：法律出版社，2017：813.

（二）通谋虚伪订立的合同

根据《民法典》第 146 条第 1 款的规定，行为人和相对人以虚假的意思表示订立的合同无效。比如，甲本想把自己的房产赠与小儿子，但担心其他子女反对，所以甲与其小儿子“约定”，双方假意签订“买卖合同”，将房屋“卖”给小儿子。由于该“买卖合同”并非双方当事人真实的意思表示，所以该合同应归于无效。

通谋虚伪订立的合同之所以被认定为无效，其根本原因在于合同所欲追求的法律效果并非当事人的真实意思，而与该行为是否违法无关。换言之，无论通谋的虚假意思表示本身是否违法，合同均为无效。[①] 举例而言，某艺人在电影拍摄过程中，实际取得片酬 3 000 万元，但在签订合同时，为逃避纳税义务，将片酬条款假意约定为 1 000 万元，并以该片酬 1 000 万元的合同申报纳税。在采用“阴阳合同”方式逃避纳税义务的情形下，片酬为 1 000 万元的合同之所以无效的根本原因并不在于合同内容违法（用于帮助当事人逃避纳税义务），而是因为该合同并非双方当事人真实的意思表示，其法律依据为《民法典》第 146 条第 1 款而非《民法典》第 153 条第 1 款。假设某明星将实际片酬 100 万元的合同假意做成 1 000 万元的合同，并以该 1 000 万元的合同申报纳税，该 1 000 万元的合同即使“有利于”国家征税，仍然应归于无效，原因同样在于该 1 000 万元的合同并非双方真实的意思表示。

（三）违反法律禁令的合同

《民法典》第 153 条第 1 款规定，违反法律、行政法规的强制性规定的合同无效，但是，该强制性规定不导致该合同无效的除外。根据该条规定，可以作为合同无效依据的只能是强制性规定，而不包括任意性规定。此外，此处的“强制性规定”的规范层级仅限于全国人大及其常委会制定的法律以及国务院制定的行政法规。

需要注意的是，根据《民法典》第 153 条第 1 款但书的规定，即使合同内容违反法律、行政法规的强制性规定，也并不一定导致合同无效。学理上强制性规定可以区分为“效力性强制性规定”与“管理性强制性规定”，违反前者才有可能导致合同无效。根据《全国法院民商事审判工作会议纪要》（法〔2019〕254 号）（以下简称《九民纪要》）第 30 条的规定，对于效力性强制性规定，需要结合强制性规定所保护的法益类型、违法行为的法律后果以及交易安全保护等因素综合认定；而关于经营范围、交易时间、交易数量等行政管理性质的强制性规定，一般应当被认定为管理性强制性规定，违反此类管理性强制性规定可能引发公法上的效果，比如行政处罚等，但一般不会导致合同无效。

《最高人民法院关于适用〈中华人民共和国民法典〉合同编通则若干问题的解释》第 16 条第 1 款进一步列举了违反强制性规定但不影响合同效力的五种情形：其一，强制性规定虽然旨在维护社会公共秩序，但是合同的实际履行对社会公共秩序造成的影响

① 朱庆育．民法总论．2 版．北京：北京大学出版社，2016：262.

显著轻微，认定合同无效将导致案件处理结果有失公平公正；其二，强制性规定旨在维护政府的税收、土地出让金等国家利益或者其他民事主体的合法利益而非合同当事人的民事权益，认定合同有效不会影响该规范目的的实现；其三，强制性规定旨在要求当事人一方加强风险控制、内部管理等，对方无能力或者无义务审查合同是否违反强制性规定，认定合同无效将使其承担不利后果；其四，当事人一方虽然在订立合同时违反强制性规定，但是在合同订立后其已经具备补正违反强制性规定的条件却违背诚信原则不予补正；其五，法律、司法解释规定的其他情形。

(四) 违反公序良俗的合同

根据《民法典》第 153 条第 2 款的规定，违反公序良俗的合同无效。典型示例如，在劳动合同中约定单身条款（结婚视为辞职等），约定以维持两性同居关系为目的而给予财产，等等。[①] 也有学者认为，《民法典》第 154 条的规定（恶意串通损害第三人合法权益的合同无效）是对违反公序良俗行为的特别例示规定。[②] 根据《最高人民法院关于适用〈中华人民共和国民法典〉合同编通则若干问题的解释》第 17 条第 2 款的规定，判断合同是否违反公序良俗，应当以社会主义核心价值观为导向，综合考虑当事人的主观动机和交易目的、政府部门的监管强度、一定期限内当事人从事类似交易的频次、行为的社会后果等因素。

第四节 文化行业合同的违约责任

合同的全部目的和终极意义在于履行。对于成立且生效的合同，当事人应该按照合同的约定全面履行自己的义务，以实现彼此的交易目的。[③] 如果当事人不履行合同义务或者履行义务不符合合同约定，则有必要借助违约责任的制度设计给予非违约方相应的救济，保障合同拘束力的实现。

本节主要讨论违约行为的形态、违约责任的具体承担方式，并重点关注文化行业中典型的合同违约情形。

一、违约行为的形态

(一) 拒绝履行

拒绝履行是指债务人能够履行而无正当理由向债权人表示不履行合同。[④] 根据拒绝履行发生的时间不同，拒绝履行可以区分为先期拒绝履行（预期违约）和届期拒绝履行。

对于先期拒绝履行，根据《民法典》第 578 条的规定，债务人以明示或者默示的方

---

① 李宇．民法总则要义：规范释论与判解集注．北京：法律出版社，2017：678－680.

② 李宇．民法总则要义：规范释论与判解集注．北京：法律出版社，2017：701.

③ 李永军．合同法．5 版．北京：中国人民大学出版社，2020：236.

④ 韩世远．合同法学．2 版．北京：高等教育出版社，2022：186.

式表明不履行合同义务的，债权人可以在履行期限届满前请求其承担违约责任。其中，“默示的预期违约”是指债务人以行为等方式表明将不会履行合同义务。比如演员甲与某制片方签约，但在开拍之前，制片方在未通知甲的情况下，邀请演员乙出演原定由甲出演的角色，制片方此行为即表明其不再希望履行与甲之间的合同。[①] 此外，根据《民法典》第563条第1款第2项的规定，债权人在此种情况下还可以主张解除合同。换言之，对于预期违约，《民法典》允许债权人在债务到期之前即采取相应的救济手段。当然，债权人也可以选择继续遵守合同约定，等履行期限届满时再决定如何保护自己的权益。

对于届期拒绝履行，债权人有权主张债务人继续履行或者承担相应的损害赔偿责任，也可以选择解除合同并主张债务人承担相应的损害赔偿责任。

（二）履行不能

履行不能是指作为债权之客体的给付处于不可能的状态。[②] 根据《民法典》第580条第1款的规定，履行不能包括：（1）事实不能，比如交易标的物毁损灭失；（2）法律不能，比如交易标的物遭查封或因新法被禁止交易；（3）债务的标的不适于强制履行，比如演员的表演行为、教授的授课行为等；（4）履行费用过高，主要是指债务人的履行费用与债权人的履行收益相比严重不成比例的情形（比如甲、乙双方在签订货物买卖合同后，发现现有机器无法生产出合同约定的货物，出卖人甲只有花费极高的费用设立新的生产部门方能履约，而买受人乙的获益却不会因此增加，当甲设立新的生产部门的费用与乙的获益之间严重不成比例时，依据诚实信用原则，应认为此时构成履行费用过高）[③]；（5）债权人在合理期限内未请求履行。

债务人陷于履行不能的，免除其继续履行的义务（《民法典》第580条第1款）。但是债务人是否要承担债务不履行的损害赔偿责任，则需要结合不同合同类型下的具体归责原则、是否具备免责事由等因素综合判断。

（三）履行迟延

履行迟延是指债务人能够履行，但在履行期届满时却未履行债务的情形。需要注意的是，债务人仅在未按期履行债务不具备正当事由时，才构成履行迟延。换言之，如果债务人拥有留置权、先诉抗辩权、履行抗辩权等延期抗辩权，则债务人不按期履行具有正当理由，不构成履行迟延。[④]

典型案例 15-3

2015年9月13日，甲公司（甲方）与曹某工作室（乙方）签订演员聘用合同书，

---

① 张崴．文化产业法律实务：从入门到专业．北京：中国政法大学出版社，2020：179.
② 韩世远．合同法学．2版．北京：高等教育出版社，2022：170.
③ 王洪亮．债法总论．北京：北京大学出版社，2016：215.
④ 韩世远．合同法学．2版．北京：高等教育出版社，2022：177.

聘请演员曹某参加某电影的演出。该片的拍摄周期为 2015 年 10 月 15 日至 2015 年 11 月 5 日，2015 年 10 月 15 日为开机日期。合同约定，曹某应于开机前一天进组。甲公司同意支付酬金总计 100 万元，付款方式如下：本合同签署 5 日内支付 10 万元；曹某进组前三天，支付 40 万元；曹某饰演角色拍摄日程过半，支付 30 万元；曹某饰演角色全部拍摄完成前三天，支付 20 万元。如果甲公司不能按合同约定时间付款，曹某有权暂时停止为该片继续拍摄，直至甲公司支付相应款项。合同签署后，双方因报酬支付等问题产生纠纷。甲公司主张 2015 年 10 月 14 日曹某未按时到达拍摄现场，构成违约。

法院认为，根据演员聘用合同书的约定，如果甲公司不能按合同约定时间付款，曹某有权暂停拍摄。此外，根据先履行抗辩权的规定，当事人互负债务，有先后履行顺序的，先履行一方未履行的，后履行一方有权拒绝其履行要求。由于甲公司未按约定支付报酬，曹某有权不参与该片的拍摄。就此而言，曹某未按照合同约定按时到达片场，不构成履行迟延。[①]

（四）不完全履行

不完全履行是指债务人虽然履行了合同义务，但债务人的给付不符合债务本旨，换言之，是指债务人“履行合同义务不符合约定”的情形（《民法典》第 577 条）。[②] 比如在买卖合同中，交付的标的物不符合约定的质量标准；在出版合同中，交付的作品不满足出版条件或者作品内容违反法律法规的强制性规定；等等。

根据《民法典》第 582 条的规定，债务人的履行不符合约定的，应当按照当事人的约定承担违约责任，对违约责任没有约定或者约定不明确，依据《民法典》第 510 条的规定仍不能确定的，受损害方根据标的的性质以及损失的大小，可以合理选择请求对方承担修理、重作、更换、退货、减少价款或者报酬等违约责任。

此外，瑕疵给付导致债权人除履行利益受损之外，固有利益（比如债权人的生命权、健康权、所有权等）也受到损害的，则为加害给付[③]（比如购买了有质量瑕疵的马饲料导致买受人的马匹中毒），此时债权人有权选择相对人承担违约责任或者侵权责任（《民法典》第 186 条）。

二、违约责任的具体承担方式

（一）继续履行

违约行为发生后，非违约方有权要求违约方继续履行合同，其目的在于使债权人尽可能地受领合同约定的原给付，而非替代给付的损害赔偿或者违约金。只要合同成立生效且未被解除，且债务人未陷入履行不能，债权人即有权主张继续履行。相较于损害赔

① 参见北京市第一中级人民法院（2017）京 01 民终 3291 号民事判决书。

② 韩世远．合同法学．2 版．北京：高等教育出版社，2022：182.

③ 王洪亮．债法总论．北京：北京大学出版社，2016：225.

偿，继续履行无须要求债权人证明债务人具备可归责事由。在交易标的物极其稀缺或经济形势发生突变时，继续履行请求权对于债权人的意义尤为显著。①

根据《民法典》第 579 条以及第 580 条第 1 款，金钱之债一般不存在履行不能，原则上债权人可主张继续履行。但也存在例外情况，比如与公司对赌的情形。如果对赌协议的履行违反资本维持原则，则该金钱之债也有可能陷入“法律上的一时不能”②。对于非金钱之债，当债务人陷入履行不能时，债权人的继续履行请求权消灭。

需要注意的是，《民法典》第 582 条针对瑕疵履行规定的救济措施（如修理、更换、重作等），在性质上也应被理解为继续履行请求权，因此应受到《民法典》第 580 条第 1 款的限制。举例而言，在标的物存在质量瑕疵的情形下，买受人的修理请求权同样会受到事实上无法修理、修理费用过高、未在合理期间内提出修理请求等因素的限制。③

（二）损害赔偿

当事人一方不履行合同义务或者履行合同义务不符合约定时，相对人可以主张以金钱填补其所受到的损失，换言之，违约方需承担损害赔偿的违约责任。

1. 归责原则

根据《民法典》第 577 条的规定，当事人一方不履行合同义务或履行合同义务不符合约定的，应当承担继续履行、采取补救措施或者赔偿损失等违约责任。由于该条文中并没有规定违约方“过错”的要件，所以一般认为《民法典》对于损害赔偿责任采取了严格责任的归责原则。④ 但在具体的合同类型中尚存在例外情形，比如根据《民法典》第 897 条的规定，在保管合同中，因保管人保管不善造成保管物毁损、灭失的，保管人应当承担赔偿责任，但无偿保管人证明自己没有故意或者重大过失的，不承担赔偿责任。由此可见，在保管合同中立法者采纳了过错责任的归责原则。

2. 免责事由

《民法典》中规定的违约损害赔偿责任的法定免责事由为不可抗力。所谓“不可抗力”，根据《民法典》第 180 条第 2 款的立法定义，是指不能预见、不能避免且不能克服的客观情况，比如自然灾害、社会突发事件（战争、恐怖袭击等）、国家行为等。因不可抗力导致合同履行障碍的情形，根据不可抗力的影响，可以部分或者全部免除债务人的损害赔偿责任（《民法典》第 590 条第 1 款）。

需注意的是，条文中规定的“不能避免”和“不能克服”，除指不可抗力本身的特征外，还指不可抗力与合同履行障碍之间的关系。具体而言，即只有当履行障碍不能通过其他途径避免时，才构成免责的正当事由。比如，虽然泥石流将道路冲毁，但债务人

---

① 朱广新．合同法总则研究：下册．北京：中国人民大学出版社，2018：671.

② 贺剑．对赌协议何以履行不能?：一个公司法与民法的交叉研究．法学家，2021 (1).

③ 朱广新．合同法总则研究：下册．北京：中国人民大学出版社，2018：677.

④ 韩世远．合同法学．2 版．北京：高等教育出版社，2022：267.

还可以通过其他运输方式履行债务的，债务人不可以援引不可抗力免责。①

3. 赔偿范围

一般认为，损害赔偿应遵循“完全赔偿”原则。根据《民法典》第 584 条的规定，损失赔偿额应当相当于因违约所造成的损失，包括合同履行后可以获得的利益，即所谓的“履行利益”，目的在于使非违约方因违约而遭受的损失得以填补，原则上应补偿到合同正常履行时的利益状态。②

需注意的是，根据《民法典》第 584 条但书的规定，非违约方可以请求的损失赔偿额不得超过违约方订立合同时预见到或者应当预见到的因违约可能造成的损失，这就是所谓的“可预见性规则”。

此外，根据“减损规则”，一方违约后，非违约方没有采取适当措施而导致损失扩大的，不得就扩大的损失请求赔偿（《民法典》第 591 条第 1 款）。

根据“与有过失规则”，违约方造成对方损失，但对方对损失的发生也有过错的，可以减少相应的损失赔偿额（《民法典》第 592 条第 2 款）。

根据“损益相抵规则”，非违约方因违约行为在受有损失的同时受有利益的，应将所受利益从损失赔偿中扣除。

（三）违约金

违约金是指当事人事先约定的、违约发生时由违约方向非违约方支付的一定数额的金钱或其他给付。其主要作用在于免除非违约方在主张损害赔偿时对所遭受损失的证明责任。此外，违约金条款的约定也会向债务人施加履约的压力，督促当事人依约履行。③

根据《民法典》第 585 条第 2 款的规定，司法机关可以对违约金进行调整：“约定的违约金低于造成的损失的，人民法院或者仲裁机构可以根据当事人的请求予以增加；约定的违约金过分高于造成的损失的，人民法院或者仲裁机构可以根据当事人的请求予以适当减少。”需要注意的是，只有约定的违约金“过分”高于实际损失的，才有司法酌减的可能。根据《最高人民法院关于适用〈中华人民共和国民法典〉合同编通则若干问题的解释》第 65 条的规定，当事人主张约定的违约金过分高于违约造成的损失，请求予以适当减少的，人民法院应当以《民法典》第 584 条规定的损失为基础，兼顾合同主体、交易类型、合同的履行情况、当事人的过错程度、履约背景等因素，遵循公平原则和诚信原则进行衡量，并作出裁判。约定的违约金超过造成损失的 30%的，一般可以认定为“过分高于造成的损失”。

典型案例 15-4

2018 年 2 月 28 日，甲直播平台与主播李某及其经纪公司签订主播独家合作协议，

---

① 朱广新，谢鸿飞．民法典评注：合同编：通则（2）．北京：中国法制出版社，2020：469.

② 韩世远．合同法学．2 版．北京：高等教育出版社，2022：279.

③ 朱广新．合同法总则研究：下册．北京：中国人民大学出版社，2018：729.

约定李某在甲直播平台独家进行第一视角游戏直播和游戏解说。该协议的违约条款中约定，协议有效期内，李某未经平台同意擅自终止协议或与竞品直播平台进行相同或类似的合作，或将已在甲直播平台上发布的直播视频授权给任何第三方使用的，构成根本性违约，李某的经纪公司应向甲直播平台支付赔偿金。2018 年 6 月 27 日，李某发布微博称，其将带领所在直播团队至另一直播平台进行直播，并公布了直播时间及房间号，其经纪公司也于官方微信公众号上发布李某在新直播平台的直播间链接。2018 年 8 月 24 日，甲直播平台向人民法院提起诉讼，请求判令李某及其经纪公司继续履行独家合作协议，并立即停止在其他平台的直播活动，同时支付相应违约金。李某及其经纪公司在庭审中主张约定的违约金过高，请求适当减少。

法院认为，当事人主张约定的违约金过高请求予以适当减少的，应当以实际损失为基础，兼顾合同的履行情况、当事人的过错程度以及预期利益等综合因素，根据公平原则和诚信原则予以衡量。公平原则、诚信原则的适用尺度，以及对因违约所受损失的准确界定，应当充分考虑网络直播这一新兴行业的特点。网络直播平台是以互联网为必要媒介、以主播为核心资源的企业，在平台运营中通常需要在带宽、主播上投入较多的前期成本，而主播违反合同在第三方平台进行直播的行为给直播平台造成损失的具体金额实际难以量化，如果对直播平台苛求过重的举证责任，则有违公平原则。故本案中违约金的调整应当考虑直播平台的特点以及签订合同时当事人对直播平台成本及收益的预见性。

本案中，考虑到主播李某在游戏直播行业中享有很高的人气和知名度的实际情况，结合其收益情况、合同剩余履行期限、双方违约及各自过错大小、直播平台能够量化的损失、直播平台已对约定违约金作出的减让、直播平台的现状等情形，根据公平原则与诚信原则，以及直播平台与主播个人的利益平衡，酌情将违约金调整为 260 万元。①

第五节　文化行业合同的解除

合同成立生效之后，在当事人之间有相当于法律的效力，双方当事人不得任意变更或解除，此乃“契约严守”原则的基本要求。但在特定的情形下，法律例外地允许当事人解除合同，以摆脱合同条款的约束。

本节主要讨论合同解除的类型、解除权的行使以及合同解除的效力，并关注文化行业中典型合同的解除问题。

一、合同解除的类型

（一）意定解除

意定解除可以分为“合意解除”与“约定单方解除权”。前者指双方当事人协商一

① 参见上海市第二中级人民法院（2020）沪 02 民终 562 号民事判决书（最高人民法院指导案例 189 号）。

致解除合同（《民法典》第 562 条第 1 款），其实质是双方通过订立一个新的合同来解除之前的合同；后者是指当事人预先约定解除合同的事由，事由发生时，解除权人可以解除合同（《民法典》第 562 条第 2 款），比如在演艺经纪合同中可以约定“艺人因受刑事或行政处罚而影响形象的，经纪公司有权解除合同”。

意定解除是契约自由原则在合同解除制度中的体现。既然缔约是自由的，当然也可以依照契约自由的原则解除合同。[①] 需要注意的是，对于约定的单方解除权，根据《九民纪要》第 47 条的规定，当约定事由发生时，人民法院应当审查违约方的违约程度是否显著轻微，是否影响守约方合同目的的实现，根据诚实信用原则，确定合同应否解除。违约方的违约程度显著轻微，不影响守约方合同目的的实现，守约方请求解除合同的，人民法院不予支持。

（二）法定解除

法定解除是指由法律直接规定合同解除的事由。《民法典》第 563 条是对于法定解除的一般规定，其中第 1 款规定了法定解除的四种情形：（1）不可抗力导致合同目的不能实现情形下的解除；（2）预期违约解除；（3）迟延履行下的催告解除；（4）违约行为导致合同目的不能实现情形下的解除。除第一项不可抗力解除之外，其他三项法定解除事由都指向债务人的“根本违约”。

《民法典》第 563 条第 2 款规定了不定期继续合同的随时解除。比如在明星艺人的肖像权许可使用合同中，如果没有约定使用期限或者使用期限约定不明，任何一方当事人可以随时解除合同，但是应当在合理期限之前通知对方（《民法典》第 1022 条第 1 款）。

此外，《民法典》合同编“通则”部分还规定了行使不安抗辩权时的合同解除（《民法典》第 528 条）和情势变更制度下的合同解除（《民法典》第 533 条）。需要特别注意的是，根据《民法典》第 580 条第 2 款的规定，在因履行不能导致合同目的不能实现的情形下，人民法院或者仲裁机构可以根据当事人的请求终止合同权利义务关系，但是不影响违约责任的承担。通说认为，在违约方陷入履行不能的情形而守约方拒绝行使解除权的情况下，若不承认违约方的合同解除权利将会导致“合同僵局”，此时应当允许违约方通过起诉的方式解除合同。[②]

除《民法典》合同编“通则”部分的一般规定之外，在合同编“典型合同”中还规定了具体合同类型下的解除规则，比如买卖合同中因出卖人无权处分导致所有权无法移转情形下买受人的解除权（《民法典》第 597 条第 1 款）、租赁合同中承租人未经同意转租情形下出租人的解除权（《民法典》第 716 条第 2 款）等。

需要特别注意的是《民法典》中对于任意解除权的规定。在某些特殊类型的合同中，合同当事人可以随时无理由地主张解除合同，且不需要举证证明对方存在根本违约

---

① 李永军．合同法．5 版．北京：中国人民大学出版社，2020：262.

② 最高人民法院民法典贯彻实施工作领导小组．中华人民共和国民法典合同编理解与适用：二．北京：人民法院出版社，2020：740－741.

的行为，典型的如《民法典》第933条中对于委托合同中双方当事人任意解除权的规定。根据该条规定，在委托合同中委托人或受托人可随时解除合同，如果存在可以归责于解除权人的事由，合同解除后解除权人仍需赔偿因解除合同给对方造成的损失，其中无偿委托以直接损失为限，有偿委托则还需赔偿履行利益。此外，承揽合同中的定作人（《民法典》第787条）、货运合同中的托运人（《民法典》第829条）等均享有任意解除权。

曾有观点认为，演艺经纪合同在性质上也属于委托合同，所以艺人或者经纪公司均享有任意解除权。[①] 相反观点认为，演艺经纪合同是一种综合性合同，具有居间、行纪、代理等合同的综合属性，因此否认当事人的任意解除权。在“窦某与某公司演艺经纪合同纠纷上诉案”中，法院阐述了将演艺经纪合同定性为综合性合同的理由：“若将演艺经纪合同视为委托合同，从而允许艺人行使单方解除权，将使经纪公司在此类合同的履行中处于不对等的合同地位，而且也违背诚实信用的基本原则，同时会鼓励成名艺人为了追求高额收入而恶意解除合同，不利于演艺行业的整体运营秩序的建立。”[②]

典型案例 15-5

沈某与某影视公司签订剧本委托创作合同，约定影视公司委托沈某创作电影剧本，并约定分六期向沈某支付稿酬。合同约定，如果受托人能力不足无法完成创作，则委托人有权解除合同。在履行过程中，沈某向影视公司交付了故事梗概、分场大纲及剧本。影视公司在支付前两期稿酬后认为沈某个人能力不足，向沈某发出《终止合同通知函》。沈某认为影视公司的行为构成违约，诉至法院。

法院认为：根据查明的事实不能得出沈某个人能力不足的结论，故影视公司不能根据合同的约定行使单方解除权。此外，沈某虽存在逾期交付分场大纲的情形，但尚不构成根本违约，且案涉剧本已经完成并进入寻找投资和演员阶段，沈某的行为未影响合同目的的实现，因此影视公司无权根据《合同法》第94条（《民法典》第563条第1款）单方解除合同。剧本委托创作合同的双方当事人具有委托与受托性质的关系，相关合同的签订亦依赖于双方之间必要的了解和接触，因此，应当认为委托创作合同的委托方可依法享有任意解除权[③]，影视公司关于其享有任意解除权的主张成立。影视公司虽然有权任意解除合同，但仍应赔偿因任意解除行为给沈某造成的损失。[④]

二、解除权的行使

解除权是一种形成权，当约定或法定的事由发生时，解除权人只需向对方发出解除

① 参见北京市第三中级人民法院（2015）三中民（商）特字第06227号民事判决书。

② 参见北京市高级人民法院（2013）高民终字第1164号民事判决书。

③ 也有观点认为委托创作合同属于承揽合同（参见北京市高级人民法院（2012）高民终字第34号民事判决书），根据《民法典》第787条，承揽合同的定作人也享有任意解除权。

④ 参见北京市高级人民法院（2015）高民（知）终字第2751号民事判决书。

合同的意思表示，自解除通知到达对方时即可解除合同，而无须等待对方同意。解除通知载明债务人在一定期限内不履行债务则合同自动解除，债务人在该期限内未履行债务的，合同自通知载明的期限届满时解除（《民法典》第 565 条第 1 款）。当事人一方未通知对方，直接以提起诉讼或者申请仲裁的方式依法主张解除合同，人民法院或者仲裁机构确认该主张的，合同自起诉状副本或者仲裁申请书副本送达对方时解除（《民法典》第 565 条第 2 款）。需注意的是，此时人民法院或者仲裁机构只是确认当事人的解除主张是否成立，而非通过裁判解除合同，在这个意义上，这里的“起诉状副本或者仲裁申请书副本”应被理解为一种特殊的“解除通知”[①]。

根据《民法典》第 565 条第 1 款的规定，相对人对解除合同有异议的，任何一方当事人均可以请求人民法院或者仲裁机构确认解除行为的效力。此处所涉及的判决同样是“确认判决”而非“形成判决”。具体而言，在当事人依据《民法典》第 565 条行使解除权时，如果由于存在异议需通过司法程序来解决纠纷，该判决的效力也仅仅是对既有权利状态的确认，合同在解除通知到达对方时即已解除，而并非在裁判生效时解除。[②] 与之相对应，在“情势变更解除”（《民法典》第 533 条第 1 款）以及“履行不能的司法终止”（《民法典》第 580 条第 2 款）的情形下，当事人需请求人民法院或仲裁机构“解除合同”或者“终止合同权利义务关系”，此两种情形下的解除权应被定性为“形成诉权”，所涉及的判决为“形成判决”，合同在裁判生效时解除。[③]

作为形成权，解除权的行使需满足除斥期间的要求。根据《民法典》第 564 条的规定，法律规定或者当事人约定解除权行使期限，期限届满当事人不行使的，该权利消灭；法律没有规定或者当事人没有约定解除权行使期限，自解除权人知道或者应当知道解除事由之日起 1 年内不行使，或者经对方催告后在合理期限内不行使的，解除权消灭。需注意的是，在解除权因行使期限届满而消灭的情形下，债权人请求继续履行或者损害赔偿等权利并不随之消灭[④]。

三、合同解除的效力

解除权人解除合同的首要目的在于摆脱合同条款的约束。合同解除后，尚未履行的部分，终止履行（《民法典》第 566 条第 1 款）。对于已经履行的部分是否需要恢复原状，则需要结合履行的情况与合同的性质等因素综合判断。一般而言，继续性合同（如租赁合同、委托合同、雇佣合同等）的解除原则上只向将来发生效力，已经履行的部分

① 黄薇．中华人民共和国民法典合同编释义．北京：法律出版社，2020：238.
② 陆青．合同解除论．北京：法律出版社，2022：162.
③ 陆青．合同解除论．北京：法律出版社，2022：163.
④ 韩世远．合同法学．2 版．北京：高等教育出版社，2022：243.

无须恢复原状[①]；而对于非继续性合同则需要根据合同性质结合履行情况以及诚实信用原则等综合判断，认定解除有溯及力的，对于已经履行的部分当事人可以请求恢复原状或者采取其他补救措施。

《民法典》第566条第2款规定："合同因违约解除的，解除权人可以请求违约方承担违约责任，但是当事人另有约定的除外。"需注意的是，此处的"违约责任"并不包括继续履行、修理、重作等与合同解除相排斥的救济方式，而主要指向损害赔偿。[②]

基本概念

合同　要约　要约邀请　承诺　继续履行　损害赔偿　违约金　合同解除

讨论题

1. 如何区分要约和要约邀请？请举例说明。
2. 影响合同效力的因素有哪些？
3. 约定的违约金过高时是否可以请求酌减？"过高"的情形如何判断？
4. 如果你代理一名艺人与其经纪公司进行解约诉讼，请尝试分析可能成功解约的诉讼策略。

---

① 李永军．合同法．5版．北京：中国人民大学出版社，2020：269.

② 朱广新，谢鸿飞．民法典评注：合同编：通则（2）．北京：中国法制出版社，2020：213.

第十六章
文化行业的人格权保护

引 例

2019 年某个早上，因未成年人李某不愿上学而哭闹，其父母将其绑在树上进行教育，路人魏某使用手机拍摄了上述过程，并将视频在某平台上进行传播，引起广大网友的热议。随后李某以拍摄者魏某侵犯其肖像权、名誉权、隐私权为由诉至法院，要求魏某停止侵权、赔礼道歉、赔偿损失。北京互联网法院判决认为，被告侵犯了原告的肖像权、隐私权，判决被告向原告赔礼道歉，酌情给予原告精神损害抚慰金及经济损失。①

我国《民法典》设置了独立的人格权编，这是我国民法体系最重要的制度创新之一，凸显了我国民法体系以人为本的人文关怀。文化行业人格权保护的基本概念和制度保障究竟包含哪些内容？本章就让我们一起探讨文化行业的人格权保护。

第一节 文化行业的人格权保护概述

什么是人格权？人格权有哪些内容？什么是人格和人格利益？法律如何保护人格权？本节将就这些问题为各位读者答疑解惑。

一、人格权概述

(一) 人格权的概念与特征

人格权是民事主体专属的、以人格利益为客体的、保障民事主体独立人格所必需的民事权利。人格权的法律特征表现为：

第一，人格权是每一个民事主体固有的权利。不同于物权等可能需要通过相应法律行为才能获得的法律权利，人格权不以相应的法律行为为前提。自然人在出生之后就当然享有人格权，法人、非法人组织人格权的获得则以其成立为基础。只要民事主体具备法律意义上的人格，那么其人格权就会始终存在，不因某种事实而丧失，也不因某种原

① 北京互联网法院网络权益保护十大典型案件丨砥砺五载·典型案例篇.（2023-09-05）[2023-10-12]. https://baijiahao.baidu.com/s?id=1776195304696977912&wfr=spider&for=pc.

因而被剥夺。所有民事主体平等地享有各自的人格权，不存在高低之分。

第二，人格权专属于每一个民事主体。人格权只能由民事主体单独享有，无法转让、抛弃或继承。任何人不得对人格权进行非法限制。

第三，人格权是保障民事主体人格独立的基础权利。不享有人格权的民事主体通常情况下不具有法律上的独立人格，这也就意味着法律主体地位的丧失。人格权的存在能够使民事主体认识到自身的人格尊严、独立地位和独特价值，在保护自身人格权的同时，也应当尊重他人的人格权。

第四，人格权以人格利益为客体。人格权保护的是人之所以为人的独立且完整的人格，并非身份权意义上的亲属关系。

（二）人格权的权能

人格权的权能是指民事主体对其自身人格权客体（人格利益）所能实际控制的范围和方式，主要包括对人格利益的控制权、利用权和许可使用权。

控制权是指民事主体得以自己的意思对自身的人格利益进行控制的权利，即权利人仅凭自己的意志就可直接保有或支配自身的人格利益。例如，自然人可出于对自身行为自由和生活安宁的维护而对其姓名、肖像等人格要素的公开或使用加以许可或限制；法人基于对自身信誉和经营形象塑造的需要，可对其名称、信誉等人格利益加以维护；等等。

利用权是指权利主体可以依法通过自己的意志去实现人格利益，即通过各种活动体现个体特征以区别于他人，体现个人存在的价值，并满足自身需要。例如，利用姓名、名称于社会活动和商业活动，利用肖像于身份证、护照以及其他证明身份的场合以区分个体的形象，等等。

许可使用权是指权利主体通过法律行为（例如合同）将其对部分人格利益的利用转让给他人，故而也有学者将这种权能称为“处分权”（如姓名、名称、肖像的许可使用等)。《民法典》第993条规定：“民事主体可以将自己的姓名、名称、肖像等许可他人使用，但是依照法律规定或者根据其性质不得许可的除外。”由此可知，作为人格权客体的人格利益不是无限的，对人格利益的许可使用须以适当的范围和程度为限，必须遵从法律和社会的公序良俗。

（三）人格权的分类

民事权利的分类通常需要考虑该类权利的客体是否具有不同属性、该类权利的保护方法是否有所不同、该类权利的数量是否较多等因素。对于人格权而言，鉴于其保护的客体人格利益在性质方面表现为生命健康、社会名誉等不同形式，且在人格权受到侵害之后所产生的民事责任承担方式同样也存在赔偿医疗费、误工费、生活补助费等不同类型，因此，有必要对人格权予以分类讨论。

根据人格利益的抽象性和具体性，人格权可以被划分为一般人格权和具体人格权。一般人格权的客体并不是具体的人格利益，而是对人格利益的总体性概括，如

《民法典》第 990 条第 2 款所规定的；具体人格权则是以具体的人格利益为保护客体，如《民法典》第 1002 条规定的生命权、第 1004 条规定的健康权、第 1018 条规定的肖像权等。

在学理层面，具体人格权依据其保护的具体人格利益是否具有物质性特征而被划分为物质性人格权和精神性人格权。例如，生命权、身体权和健康权等属于物质性人格权，而姓名权、名称权、肖像权、隐私权、个人信息权利等则属于精神性人格权。

在文化行业领域，常见的人格权保护争议主要涉及肖像权、名誉权、荣誉权、隐私权以及个人信息权利。

（四）人格的概念

通说认为，法律上最早的人格概念兴起于罗马法，其代表着人所具有的某种社会身份。而在现代民法中，作为人格权客体的人格利益则是指民事主体在人格法律关系中所表现出的与自身不可分离、不可让与且受到法律保护的利益，同时也是民事主体具备民事权利能力的资格条件。

具体而言，关于人格概念的解释分为三种类型：第一，人格是具备民事主体资格的前提条件，亦即民事权利能力，具备这种主体资格的自然人、法人和非法人组织可以享有民事权利、承担民事义务。第二，人格是指具有独立法律地位的民事主体。在民法前提下，自然人具有事实层面的人格，法人则具有法律拟制的人格，在此意义上，人格实际上与主体、人等概念具有相同含义。人格是人格权的载体，人格的产生和消灭意味着人格权的享有与丧失。第三，人格是法律所保护的特定法律利益，包括人格独立、人格自由、人格尊严、姓名权、肖像权、隐私权、名誉权、个人信息权利等内容，故而此种概念层面的人格是指人格要素。

需要说明的是，法人所具有的“人格”是法律拟制而产生的，因为其作为社会组织体，能够经由内部的组织机构按照内部的意志结果作出相应的行为，非法人组织同样如此。《民法典》将非法人组织作为民事主体，使其与自然人、法人并列，故其人格本质上也是法律拟制的结果。

（五）人格利益的概念

人格利益是人格权的客体，是指人为了满足自己生存和发展的需要，维系自身人格独立、人格自由和人格尊严所必需的民事利益。人格利益的法律特征表现为：

第一，人格利益属于民事利益，是民事主体为了维系自身生存与发展而产生的、反映民事主体特定需求的人身利害关系。

第二，人格利益是民事主体资格要素所体现的利益。人格利益是民事主体获得主体资格的各个要素的总和，包括人格独立、人格自由、人格尊严、人身安全、生命、身体、健康、姓名、肖像、名誉、荣誉、人身自由、隐私等关乎民事主体资格的利害关系。其既包括抽象层面的民事利益，也包括具体层面的民事利益。

第三，人格利益包括物质性人格利益和精神性人格利益。物质性人格利益主要是与生命、健康、身体相关的人格利益，而非强调人格利益自身的物质性。精神性人格利益则是指姓名、名称、名誉、隐私等这类人格利益。

典型案例 16－1

张某向法院起诉，称北京某医院擅自将其被剪切的肖像图片用于医院网站上的《了解假体丰胸的过程，女人魅力您也可以拥有》一文中，该文旨在对丰胸手术进行介绍，同时亦有其他关于“北京某医院”的宣传性文字。张某认为该医院的行为侵犯了其肖像权、名誉权，遂将该医院诉至法院。2012 年 8 月 29 日，北京市朝阳区人民法院作出一审判决，判令该医院公开赔礼道歉，并赔偿张某经济损失、精神损失以及其他维权成本共计 45 300 元。

二、文化行业中人格权的法律保护

（一）人格权法的概念与特征

人格权法是规定人格权的概念、种类、内容和保护方式的民事法律规范的总称。《民法典》专门设置人格权编用以规范有关人格权及其保护的全部内容。

思政专栏 16－1

人格权法的基本特征表现为：

第一，人格权法具有典型的权利宣示性特征。人格权法规定民事主体依法享有人格权及人格权的具体内容和类型。此外，人格权法并不像物权法、合同法那般采用以物权、债务行使为中心的规则架构，而是以权利宣示的方式明确人格权受到法律保护。其较少规定人格权行使的规则，原因在于人格权专属民事主体所有，鲜有发生权利冲突的情形。

第二，人格权法不采用法定主义。《民法典》第 990 条第 2 款规定：“除前款规定的人格权外，自然人享有基于人身自由、人格尊严产生的其他人格权益。”换言之，人格权既包括人格权法明确规定的权利类型，也包括法律没有明确规定的人格利益。“没有规定的权利不能被认为是人格权”，此种观点表述并不准确，因为法律具有天然的滞后性，而人格利益的内涵和外延往往会随着社会发展和道德规范的更新而有所变化。

第三，人格权法的规范具有任意性和强制性的特征。任意性的特征在于民事主体可以按照自身意愿和自由行使人格权，不受他人限制；而强制性的特征在于当人格权受到侵害时，民事主体有权请求侵权人承担侵权责任，以保障民事主体自主行使人格权。

人格权法是我国民法体系的独立组成部分，《民法典》人格权编与物权编、合同编、婚姻家庭编、继承编并列，并属于我国《民法典》立法的亮点之一。现代民法体系包括“人”法和“财”法两大支柱，前者规定了人身权的概念、种类、内容以及保护方式，具体包括人格权和身份权两类；后者则规定了财产关系的概念、种类、内容和保护方式，包括物权法、债法、继承法和知识产权法等内容。而我国《民法典》总则编第五章“民事权利”中的第109条（为该章第一条）首先明确了“自然人的人身自由、人格尊严受法律保护”，之后才提及财产权利。这种“先人后财”的排列顺序凸显了我国民事立法以人为本的基本理念，能够更好地维护人之所以为人所承载的人格自由与人格尊严。

（二）人格权法律关系

《民法典》第989条规定：“本编（即人格权编。——引者）调整因人格权的享有和保护产生的民事关系。”该条实际上明确了人格权编的调整范围是人格权法律关系，即在自然人、法人、非法人组织等平等民事主体之间的有关人格权享有和保护的权利义务关系。

人格权法律关系的法律特征表现为：第一，不同民事主体在人格权法律关系中所享有的权利并不相同。例如，自然人享有隐私权和个人信息权利等，而法人或非法人组织则不享有这些权利，但法人或非法人组织享有名称权，自然人则不享有该项权利。第二，人格权法律关系的内容以人格权和人格利益的享有和保护为主。在人格权法律关系中，需要人格权法予以调整的是《民法典》对于人格权和人格利益的确认和赋权，以及在人格权和人格利益受到侵害之后民事主体救济自身权利的方式。第三，人格权法律关系的核心内容是明确义务主体的义务范围和履行方式。在通常情况下，只要义务主体履行了不可侵害之义务，就足以保障人格权的实现，这属于不作为义务。

人格权法律关系包含主体、内容和客体三个要素。

首先，人格权的主体即人格权法律关系的主体，是指享有权利、承担义务的自然人、法人和非法人组织。在人格权法律关系中，一方为权利主体，另一方为义务主体。人格权属于绝对权，权利主体只能是特定个体，而义务主体则是不特定的任何人。人格权法律关系中的权利主体是所有具有民事权利能力的自然人、法人和非法人组织，无民事行为能力人或限制民事行为能力人作为人格权的义务主体时，违反不作为义务，造成权利主体遭受损害的，应当由其监护人承担责任。

其次，人格权法律关系的内容是指主体所享有的权利和承担的义务。“享有权利”是指权利人有权在法律规定的范围内，按照自己的意愿行使自己的人格权，同时有权在法律规定的范围内要求义务人不为一定行为，在人格权受到侵害时，有权要求人民法院予以保护。“承担义务”是指义务人应当按照法律规定，在一定范围内不为一定行为，以此实现权利主体的人格利益。倘若义务人违反法定义务，造成权利人人格利益受损，则应当依照法律规定承担民事责任。

最后，人格权法律关系的客体是指人格权法律关系中权利、义务共同指向的对象，亦即人格利益。

（三）人格权请求权与人格权的民法保护

人格权请求权是人格权的民法保护方式之一。《民法典》第995条规定：“人格权受到侵害的，受害人有权依照本法和其他法律的规定请求行为人承担民事责任。受害人的停止侵害、排除妨碍、消除危险、消除影响、恢复名誉、赔礼道歉请求权，不适用诉讼时效的规定。”该条规定的是人格权请求权，即民事主体在其人格权受到侵害、妨碍或者存在侵害或妨碍之虞时，可以请求加害人承担相应的民事责任，将受损的人格权恢复至完满状态或消除危险和影响。

《民法典》规定人格权请求权的意义在于完善人格权的保护方式。因为侵权请求权主要适用于人格权已经遭受损害情况下的救济，无法在人格权受到损害威胁或妨害时提供相应的保护。人格权请求权和侵权请求权是两种不同的请求权，如果将停止侵害、排除妨碍等人格权请求权的责任承担方式纳入侵权请求权体系中，则有可能导致以过错为基础的侵权法体系的消解。[①] 因此，独立的人格权请求权能够完善人格权的保护方式。

人格权请求权与侵权请求权的区别主要体现在主体范围、救济要件、适用情形和法律性质四个方面。

首先，在主体范围方面，人格权请求权所涉及的主体为加害人和受害人，而侵权请求权所涉及的主体则是侵权人和被侵权人，以及在特定情形下才出现的替代责任人和间接受害人等。

其次，在救济要件方面，权利人在主张人格权请求权时的举证责任相对较轻，权利人能够较为轻松地证明人格权受损害之事实，而侵权之诉的审理时间较长，容易导致已经产生的损害继续扩大。

再次，在适用情形方面，人格权请求权适用于诉讼全环节，如在事前阶段即可请求侵权人停止侵害、排除妨碍等，而侵权请求权只能在损害事实已发生之时行使。

最后，在法律性质方面，人格权请求权的内容包括停止侵害、排除妨碍、消除危险、消除影响、恢复名誉和赔礼道歉等，具有典型的人身属性，而侵权请求权的内容则以恢复原状、损害赔偿为主，具有典型的财产属性。

思政专栏 16－2

与人格权请求权相对应的是民事责任承担方式，《民法典》第 1000 条规定了几类民事责任形式，确定了消除影响、恢复名誉、赔礼道歉等精神性民事责任承担的具体方法。一方面，应当确保责任的承担能够与具体的行为方式相适应。例如，在文娱领域散布有关个人的网络谣言的，应当在网络平台等新兴媒体上消除影响，而非在传统媒体上。另一方面，应当确保责任的承担能够与行为造成的影响相当。例如，在本地报刊上发布诋毁个人名誉的信息的，只能要求在本地媒体上赔礼道歉、消除影响、恢复名誉，而不能要求在全国报刊上进行，以免造成新的损害结果。

---

① 曾世雄．损害赔偿法原理．北京：中国政法大学出版社，2001：7.

第二节　文化行业的具体人格权保护

一、文化行业的肖像权保护

（一）肖像权的概念

《民法典》第1018条规定了自然人享有肖像权。法律意义上的肖像是自然人具体人格利益的载体，是指通过绘画、照相、雕塑、录像、电影等艺术形式使自然人的外貌在物质载体上再现的视觉形象。

肖像的法律特征表现为：第一，肖像是自然人所具有的客观、实在的外在形象，法人因不具有外貌形象而不享有肖像权；第二，肖像是自然人外貌再现的视觉形象，自然人的外貌形象并非法律意义上的肖像，自然人的外貌形象只有经过再现转换为视觉形象才能成为肖像权所保护的肖像权益；第三，肖像需要经过艺术形式将自然人的外貌形象固定在物质载体上，如果无法固定，也就不存在肖像权的问题，如镜中影像或水中倒影的外貌形象就不属于“肖像”。

肖像权是指自然人在自己肖像上所体现的以精神利益和财产利益为内容的具体人格权。在肖像权遭到侵害并造成精神利益损害时，民事责任承担方式包括停止侵害、赔礼道歉、消除影响、恢复名誉和精神损害赔偿等，而损害财产利益的责任承担方式则主要有停止侵害和赔偿损失等。

（二）肖像权合理使用的情形

《民法典》第993条允许民事主体许可他人使用自己的肖像。第1020条规定了可以不经肖像权人同意直接使用肖像的“合理使用情形”：一是为个人学习、艺术欣赏、课堂教学或者科学研究，在必要范围内使用肖像权人已经公开的肖像；二是为实施新闻报道，不可避免地制作、使用、公开肖像权人的肖像；三是为依法履行职责，国家机关在必要范围内制作、使用、公开肖像权人的肖像；四是为展示特定公共环境，不可避免地制作、使用、公开肖像权人的肖像；五是为维护公共利益或者肖像权人合法权益，制作、使用、公丌肖像权人的肖像的其他行为。

（三）文化行业的肖像权保护问题

在文化行业中，明星艺人等公众人物是肖像权保护的重要主体。明星艺人的肖像权、隐私权在社会生活中会受到合理限制。除此类限制之外，肖像权使用许可、肖像权侵权维权等问题在明星艺人中也十分常见。当下，明星艺人等公众人物具有较大的影响力，其肖像常常被商家作为广告、宣传之用，所涉及的经济利益与一般公众的肖像权财产利益有较大的差距，相关肖像权纠纷在标的额、影响范围等方面也与一般自然人的肖像权纠纷不同。

明星艺人的街拍、户外直播等业务活动会涉及是否侵害路人肖像权的问题。这需要区别为两种情形来讨论：其一，被拍摄人同意的。拍摄人公开涉及被拍摄人肖像的作品不仅需要考虑展示的目的、场合、内容等，还需要考虑展示的形式，如照片或者视频等。拍摄人需要向被拍摄人充分说明和提醒其肖像作品可能涉及的对其精神利益方面的影响，并需要经过被拍摄人的确认。其二，未经被拍摄人许可，拍摄人不得擅自公开涉及被拍摄人肖像的作品，除非有法律规定的例外情形。如果属于抓拍行为，拍摄人在后期的公开或其他使用行为中需遵循合法公开或合理使用的原则。

基于以人工智能技术为基础的深度合成服务，部分用户出于娱乐等目的会进行“一键换头”等操作。如果擅自利用深度合成服务处理艺人肖像或利用其肖像进行淫秽色情图片的制作，根据《民法典》第 1019 条的规定，权利人有权要求其承担民事责任。

典型案例 16－2

南京某汽车经销商在其微信公众号上发布了一篇题为《老炮儿想和你聊聊!》的文章，未经许可使用了著名演员张某某的 2 张肖像照片作为配图进行商业营销活动。

法院认为：自然人享有肖像权，未经肖像权人同意，不得制作、使用、公开肖像权人的肖像。该汽车经销商在其微信公众号中使用张某某的肖像照片吸引用户点击、关注、浏览其微信公众号及相关内容，且未提供证据证明其取得了授权。因此法院认定其行为侵犯了张某某的肖像权。

二、文化行业的名誉权与荣誉权保护

（一）名誉权的概念

《民法典》第 1024 条规定，民事主体享有名誉权。名誉是对民事主体的品德、声望、才能、信用等的社会评价。

首先，名誉是一种社会评价，评价的内容源于特定主体在社会生活中的行为表现，以公众的社会舆论为基础，具有社会性。其次，名誉是外部社会公众对特定主体的评价，而非个人的自我认知，具有客观性。再次，名誉是社会公众针对单个个体进行的社会评价，具有特定性。最后，名誉的表现形式是观念形态，名誉存在于公众的观念之中。

名誉权是指自然人和特定的法人、非法人组织享有的保护和维护其品德、声望、信用等社会评价的具体人格权。名誉权包括保有维护和使用两项内容：一方面，权利人无法改变具有客观性的社会评价内容，但是可以选择用行为维持、改善或提高其社会评价；另一方面，权利人可以利用自己良好的社会名誉，与他人进行社会交往、商业活动。

（二）新闻报道与舆论监督的合理使用与侵权责任

在文化行业中，新闻报道与舆论监督往往会涉及对于特定个人名誉的评价。《民法典》第 1025 条规定，如果行为人是为了公共利益而实施新闻报道、舆论监督等行为，那么即便对他人的名誉产生影响也无须承担民事责任。但是，如果存在“捏造、歪曲事实”、“对他人提供的严重失实内容未尽到合理核实义务”或者“使用侮辱性言辞等贬损他人名誉”等情况，实施新闻报道和舆论监督的行为人就要为此承担相应的民事责任。

“捏造、歪曲事实”主要是指通过“无中生有”或者“罔顾真相篡改客观事实”等方式对他人的名誉进行恶意贬损。

“对他人提供的严重失实内容未尽到合理核实义务”强调内容失实是未尽到合理核实义务导致的，《民法典》第1026条规定了未尽到合理核实义务的认定因素，包括内容来源的可信度、对明显可能引发争议的内容是否进行了必要的调查、内容的时限性、内容与公序良俗的关联性、受害人名誉受贬损的可能性、核实能力和核实成本等六项。

“使用侮辱性言辞等贬损他人名誉”是指虽然不存在前面两类情形，但是新闻报道和舆论监督中含有侮辱性言辞以及其他贬损他人名誉的内容，这同样构成对他人名誉权的侵害。

典型案例 16－3

2019年2月，被告马某某通过某微信公众号，发布了涉诉文章，文章中以“白月光”指代秦某并对其进行人身攻击。

被告辩称：涉诉文章中并未提及秦某，该文章性质是杂文，旨在说明某些社会现象，其中的人物均为虚构，并未指向秦某。秦某认为涉诉文章中的“白月光”专指自己是没有事实和法律依据的。

法院认为：涉诉文章描述的特定人具有普通人不具备的、独特的且为大众知悉的身份，而秦某的个人特征基本满足前述个人信息。且在对涉诉文章的留言评论中，网友将“白月光”另作别称，这些称谓正是秦某名字的拼音首字母、名字的同音词和其饰演的角色，足以将二者直接或高度对应。因此涉诉文章中指称对象是秦某。马某某在涉诉文章中发布的侮辱言论已构成对秦某名誉的侵害，应当赔偿秦某精神损害抚慰金4万元及诉讼合理支出2万元，并公开赔礼道歉。①

（三）荣誉权的概念

《民法典》第1031条规定，民事主体享有荣誉权。荣誉是指自然人、法人或非法人组织在社会生产、社会活动中具有突出表现或杰出贡献后，政府、团体或其他组织给予的肯定的、积极的正式评价。

荣誉较于名誉的特殊性表现为：其一，荣誉是社会组织给予民事主体的评价而非一般社会评价；其二，荣誉是社会组织给予的积极评价而非消极评价，名誉则包括积极褒奖和消极批评；其三，荣誉是社会组织给予的正式评价而非随意性评价，名誉则多来源于社会公众的自由评价、随意评价，不受政府、组织和团体意志的影响。

荣誉权是指自然人、法人或非法人组织享有的保持和使用其获得的荣誉及相关利益的具体人格权。具体而言，权利人对已获得的荣誉可以保持归属自己享有，而这种荣誉

---

① 参见北京市第四中级人民法院（2020）京04民终184号民事判决书。

他人不可侵占。荣誉一经获得即终身享有，未经法定程序不得撤销或剥夺。此外，权利人还可以利用自己的荣誉进行社会活动，并且受到法律保护。

三、文化行业的隐私权保护

（一）隐私权的概念

《民法典》第 1032 条规定，自然人享有隐私权。法律意义上的隐私是指与公共、群体利益无关的，当事人不愿他人知道或他人不便知道的私密信息，当事人不愿他人干涉或他人不便干涉的个人私密生活，以及当事人不愿他人侵入或他人不便侵入的私密空间、私密领域。

隐私权是指自然人享有的对与公共利益无关的个人生活安宁和私密空间、私密活动、私密信息进行自主支配和控制，他人不得以刺探、侵扰、泄露、公开等方式侵害的具体人格权。隐私权的权利主体只能是自然人，其保护范围受到公共利益和善良风俗的限制，当隐私权与公共利益、公序良俗相悖时，隐私权的保护会受到不同程度的限制。

《民法典》第 1033 条列明了侵害隐私权的具体行为类型，包括：（1）以电话、短信、即时通讯工具、电子邮件、传单等方式侵扰他人的私人生活安宁；（2）进入、拍摄、窥视他人的住宅、宾馆房间等私密空间；（3）拍摄、窥视、窃听、公开他人的私密活动；（4）拍摄、窥视他人身体的私密部位；（5）处理他人的私密信息；（6）以其他方式侵害他人的隐私权。其中“其他方式”包括“监视、干涉私密活动”“非法利用隐私”“相关隐私当事人侵害其他当事人隐私”“侵害死者隐私利益”等情形。

（二）隐私权的民法保护

隐私权人有权保障自己的隐私不受侵犯。在发生隐私泄露等侵害事实时，隐私权人可以依据人格权请求权寻求司法保护。其一，在个人生活安宁方面，任何人均不得擅自侵入进行非法干预、干涉，不得损害个人生活安宁；其二，禁止他人非法收集个人私密信息，传播个人私密信息，非法利用个人私密信息获利；其三，禁止他人非法干涉、探查、跟踪、拍照、拍摄个人私密空间，禁止利用隐私进行非法骚扰；其四，禁止私自查阅、公开日记、身体、通信等私密信息，禁止非法检查他人行李、书包，禁止非法闯入自然人住宅，禁止非法安装窃听器、摄像头等监视装置。在遭遇前述侵害情形时，权利人有权根据人格权请求权要求对方停止侵害、排除妨碍、消除危险、消除影响、恢复名誉和赔礼道歉等，合法保障自身权益。

隐私权保护的例外情形包括六类：一是当事人同意。根据《民法典》第 1033 条，权利人可以自行处理隐私，前提是不能违背法律和公序良俗。二是出于公共利益的需要。如在重大传染病防治期间收集病患的行程信息和医疗信息。三是公共人物隐私权的保护受到一定限制。在文化行业，艺人职业性质的特殊性，导致其不得不牺牲一定的个人隐私，并且在一定程度上对合理的隐私披露负有容忍义务，此种容忍义务需要满足“与艺人工作内容高度相关”和“不违背善良风俗标准”两个条件，并非毫无限度。例如，媒体公布与艺人工作相关的个人信息，并不构成对艺人隐私权的侵犯。四是正当行使舆论监督权。例如媒体对某些不当行为进行批评。五是出于满足公众知情权的需要而对他人隐私进行适当披露，只要能够保证手段和目的具有相称性，即可认定其属于合法行为。六是国家机关出于国家安全、调查犯罪等目的履行职责时，可以对个人隐私进行调查和查询。

四、文化行业的个人信息保护

（一）个人信息的概念

《民法典》第 1034 条规定，自然人的个人信息受法律保护。个人信息是指以电子或者其他方式记录的能够单独或者与其他信息结合识别特定自然人的各种信息，包括自然人的姓名、出生日期、身份证件号码、生物识别信息、住址、电话号码、电子邮箱、健康信息、行踪信息等。此外，《个人信息保护法》第 4 条第 1 款也对“个人信息”概念作出了类似规定。该法是个人信息保护领域的“特别法”，可以视为对《民法典》个人信息保护条款内容的细化，因而其在司法实践中可以优先适用。需要注意的是，《网络安全法》《数据安全法》《电子商务法》《消费者权益保护法》等法律法规均包含个人信息保护的相关规定。

从现行立法来看，个人信息的特征表现为：第一，个人信息内容与特定自然人个体相关，法人、非法人组织并不享有个人信息权利。与多个自然人相关的信息并不当然属于个人信息。第二，个人信息应当能够指向特定自然人并反映其个体特征。第三，个人信息应当具有个人身份识别的功能，根据其所反映的个体特征信息，能够单独或者与其他信息结合识别特定自然人的身份。

需要注意的是，个人信息与个人隐私并不完全相同，尽管两者在以数据形式存在时可能会发生重叠，但是有些个人信息所反映的个体特征可能并不属于个人隐私范畴。《民法典》第 1034 条第 3 款更是直接规定：“个人信息中的私密信息，适用有关隐私权的规定；没有规定的，适用有关个人信息保护的规定。”

（二）个人信息权利的具体内容

个人信息权利是指自然人依法对其个人信息所享有的使用并排除他人侵害的具体人格权。《个人信息保护法》第四章“个人在个人信息处理活动中的权利”和《民法典》第 111 条、第 1034～1038 条均规定了个人对其个人信息所享有的具体权利。

1. 知情权

个人对其个人信息的处理享有知情权、决定权，有权限制或者拒绝他人对其个人信息进行处理；法律、行政法规另有规定的除外。同时，个人有权要求个人信息处理者对其个人信息处理规则进行解释说明。

2. 查阅权和复制权

个人有权向个人信息处理者查阅、复制其个人信息；个人请求查阅、复制其个人信息的，个人信息处理者应当及时提供。该权利的行使存在两种例外情形：一是个人信息处理者处理个人信息，有法律、行政法规规定应当保密或者不需要告知的情形的；二是国家机关为履行法定职责处理个人信息，告知其个人信息处理活动将妨碍国家机关履行法定职责的。

3. 可携带权

个人请求将个人信息转移至其指定的个人信息处理者，符合国家网信部门规定条件的，个人信息处理者应当提供转移的途径。

4. 更正权和补充权

个人发现其个人信息不准确或者不完整的，有权请求个人信息处理者更正、补充。个人请求更正、补充其个人信息的，个人信息处理者应当对其个人信息予以核实，并及时更正、补充。

5. 删除权

存在下列五种情形之一的，个人信息处理者应当主动删除个人信息，个人信息处理者未删除的，个人有权请求删除：一是处理目的已实现、无法实现或者为实现处理目的不再必要；二是个人信息处理者停止提供产品或者服务，或者保存期限已届满；三是个人撤回同意；四是个人信息处理者违反法律、行政法规或者违反约定处理个人信息；五是法律、行政法规规定的其他情形。

6. 死者个人信息的保护

自然人死亡的，其近亲属为了自身的合法、正当利益，可以对死者的相关个人信息行使查阅、复制、更正、删除等权利，但死者生前另有安排的除外。

（三）文化行业的个人信息保护问题

思政专栏 16－3

在文化市场中，《民法典》《个人信息保护法》等法律法规规定的对个人信息的保护对文化娱乐企业及其运营的 App、网络平台提出了较高的业务合规要求。从实践情况来看，侵害个人信息的常见行为类型包括：违规收集个人信息，强制过度索要个人信息访问权限，违规使用个人信息，强制用户使用定向推送功能，超范围收集个人信息，存在欺骗误导强迫行为，应用商店 App 信息明示不规范，等等。例如，App 在其启动页面向用户索取电话、通讯录、定位、存储权限等，若用户拒绝授权则无法注册使用；在用户拒绝提供某项个人信息且没有触发对应游戏功能场景的情况下，48 小时内反复弹窗索取该信息；等等。

对于文化娱乐企业而言，个人信息业务合规的主要事项包括：

第一，遵守最小必要原则，保障用户的知情权。文化娱乐企业在处理个人信息、获取相关权限时，在数量、范围、频次、精度上都应坚持最小必要原则，要有明确、合理的目的，非必要不收集、不索取。同时，要以清晰易懂的语言告知用户处理主体、处理目的、处理方式、处理类型、保存期限等个人信息处理规则，保障用户的知情权，在充分告知的前提下取得用户许可。其中，对“最小必要”的理解可以参照《常见类型移动互联网应用程序必要个人信息范围规定》《信息安全技术 移动互联网应用程序（App）收集个人信息基本要求》等规范性文件。例如，网络游戏类 App 的基本功能服务为“提供网络游戏产品和服务”，学习教育类 App 的基本功能服务为在线辅导、网络课堂等，这两类 App 收集的必要个人信息是注册用户的移动电话号码。

第二，专门制定平台内部规则用以保护未成年人用户的个人信息。《个人信息保护法》特别将不满 14 周岁未成年人的个人信息确定为敏感个人信息予以严格保护，获取这类信息应当取得未成年人的父母或者其他监护人的同意，文化娱乐企业应注意对此制定专门的个人信息处理规则。

第三，明确第三方软件开发工具包（SDK）的可靠性和安全性。部分 SDK 在收集个人信息时对开发者和用户的告知事项不全面、告知方式不清晰，使得 App 运营商面临合规压力。App 运营商要注意加强与第三方 SDK 提供者的沟通，明确了解第三方 SDK 所收集的个人信息情况，限制 SDK 过度收集个人信息和申请权限，并向用户告知第三方的身份信息、联系方式、处理目的、处理方式和个人信息的种类等事项，在取得用户同意后方可与第三方共享，保护用户的合法权益。

典型案例 16-4

2021 年 4 月，张某等人不满深圳市甲娱乐文化有限公司（以下简称“甲公司”）的“剧本杀”游戏服务，在点评网站上发布差评。甲公司遂在微信公众号中发表“澄清声明”，披露了与张某等人的微信群聊记录、监控录像片段以及张某等人的微信账号信息，称可向公众提供全程监控录像。张某等人认为甲公司上述行为侵害了其个人信息权益、隐私权和名誉权，遂诉至法院，要求甲公司停止侵权、赔礼道歉及赔偿精神损失等。

甲公司辩称：其发布“澄清声明”是为了交代服务过程，还原真相，以减少差评带来的不利影响，属于合理使用。监控录像用于记录店铺经营活动，且对张某露脸处打了马赛克；呈现的微信头像、微信昵称、微信号等信息无法识别张某等人，不属于个人信息范畴，未侵害张某等人的合法权益。此外，甲公司反诉张某等人发布差评是滥用消费者权利的侵权行为，要求张某等人承担侵害名誉权的责任。

法院认为：张某等人发布的差评系对“剧本杀”服务的主观感受，不属于虚构事实，即使甲公司店铺排名因此降低也属正常经营风险，张某等人的行为不构成侵权。甲公司公开监控录像并称可提供全程录像的行为构成侵害张某等人的隐私权，其未经张某等人同意公布其微信账号信息的行为也侵害了张某等人的个人信息权益。

最终，法院判令甲公司立即停止公开监控录像，删除“澄清声明”中可向公众提供全程监控录像的表述及张某等人的微信账号信息，在微信公众号发布致歉声明，并向张某等人赔偿精神损害抚慰金。[①]

① 参见 2022 年度中国十大传媒法事例之四。

基本概念

肖像　肖像权　名誉权　荣誉权　隐私权　个人信息　个人信息权利

讨论题

1. 什么是人格权和人格权法律关系？我国《民法典》规定了哪些类型的人格权？

2. 在A公司恶意炒作B明星发生出轨事件时，其中的人格权法律关系的主体、客体和内容分别是什么？

3. 在未经许可的情况下进行街拍并将视频发布在短视频平台上，在视频中标注“本视频不用于商业目的”是否意味着拍摄者的行为不构成对路人肖像权的侵害？

4. 某自媒体公开发布A明星的行程信息，其行为是否构成对A明星个人信息权利的侵害？

5. 在小区业主微信群内公开发布捏造的A业主出轨快递员的信息，是否构成对该业主名誉权的侵害？该信息发布者应当承担何种法律责任？

第十七章 文化行业的知识产权保护

引 例

2014年5月28日，知名作家陈某向北京市第三中级人民法院提起诉讼，称编剧余某未经其许可，擅自采用其创作的电视剧剧本及同名小说《梅花烙》中的核心独创情节进行改编，创作电视剧剧本《宫锁连城》，并由四家公司共同摄制了电视剧《宫锁连城》，侵害了其著作权，请求判令被告停止侵权、消除影响、赔礼道歉，并赔偿经济损失2 000万元。一审法院认定五名被告构成共同侵权，要求被告立即停止电视剧《宫锁连城》的复制、发行和传播行为，赔偿原告人民币500万元，余某向原告公开赔礼道歉，消除影响。北京市高级人民法院二审维持原判。

文化行业的知识产权保护所涉法律制度广泛，包括著作权法律制度、商标权法律制度及反不正当竞争法律制度等内容，如何全面地对文化行业的知识产权进行保护？各制度体系都包含哪些内容？本章将带你解答这些问题。

第一节 文化行业的知识产权保护概述

文化行业中的知识产权的概念及范围如何？文化行业中的知识产权保护有哪些特点？本节将为你解答上述问题。

一、文化行业知识产权的概念

文化行业中的知识产权是指，与文化领域中的智力成果、经营标志等相关的无形财产权，主要包括著作权与商标权两大类。其不仅是对创作者创作成果的肯定，亦是对其努力经营成果的肯定，是企业重要的无形资产，能够激励创作投资与产业发展。“内容为王”是文化行业竞争的基本规律，市场主体以获得优质内容的知识产权为基础，进行差异化竞争。

二、文化行业知识产权保护的特点

文化行业知识产权保护的特点包括以下几个方面：

第一，全面性。文化行业各领域几乎都涉及知识产权问题。不论是从广义角度还是从狭义角度而言，文化行业都与知识产权有着极为密切的关系。

第二，复杂性。文化行业中的知识产权保护涉及的对象范围广、利益关系复杂。其不仅需要肯定文化行业相关市场主体的创作劳动及投资付出，亦需要满足社会公众的自由学习与使用，同时需要考虑市场竞争主体就相关无形资产的正当使用。

第三，必要性。文化行业是依赖版权保护而生存的。以影视产业为例，一张空白光盘的售价不过几元钱，而录制上影视作品后的光盘售价可达数十元至数百元，其差价即为知识产权所保护的影视作品价值的体现。如果没有知识产权中的版权保护，就不会有好莱坞，也不会有今天影视产业的蓬勃发展。

思政专栏 17-1

第四，严厉性。我国严厉打击各种侵权盗版活动，不仅为文化行业的知识产权提供《著作权法》与《商标法》的相关救济，还提供《反不正当竞争法》等法律的相关保护。依据《民法典》《著作权法》《商标法》等法律的相关规定，权利人还可以主张惩罚性赔偿，要求恶意侵权人承担处罚数额基数多倍的赔偿。

第二节　文化行业的著作权制度

文化行业中最重要的知识产权就是著作权，也称为版权。著作权贯穿了文化行业的全产业链。那么，哪些创作成果受著作权法保护？著作权人享有哪些权利？使用者何时可未经著作权人授权使用而不构成侵权呢？本节将为大家解答上述问题。

一、著作权的客体

著作权是民事主体依法对作品及相关客体所享有的专有权利。与其他财产权制度相比，著作权制度的历史十分短暂，但和文化行业的发展紧密相连。从封建时代的特许出版权，到工业革命后的著作权，著作权随着出版业的发展而诞生，随着多媒体技术与大众文化市场的繁荣而逐渐丰富和完善①，并随着国际文化产品市场的发展和扩张，逐步建立起了国际层面的著作权保护秩序。

我国虽然是印刷术的故乡，但在封建王朝时期，并未自主演化出现代著作权制度。1990 年，我国颁布了新中国第一部《著作权法》。之后，伴随我国文化行业的逐步繁荣，《著作权法》经历了多次修订和完善，目前最新版本的《著作权法》是 2020 年修正版。

著作权保护的对象是作品，我国《著作权法》第 3 条规定：“本法所称的作品，是指文学、艺术和科学领域内具有独创性并能以一定形式表现的智力成果，包括：（一）文字

① 吴汉东．知识产权法学．6 版．北京：北京大学出版社，2014：30－31.

作品；（二）口述作品；（三）音乐、戏剧、曲艺、舞蹈、杂技艺术作品；（四）美术、建筑作品；（五）摄影作品；（六）视听作品；（七）工程设计图、产品设计图、地图、示意图等图形作品和模型作品；（八）计算机软件；（九）符合作品特征的其他智力成果。”

我们可以从以下三个方面理解《著作权法》对保护客体的规定：首先，著作权法的保护客体必须是人类的智力成果。没有人类参与的大自然的鬼斧神工不能成为著作权法保护的作品。其次，作品必须是能够被人客观感知的外在表达。作品的创作是作者内心情感、思想的对外表达，任何停留在思想层面没有通过一定的媒介符号（如语言、音符等）表现出来的思想，都无法被他人欣赏、传播，不是著作权法保护的作品。最后，受著作权法保护的作品需满足“独创性”的要求，即该作品需为作者独立创作出来的，且需体现一定的智力高度。其中，从无到有的创作或在他人作品基础之上的创作皆满足“独”的要求；而对“创”的判断各国则有差异。在司法实践中，我国对独创性的认定类似于英美法系，仅要求具有最低限度的创造性[①]，由法官基于社会生活经验进行综合判断。一般来说，过于短的文字（如作品标题）或过于简单的图案不满足独创性的要求，不受著作权法保护。

典型案例 17 - 1

马某等出版了图书《舌尖上的中国》，其内容系按一定的主题和题目汇编选入 106 篇名家关于饮食的散文。中央电视台制作了与马某等的图书同名的纪录片《舌尖上的中国》，且与马某等的图书同为饮食题材，随后编著了《舌尖上的中国》一书并出版。马某等认为中央电视台未经许可擅自出版同名作品侵犯了其著作权。法院认为：案涉书名“舌尖上的中国”系两个通用名词的简单组合，且该书名仅有 6 个字，缺乏必要的长度和深度，无法充分地表达和反映作者的思想感情或研究成果，也无法体现作者对此所付出的智力创作，故该书名本身不包含任何思想内容，不符合作品独创性的要求，并不是作者思想的独特表现。因此“舌尖上的中国”这个书名不是我国《著作权法》所保护的作品。

此外，《著作权法》还规定了不受其保护的内容，包括：（1）法律、法规，国家机关的决议、决定、命令和其他具有立法、行政、司法性质的文件，及其官方正式译文；（2）单纯事实消息；（3）历法、通用数表、通用表格和公式。

就新闻而言，尽管新闻为采编人员辛苦劳动的成果，但新闻中的单纯事实消息并不受著作权法保护，他人对事实消息的转载不需要获得许可。但基于事实消息所创作的作品是受著作权法保护的，例如新闻评论、新闻纪录片等，未经许可转载新闻评论、新闻纪录片等的行为，构成著作权侵权。同样，基于现实题材撰写的文字作品的作者对其中

① 崔国斌．著作权法：原理与案例．北京：北京大学出版社，2014：73 - 74.

的历史事实信息不享有著作权，他人可以自由复制使用，即使这些历史事实信息是作者辛苦收集获得的。

二、著作权的权利内容

根据我国《著作权法》的规定，著作权的内容包括人身权与财产权。人身权包括以下四项，皆不可转让：

第一，发表权，即决定作品是否公之于众的权利。只要以发行、上映、演出、广播、网络传播等方式使作品公之于众就构成发表。未经许可将他人作品公之于众，即侵犯了作者的发表权。

第二，署名权，即表明作者身份，在作品上署名的权利。作者享有署名权，意味着他人必须尊重作者是否在自己的作品上署名，以及以何种方式署名的权利，例如署真名或署假名。

第三，修改权，即修改或者授权他人修改作品的权利。修改是对作品内容作局部的变更或用语的修正。若修改的结果是产生了新的作品，那么就不是修改行为，而是改编行为，可能涉及未经许可侵犯作者的改编权。

第四，保护作品完整权，即保护作品不受歪曲、篡改的权利。司法实践中，对于是否构成歪曲作严格解释，例如，就电影摄制对小说或剧本的修改而言，只要这种修改没有从根本上改变作者的原意或思想感情，就不构成对保护作品完整权的侵犯。例如在《上海人在东京》案中，法院认为，原告小说作者未能充分举证证明被告摄制单位对小说的改编已经到了歪曲、篡改的程度，因此被告的行为不构成侵权。

除人身权外，对文化行业的主体而言，更重要的是著作权中的财产权，具体包括如下几种权利：

第一，复制权，即以印刷、复印、拓印、录音、录像、翻录、翻拍、数字化等方式将作品制作一份或者多份的权利。这里的复制既包括媒介载体一致的复制，也包括媒介载体不一致的复制（比如把小说拍摄成电影）。复制包括平面到平面的复制、平面到立体的复制、立体到立体的复制等。就复制的量而言，无论复制一份还是多份，都可能侵害复制权，但是少量的复制可能对权利人的市场利益的影响微乎其微，从而可以被视为合理使用。[①]

第二，发行权，即以出售或者赠与方式向公众提供作品的原件或者复制件的权利。各国通行发行权一次用尽的原则，即当图书、录音带等文化产品首次向公众销售或赠与后，著作权人就无法控制产品的所有人进行二次销售。例如，在著作权人出于请他人试听等目的向音乐人、广播电视台寄送试听赠品 CD 的情形下，即使在赠品 CD 的封面上标明只可供个人使用，基于发行权一次用尽的原则，著作权人也无法以侵犯发行权为由

① 崔国斌．著作权法：原理与案例．北京：北京大学出版社，2014：394.

阻止他人未经许可转售该 CD。

第三，出租权，即有偿许可他人临时使用视听作品、计算机软件的原件或者复制件的权利，计算机软件不是出租的主要标的的除外。若出租人只出租电脑，而电脑中载有合法下载的视听作品，这时出租的是电脑而非视听作品。

第四，展览权，即公开陈列美术作品、摄影作品的原件或者复制件的权利。我国的展览权只针对美术作品与摄影作品，展览权随着原件的转移而转移。例如，某收藏家购买了一幅未公开发表的画作，此时画作的展览权就一并转移给了该收藏家，该收藏家对原件的展览不构成侵权。

第五，表演权，即公开表演作品，以及用各种手段公开播送对作品的表演的权利。这里的表演分为两类：第一类为现场表演，即表演者通过动作或声音再现作品；第二类为机械表演，即通过机械装置公开播放作品。对文字作品、戏剧作品、音乐作品或舞蹈作品进行公开的现场表演（如在公开场合对诗歌的朗诵、对音乐的演奏、对歌曲的演唱或对舞蹈的表演）等，都属于表演权的范畴。因此，在举办演唱会时，如果被演唱的歌曲是尚在著作权保护期之内的作品，主办方应直接向著作权人或代表音乐著作权人的集体管理组织取得授权，而不能“想唱就唱”。例如，某组合在 2011 年春节联欢晚会上因演唱由汪某创作的歌曲《春天里》而红遍全国，汪某随后要求该组合停止未经授权在商业演出活动中翻唱该歌曲，引起了公众热议。从著作权法的角度看，在商业演出活动中演唱歌曲应获得著作权人的授权，否则构成对表演权的侵犯。

典型案例 17－2

在甲公司诉降某等侵权案中，原告甲公司经罗某授权取得音乐作品《西海情歌》的全部著作权权利。被告乙公司与第三人丙公司签订演唱会承办合同，约定第三人丙公司承办演唱会。被告降某在活动中演唱了《西海情歌》。法院经审理认为，乙公司是活动的组织者，降某自行选择演唱歌曲并表演，是案涉音乐作品的表演者。双方均未取得许可且未支付报酬的行为侵犯了甲公司对案涉作品的表演权，应承担连带赔偿责任。本案并未披露各方合作协议的细节，但法院的观点表明，虽然演出组织者负责取得授权，但这并不必然排除表演者取得授权的义务。

机械表演的行为包括了所有利用一定机械装置传播作品的行为。在夜总会、歌舞厅、商场、超市、宾馆、酒店、餐馆、飞机、火车等场所播放背景音乐的行为就是典型的机械表演。在这些经营场所播放背景音乐带有营利性质，应当向音乐著作权人支付报酬，否则将构成对著作权的侵犯。[①] 目前，我国代表音乐著作权人管理音乐作品的集体管理组织——中国音乐著作权协会已经制定了适用于各类经营场所播放背景音乐的收费标准，经营场所在支付许可费后才可以合法地公开播放由中国音乐著作权协会管理的音

① 王迁．知识产权法教程．6 版．北京：中国人民大学出版社，2019：149.

乐作品。

第六，放映权，即通过放映机、幻灯机等技术设备公开再现美术、摄影、视听作品等的权利。

第七，广播权，即以有线或者无线方式公开传播或者转播作品，以及通过扩音器或者其他传送符号、声音、图像的类似工具向公众传播广播的作品的权利，但不包括信息网络传播权。当前，未经许可通过网络直播传播他人的作品被认为属于对著作权人广播权的侵犯。

第八，信息网络传播权，即以有线或者无线方式向公众提供，使公众可以在其选定的时间和地点获得作品的权利。信息网络传播权的特点在于交互式传播，使用者可以在不特定的时间、地点获取作品。这里的“获取作品”只要求使公众具有获得作品的可能性，不要求实际上有人观看到这个作品。未经许可将他人的作品传到网络上，即使没有任何人实际观看或下载该作品，依然构成对权利人信息网络传播权的侵犯。

第九，摄制权，即以摄制视听作品的方法将作品固定在载体上的权利。

第十，改编权，即改变作品，创作出具有独创性的新作品的权利。改编包括对现有要素的改编和对呈现方式的改编（如将小说改编成戏剧等）。无论何种方式，都不能对原作品表达的基本理念做过大的改变，否则可能破坏作品的完整性，构成对著作权人的修改权与保护作品完整权的侵犯。

第十一，翻译权，即将作品从一种语言文字转换成另一种语言文字的权利。

第十二，汇编权，即将作品或者作品的片段通过选择或者编排，汇集成新作品的权利。汇编要求产生新作品，如果只是简单地排列组合，就不属于汇编行为，不会产生新的汇编作品。例如，某出版社精选出鲁迅先生的50篇杂文，编成《鲁迅杂文精选》，该书即为汇编作品。因为出版社至少在选择被汇编的杂文方面体现出了智力创造性——该选择涉及编辑对杂文与众不同的理解和判断。但是，如果该出版社将鲁迅先生的全部杂文按发表时间顺序编成《鲁迅杂文全集》，则无论在选择方面还是在编排方面都没有独创性。因为既然鲁迅先生的全部杂文都被收录，就不是有智力创造性的选择过程，同时按照发表时间排序又是一种最为常规和传统的方法，也没有体现出智力创造性，故而《鲁迅杂文全集》就不是汇编作品。

值得一提的是，《著作权法》还规定了兜底条款“应当由著作权人享有的其他权利”，即其他一些并未列举的，但是未来有可能符合著作权法基本价值的权利依然可以受到著作权法的保护。

作者的署名权、修改权、保护作品完整权的保护期不受限制，其发表权与其他财产权的保护期为作者终生及其死亡后50年，截止于作者死亡后第五十年的12月31日；如果是合作作品，截止于最后死亡的作者死亡后第五十年的12月31日。法人或者非法人组织的作品、著作权（署名权除外）由法人或者非法人组织享有的职务作品，其发表权的保护期为50年，截止于作品创作完成后第五十年的12月31日；其他财产权的保护期为50年，截止于作品首次发表后第五十年的12月31日，但作品自创作完成后50年内未发表的，其著作权不再受保护。

除著作权外，对作品传播作出贡献的其他主体（如录音录像制作者、表演者、广播组织者、出版者等），享有对其相关劳动成果的邻接权，具体包括如下几种权利：

第一，出版者权，是图书出版者或者期刊出版者对其编辑出版的图书或者期刊依法享有的专有权利。出版者权的保护期为10年，截止于使用该版式设计的图书、期刊首次出版后第十年的12月31日。依据出版合同的约定，图书出版者获得的专有出版者权包括以下内容：（1）在合同约定的期限和地域范围内，图书出版者有权出版并发行约定的作品。（2）在合同约定的期限和地域范围内，图书出版者享有以同种文字的原版、修订版出版图书的专有权利。但该图书脱销后，图书出版者拒绝重印、再版的，著作权人有权终止合同。（3）图书出版者对其出版的图书的版式设计享有专有使用权，即有权许可他人使用其版式设计，有权禁止他人使用其版式设计。

典型案例 17-3

甲出版社于2008年出版了涉案图书。图书封底标注："依据图书出版合同对该图书享有专有出版权，但没有信息网络传播权。"甲出版社指控丙公司制作了电子版涉案图书、乙公司以搜索链接为名将电子版涉案图书存储在自己的服务器上供用户下载。在庭审过程中，甲出版社表示，其主张保护的对象是版式设计，包括"封面、封底、文字内容、编排格式、布局排列等"，其主张保护的权利是信息网络传播权。法院认为，出版者并不享有信息网络传播权，故对甲出版社的诉求不予支持。

第二，表演者权，是表演者对其表演依法享有的权利。表演者使用他人的原创作品进行演出，应当取得著作权人的许可，并支付报酬；表演者使用他人的演绎作品进行演出，应当取得原创作品著作权人和演绎作品著作权人的双重许可，并支付双重报酬。表演者权的内容包括表演者人身权和表演者财产权。表演者人身权包括：（1）表明表演者身份的权利；（2）保护表演形象不受歪曲的权利。表演者财产权包括：（1）对表演的现场直播的许可权；（2）对表演进行录音录像的许可权；（3）对录有其表演的音像制品复制、发行、出租的许可权；（4）对其表演进行信息网络传播的许可权。

典型案例 17-4

表演者享有许可他人通过信息网络向公众传播其表演，并获得报酬的权利。他人未经表演者许可，擅自通过信息网络向公众传播表演者的表演作品的，应当承担民事侵权责任。根据查明的事实，原告陈某华是被告中国音乐著作权协会网站上播放的涉案歌曲《九月九的酒》的表演者，依法享有表演者的相关权利。被告中国音乐著作权协会未经原告许可，在其所属网站上向公众播放原告陈某华享有表演者权的歌曲作品《九月九的酒》的片段，其行为构成对原告陈某华作为表演者享有的信息网络传播权的侵犯，应当承担相应的侵权责任。

第三，录音录像制作者权，是音像制作者对其制作的录音录像制品享有的专有权利。录音录像制作者权的内容包括：（1）音像制品复制、发行权；（2）音像制品出租权；（3）音像制品信息网络传播权。需注意的是：一方面，录音录像制作者行使对上述三项权利的许可权时，可以获得相应的报酬；另一方面，被许可人复制、发行、通过信息网络向公众传播音像制品前，还应当取得著作权人、表演者的许可，并支付报酬。

第四，广播组织者权，是广播组织者对其制作的广播、电视节目依法享有的专有权利，是广播组织者基于节目信号的权利，包括转播权、录制权、复制权等。

三、著作权的归属

根据我国《著作权法》的规定，著作权自作品创作完成之日起产生。但著作权的自动取得原则并不意味着创作者可以无条件取得著作权，只有在满足《著作权法》规定的作品范围、作品条件后才可以获得著作权。作品完成后，作者或其他著作权人如果愿意进行登记，可以向著作权主管部门认定的登记机构办理作品登记。登记之后，可以形成著作权确权的初步证据，对于特殊的作品，如摄影作品、视听作品来说，作品登记可以作为证明保护期起算点的证据。

在作品创作完成时，直接享有著作权、成为著作权主体的自然人、法人或者非法人组织为原始著作权人。著作权原始主体就是根据法律规定或者合同约定，在作品创作完成时即享有著作权的人。区别于著作权原始主体的其他著作权人被称为继受主体。成为著作权原始主体的方式有三种：创作、法律规定和合同约定。

著作权归属于创作作品的自然人是国际通行的著作权归属的一般原则，这里的创作仅指对创作作品所付出的智力劳动，对创作作品付出的体力劳动不属于著作权法意义上的创作。例如，在作家完成小说期间，家人帮其洗衣、做饭、料理家务，这些劳动不属于创作的智力劳动，因此只有该作家才能被称为作者。如无相反证据证明，即推定作品署名人为作者。

为了鼓励创作投资、便于作品权利行使、降低交易成本等，立法者在特定情况下会对著作权的归属进行直接规定。例如，视听作品创作是一个多人合作的过程，需大量资本与人力的投入，涉及的创作者多，创作过程复杂，若允许每个创作者都对各自的创作部分享有独立的著作权，将阻碍视听作品的传播与商业化，甚至可能阻碍视听作品本身的创作，故《著作权法》对视听作品的著作权归属进行了特殊安排，即：视听作品中的电影作品、电视剧作品的著作权由制作者享有，但编剧、导演、摄影、作词、作曲等作者享有署名权，并有权按照与制作者签订的合同获得报酬。其他视听作品的著作权归属由当事人约定，没有约定或者约定不明确的，由制作者享有，但作者享有署名权和获得报酬的权利。

在某些特殊情况下，创作作品的自然人可能不是著作权人。基于委托创作合同的约定，委托人享有完整的著作权；对于当事人双方合意以特定人物经历为题材完成的自传体作品，当事人对著作权权属有约定的，依其约定，没有约定的，著作权归该特定人物享有，执笔人或整理人对作品完成付出劳动的，著作权人可以向其支付适当的报酬。

典型案例 17－5

《我的前半生》是溥某在抚顺战犯管理所服刑时口述、由其弟执笔的一份自传体悔罪材料。1960 年，公安部下属的某出版社将此材料少量印刷成册，供有关部门参阅。中央领导同志阅后，指示公安部派人帮助修改整理此材料。公安部即选定某出版社编辑李某达完成此任务，1962 年形成了约 50 万字的《我的前半生》，1964 年正式出版，首版稿酬由溥某和李某达各得一半。1967 年溥某逝世，溥某的妻子李某贤、李某达与该出版社之间就谁享有该书版权产生争议。北京市中级人民法院作出一审判决，判决认定：《我的前半生》一书是溥某的自传体作品，在该书的写作出版过程中，李某达根据组织的指派，曾帮助溥某修改出书，李某达在该书的成书过程中付出了辛勤的劳动，但李某达与溥某之间不存在共同创作该书的合作关系。因此应认定溥某为《我的前半生》一书的作者，并享有该书的著作权。

对于合作作品而言，根据我国《著作权法》的规定，合作作品的著作权归合作作者共同享有。构成合作作品的前提是，创作者具有与他人共同创作的合意，且各创作者均对作品的完成做出了实质性的贡献。没有参加创作的人，不能成为合作作者。其中共同创作的合意在合作作品的认定中是关键因素，合作作者主观上具有共同创作的合意是形成合作作品的前提条件。

自然人为完成法人或非法人组织的工作任务而创作的作品是职务作品，根据我国《著作权法》的规定，一般职务作品的著作权由作者享有，但法人或非法人组织有权在其业务范围内优先使用。对于特殊职务作品（主要是利用法人或者非法人组织的物质技术条件创作，并由法人或者非法人组织承担责任的工程设计图、产品设计图、地图、示意图、计算机软件等职务作品；报社、期刊社、通讯社、广播电台、电视台的工作人员创作的职务作品；法律、行政法规规定或者合同约定著作权由法人或者非法人组织享有的职务作品），作者享有署名权，著作权的其他权利由法人或者非法人组织享有，法人或者非法人组织可以给予作者奖励。

四、著作权的保护

思想是作品所体现的思路、观念、理论、构思、创意、概念、工艺、系统、操作方法、技术方案等。著作权法不保护思想，只保护有独创性的表达，保护以文字、音乐、美术等各种有形的方式对思想的具体表达。在进行著作权侵权认定时，需要将属于公有领域的思想和作者的独创性表达区分开，只比对被告是否未经许可复制或使用了作者的独创性表达。

构成著作权侵权需要满足两个条件：接触和实质性相似。前者是指侵权人曾经接触过或可能接触过著作权作品，存在抄袭的客观可能性；后者要求侵权人作品与著作权作品构成实质性相似。一般只要作品公开发表在先，都推定满足“接触”要件。故判定是否构成侵权的关键在于是否与被侵权作品构成实质性相似。法院在司法实践中通常会基于法官自身的生活经验及专家证人的意见，综合认定两部作品是否构成实质性相似。

典型案例 17－6

庄某诉郭某某《梦里花落知多少》一书抄袭自己的作品《圈里圈外》，法院经审理认为，将两部作品整体上进行对比发现，《梦里花落知多少》中的主要人物及情节与《圈里圈外》中的主要人物及情节存在众多雷同之处。从构成相似的情节和一般情节的数量来看，两部作品的“相似”已经远远超出了可以用“巧合”来解释的程度。两部作品在具体、细致的情节设置和各种人物错综复杂的关系方面的相似之处过多，已经越过了“思想”的范畴，进入了“表达”的领域。

就文学艺术领域的作品而言，在进行侵权比对时，那些属于某类作品中人们司空见惯的、最基本的或者在创作中不可避免出现的场景和元素不受著作权法保护。

典型案例 17－7

李某诉石某某《地下地上》一书抄袭自己的作品《潜伏》，法院经审理认为，两部作品的故事背景均为军统局，但该要素属于公有领域的范畴，不为某个文学创作人员所独占，亦不属于我国《著作权法》所保护的范围。鉴于两部作品的创作题材基本一致，两位作者对于公有领域素材的应用必然会导致一些描述或创作元素相同或近似。而且，文学作品的创作，必然要受到作者所创作题材和其设置的故事背景的限制，因此，在同一时代背景下，根据同一题材创作的不同作品，在角色描写和人物设置方面存在一定的相同或近似，是难以避免的。

除直接侵权外，网络服务提供者的间接侵权责任也愈加引起重视。根据我国《民法典》和《著作权法》的相关规定，网络服务提供者在发现网络系统中存储了用户上传的侵权内容或是链接指向的内容侵权后，或者在收到著作权人发出的符合法定要求的书面通知后，立即移除了侵权内容或断开了对侵权内容的链接，且对重复侵权的发生采取了必要的预防措施的，就不对损害后果承担侵权责任。该规定也被称为网络服务提供者免责的“避风港”条款。

值得一提的是，当侵权行为像红旗一样显著的时候，网络服务提供者就不得以不知情为由进行侵权抗辩了。例如，网络服务提供者在提供网络服务时，对热播影视作品等以设置榜单、目录、索引、描述性段落、内容简介等方式进行推荐，且公众可以在其网页上直接以下载、浏览或者其他方式获得的，法院可以认定其应知网络用户侵害信息网络传播权。当网络服务提供者可以从中获得收益时，法院要求其承担更高的注意义务。

五、著作权的限制

除提供保护之外，著作权法亦对著作权人施加了诸多限制，主要包括合理使用与法定许可。二者的区别主要是，前者的使用者无须付费，而后者的使用者仍需支付费用。

就合理使用而言，根据我国《著作权法》的规定，自然人、法人或非法人组织可以不经著作权人许可使用他人已发表的作品，不必向著作权人支付报酬。我国《著作权法》第 24 条采用列举的方式将构成合理使用的情形进行了直接规定，与文化行业息息相关的情形包括个人使用、适当引用、免费表演等。

为个人学习、研究或欣赏使用他人已经发表的作品的，不构成著作权侵权。这意味着消费者仅为个人学习或欣赏而复制文化产品的内容不构成著作权侵权。

适当引用是指为介绍、评论某一作品或者说明某一问题，在作品中适当引用他人已经发表的作品不构成著作权侵权。这要求引用是必需的，引用比例是适当的，且要指明来源。在文学艺术作品中，适当引用他人的作品并不构成侵权，但在当前，利用他人影视作品进行短视频剪辑制作是否构成合理使用中的适当引用仍存在争议，需结合具体的引用必要性、引用比例、对原作品著作权人的影响等因素综合认定。

此外，《著作权法》规定的合理使用的免费表演，仅针对那些未向公众收取任何费用，也未向表演者支付报酬的表演。因此，在餐厅表演或赈灾义演都不属于免费表演。

除明确列举的情形之外，只要满足不影响作品正常使用、不会损害著作权人的合法权益等要件的，也可以由法院综合认定为合理使用。就网络游戏直播而言，玩家的行为是否可构成合理使用存在争议，法院需要结合具体情形评估其行为对权利人的利益造成的消极影响、对游戏市场整体的积极影响等，进行综合认定。

第三节　文化行业的商标权制度

商标权的客体是什么？如何对商标权进行充分的保护？商标权的使用存在哪些限制？本节将为你解答上述问题。

一、商标权的客体

商标权是指商标使用人依法对使用的商标享有的专有权利。商标可以由文字、图形、字母、数字、三维标志、颜色组合、声音等，以及上述各种要素的组合构成。

区别于著作权保护，商标权保护的是商标与商品来源之间的联系，商标权不受保护期限制。由此，对于文化行业的市场主体而言，其常用的商业策略是，将一些不受著作权法保护的作品标题、角色名称等要素，注册为商标予以保护，或者在著作权保护过期后，将相关美术图案注册为商标，以商标权的方式延长对美术形象的保护。不少我们熟知的动画、影视作品的名称或角色，例如米老鼠、海绵宝宝、小猪佩奇、喜羊羊、灰太狼等都是注册商标。中国商标网显示，2020 年 12 月 8 日，电影《你好，李焕英》的出品、制作、发行方之一，北京京西文化旅游股份有限公司便提交了 45 件“你好，李焕英”商标注册申请，不仅涵盖了与电影相关的商品与服务，还涉及服装、玩具、图书等多项衍生商品或服务类别。

尽管商标注册并不要求标志具有著作权法意义上的独创性，简短的文学作品标题亦可注册为商标，但是注册商标的标志需要满足商标法上“显著性”的要求。所谓显著性是指，商标识别和区分商品来源的能力，其分为固有显著性与获得显著性两种。在固有显著性认定上，主要是考虑标志本身及标志与商品之间的关联度，标志与其所指代的商品或服务联系越紧密，显著性越弱；反之，显著性越强。比如，海绵宝宝标志如果用在海绵类产品上，显著性较弱，便较难获得商标注册。除固有显著性外，缺乏显著性的标志还可以通过使用来获得显著性，即经营者的长期使用，使消费者在商标与商品和服务来源之间建立起联系，此时长期使用的标志就可基于使用获得显著性并以此被注册为商标。

二、商标权的保护

市场经营者将标志注册为商标后，可以禁止他人在相同或相类似的商品或服务上使用相同或相类似的商标。在进行是否侵犯商标权的判定时，法院通常以消费者是否会构成混淆为主要依据。这里的混淆包括直接混淆与间接混淆。当消费者对商品来源产生混淆或误以为两个经营者之间具有某种联系（如隶属关系、赞助关系、许可关系等）时，就可认定其构成商标侵权，进而禁止他人对该商标的使用。若商标被认定属于驰名商标，权利人还可以禁止他人在不相同或不相类似的商品上使用相同或相类似的标志。

著名的影视作品或动画作品的名称或作品中的角色名称，即使未被注册，依然可依据《商标法》第 32 条与《最高人民法院关于审理商标授权确权行政案件若干问题的规定》第 22 条第 2 款的规定获得保护。对于著作权保护期限内的作品，如果作品名称、作品中的角色名称等具有较高知名度，将其作为商标使用在相关商品上容易导致相关公众误认为其经过权利人的许可或者与权利人存在特定联系的，权利人可基于“在先权利”阻止他人以不正当手段抢注其已经使用并有一定影响力的商标。在进行具体认定时，法院将考虑如下因素：（1）作品名称及角色名称是否具有较高知名度；（2）作品名称、角色名称与诉争商标的近似程度；（3）诉争商标核定使用的商品或者服务与作品及其衍生产品的类似程度；（4）将作品名称、角色名称作为商标使用是否容易使相关公众误认为获得了作品权利人的许可。

思政专栏 17-2

典型案例 17－8

甲公司成功注册“铁臂阿童木”商标后，动画片《铁臂阿童木》的著作权人日本乙公司提出无效商标宣告请求，商标评审委员会裁定诉争商标予以维持，日本乙公司不服，提起诉讼。法院认定，动画片及漫画《铁臂阿童木》已经具有较高知名度，“铁臂阿童木”已与《铁臂阿童木》的作品名称及角色名称建立起唯一对应关系，并为相关公众知晓。综合考虑“铁臂阿童木”的知名度、诉争商标的构成要素、核定使用的商品类别、市场现状等因素，甲公司在运动鞋等商品上使用“铁臂阿童木”商标，利用了《铁臂阿童木》的知名度，容易使相关公众认为其获得了日本乙公司的许可，挤占了日本乙公司通过大量投入和劳动所获得的市场优势和商业价值，其行为构成 2001 年《商标法》第 31 条所指的损害他人在先权利的行为。

就著名的影视作品而言，除影视作品的名称或著名角色的名称之外，即使是其中的要素，例如《海绵宝宝》中的“蟹堡王”餐厅、金庸《笑傲江湖》小说中的“葵花宝典”，也可能被认定为《商标法》第 32 条规定的“在先权利”，进而阻碍使用者对其进行注册。

典型案例 17－9

《笑傲江湖》系金庸于 1969 年创作完成的一部武侠小说作品，目前仍处于著作权保护期之内。“葵花宝典”作为《笑傲江湖》中武学秘籍的特有名称，是牵引小说情节发展的重要线索和贯穿整部小说的核心。经由作者的创造性劳动，“葵花宝典”已从普通词语“葵花”与“宝典”的组合演变为具有明确指向性、对应性的名称。“葵花宝典”与《笑傲江湖》小说、金庸产生了稳定的对应关系。在诉争商标申请日之前，《笑傲江湖》小说、基于该小说改编的同名影视作品、小说中的“葵花宝典”名称及金庸已经为广大公众所熟知，具有较高知名度。综合考虑“葵花宝典”名称的知名度、诉争商标核定使用的服务与知名武侠小说衍生服务的关联程度、诉争商标申请人的主观恶意等因素，对故意挤占作者对作品中的特有名称享有的商业价值和交易机会的行为进行严格规制，符合《商标法》及其司法解释的规定。

三、商标权的限制

《商标法》对注册商标所有人所享有的禁止权作出了必要的约束，在特定情况下，他人可以不经过商标权人的许可，在经营活动中以善意的、正当的方式使用其注册商标的标志。这里的使用包括了叙述性使用和指示性使用。

叙述性使用，即注册商标权人无权禁止他人正当使用注册商标中含有的本商品的通用名称、图形、型号，或者直接表示商品的质量、主要原料、功能、用途、重量、数量及其他特点的文字或图形。在文化行业中，若文化产品中对商标的使用属于叙述性使用，则不构成商标侵权，例如，在电影中对“苹果”“小米”这类标志的叙述性使用。因为这类标志除了是商标，还属于社会公有领域的语言与文化资源，可供公众正当使用。再如，在“大富翁”案中，虽然“大富翁”被原告注册为“提供在线游戏”服务的商标，但其仍然具有指代“按骰子点数走棋的模拟现实经商之道的游戏”这一商业冒险类游戏的含义，故不能禁止他人对这种含义的正当使用。

典型案例 17-10

制作发行“轩辕剑”系列游戏的甲公司认为公映影片《轩辕剑传奇》侵犯了“轩辕剑”商标权，将电影出品方乙公司以及该电影新浪微博宣传账户的运营方丙公司诉至法院，要求其停止侵权，赔偿原告公证费、律师费等合理费用。北京市朝阳区人民法院认为，乙公司将“轩辕剑传奇”作为电影名称使用，结合电影内容的确包含“轩辕剑”相关情节的事实，可以认定上述使用仅具有叙述性，并不体现电影来源，不构成商标性使用，该种使用方式不具备构成商标侵权行为的前提。

此外，使用他人商标是为了说明使用者自己的经营范围或者服务项目，就属于指示性使用，不构成商标侵权。指示性使用需要符合“不可避免”的要求，并在合理限度内使用，不得让人误解使用人与商标所有人之间有所联系。[①]

典型案例 17-11

某公司申请注册了“功夫熊猫及图”商标，核定使用在电影制作等服务上。该公司基于商标权主张由甲公司制作、乙公司和丙公司发行、丁公司放映的电影《KUNG FU PANDA 2》（中文名称为《功夫熊猫 2》）使用“功夫熊猫”作为电影名称侵犯了其“功夫熊猫及图”商标专用权，向法院提起诉讼。北京市高级人民法院经审理认为：甲公司、乙公司、丙公司和丁公司在电影《功夫熊猫 2》中使用“功夫熊猫”字样是为了说明自己制作、发行、放映的电影的内容和特点，并不是为了表明其电影制作或者类似商品、服务的来源，并非商标意义上的使用行为。而且从电影观众或者其他相关消费者的角度来看，电影《功夫熊猫 2》中的“功夫熊猫”表示的是电影的名称，因为该系列电影的广泛宣传，相关消费者知道该电影是由美国电影公司或者甲公司、乙公司等制作、发行的，而这是著作权法意义上的对电影作品相关权利归属的认知和确定，并非对商品或者服务来源的认知。

后甲公司对诉争商标提出异议申请，法院对诉争商标使用在电影制作服务上予以撤销，对使用在其余服务上予以维持。

---

① 吴汉东．知识产权法学．6 版．北京：北京大学出版社，2014：239.

第四节 文化行业的反不正当竞争制度

反不正当竞争法及不正当竞争行为的概念是什么？如何对文化行业中的不正当竞争行为进行调节？本节将为你解答上述问题。

一、反不正当竞争法概述

反不正当竞争法是国家为了促进社会主义市场经济健康发展，鼓励和保护公平竞争，制止不正当竞争行为，保护经营者和消费者的合法权益而制定的对市场的监管法。所谓的不正当竞争行为，是指经营者在生产经营活动中，违反《反不正当竞争法》的规定，扰乱市场竞争秩序，损害其他经营者或消费者的合法权益的行为。

二、对文化行业中不正当竞争行为的调节

文化行业中的不正当竞争主要涉及文化产品对他人的作品内容、商誉的不当搭载或混淆的情形。当知名影视作品的名称不受著作权法、商标法保护的时候，其依然可被认定为知名商品的特有名称，进而阻碍他人对该名称的不正当使用。

典型案例 17-12

被告甲公司和乙公司作为与原告丙公司相同经营领域的竞争者，钱某某作为《神断狄仁杰》系列电视剧的编剧和导演，理应知晓在行业内具有较高知名度的《神探狄仁杰》系列电视剧。但上述三被告仍以与知名商品特有名称“神探狄仁杰”仅一字之差的“神断狄仁杰”作为其制作发行的电视剧剧名，并在剧中使用了与《神探狄仁杰》系列电视剧类似的片头推出方式、服饰风格、演员造型、整体画面风格以及相同的主要角色人物关系和具有关联性的故事主干，足以使相关公众误认为二者之间存在特定的承继关系，并对《神断狄仁杰》与《神探狄仁杰》系列电视剧产生混淆。被告钱某某、甲公司和乙公司的上述行为系故意，已构成不正当竞争，应承担相应的法律责任。

同样，电影或其他文化产品的制片人，若在其电影或其他文化产品中使用了与他人已知名的作品相同或相似的名称，即使该名称不受著作权法与商标法的保护，其行为依然可能受到反不正当竞争法的规制。是否受到反不正当竞争法规制的关键在于使用者是否不当地使用了他人知名作品的名称，是否使相关公众误以为使用者的作品与权利人之间存在来源关系、赞助关系等联系。

典型案例 17-13

“人在囧途”概括反映出的电影商品《人在囧途》的题材内容、喜剧特点及公路片类型，使该名称具有识别电影来源的功能。“人在囧途”经过大量使用、宣传，能够实

际上发挥识别商品来源的作用，且没有证据表明其他电影采用相同或者类似的名称来反映相同或者类似的主题和类型，故“人在囧途”可被认定为知名商品的特有名称。

徐某在明知甲公司的《人在囧途2》的大纲和筹备事宜，且已公开宣布退出《人在囧途2》的拍摄的情况下，在单独拍摄《人再囧途之泰囧》先导预告片时，仍以“人在囧途、人再囧途、人再囧途之泰囧”的宣传内容，刻意突出两部影片的联系。在电影《人再囧途之泰囧》的制作、发行、宣传期间，其主创人员、发行方等多次提及该电影是《人在囧途》的“升级版”。媒体及公众也多认为《人再囧途之泰囧》是《人在囧途》的续集或系列片，甚至影院在放映预告中将影片名称写作“人在囧途泰囧”“人在囧途之泰囧”，这在客观上造成了相关公众的混淆误认，相关行为已经构成不正当竞争。

基本概念

著作权　作品　商标权　反不正当竞争

讨论题

1. 你若是电影制片方，你将如何确保在不侵犯他人知识产权的同时充分保护自己的知识产权？

2. 对于影视剧中的人物角色形象，有几种途径进行保护？商标法的保护相较于著作权法的保护有哪些优势和劣势？

3. 什么是文化行业中的不正当竞争行为？如何利用反不正当竞争法保护文化行业市场主体的合法权益？

第十八章
文化行业的广告合规

引　例

合肥某公司委托他人制作了关于航班失事事件的海报，并在海报右上方标注“星舞蹈 Star Dance”，在海报下方标注“安徽舞蹈直营连锁品牌”“中国舞、爵士舞、MTV、编舞”及 11 家门店的联系信息等内容。此海报由门店店长通过微信群转发。

当事人借空难事件搞灾难营销，蹭流量、博眼球，发布违背社会良好风尚的广告，造成了不良的社会影响，其行为违反了《中华人民共和国广告法》（以下简称《广告法》）第 9 条第 7 项的规定。合肥市市场监管局依法责令当事人停止进行相关违法行为，并作出相应处罚。①

广告作为文化行业提升品牌竞争力的重要方式，其中隐含着诸多法律风险。广告违法行为较为常见，损害消费者权益及破坏市场经济秩序的行为也时常发生。近年来，随着对广告违法行为监管和处罚力度的加大，广告合规已经成为文化行业关注的重要内容。文化行业的广告合规包含哪些方面？文化行业的广告法律制度包含哪些内容？我国法律如何规制互联网广告？本章将为你解答这些疑问。

第一节　文化行业的广告合规概述

什么是文化行业的广告合规？文化行业的广告合规具有哪些特点？本节将为你解答上述问题。

一、文化行业广告合规的概念

广告法是用来调整广告管理、广告活动的强制性行为规范的总称。广义的广告法是一个法律体系，是以 2015 年 9 月 1 日起施行的《广告法》为核心，以《广告管理条例》等行政法规及相关法律、法规、规章为补充，由专门调整广告活动法律关系的法律、法

① 沪苏浙皖联合公布 2022 年度违法广告典型案例.（2022 - 12 - 27）[2023 - 05 - 26]. https://baijiahao.baidu.com/s?id=1753342554166346771&wfr=spider&for=pc.

规、规章组成的法律体系。相关法律有《反不正当竞争法》和《消费者权益保护法》等，相关部门规章有《互联网广告管理办法》等。而狭义的广告法是国家立法机关依照一定的法律程序制定的专门调整广告活动的法律，专指《广告法》。

《广告法》第 2 条规定了其调整范围，即“在中华人民共和国境内，商品经营者或者服务提供者通过一定媒介和形式直接或者间接地介绍自己所推销的商品或者服务的商业广告活动”。这表明《广告法》调整的商业广告活动应当具有以下特征：

第一，发生在中华人民共和国境内。广告活动涉及设计、制作、代理、发布等各个环节，只要其中一个环节发生在我国境内，其相应的广告活动即须受该法调整。

第二，是商品经营者或者服务提供者的商业广告活动。商品经营者或者服务提供者，包括已进行工商登记的自然人、法人或者其他组织（如个体工商户、企业法人、合伙企业等）。

第三，须通过一定的媒介和形式。这里所指的“媒介和形式”的范围较广，通常包括广播、电视、报纸、期刊、印刷品、电话、互联网等。

第四，直接或者间接地介绍自己所推销的商品或者服务。

二、文化行业广告合规的特点

（一）广告的基本准则具有多样性

广告的基本准则，是指反映广告本质及内容的指导原则。一般来讲广告合规应把握的基本准则有真实性原则、合法性原则、公平竞争原则、精神文明原则以及可识别原则。

1. 真实性原则

广告真实性，是指广告内容必须客观、准确地介绍商品、服务的情况，不能含有虚假不实、引人误解的内容，不能欺骗和误导消费者。真实性是广告有效的根源，是广告的生命。广告是一种信息传播活动，只有实事求是地传达信息，广告才是科学的，才具有认知价值和生命力。

2. 合法性原则

合法性原则是广告法的重要原则。合法性是指广告的形式和内容都必须遵守法律和行政法规的规定，不得违反公序良俗或者损害他人利益。广告的合法性，可分为内容的合法性和形式的合法性。

3. 公平竞争原则

所谓公平竞争，是指广告主、广告经营者、广告发布者拥有在公平、公开、公正的同等条件下参与市场竞争的机会，在不违背法律和国家政策，不超出自己业务范围的前提下，对是否参与广告活动、参与何种广告活动，有平等的选择机会。

4. 精神文明原则

精神文明是人类在改造客观世界的同时改造主观世界的精神成果的总和，是人类精神生产的发展水平及积极成果的表现。广告内容必须符合社会主义精神文明的要求，确保广告的社会效益。比如，广告必须有利于人民的身心健康，广告必须保护消费者的合法权益，广告要遵守社会公德，维护国家的尊严和利益等。

5. 可识别原则

通过大众传播媒介发布的广告应当有广告标记，与其他非广告信息相区别，不得使消费者产生误解。广告具有可识别性，是为了保护消费者的利益，以防止或减弱广告的误导作用。广告可识别性的重要意义是，企业通过一定的媒介发布商业广告，向目标客户传递商品或服务的存在及其性能、特征等，目的是引起消费者的兴趣，消费者对于广告的这些特点一般有较为清晰的认知，能够较为审慎地对待广告所介绍的商品或服务信息。①

（二）广告调整的社会关系具有广泛性

我国《广告法》调整的社会关系具体包括以下几类：

第一，广告活动中，广告主、广告经营者、广告发布者或者广告代言人在委托、设计、制作、代理广告活动中产生的社会关系，以及他们与广告受众之间产生的社会关系。需注意的是，以上当事人之间的法律地位平等。

第二，广告监督管理机关在依法监督、检查、管理各种广告活动中发生的广告管理关系。

第三，广告审查机关在依法审查各种广告活动中发生的广告审查关系。在对广告主体的活动进行管理的过程中，当有关主管部门对广告进行审查时，此时发生法律关系的双方的法律地位不平等。

第四，广告管理机关、司法机关在处罚广告违法行为和解决广告纠纷中发生的社会关系。

总之，我国《广告法》的立法目的就是依法保护正当广告活动，防止和打击虚假广告，充分发挥广告的积极作用，充分保护消费者的合法权益，促进我国广告业的健康发展。

（三）广告法律关系的主体具有复杂性

广告活动涉及四类主体，即广告主、广告经营者、广告发布者、广告代言人。

1. 广告主

广告主，是指为推销商品或者服务，自行或者委托他人设计、制作、发布广告的自然人、法人或者其他组织。即无论是自然人、法人还是其他组织，无论是自行还是委托他人设计、制作或发布广告，只要以推销商品或者服务为目的，都是广告主。根据这一规定，广告主必须是为了推销商品或者服务而进行广告宣传的自然人、法人或者其他组织。

---

① 药恩情．广告法教程．北京：知识产权出版社，2020：104.

2. 广告经营者

广告经营者，是指接受委托提供广告设计、制作、代理服务的自然人、法人或者其他组织。根据这一规定，广告经营者自身并非商品或者服务的推销者，而是在受广告主委托的情况下从事广告设计、制作或者代理服务的经营者。但这并非绝对，二者的地位可能在特定情况下发生转换。例如，广告经营者也可以介绍自己服务的广告活动，此时发布广告的广告经营者自身就是广告主。

3. 广告发布者

广告发布者，是指为广告主或者广告主委托的广告经营者发布广告的自然人、法人或者其他组织。广告发布者主要是人们所称的"广告媒介单位"，即利用自身拥有的媒介手段发布广告的单位，主要包括广播、电视、报纸、杂志等大众媒介组织，这些单位一般会在其内部设立专门的广告部门统一负责广告发布业务。

4. 广告代言人

广告代言人，是指广告主以外的，在广告中以自己的名义或者形象对商品、服务作推荐、证明的自然人、法人或者其他组织，下文将对此进行详细论述。

第二节　文化行业的广告合规法律制度

文化行业的广告合规法律制度包括广告内容准则和广告行为规范。广告内容准则，又称广告发布标准，是指发布广告的一般原则与限制，是判断广告是否合法的依据，是广告法律、法规规定的广告内容与形式应符合的要求。广告行为规范，是指在从事广告活动的过程中，相关主体应当遵守的行为规范。文化行业的广告内容准则包含哪些内容？文化行业的广告行为规范包含哪些方面？本节将为你解开疑惑。

一、广告内容准则

（一）广告的表述和可识别性

广告的表述应当准确、清楚、明白，《广告法》第 8 条明确规定，广告中对商品或者服务的重要信息的表示应当准确、清楚、明白。所谓准确、清楚、明白，一是要实事求是，客观、明确地作出表述，不能含混不清；二是要使普通消费者能够正确理解，不致产生误解。

《广告法》第 14 条第 1 款规定："广告应当具有可识别性，能够使消费者辨明其为广告。"广告的表现形式日益复杂多样，部分广告仅从表面上看难以与其他信息传播形式相区别，使消费者难以辨别，其不正当地影响了消费者的购买决策，可能给消费者造成损害。对于这类广告，需要加强规范。因此，广告应当具有可识别性，能够使消费者辨明其为广告，使消费者既能够获得必要的商品或服务信息，又能够对该信息有客观、清晰的认识，避免受到误导。

法律对软文广告予以一定的禁止或限制。例如，大众传播媒介不得以新闻报道形式变相发布广告。除这些法定禁止事项外，经营者可利用软文进行广告投放，包括在评论、影视作品、电视节目中植入广告等形式，但在广告投放时须按照《广告法》的规定，显著标明“广告”。

在实务中，监管部门对于植入广告少有规制。植入广告完全符合商业广告特征的，应纳入《广告法》的监管范畴，且植入广告必须与电视剧、电影等的情节衔接。因此，植入广告中的告知义务，如标明“广告”等，应作适当变通，可在电视剧、电影等结束后的字幕中告知。①

(二) 广告内容的禁止性规定

《广告法》第 9 条以列举的方式规定了对广告内容的一般禁止性规定。

第一，不得使用或者变相使用中华人民共和国的国旗、国歌、国徽，军旗、军歌、军徽。

国旗、国歌、国徽都是国家的象征和标志，军旗、军歌、军徽是中国人民解放军的象征和标志，商业广告中不能使用或者变相使用这些标志。②

实践中，存在变相使用国旗、国歌、国徽的情况。例如，个别广告主及广告设计者在商业广告创作设计中，采用红色背景，变换五颗五角星大小，变换五角星位置，但是其整体依然具有完整国旗图案的表现；故意以国旗图案制作服装在商业广告中出现；以人物、动漫或者玩偶的形象、动作或者表演形式表现或者组合出国旗、国徽图案；故意使用有国旗、国徽的现场照片等，使一般公众足以认为是国旗、国徽图案表现的情形。

第二，不得使用或者变相使用国家机关、国家机关工作人员的名义或者形象。

在广告中使用或者变相使用国家机关、国家机关工作人员的名义或者形象，属于借助社会公众对国家机关及其工作人员的信任牟取不正当利益，应当予以禁止。滥用国家机关“特供”“专供”等类似内容的违法广告一直是常见的违法情形。

第三，不得使用“国家级”“最高级”“最佳”等用语。

广告应当真实、客观地介绍商品或者服务，不得使用“国家级”“最高级”“最佳”等绝对化用语。社会经济生活是不断发展变化的，对商品或者服务的任何表述都不能绝对化。在广告中使用绝对化用语，不但容易误导消费者，而且可能不正当地贬低同类商品或者服务，因此法律明确禁止。

在实务中，被认定为构成绝对化用语的还有“唯一”“100％无添加”“独一无二”“全网首发”“最牛”“最好”“销量第一”“最先进”“首选”等。③

---

① 程远．广告法理论与实务．北京：法律出版社，2018：21.

② 中国法制出版社．中华人民共和国广告法：案例注释版．5 版．北京：中国法制出版社，2021：10.

③ 程远．广告法理论与实务．北京：法律出版社，2018：160.

第四，不得损害国家的尊严或者利益，泄露国家秘密。

维护国家尊严和利益、保守国家秘密，是每一个公民应尽的义务。广告内容损害国家的尊严或者利益、泄露国家秘密的，应当予以禁止。

第五，不得妨碍社会安定，损害社会公共利益。

维护社会安定和社会公共利益，是每一个社会成员应尽的义务。广告内容妨碍社会安定、损害社会公共利益的，应当予以禁止。

第六，不得危害人身、财产安全，泄露个人隐私。

公民的人身自由、合法财产不受侵犯，是我国《宪法》确立的基本原则，公民的人身权、财产权、隐私权都受到我国法律的严格保护。广告内容危害人身、财产安全，泄露个人隐私的，应当予以禁止。

思政专栏 18 - 1

第七，不得妨碍社会公共秩序或者违背社会良好风尚。

社会公共秩序是维护社会公共生活所必需的，包括生产秩序、工作秩序、教学秩序、交通秩序、公共场所秩序和生活秩序等。社会良好风尚是历史相沿、积久而成的善良习俗，是民族精神风貌的体现，每一个社会成员都应当维护。广告内容妨碍社会公共秩序或者违背社会良好风尚的，应当予以禁止。①

第八，不得含有淫秽、色情、赌博、迷信、恐怖、暴力的内容。

淫秽、色情、赌博、迷信、恐怖、暴力的内容有损社会良好道德风尚，有违社会主义精神文明建设的要求。含有上述内容的广告，应当予以禁止。

第九，不得含有民族、种族、宗教、性别歧视的内容。

广告中不得含有歧视某一民族的内容，不得含有歧视某一人种的内容，不得含有歧视信仰宗教的人士或不信仰宗教的人士的内容，不得含有歧视男性或女性的内容。

思政专栏 18 - 2

第十，不得妨碍环境、自然资源或者文化遗产保护。

保护环境、自然资源和文化遗产，是我国《宪法》明确规定的公民义务，广告不得妨碍环境、自然资源或者文化遗产的保护。

第十一，不得有法律、行政法规规定禁止的其他情形。

（三）虚假广告

虚假广告欺骗、误导消费者，影响广告业健康发展，扰乱社会经济秩序，是广告领域严重的违法行为之一。《广告法》第 28 条第 1 款规定："广告以虚假或者引人误解的内容欺骗、误导消费者的，构成虚假广告。"《反不正当竞争法》第 8 条第 1 款规定："经营者不得对其商品的性能、功能、质量、销售状况、用户评价、曾获荣誉等作虚假或者引人误解的商业宣传，欺骗、误导消费者。"

虚假广告具有两个特征：一是在形式上，广告的内容虚假或者引人误解。广告内容

① 法律出版社法规中心．中华人民共和国广告法注释本．2 版．北京：法律出版社，2021：18.

虚假，即广告内容不真实，与实际情况不符。二是在效果上，造成了欺骗、误导消费者的客观后果，或者有欺骗、误导消费者的可能性。此处的“消费者”，既包括购买了广告商品或者服务的消费者，又包括可能购买广告商品或者服务的潜在消费者。①

如何看待广告中的艺术夸张化表达？艺术创意是广告最具价值的内容之一，广告为了吸引公众眼球，倾向于对真实世界进行美化包装，以求达到更好的传播和说服效果。由此引发的问题是：商业广告中的艺术夸张化表达在性质上是否构成虚假？

需要注意的是，应当区分“欺骗”、“误导”与“广告的艺术表达”。广告需要通过一定的艺术手法来表达，虽然部分内容有虚假或者引人误解的嫌疑，但一般的消费者能够正确理解其含义，不足以欺骗、误导消费者的，不构成虚假广告。

典型案例 18-1

甲公司邀请赵某某作为广告代言人，在中央电视台为其保暖内衣发布一则广告，广告内容大致如下：赵某某被外星人劫持到“冰星”，并被冰冻在冰块中动弹不得，但赵某某因为身穿该保暖内衣而安然无恙，并配广告词“薄如羊毛衫，暖赛羽绒服”。消费者陈某某看到这则广告后，到专卖店购买了一套该保暖内衣，穿上后仍然感觉非常冷。陈某某认为该保暖内衣根本起不到广告所宣传的功效，遂诉至法院，主张案涉广告为虚假广告，自己因此受到了欺诈。本案的争议焦点为，案涉广告是否属于虚假广告。

合理的艺术夸张如果不会导致相关公众误解并陷入错误，即不属于虚假广告。二审法院最终采纳了这一观点，认定案涉广告属于适当进行艺术加工的科幻广告，并非虚假广告。②

二、广告行为规范

（一）禁止不正当竞争

《广告法》第 31 条规定：“广告主、广告经营者、广告发布者不得在广告活动中进行任何形式的不正当竞争。”不正当竞争行为泛指商业活动中与诚实信用、公平交易的道德相背离的各种行为。《反不正当竞争法》第 2 条第 2 款规定，“本法所称的不正当竞争行为，是指经营者在生产经营活动中，违反本法规定，扰乱市场竞争秩序，损害其他经营者或者消费者的合法权益的行为。”

《广告法》第 13 条还规定：“广告不得贬低其他生产经营者的商品或者服务。”《反不正当竞争法》第 2 条、第 11 条也有相关表述。在广告中捏造、散布虚伪事实或对真实情况进行歪曲，从而对竞争对手的商品或者服务进行诋毁、贬低的，不但是一种不正当的竞争手段，而且会误导消费者，损害消费者的合法权益。

---

① 周晖，王桂霞．广告法律法规．北京：清华大学出版社，2018：80.

② 宋亚辉．虚假广告的法律治理．北京：北京大学出版社，2019：50.

(二) 广告代言人的义务

在现代的商业竞争中，广告主为了提高产品的竞争力，常常会聘请社会名人来代言商品或者服务。由于名人在社会公众中具有比较高的知名度，其广告代言会影响消费者的购买行为。广告代言人在广告中独立地表达自己的推荐、证明意见，对广告商品起到了隐性担保作用，这使得广告代言人的法律地位与广告中表演者的法律地位有明显的区别。广告代言人有义务规范自身行为，承担不实推荐、证明的法律责任。

《广告法》第38条规定了广告代言人的义务。广告代言人应当履行的法定义务包括以下三项：

第一，广告代言人在广告中对商品、服务作推荐、证明，应当依据事实。这实际上就是要求广告代言人应当实事求是，不得在没有事实依据的情况下夸大宣传，更不得代言虚假广告。

第二，广告代言人在广告中对商品、服务作推荐、证明，应当符合《广告法》和有关法律、行政法规的规定。

第三，广告代言人不得为其未使用过的商品或者未接受过的服务作推荐、证明。广告代言人需要了解其所代言的商品或者服务的基本情况和特性，并有过亲身体验，只有这样，其推荐和证明才有根据和说服力。

我国法律还规定了不满10周岁的未成年人不得作为广告代言人。这是因为对商品、服务作推荐、证明，需要广告代言人具有相应的民事行为能力，可以承担广告代言活动可能产生的相应法律责任。而不满10周岁的未成年人心智发育尚不健全，不具备独立的判断辨别能力和承担法律责任的能力，广告代言是与其年龄、智力状况不相适应的一种复杂的商业广告活动，不但违背儿童的天性，还可能扭曲他们幼小的心灵，影响其正确人生观、价值观的形成。

此外，《广告法》第38条第3款还规定："对在虚假广告中作推荐、证明受到行政处罚未满三年的自然人、法人或者其他组织，不得利用其作为广告代言人。"

在广告代言实务中，要注意区分广告代言人和广告中的演员。广告代言人在广告中的主要作用是基于自己的良好声誉、专业知识和消费体验等人格、身份特征对商品、服务作推荐、证明，使消费者将其对广告代言人的信赖、喜爱转化为对广告商品、服务的信赖，进而发生购买行为。也就是说，消费者的购买决策在一定程度上是基于对广告代言人的信赖而作出的。仅在广告中扮演普通角色的，虽然在广告中有对商品、服务作推荐、证明的行为，但没有表明其身份，相关公众仅通过其声音、容貌等形象特征难以辨别其身份，消费者不足以对其产生信赖的，一般属于广告表演者，而不属于广告代言人。

(三) 针对未成年人的广告

未成年人在成长过程中特别容易受到外界的影响，而铺天盖地的广告或多或少地会对未成年人产生一定的影响。为避免广告对未成年人的身心健康造成消极影响，《广告法》修订时加大了对未成年人的保护。

1. 不得对未成年人发布不合适的广告

《广告法》第 40 条第 1 款对针对未成年人的广告作出了专门规定。在针对未成年人的大众传播媒介上禁止发布以下类型的广告：（1）医疗、药品、保健食品、医疗器械、化妆品、酒类、美容广告；（2）不利于未成年人身心健康的网络游戏广告。网络游戏对未成年人的吸引力非常大，而网络游戏良莠不齐，特别是部分网络游戏充斥着暴力、色情等不利于未成年人身心健康的内容，对未成年人的成长极为有害。

2. 儿童广告的内容限制

《广告法》第 40 条第 2 款规定："针对不满十四周岁的未成年人的商品或者服务的广告不得含有下列内容：（一）劝诱其要求家长购买广告商品或者服务；（二）可能引发其模仿不安全行为。"

3. 禁止在学校发布广告

《广告法》第 39 条规定："不得在中小学校、幼儿园内开展广告活动，不得利用中小学生和幼儿的教材、教辅材料、练习册、文具、教具、校服、校车等发布或者变相发布广告，但公益广告除外。"该规定的目的在于防止中小学生、学龄前儿童的学习受到不当的干扰。

4. 广告不得损害未成年人的身心健康

《广告法》第 10 条规定，广告不得损害未成年人的身心健康。这是保护未成年人身心健康的规定。

第三节　互联网广告法律制度

我国互联网蓬勃发展，与广播、电视、报纸、期刊、户外广告等传统广告形式相比，互联网广告作为商业广告在互联网领域的延伸，具有针对性强、速度快、受众面广等其他传统媒体广告无法比拟的优势，其已经发展成为当今最具活力的新型广告形式。

网络的开放性和自由性使得互联网广告的发布渠道呈现出隐蔽化、多样化的特点，因此其也成为侵权违规的重灾区。互联网广告在传统商业广告特点的基础上又独具特色。

关于互联网广告规制的具体内容，主要体现在两个方面：一是《广告法》第 44 条关于利用互联网发布广告的独特要求和第 45 条规定的第三方平台义务；二是 2023 年 5 月 1 日起施行的《互联网广告管理办法》（以下简称《办法》），适应了我国互联网广告业务发展的新特点、新趋势、新要求，进一步细化了互联网广告相关经营主体的责任，明确行为规范，强化监管措施。针对互联网广告在实践中常见的问题，《办法》对明示广告标识、确保一键关闭、禁止欺骗用户浏览广告、直播广告等方面予以重点规制。

什么是互联网广告？互联网广告的"一键关闭"包含哪些方面的要求？网络平台对

违法广告的制止义务包括哪些内容？我国法律如何规范网络直播营销？本节将为你解答上述问题。

一、互联网广告的含义

互联网广告，是指在中华人民共和国境内，利用网站、网页、互联网应用程序等互联网媒介，以文字、图片、音频、视频或者其他形式，直接或者间接地推销商品或者服务的商业广告活动，其适用《广告法》和《办法》的规定。法律、行政法规、部门规章、强制性国家标准以及国家其他有关规定要求应当展示、标示、告知的信息，依照其规定。

互联网广告通过一定的媒介和形式发布，媒介主要包括网站、网页、互联网应用程序等，形式主要包括文字、图片、音频、视频或者其他形式。依据法律、行政法规、部门规章以及国家有关规定应当向公众客观披露的商品或服务的信息不属于互联网广告内容。

针对广告的显著性特征，《办法》第 9 条对其进行了强调和细化："互联网广告应当具有可识别性，能够使消费者辨明其为广告。对于竞价排名的商品或者服务，广告发布者应当显著标明'广告'，与自然搜索结果明显区分。除法律、行政法规禁止发布或者变相发布广告的情形外，通过知识介绍、体验分享、消费测评等形式推销商品或者服务，并附加购物链接等购买方式的，广告发布者应当显著标明'广告'。"这些对实务行为的列举，加强了对互联网软文广告的监管。

二、提供便捷的"一键关闭"操作

《广告法》第 44 条第 2 款规定："利用互联网发布、发送广告，不得影响用户正常使用网络。在互联网页面以弹出等形式发布的广告，应当显著标明关闭标志，确保一键关闭。"

首先，利用互联网发布、发送广告，不得影响用户正常使用网络，这是利用互联网发布、发送广告应当遵循的一般义务。这一规定主要是针对实践中经常出现的严重影响用户正常使用网络的现象，例如部分互联网广告不能正常关闭，或广告中会提供欺骗性链接，或根据用户的浏览习惯连续发送广告，等等。也就是说，利用互联网发布、发送广告必须考虑用户体验。

其次，在互联网页面以弹出等形式发布的广告，应当显著标明关闭标志，确保一键关闭。这里的"一键关闭"效果应当是彻底的，不能在关闭一个弹窗广告的同时链接至另一个广告页面或者其他页面，或者隔一段时间又弹出同样的广告。这样一来，就将最终选择权交给了网络用户，用户可以选择保留广告，也可以选择关闭互联网页面上的弹出式广告。这一规定是为了进一步解决利用互联网发布、发送广告影响用户体验的问题，以切实保障用户正常使用网络的权利。

《办法》第 10 条明确规定："以弹出等形式发布互联网广告，广告主、广告发布者应当显著标明关闭标志，确保一键关闭，不得有下列情形：（一）没有关闭标志或者计时结束才能关闭广告；（二）关闭标志虚假、不可清晰辨识或者难以定位等，为关闭广告设置障碍；（三）关闭广告须经两次以上点击；（四）在浏览同一页面、同一文档过程中，关闭后继续弹出广告，影响用户正常使用网络；（五）其他影响一键关闭的行为。”

《办法》第11条也明确规定：“不得以下列方式欺骗、误导用户点击、浏览广告：（一）虚假的系统或者软件更新、报错、清理、通知等提示；（二）虚假的播放、开始、暂停、停止、返回等标志；（三）虚假的奖励承诺；（四）其他欺骗、误导用户点击、浏览广告的方式。”

典型案例 18－2

2016年11月，上海市某执法机关对某软件技术股份有限公司作出行政处罚。该公司在网站上发布的弹窗广告虽能关闭，但在短时间内重复弹出。经查，该公司使用某技术软件设置了弹窗的定时重启功能，将重启时间设置为10秒。该行为违反了2015年《广告法》第44条第2款之规定，执法机关依法对其处以罚款2万元。[①]

三、网络平台对违法广告的制止义务

《广告法》第45条规定，互联网信息服务提供者对其明知或应知的利用其场所或者信息传输、发布平台发送、发布违法广告的，应当予以制止。

互联网信息服务提供者本身并不是广告发布者，也不是广告信息的接收者，只是为他人发送、发布广告的活动提供场所或者信息传输、发布平台，属于第三方平台。具体来说，互联网信息服务提供者履行制止违法广告的义务的前提是其主观上必须是“明知或者应知”，而且应当及时采取删除、屏蔽、断开链接等必要措施制止违法广告继续发布，防止影响进一步扩大。

此外，《办法》第16条明确规定，互联网平台经营者在提供互联网信息服务过程中应当采取措施防范、制止违法广告，并遵守相关规定。例如，记录、保存利用其信息服务发布广告的用户真实身份信息，对利用其信息服务发布的广告内容进行监测、排查，建立有效的投诉、举报受理和处置机制，等等。

四、规范网络直播营销

随着网络经济的发展，网络直播营销成为商家关注的新的销售渠道。网络直播营销的发展速度远超预期，但法律往往具有一定的滞后性，这使得对网络直播营销的监管出现真空环节，进而引发了一系列问题。

《办法》第19条规定：“商品销售者或者服务提供者通过互联网直播方式推销商品或者服务，构成商业广告的，应当依法承担广告主的责任和义务。直播间运营者接受委

---

① 李平，孟春婷，李惠娟．互联网广告业务合规与风险控制．北京：中国工商出版社，2019：151.

托提供广告设计、制作、代理、发布服务的，应当依法承担广告经营者、广告发布者的责任和义务。直播营销人员接受委托提供广告设计、制作、代理、发布服务的，应当依法承担广告经营者、广告发布者的责任和义务。直播营销人员以自己的名义或者形象对商品、服务作推荐、证明，构成广告代言的，应当依法承担广告代言人的责任和义务。”

基本概念

广告主　广告代言人　广告可识别性　虚假广告　未成年人广告　互联网广告　一键关闭

讨论题

1. 如何区分广告与非广告信息？

2. 某公司在其网站通栏推广信息位置上发布的广告仅标明“推广”两字，未标明“广告”字样。请问其行为违法吗？

3. 请谈谈网络直播“带货”中涉及的广告法问题。

参考文献

1. 曾世雄．损害赔偿法原理．北京：中国政法大学出版社，2001.

2. 李晓东．文物保护法概论．北京：学苑出版社，2002.

3. A. 艾德，C. 克洛斯，A. 罗萨斯．经济、社会和文化权利教程：修订第 2 版．成都：四川出版集团，四川人民出版社，2004.

4. 沈芸．中国电影产业史．北京：中国电影出版社，2005.

5. 李树文，信春鹰，袁曙宏，等．非物质文化遗产法律指南．北京：文化艺术出版社，2011.

6. 王云霞．文化遗产法教程．北京：商务印书馆，2012.

7. 王泽鉴．债法原理．2 版．北京：北京大学出版社，2013.

8. 吴汉东．知识产权法学．6 版．北京：北京大学出版社，2014.

9. 崔国斌．著作权法：原理与案例．北京：北京大学出版社，2014.

10. 陈晓云．电影学导论．3 版．北京：北京联合出版公司，2015.

11. 马怀德．行政法与行政诉讼法．5 版．北京：中国法制出版社，2015.

12. 朱庆育．民法总论．2 版．北京：北京大学出版社，2016.

13. 李浩．民事诉讼法学．3 版．北京：法律出版社，2016.

14. 王洪亮．债法总论．北京：北京大学出版社，2016.

15. 陆晓曦．“公共文化服务保障法”立法支撑研究．北京：国家图书馆出版社，2016.

16. 周艳敏，宋慧献．文化法学导论．北京：北京大学出版社，2017.

17. 李宇．民法总则要义：规范释论与判解集注．北京：法律出版社，2017.

18. 艾其来，郑军．新闻出版广电法律知识读本．北京：中国民主法制出版社，2017.

19. 中共中央文献研究室．习近平关于社会主义文化建设论述摘编．北京：中央文献出版社，2017.

20. 涂昌波．广播电视法律制度概论．3 版．北京：中国传媒大学出版社，2018.

21. 朱广新．合同法总则研究：下册．北京：中国人民大学出版社，2018.

22. 宋海燕．娱乐法．2 版．北京：商务印书馆，2018.

23. 周晖，王桂霞．广告法律法规．北京：清华大学出版社，2018.

24. 程远．广告法理论与实务．北京：法律出版社，2018.

25. 王迁．知识产权法教程．6 版．北京：中国人民大学出版社，2019.

26. 朱兵．文化立法研究．北京：中国政法大学出版社，2019.

27. 周刚志．论文化法：规范与理念．北京：中国政法大学出版社，2019.

28. 胡学亮．出版法纲要．北京：知识产权出版社，2019.

29. 宋亚辉．虚假广告的法律治理．北京：北京大学出版社，2019.

30. 最高人民法院民法典贯彻实施工作领导小组．中华人民共和国民法典合同编理解与适用．北京：人民法院出版社，2020.

31. 《法理学》编写组．法理学．2 版．北京：人民出版社，高等教育出版社，2020.

32. 黄薇．中华人民共和国民法典合同编释义．北京：法律出版社，2020.

33. 杨立新．人格权法．北京：法律出版社，2020.

34. 朱广新，谢鸿飞．民法典评注：合同编：通则（1). 北京：中国法制出版社，2020.

35. 药恩情．广告法教程．北京：知识产权出版社，2020.

36. 李永军．合同法．5 版．北京：中国人民大学出版社，2020.

37. 张崴．文化产业法律实务：从入门到专业．北京：中国政法大学出版社，2020.

38. 李清伟．娱乐法．上海：上海财经大学出版社，2020.

39. 程啸．侵权责任法教程．4 版．北京：中国人民大学出版社，2020.

40. 珍妮特·布莱克．国际文化遗产法．程乐，袁誉畅，谢菲，等译．北京：中国民主法制出版社，2021.

41. 刘承韪．娱乐法导论．北京：中国政法大学出版社，2021.

42. 郑宁．娱乐法原理与案例教程．北京：法律出版社，2021.

43. 郑宁．文化和旅游市场监管教程．北京：中国国际广播出版社，2021.

44. 郑宁．中国传媒法治发展史：2011—2020. 北京：知识产权出版社，2021.

45. 熊文钊．文化法治体系的建构．北京：中国社会科学出版社，2021.

46. 熊文钊，杨凡，等．文化法治基本理论研究．北京：中国社会科学出版社，2021.

47. 刘品新．网络法：原理、案例与规则．3 版．北京：中国人民大学出版社，2021.

48. 韩世远．合同法学．2 版．北京：高等教育出版社，2022.

49. 陆青．合同解除论．北京：法律出版社，2022.

50. 郑宁，刘文杰，周俊武．中国传媒法典型事例评析：2011—2020. 北京：知识产权出版社，2022.

51. 魏永征，周丽娜．新闻传播法教程．7 版．北京：中国人民大学出版社，2022.

52. 卢世菊．旅游法教程．7 版．武汉：武汉大学出版社，2022.

53. 李丹林，何勇．中国传媒法治：以媒介融合为视角．北京：中国社会科学出版社，2023.

54. 谢晖，余地，高中意，等．文化法治基本理论研究．北京：中国法制出版社，2023.

图书在版编目（CIP）数据

文化法学/郑宁主编 . -- 北京：中国人民大学出版社，2024.2
21 世纪通用法学系列教材
ISBN 978-7-300-32580-4

Ⅰ. ①文… Ⅱ. ①郑… Ⅲ. ①法学-高等学校-教材
Ⅳ. ①D90

中国国家版本馆 CIP 数据核字（2024）第 020074 号

21 世纪通用法学系列教材
文化法学
主　编　郑　宁
Wenhuafaxue

出版发行	中国人民大学出版社		
社　　址	北京中关村大街 31 号	邮政编码	100080
电　　话	010 62511242（总编室）		010－62511770（质管部）
	010－82501766（邮购部）		010－62514148（门市部）
	010－62515195（发行公司）		010－62515275（盗版举报）
网　　址	http：//www.crup.com.cn		
经　　销	新华书店		
印　　刷	北京昌联印刷有限公司		
开　　本	787 mm×1092 mm　1/16	版　　次	2024 年 2 月第 1 版
印　　张	18.25 插页 1	印　　次	2024 年 2 月第 1 次印刷
字　　数	407 000	定　　价	55.00 元

《　　　　　　　　》※任课教师调查问卷

为了能更好地为您提供优秀的教材及良好的服务，也为了进一步提高我社法学教材出版的质量，希望您能协助我们完成本次小问卷，完成后您可以在我社网站中选择与您教学相关的1本教材作为今后的备选教材，我们会及时为您邮寄送达！如果您不方便邮寄，也可以申请加入我社的**法学教师QQ群：436438859（申请时请注明法学教师）**，然后下载本问卷填写，并发往我们指定的邮箱（cruplaw@163.com）。

邮寄地址：北京市海淀区中关村大街31号中国人民大学出版社806室收

邮　　编：100080

再次感谢您在百忙中抽出时间为我们填写这份调查问卷，您的举手之劳，将使我们获益匪浅！

基本信息及联系方式：※

姓名：＿＿＿＿＿＿　性别：＿＿＿＿＿＿　课程：＿＿＿＿＿＿＿＿＿＿

任教学校：＿＿＿＿＿＿＿＿＿＿＿＿＿＿　院系（所）：＿＿＿＿＿＿＿＿

邮寄地址：＿＿＿＿＿＿＿＿＿＿＿＿＿＿　邮编：＿＿＿＿＿＿＿＿＿＿

电话（办公）：＿＿＿＿＿＿　手机：＿＿＿＿＿＿　电子邮件：＿＿＿＿＿＿

调查问卷：※

1. 您认为图书的哪类特性对您选用教材最有影响力？（　　）（可多选，按重要性排序）

   A. 各级规划教材、获奖教材　　B. 知名作者教材

   C. 完善的配套资源　　D. 自编教材

   E. 行政命令

2. 在教材配套资源中，您最需要哪些？（　　）（可多选，按重要性排序）

   A. 电子教案　　B. 教学案例

   C. 教学视频　　D. 配套习题、模拟试卷

3. 您对于本书的评价如何？（　　）

   A. 该书目前仍符合教学要求，表现不错将继续采用

   B. 该书的配套资源需要改进，才会继续使用

   C. 该书需要在内容或实例更新再版后才能满足我的教学，才会继续使用

   D. 该书与同类教材差距很大，不准备继续采用了

4. 从您的教学出发，谈谈对本书的改进建议：＿＿＿＿＿＿＿＿＿＿＿＿＿＿

＿＿＿＿＿＿＿＿＿＿＿＿＿＿＿＿＿＿＿＿＿＿＿＿＿＿＿＿＿＿＿＿＿＿＿＿

＿＿＿＿＿＿＿＿＿＿＿＿＿＿＿＿＿＿＿＿＿＿＿＿＿＿＿＿＿＿＿＿＿＿＿＿

选题征集：如果您有好的选题或出版需求，欢迎您联系我们：

联系人：黄　强　联系电话：010-62515955

索取样书：书名：＿＿＿＿＿＿＿＿＿＿＿＿＿＿＿＿＿＿＿＿＿＿＿＿＿＿

书号：＿＿＿＿＿＿＿＿＿＿＿＿＿＿＿＿＿＿＿＿＿＿＿＿＿＿＿＿＿＿＿＿

备注：※为必填项。